杨兴国◎著

品牌发展到最高境界就会成为一种信仰，左右着人们的消费观念。本书则向你披露品牌制胜的秘密。

# 品牌伐谋

本土品牌理论的刷新之作

品牌大师李光斗等商界精英联袂推荐

经济管理出版社
ECONOMY & MANAGEMENT PUBLISHING HOUSE

**图书在版编目（CIP）数据**

品牌伐谋/杨兴国著. —北京：经济管理出版社，2013.6
ISBN 978-7-5096-2484-5

Ⅰ. ①品… Ⅱ. ①杨… Ⅲ. ①品牌战略 Ⅳ. ①F272.3

中国版本图书馆CIP数据核字(2013)第112540号

组稿编辑：陆雅丽
责任编辑：孙　宇
责任印制：黄　铄
责任校对：超　凡

出版发行：经济管理出版社
（北京市海淀区北蜂窝8号中雅大厦A座11层 100038）
网　　址：www.E-mp.com.cn
电　　话：(010)51915602
印　　刷：三河市延风印装厂
经　　销：新华书店
开　　本：787mm×1092mm/16
印　　张：21.75
字　　数：432千字
版　　次：2013年8月第1版　2013年8月第1次印刷
书　　号：ISBN 978-7-5096-2484-5
定　　价：46.00元

# 序言：不平的世界要靠品牌伐谋

托马斯曼说："世界是平的！"

果真如此吗？

让美国、欧洲各国、日本来做品牌，中国、印度、拉丁美洲各国做 OEM 加工，大家相安无事，各得其所。真的是这样吗？

如果世界是平的，为什么人往高处走、水往低处流？

如果世界是平的，为什么无限风光在险峰？为什么只有"会当凌绝顶"，方能"一览众山小"？

如果世界是平的，为什么水在低处时静谧无波澜，水从高处向下就能形成气势磅礴的瀑布？

如果世界是平的，为什么日本汽车企业把一流产品送到欧美，二流产品留着自己用，三流产品拿到中国来销售？

如果世界是平的，为什么中国的服装加工厂出口 10 亿件衬衣才能换回一架空中客车 A380？

你的高度决定了你的重要性，你的高度越高，你的势能就越大。企业在产业链中所处的位置不同，获得利润的能力也会有显著的差别；基层品牌、中层品牌和顶尖品牌的品牌价值因为在"品牌金字塔"中所处的位置不同，获利能力也会有显著的变化。

所谓"世界是平的"这种论调是一个西方强国为第三世界国家所设下的危险的圈套！是欧美企业蚕食第三世界国家更多资源的麻醉药！是位于产业链优势位置的企业剥削产业链前端利益的安抚剂！是让全世界制造业安守本分地出卖初级劳动力的催眠术！

如果从全球的视野来看，这种不平在品牌方面表现的更为突出。发展中国家缺乏品牌优势，同样的原材料消耗，最后生产出来的价值量，只有发达国家的 1/6 到 1/4，甚至更少。在美国著名商业杂志《商业周刊》的"世界最有价值品牌 100 强"排行榜中，中国品牌至今还榜上无名。虽然"中国制造"为全球经济繁荣做出了巨大贡献，然而中国至今仍是"制造大国，品牌小国"。相对于国际品牌几十年，甚至上百年的发展历程，中国品牌大多还处于蹒跚学步的成长阶段。不可否认，中国品牌的弱势显而易见。

但是我们必须应对这种世界级品牌的全球化挑战，也必须把握住品牌战这一全球化留给中国的最后机会。因为这是一个向上的时代，这是一个升位的时代。

当下，能让中国社会从上到下都心潮澎湃、激动万分的一个字就是“升”！世界是不平的，有高低之分。GDP在升，人民币在升，消费者的需求也在升——中国社会各阶层都在寻求“升位”。

当下，也是从产品消费时代向品牌消费时代升位的关键时期。这种升位拥有两个方向的巨大跨度：一是覆盖的消费人口。从城市到农村，消费者的心理认知开始发生重大变化。二是覆盖的行业。从房地产、汽车、家电到服装、化妆品、饮料，林林总总，概莫能外。

我们不难看到，在市场经济的博弈中，有的铩羽而归，有的所向披靡，失败者失败的原因各不相同，但成功者成功的秘诀却惊人地相似，他们无一例外地借用了品牌这把利器。例如，可口可乐的百年辉煌、海尔的商业神话、蒙牛的快速崛起、王老吉的横空出世……

物竞天择，适者生存！自然界能够生存下来的生物种类总是随着环境变化不断调适变化，从低级到高级、从简单到复杂地进化、升级。品牌也是如此，不进行升位，就难以永续生存。

故此，中国企业在这“不平的世界里”要靠品牌伐谋，用品牌与营销升位来探寻自己的前途与命运。

当然，我们应该认识到，打造品牌是一个艰辛而漫长的过程，绝非一蹴而就。让一个品牌从小到大、从弱到强地成长起来，不仅需要胆识和激情，还需要滴水穿石的精神，更需要“运筹帷幄之中，决胜千里之外”的谋略和睿智。

《品牌伐谋》一书作者杨兴国先生多年身处品牌实战第一线，结合个人多年在品牌建设中的经验感悟，将实践与理论相结合，成就了本书。语言流畅，通俗易懂，以品牌创建、发展、创新和维护为主线，从十个方面详述了品牌战略规划的具体操作方法及本土品牌实践中存在的诸多问题，并配合大量的实战案例解析说明，对中国企业理解品牌建设的意义及如何在激烈的市场竞争中打赢品牌战，具有现实的参考和借鉴价值。

“授人以鱼，不如授人以渔。”愿此书能惠及更多的企业和个人，助其打赢品牌战，也愿更多的中国品牌能破茧腾飞，冲向世界！

中国品牌建设第一人
中央电视台品牌顾问
李光斗
2008年6月8日

# 目　录

# 第一章 品牌之殇

在浩瀚星空中，在奥运赛场上，中国人都曾扬眉吐气，傲然屹立，然而在品牌竞技场上，我们却步履维艰，始终被挡在“国际品牌俱乐部”的大门之外。

## 第一节 中国品牌的困惑

2007年12月2日，从在广东省东莞市举办的“首届国际鞋业论坛”上获悉，2006年中国制鞋企业年产量突破100亿双，占世界年产量的68%。据统计，2006年全世界共生产了148亿双成品鞋，135亿双来自亚洲地区的制鞋企业，其中大部分来自中国大陆，而广东省东莞市成品鞋的年制造量竟占世界的60%。

就在这一天，由世界著名品牌大会主办机构世界品牌组织、美中经贸投资总商会等联合评选的“2007中国市场最具影响力世界著名品牌100强”在人民大会堂隆重揭晓，入选品牌包括微软、索尼、诺基亚、宝马、西门子、波音等25个制造业品牌，迪斯尼、沃尔玛、家乐福、麦当劳等25个服务业品牌，还包括劳力士、阿玛尼、轩尼诗、雅诗兰黛、路易·威登等50个奢侈品牌。

然而，在入选的众多品牌中，我们却难寻中国品牌的芳踪！

### 一、中国有世界级品牌吗

其实，这样的尴尬已非首次了，美国著名商业杂志《商业周刊》“世界最有价值品牌100强”排行榜每年都会闪亮公布，然而中国品牌年年榜上无名。

在浩瀚星空中，在奥运赛场上，中国人都曾扬眉吐气，傲然屹立，然而在品牌竞技场上，我们却步履维艰，始终被挡在“国际品牌俱乐部”的大门之外。

改革开放以来，中国成为世界上经济发展最快的国家之一，中国国家经济总量已跃升至世界第四位，贸易总量已位居世界第三位，中国物美价廉的商品遍布世界各地，中国成为“世界加工厂”。然而，我们却不得不面对一个事实：中国是一个生产大国，却不是一个品牌强国。

揭开2007年度《商业周刊》公布的“世界最有价值品牌100强”排行榜及2007年度世界品牌实验室公布的“中国500最具价值品牌”排行榜，透过两组数据的对比，我们不难看出中国品牌与世界品牌的差距。

**“世界最有价值品牌100强”排行榜前10名“中国500最具价值品牌”排行榜前10名**

| 排名 | 国际品牌 | 品牌价值（亿美元） | 中国品牌 | 品牌价值（亿元人民币） |
|---|---|---|---|---|
| 1 | 可口可乐 | 653.24 | 中国移动 | 1100.54 |
| 2 | 微软 | 587.09 | 工商银行 | 805.46 |
| 3 | IBM | 570.91 | CCTV | 654.34 |
| 4 | 通用电气 | 515.69 | 海尔 | 640.00 |
| 5 | 诺基亚 | 336.96 | 中国人寿 | 588.67 |
| 6 | 丰田 | 320.70 | 长虹 | 583.25 |
| 7 | 英特尔 | 309.54 | 中化 | 582.90 |
| 8 | 麦当劳 | 293.98 | 联想 | 580.20 |
| 9 | 迪斯尼 | 292.10 | 宝钢 | 544.86 |
| 10 | 梅塞德斯—奔驰 | 235.68 | 中国中铁 | 523.12 |

通过上表可以看出，中国品牌价值与世界品牌价值相距甚远，可口可乐的品牌价值富可敌国，几乎是中国品牌海尔的10倍，是中国品牌前10位的价值总和。而中国最具价值品牌的前10位中许多是“中国式垄断”企业，而并非真正的市场竞争产物，比如中国移动是由庞大的垄断消费群体支撑的，这样的品牌能算是真正的品牌吗？

《商业周刊》指出：“我们要求上榜企业必须有1/3的利润来自海外市场，而且，在美洲、欧洲和亚太等主要市场都分别要达到一定的比例，这是我们认为的能够反映‘全球’这一概念的指标。”比如可口可乐的销售收入有70%来自海外（利润80%来自海外），而雀巢和飞利浦这一比例更高达90%以上。海尔和联想虽然在中国很有影响力，但其海外收入比例距世界品牌的门槛还有一段距离，因而被挡在“世界品牌俱乐部”的大门之外。

2005年初，在美国享有“传播界最有影响力的女人”之称的奥美CEO夏兰泽（Shelly Lazarus）女士，在接受美国《商业周刊》采访时说：“联想和海尔不是品牌，迄今为止中国还没有真正的品牌！它们还没有把握真正意义上的品牌，还不懂全面贯彻始终如一的主张，以便在知性和感情两方面与人们建立关系，CEO们或许明白他们品牌的含义，但是要把CEO们的看法向属下们贯彻却很难。”

夏兰泽女士此语语出惊人，在中国引起了轩然大波。当然夏兰泽女士此番话有失偏颇，笔者不敢苟同。联想、海尔虽然还不是世界级品牌，但它们在激烈的市场竞争中脱颖而出，已经证明了自身的品牌实力。不过从另一个角度看，这位“传播界最有影响力的女人”的话却足以引发我们对中国品牌现状的思考：中国是个品牌弱国，中国绝大多数企业还没有真正领悟品牌的文化和内在逻辑，以及它对于消费者和市场营销的根本意义，中国品牌建设确实任重道远。

目前，中国经济高速发展，中国拥有的品牌数量已超过170万个，与美国不相上下。近年来，中国企业还频频荣登美国《财富》杂志“全球500强企业排行榜”，许多中国产品还在一定市场领域内占据世界50%以上的市场份额。然而中国真正的强势品牌却寥若晨星，世界品牌实验室专家组成员、世界经理人资讯有限公司创始人丁海森先生说：“中国只有海尔达到了世界级企业和世界级品牌的基本条件。”

AC尼尔森与世界免税协会联合进行的调查显示，去年中国游客在境外旅游的人均购物费用高达987美元，位居全球第一位。为什么国人喜欢在境外疯狂购物呢？因为人们追逐世界名牌的热情高涨，而中国缺少自己的世界名牌。

## 二、“制造大国，品牌小国”的尴尬

在全球各大都市的商场中，随处可见“中国制造”的身影，却难寻“中国品牌”的芳踪，从“制造”到“品牌”，虽是一词之差，然而给企业带来的价值却有天壤之别。

北京大学经济管理学院一项统计数据显示，2006年中国生产的商品平均价值只有全球商品平均价值的1/6，这就意味着中国每生产一件商品，则要“买一送五”。

根据北京大学经济管理学院的统计数据分析：2006年中国的GDP总量约为2.6万亿美元，相当于全球总量45.8万亿美元的5.6%。2006年中国生产了全球总量51%的水泥、33%的钢材、42%的建筑业材料、38%的服装、35%的纺织品、35%以上的家电等电子产品，等等。在如此大的国际市场份额中，中国企业又获得了多少价值呢？以5.6%的份额除以最保守的35%的市场份额，得出中国商品价值仅为全球商品平均价值的1/6。

亚洲最大的服装和纺织品贸易商Li&Fung的董事长William Fung有一个著名的“3美元”论断，他说：“平均来讲，在1美元的出厂价和4美元的零售价之间存在3美元的差价，与其去拼抢已经少得可怜的1美元制造成本，不如集中精力去瓜分那3美元的蛋糕。”而不幸的是，“中国制造”恰恰在为这1美元拼抢。

来自中国纺织品进出口商会的一项最新统计显示，美国从意大利进口服装的平均单价是22.84美元，从法国进口服装的平均单价是22.42美元，从全球进口服装的平均单价是3.19美元，而从中国进口服装的平均单价是2.84美元，还不到国外一张电影票的价钱。2003年中国东莞市和其他几个南方地区贴牌生产了全球三大男衬衫品牌40%的市场份额，平均每件衬衫的出口价格是50多元人民币，贴上国外牌子在美国的零售价格是每件70～120美元，中国企业生产出口的衬衫平均一件只有0.3～0.4美元的利润。

薄熙来在第九届2005北京《财富》全球论坛期间曾说："中国只有卖出8亿件衬衫才能进口一架空中客车A380。"

"中国制造"价格偏低并非服装产品的孤立现象，我国的鞋、玩具、茶叶、钟表、家具、日用陶瓷、家用电器、自行车、文教体育用品等产品的出口量都名列世界前茅，然而因为缺少知名品牌，产品价格却远远低于其他国家的同类产品。

目前中国是世界第一大制鞋国，全球68%的成品鞋都产自中国。然而，据《环球时报》报道，一双售价为299瑞典克朗（1瑞典克朗约合1元人民币）的"中国制造"女式皮鞋，皮鞋进口商支付给中国生产商的价格只有70瑞典克朗左右，而中国生产商每双鞋的实际利润只有五六元人民币。中国品牌鞋与国际品牌鞋的价格也相距甚远，双星鞋与美国耐克鞋的制造成本只有几美分之差，然而两者的销售价格却相差整整5倍。

中国生产了全世界近80%的玩具，一个芭比娃娃在美国市场上的价格为9.9美元，而生产芭比娃娃的中国企业只能拿到35美分的加工费，其他的玩具如维尼熊、迪斯尼等也基本如此。而当这些"中国制造"的玩具贴上洋品牌以"洋货"身份返销中国市场时（这类产品占国内品牌玩具市场份额一半以上）立即身价倍增，一个芭比娃娃至少卖出100余元。

2005年苏州某个厂家贴牌生产了全世界63%的鼠标，该厂一个鼠标的出口价格是25～30元人民币，而贴上外国牌子在美国的销售价格高达28美元左右。

中国手表产量占全球的80%，平均出口价格为1.3美元，而瑞士手表的平均出口价格却高达329美元。

……

中国是名副其实的"制造大国，品牌小国"。在经济全球化的今天，中国在世界经济中扮演着"世界加工中心"的角色，成为世界经济增长的发动机。中国有近200种产品的产量居世界第一，物美价廉的"中国制造"商品充斥着世界各国的货架，世界消费者已经到了离不开"中国制造"的地步了。

《今日美国》曾经这样描述美国人一天的生活：从清晨起床到晚上睡觉，几乎每一个生活与工作细节都离不开"中国制造"。早晨，叫醒美国人起床的闹钟有1/3印着"中国制造"；接下来洗手间里的塑胶遮帘、体重秤、卷发器以及吹风机大多来自中国；出门上班穿的衣服有17%是"中国制造"；路上使用的移动电话有27%从中国购买；办公室桌子上摆放的木制书框、各类小文具同样是来自中国……晚上睡觉前，美国人需要关闭的台灯或者吊灯大约50%是"中国制造"。

尽管世界离不开"中国制造"，然而中国在世界上的知名品牌却凤毛麟角。

据统计，我国出口商品中90%是贴牌产品，拥有自主品牌的不足10%。品牌缺失之痛，导致我国企业只能陷于全球价值链中生产加工的低端环节，辛辛苦苦“为他人作嫁衣裳”，却踏不上令人瞩目的红地毯。

虽然中国贸易总量已位居世界第三位，然而令人欢欣鼓舞的巨大出口贸易规模为中国创造的利润却低得惊人。由于“中国制造”依靠两大因素支撑：一是中国低廉的劳动力成本；二是宝贵的资源和能源的损耗（据统计，我国单位GDP消耗的能源是美国的6倍，日本的11倍）。因此，中国廉价商品充斥世界各国市场时，不仅引发了中国与他国之间不断出现的“反倾销诉讼”贸易摩擦，更对中国经济的持续发展造成了深深的伤害。

目前中国的经济总量已跃升为世界第四位，并与前三位的美国、日本和德国的差距进一步缩小。然而发达国家的GDP中，品牌所创造的价值超过60%，像拥有众多全球著名品牌的美国这个比例更高，而我国的GDP中，品牌所创造的价值不足20%。品牌的“短板”导致中国并没有获得与经济总量相匹配的整体竞争力，世界经济论坛（World Economic Forum）2007年10月31日公布的《2007—2008年全球竞争力报告》显示，美国是世界上竞争力最强的经济体，瑞士和北欧国家排名继续靠前，中国仅排名第34位。

## 三、洋品牌纵横中国市场

在国际市场上，中国品牌无立足之地，在中国国内市场上，洋品牌挟品牌之利剑过关斩将，如入无人之境，给中国企业带来巨大的压力。

随着对外开放大门的打开，发达国家的名牌产品纷纷抢滩中国市场。洋品牌表现出巨大的诱惑力，令许多中国消费者十分迷恋，从小在麦当劳、可口可乐、雀巢等洋品牌中长大的年轻人更视追求“洋货”为一种时髦。

德国《商报》刊载的一篇文章《外国人凭借名牌又一次占领中国市场》中写道：随着中国人慢慢富裕起来，他们对自己的生活也有了更高的要求，喜欢和崇尚进口名牌商品。他们希望使用日本富士、美国柯达胶卷，渴望坐宝马、奔驰汽车……国际性跨国公司蜂拥而至，洗发、护发用品市场的80%已归国外品牌所有，可口可乐、百事可乐等洋品牌饮料在中国大城市的市场占有率高达90%……

一份专业调查公司的调查数据显示，中国有53.3%的消费者比较倾向于国外的服装品牌，仅16.7%倾向于国内品牌。许多人谈论服装不是法国、意大利的牌子，就是英国的牌子，价格再高也趋之若鹜。

在北京一家商厦，近75%的男装都是外国品牌，处处弥漫着“洋”味儿，虽然价格高昂，但柜台前依然生意不错，而一些国产品牌虽然价格便宜，却乏人问津。一套范思哲或乔治·阿玛尼的国际名牌西装标价动辄上万元，而国内知名品牌雅戈尔一套也就 2000 元左右。一条雅格狮丹、DAKS 等国际名牌的真丝印花方巾标价均超过了 1400 元，个别甚至高达 2500 元，而国内知名品牌凯喜雅的售价则为 680 元，其他一些杂牌子仅为 200 元左右。一位顾客说："我就喜欢穿上外国名牌的那种感觉，衣服的牌子大，似乎自己也变成大牌了。"

近些年，随着国际品牌不断充斥中国服装市场，曾经十分流行的中国服装品牌如红都、蓝天、华表、长城等一个个都淡出人们的视线。

其实，这只是中国消费品市场的一个缩影，许多行业的跨国公司手持品牌的"上方宝剑"在中国市场攻城略地，使中国企业节节败退。有资料显示，在上海儿童食品市场上，洋品牌占到市场份额的 75%，国内品牌仅占 25%；在西部地区儿童食品市场，洋品牌占到市场份额的 50% ~70%，国内品牌仅占 30% ~50%，我们已经丧失了对自己后代的"喂奶权"。在计算机行业，20 世纪 90 年代初，我国市场份额最大的 10 个品牌中，中国品牌占了 8 个，外国占了 2 个，而现在中国品牌只剩下联想孤军奋战了。在啤酒行业，排名进入前 10 名的中国品牌仅有青岛、燕京和钱江。在碳酸饮料行业，可口可乐、百事可乐已经独霸天下，仅剩下的中国品牌健力宝仍苦苦挣扎。在感光行业，除了乐凯以外，其余中国品牌均被柯达收编……

**中国部分产品市场渗透率位列前 5 名品牌的来源地**

| | 中国 | 美国 | 欧洲 | 日本 | 韩国 |
|---|---|---|---|---|---|
| 手机 | | ★★ | ★★★ | ★★ | ★ |
| IT 数码 | ★ | ★★★ | | ★★★★ | ★★★ |
| 高端电视 | ★ | | | ★★★ | ★★ |
| 汽车 | ★★ | ★★ | ★★★ | ★★★ | |
| 高档化妆品 | | ★★ | ★★★ | ★★★ | ★★ |
| 服饰 | | | ★★★★ | | |
| 香水 | | | ★★★★ | | |
| 手表 | | | ★★★★ | ★★ | |
| 香烟 | ★★★ | | | | |
| 葡萄酒 | ★★★ | | | | |
| 珠宝首饰 | ★★ | | ★ | | |

资料来源：新生代市场监测机构 CMMS（中国市场与媒体研究），据对全国 30 个城市 70000 名消费者的调查。

一些经济专家曾指出，发达国家"入侵"发展中国家市场有其"三步曲"：第一步是输出产品，第二步是输出资本，第三步是输出品牌。其中输出品牌是最为厉害的一步棋，输出品牌主要利用本国品牌的无形资产，利用发展中国家的人力和物力，在发展中国家市场上进一步打响它们的品牌，"俘获"消费者的心。

同时利用自己品牌的影响力压制和吞没发展中国家的品牌，扫清市场前行中的绊脚石，以便一劳永逸地占领该国市场。

有一个数据极为触目惊心：90%的中外合资合作企业，使用的都是外方的品牌，“消灭式合资”已经成了跨国公司铲除中国名牌的典型惯用手法。跨国公司在中国另起炉灶，往往需要很大的投入，所以它们常常选择中国的名牌企业进行合作。利用中方的人力、生产场地及销售渠道等资源，同时以较少的资金买断中方名牌的使用权，利用自己的控股决策权，有意把中方品牌安排在低档产品、老式产品上使用，或者干脆将中方品牌打入“冷宫”雪藏起来，使其一文不值，从而达到铲除竞争对手的目的。在合资过程中，许多中国企业过分迷信利用外资这颗“灵丹妙药”的奇效，忽视了对自己辛苦培育的品牌的保护，再加上不熟悉游戏规则，给外方铲除中方品牌提供可乘之机。譬如，中国名牌美加净、熊猫、雪花、活力28等都在合资后被外方打入“冷宫”，弃之不用。

另外，近几年来，随着市场竞争的加剧以及外资收购筹码的增高，中国企业出售民族品牌的现象日益增多，许多中国人引以为傲的民族品牌在外资糖衣炮弹的诱惑下，陆续被收归外方麾下。华润涂料曾经作为涂料行业第一民族品牌而让许多国人倍感自豪，然而2006年6月，美国威士伯公司以2.81亿美元收购华润80%的股权，华润涂料再也不是中国人的名牌了！其他还有金百利控股舒而美，达能控股乐百氏，吉列控股南孚电池等。然而，与此截然相反的是，在强势品牌不胜枚举的美国，当海尔收购美泰克，中海油收购尤尼科时，却受到美国千方百计的阻挠。中国企业出售品牌的“短视”行为虽然获取了一定的眼前利益，但从长远来看后患无穷，如果各行各业的优秀民族品牌都掌控在外国人手里，那么在国与国之间的竞争已经演变为品牌之间竞争的今天，没有了品牌的中国还拿什么和其他国家竞争？

面对洋品牌咄咄逼人的攻势，许多中国企业也纷纷拿起了品牌的武器与之抗衡。然而，品牌的铸造并非一朝一夕之功，虽然海尔、联想、奇瑞、蒙牛等民族品牌在一定市场领域内打出了一片自己的天地，让国人感到欣喜。但是我们更多地看到，品牌的弱势使许多中国企业在同跨国公司的博弈中处于劣势，常常依靠“价格战”艰难地获取生存空间。

例如，低端价格和渠道优势也曾给国产手机带来一时的风光，2003年的市场份额曾近60%。然而，诺基亚、摩托罗拉等洋品牌依靠品牌的优势并及时调整营销策略，很快化解了国产手机价格及渠道的优势，迅速收复大好河山。国产手机企业从2004年起便日渐没落，2007年更是几乎全线亏损，之前进入手机行业的国内电子巨头们也都纷纷铩羽而归。

尽管我国政府为了保护民族工业的发展，采取了一些阻止外国品牌“入侵”的举措。然而，随着中国加入WTO，中国对外开放的大门将进一步打开，“关税壁垒”对洋品牌的障碍也将逐步消失，这就意味着跨国公司进攻扩张中国市场的步伐将进一步加大，再加上许多国际品牌在中国已经实施了本地化战略，它们的攻势将更加凶猛。

与狼共舞，中国市场的品牌大战将愈演愈烈，中国企业将面临着最严峻的挑战！

## 第二节　中国品牌的差距在哪里

相比国外许多百年金字招牌，绝大多数中国品牌都处于成长期。改革开放以来，中国品牌从无到有，从少到多，大体经历了三个发展阶段。

第一个阶段：品牌启蒙期，从改革开放开始到20世纪90年代初。改革开放初期，品牌作为市场经济的产物，进入到中国人的视线中，那时的中国企业界和消费者对品牌还只是一知半解，有些人甚至把品牌同知名度画等号。由于当时中国的市场竞争并不很激烈，所以谁有先知出钱做广告，谁就能脱颖而出。比如容声曾请香港明星汪明荃拍了一条非常简单的电视广告，仅仅一句“容声容声，质量的保证”，结果容声冰箱当年的销售量就从几千万台猛增到2亿多台。

第二个阶段：品牌发展期，覆盖20世纪90年代。这一时期企业界和消费者的品牌意识逐渐增强，许多企业对品牌塑造的专业性已经有了比较明确的认知，CI成为许多企业品牌导入采用的方式。20世纪90年代是中国品牌发展日益蓬勃的年代，外商和洋品牌蜂拥而至，市场竞争日益激烈，中国大多数企业的品牌塑造基本上还是以生产和推销为主导，价格战、终端战、广告战此起彼伏。在市场的洗礼中，海尔、联想等许多知名品牌不断成长壮大，然而大浪淘沙，秦池、爱多、三株等一大批曾经红遍中国的名牌还没有来得及品尝胜利的果实就昙花一现，成为匆匆过客。

第三个阶段：品牌国际化发展期，从2000年开始持续至今。随着中国加入WTO，“制造大国，品牌小国”的困境使我们深受其苦，中国政府和企业界已经深刻认识到创建自主品牌以及品牌国际化的重要性和紧迫性。海尔、联想、TCL、华为等企业已经迈出了国际化的步伐，勇敢地走向海外。然而，目前中国品牌国际化还处在初级阶段，真正能参与国际化竞争的中国品牌如凤毛麟角。

回顾中国品牌的发展历程，我们不难看到，20多年来，中国品牌跌跌撞撞走过了一条艰难坎坷的道路，虽然其中也不乏精彩的片段，但更多的悲壮不能不引发我们反思。

据一项调查发现，中国品牌的平均寿命只有7.5年，从品牌塑造周期来看，7.5年还刚刚是一个品牌的成长期，然而却过早“壮志未酬身先死”。据统计，1995年国内家电品牌有200多个，到了2000年就只剩下20多个了，短短5年间90%的品牌夭折。许多行业的知名品牌如秦池、爱多、春都、太阳神、霞飞、威力、孔雀、三株、旭日升、健力宝等“各领风骚两三年”，最终却都融入到品牌流星雨中。

品牌在中国成为风行营销词已逾 10 年，品牌建设的呼声在中国也风起云涌。然而，目前许多中国企业并没有真正领悟品牌建设之道，更谈不上打造国际品牌，甚至许多知名品牌在品牌管理上也犯低级错误。

为什么中国品牌生命力这样脆弱？中国品牌同世界品牌的差距到底在哪里？把脉中国品牌，我们诊断出如下六大差距：

## 差距一：品牌意识淡薄，“短视”现象严重

没有品牌，企业就没有灵魂。然而，中国缺少真正有品牌意识的企业家，甚至许多销售额几十亿元、上百亿元的企业高层管理者都无法清晰地回答创建一个长寿强势品牌的关键要素是什么。

赛迪顾问调查数据显示：中国企业品牌贡献率只有 22%，大大低于国际企业 87% 的平均水平，“价格”成为中国企业最主要的动力指标。这一数据反映了中国企业品牌力不足的处境。

中国企业最大的敌人不是竞争对手，而是企业自身贪图眼前利益的“短视”。

在目前中国崛起的民营企业中，大多数企业老板及营销团队都一直矢志不渝地把产品销售当成品牌经营。认为产品销售量上去了，市场占有率有了，品牌也就做好了。老板们心里明白，销量关乎企业利润，关乎企业生存，而品牌管理听起来好听，但见效太慢，远水解不了近渴。所以企业更关心的是搞定经销商、进店、促销、降价，宁愿年薪百万聘一个销售总监，也不愿月薪几千请一个品牌经理。这种肤浅的品牌意识导致许多企业热衷于价格竞争、广告狂轰、促销等“短视”行为。我们不难看到，中央电视台历届广告“标王”都是本土品牌。

有些企业虽然也认识到了品牌的重要性，但当碰到销量提升和品牌建设相矛盾的时候，它们往往去抓销量，企业生存的压力导致它们很难持之以恒地坚持对品牌的追求。

其实品牌经营与产品销售是两个概念。产品销售帮助企业实现短期、当期利益，但难以保证或兼顾企业未来，而品牌经营则同时经营过去、现在和未来，是企业长远的利益源泉。

综观世界上那些卓越品牌，它们在几十年或上百年的品牌发展历程中，无不把品牌建设放在战略高度，一切以品牌为核心，这正是它们能够成功的关键。

## 差距二：过度迷信广告，追求品牌知名度却忽视美誉度、忠诚度

许多企业把广告作为品牌成长的催化剂，特别是一些企业在经过广告狂轰滥炸尝到了一些甜头、取得了一定的市场效果后，便更加对广告的神效深信不疑。

然而单纯的广告往往只能提高品牌的知名度，许多企业在广告轰炸追求品牌

知名度的同时，却忽视了企业应尽的责任，忽视了品牌对消费者承诺的兑现，忽视了品牌美誉度、忠诚度的培养。有的企业只希望消费者忠诚却不愿意对消费者忠诚，急功近利，“投机”行为十分严重；还有的企业为了获取短期利益，甚至不惜杀鸡取卵，竭泽而渔，牺牲企业品牌信誉，做出欺骗消费者的事。比如春都的“面棍”火腿、冠生园的“陈年馅”月饼、欧典地板的“假外资”品牌、“无烟锅”的虚假宣传等。

片面追求品牌知名度而忽视品牌美誉度、忠诚度，往往导致品牌畸形发展，生命力极其脆弱，一旦市场出现不利于品牌的突发事件，便会很快夭折。秦池、春都、旭日升、爱多、金正、三株……这些巨额广告费打造出来的名牌虽能风光一时，但一遇危机，竟没有一家能逃脱覆灭的厄运。

其实，品牌美誉度、忠诚度是借助于企业自身行为，通过不断地为消费者提供优质产品和服务，并与消费者进行良好的沟通，逐渐取得消费者对品牌的认同，最终获得消费者好感而形成的。品牌要想获得消费者的喜爱和忠诚，首先要付出自己的忠诚。

为什么可口可乐曾先后遭遇过七次灭顶之灾，但依旧岿然不动。“苏丹红”事件也曾给肯德基带来危机，但现在肯德基依然座无虚席。这是因为可口可乐和肯德基在品牌建设过程中，已经积累了较高的美誉度、忠诚度，消费者对自己热衷的品牌往往能原谅它的过失。

### 差距三：品牌缺乏战略管理

有人说本土品牌无战略。这句话或许有些偏颇，但品牌战略管理确实是本土企业的“软肋”，“战术的巨人，战略的矮子”可以说是许多本土企业品牌建设的真实写照。

尽管一些企业管理者言必谈品牌建设的重要性，但对品牌战略管理依然还比较陌生，甚至不具有品牌战略管理的基本知识。有的企业把打造品牌等同于拍个好广告，设计一套具有国际感、时代感、漂亮的 CI 手册；有的把做品牌理解为创名牌，投入巨额资金进行广告轰炸。

品牌缺乏战略管理，使本土品牌建设缺少一个整体运作的长远思路，战术上可能新招迭出，但散乱无章，形不成合力，谈不上品牌增值。战略管理的缺失导致本土品牌存在诸多病症，主要表现在：

第一，本土品牌核心价值不清晰，品牌个性模糊雷同。不具有高度差异性的核心价值难以建立市场区隔、形成竞争壁垒，这等于放弃了忠诚客户，一旦市场上出现新的竞争品牌，消费者很可能“移情别恋”，这已经成为本土品牌的致命伤。浏览中国品牌的广告语，空洞、雷同、毫无个性的俯拾皆是，“握住某某手，永远是朋友”、“每天喝一点，健康多一点”、“选择某某银行，实现心中理想”、“新主流，新选择”、“不同凡响的时刻，不同凡响的价值”等。这样的广告宣传无法让人清晰地区分品牌的个性特征，怎能令人过目不忘、怦然心动？又如，你能说清康佳与夏新的品牌联想有何差异？雅戈尔和罗蒙的品牌内涵有何不同？TCL 究竟代表着什么？“好空调，格力造”体现出怎样的品牌个性？

那些国际品牌无不定位清晰，个性鲜明。可口可乐总裁罗伯特·柯斯特说：“老实说，近几年我们能够在市场营销中获得成功都归功于我们全力以赴地建立我们品牌的鲜明的特点，使之清晰地有别于货架上任何其他产品。”

第二，本土品牌建设缺乏定力，品牌诉求朝令夕改，信天漫游，如随波逐流的浮萍一样善变，没有传达出同样的核心价值。尽管企业投入大量的广告费用，但并不能在消费者心中留下清晰、统一的印象，最终无法有效积累品牌资产。例如，近几年来，茅台酒面对五粮液竞争的攻势乱了方寸，没有借助“国酒”的优势资源进行反击，却打出“茅台也要瞄准老百姓的饭桌”的旗帜，先后推出茅台王子酒及茅台迎宾酒等中低档酒。既是“国酒”就应该至尊天下，茅台酒何必非要走“平民化”路线，自贬身价呢？另外，茅台酒近几年还频频打出“健康”牌、“人文”牌、“科技”牌、“绿色”牌等，使消费者如雾里看花，其实这些概念完全背离了茅台“国酒”尊贵、权力、厚重的内涵。

我们不难看到，那些国际品牌的品牌核心价值一旦确定，便以“愚公移山”的精神不懈坚持，可口可乐演绎“乐观向上”百年未变，吉列演绎其“男人的选择”达 100 年，力士请国际影星演绎“滋润、高贵”也有 70 年……

第三，本土品牌延伸随意，缺乏理性。许多中国企业认为品牌延伸是企业发展的“加速器”，相信“东方不亮，西方亮”。因此在自己品牌打响后，盲目拓展到其他行业，却忽略了品牌延伸是把“双刃剑”，不合理的品牌延伸也会使企业陷入困境。比如，联想电脑做得非常成功，2000 年开始进入手机领域，尽管投入了巨大的人力、物力，但仍不见有什么骄人的成绩，最终不得不铩羽而归。其实，联想的电脑形象在消费者心中已经根深蒂固，很难让人联想到手机，所以联想品牌延伸到手机领域，注定会困难重重。2008 年 1 月 31 日，联想集团宣布将其手机业务的所有权益作价 1 亿美元出售给由弘毅投资为首的私募资金。

另外，春兰作为空调品牌，延伸到了电脑甚至汽车；立白、田七等品牌不但生产入口的牙膏，还生产洗衣、洗发、洁厕等产品，前景无不令人担忧。

杰克·韦尔奇有个著名的战略，就是“数一数二”战略，即将通用电气不是占据第一或者第二的业务领域全部砍掉或者合并。因为居于第三位以下的品牌，在消费者心目中处于弱势地位，其生存都比较艰难。在杰克·韦尔奇时代通用电气的产品一直在不断地收缩，从原来的150 多个产品领域缩减到十几个。

### 差距四：品牌缺乏创新精神

与时俱进地不断创新，是品牌摆脱时间侵蚀、永葆青春活力的秘诀。1997 年之前，三星一直是日本三洋的代工者，但从 1998 年以后，三星开始实现从制造模仿者向自主创新者的转变，它们的产品设计屡获国际大奖，专利数量名列全球第五，成为举世瞩目的国际一流品牌。

与国际品牌相比，中国品牌的创新精神不容乐观。世界500强的研发投入占销售收入的比重平均为5%～10%，而中国企业在研发方面的投入过低，技术创新能力普遍不强。据统计，目前中国企业中真正有自主知识产权的只有万分之三，很多企业仍简单地把品牌等同于名牌，只愿花大钱做广告，不愿花大力气搞研发创新，可持续发展能力严重不足。还有的企业“一招鲜，吃遍天”，产品包装、形象设计、广告创意等多年不变，难以站在时代潮流的前沿。

“中华老字号”曾经有着辉煌的历史，然而，昔日的老字号今天却风光不再。据统计，最具传统文化影响力的1600个“中华老字号”，70%已经销声匿迹，20%还在惨淡经营。正是因为品牌缺乏创新精神，不能超越过去，导致品牌暮气沉沉，让“中华老字号”随着时间的流逝，几乎所剩无几。

再以手机为例，国际品牌对产品研发投入巨大，比如诺基亚、三星等手机巨头除了在软件系统方面提升易用性和智能性，还针对不同的人群和定位，推出针对年轻人的音乐手机、针对老年人的低端易用手机以及女士手机等产品。而国内手机企业更关注短期市场利益，虽然电视上长虹、金立、CECT等国产手机广告轮番上阵，大有你方唱罢我登场的态势，然而多数国产手机没有多少实质性的研发和创新，只会在手机外形、概念上做文章，这也导致国产手机在和国际巨头的博弈中难以最终取胜。

### 差距五：品牌缺乏文化内涵

品牌卖的不仅是产品，更是一种文化。如果一个品牌成为某种文化的象征或者形成某种生活习惯的时候，它的传播力、影响力和销售力是惊人的，这个品牌将占据人们的心智，与它所蕴涵的文化同浮沉、共生息。

国际品牌都非常注重品牌文化内涵的挖掘和培养。可口可乐之所以能渗透全球，长久不衰，就是因为它把美国人的精神和生活方式融入了品牌文化中，把品牌文化变成了人们生活中的一部分。再如美国知名化妆品品牌REVLON进入中国市场时，将品牌名译成“露华浓”，这三个字源自李白的著名诗篇《清平调》：

云想衣裳花想容，
春风拂槛露华浓。
若非群玉山头见，
会向瑶台月下逢。

“露华浓”三个字巧妙借用诗中杨贵妃的形象，生动地诠释了雍容华贵的女性美。

中国许多品牌虽然有很高的知名度，然而品牌文化内涵匮乏，更谈不上成为某种文化的象征。以国内最知名的品牌“联想”为例，你能清晰地说出联想的品牌文化内涵是什么吗？当联想收购 IBM 的个人 PC 后，试图改变 IBM 笔记本的黑色设计，结果惨遭失败。原因很简单，IBM 笔记本是供商务型人士使用的，“庄重、严肃和科技”正是它的品牌文化内涵，而且在消费者心中已根深蒂固，一旦联想试图去改变它，其结果是可想而知的。

再以服装品牌为例，中国品牌为什么不能像法国、意大利等国品牌那样领导服装潮流？就是因为品牌缺乏文化内涵。阿玛尼代表一种前卫、年轻的时尚；BOSS 是年轻而保守的职业人的最爱；范思哲代表一种性感、反叛的精神；韩国诗美惠则张扬高贵、时尚、浪漫。而中国服装品牌要么文化内涵匮乏，要么一味模仿洋化，缺少独特又富有感染力的文化内涵，自然难以产生高附加值。

### 差距六：品牌保护意识淡薄

品牌保护意识淡薄，是我国缺乏国际知名品牌的又一重要原因。

国外企业视品牌如同企业的生命，而在我国却有近 5 万个商标因为没能及时续展注册而失去注册商标专用权。我国许多著名品牌在境外注册商标比率相当低，有关资料显示，在调查的 5 个国家（地区）中，我国 50 个最著名的品牌商标未注册的比率高达 53.2%。据不完全统计，我国企业在海外申请注册商标时，有近 15% 遇到了被抢注的尴尬局面，“明明是自己养大的孩子，却要跟着别人姓”。我国有超过 80 个商标在印尼被抢注，有近 100 个商标在日本被抢注，有近 200 个商标在澳大利亚被抢注，“五粮液”、“红星”、“酒鬼”、“杜康”、“浏阳河”等白酒品牌都曾被外国企业抢注过。

2005 年 3 月，包括“海信”在内的十多个商标被西门子公司在欧洲抢注，最终海信不得不花费数百万欧元赎回海信商标。

2006 年 8 月，“中华老字号”王致和旗下的腐乳、调味品、销售服务三类商标，被其德国柏林一家代理商欧凯公司稍早前在德国抢注，王致和集团不得不向德国慕尼黑地方法院提起诉讼，追讨自己的商标权。北京时间 2007 年 11 月 14 日晚 9 时，慕尼黑地方法院一审判决，判决欧凯公司在德国停止使用王致和商标，撤销其抢注的王致和商标，王致和集团胜诉。

品牌往往凝聚着企业几代人的心血和汗水，所以中国企业要迈出国际化步伐，首先要考虑在国际市场注册自己的商标，如果自己的商标被他人恶意抢注，就意味着品牌进入该地区的大门已经关闭，再好的品牌也只能留在国门内孤芳自赏了。

中国品牌的差距还表现在许多方面，诸如缺乏品牌危机管理经验、忽视市场调研、直接拿市场做实验、品牌管理机构设置不健全、品牌管理人才匮乏等。种种差距导致中国品牌竞争力较弱，许多企业只能把竞争局限在家门口，依靠“价格战”博得生存空间，更无缘到国际市场同国际品牌一争高低。

## 第三节　放飞世界品牌的梦想

日本前首相中曾根康弘在任时有一句名言：“在国际交往中，索尼是我的左脸，松下是我的右脸。”

可见，品牌不仅代表一个企业的形象，更代表一个国家的脸面，是一个国家综合经济实力的象征。如果美国没有可口可乐、微软、通用电气、IBM，如果德国没有奔驰、宝马、大众，如果日本没有丰田、索尼……我们很难想象这些国家是否还会有现在的风采？

### 一、中国必须迈向世界品牌之路

品牌作为市场的代名词，是一座取之不尽用之不竭的富矿，在今天这场没有硝烟的世界商战中，国与国之间的竞争已经演变为品牌与品牌之间的竞争，正所谓“得品牌者得天下”，拥有多少名牌已经成为衡量一个国家经济实力强弱的重要标志之一。

据联合国工业计划署的统计数据显示：当今世界共有名牌商品约 8.5 万种，而其中 90% 以上的名牌所有权归属于工业发达国家和亚太新兴工业国家或地区。世界名牌占全球品牌不到 3%，销售额却占到了全球的 50% 左右。

从某种意义上来说，一个国家强大是通过本国品牌强势体现的。美国之所以敢称霸世界，正是因为它有称霸世界的品牌，在 2007 年“世界最有价值品牌 100 强”排行榜中，前 10 强中美国品牌占了 7 席，前 100 强中美国品牌占了 52 席。“二战”后的几十年时间里，日本和德国之所以能从战争废墟中迅速发展起来，与这些国家品牌的崛起密不可分。

正因为品牌的重要性，许多国家视品牌为国家利益，一旦本国名牌受到威胁，政府官员乃至国家元首都会挺身而出，捍卫国家利益。例如，2005 年，美国的百事可乐欲以 300 亿欧元收购法国达能，却立即一石激起千层浪，法国总统希拉克坚决支持政府在“达能”案中保持高度警觉，法国总理德维尔潘则表示：“‘达能’无疑是我们的行业财富，我们当然要捍卫法国的利益。”在元首和媒体的感召下，法国全民发起了一场“达能保卫战”。

“中国制造”为全球经济繁荣做出了巨大贡献，然而建立在廉价劳动力汗水和巨大资源损耗基础上的“中国制造”，不仅没有给我们换回相应的利润，而且也没有赢得他人的尊敬。我们不能不面对这样一个问题：“制造大国，品牌小国”的局面还要走多久？

全球顶级商务畅销书《定位》的作者阿尔·里斯曾说过：中国经济的增长备受瞩目，但是假如战略方面没有从商品调整到品牌，这一显著的经济增长也很难维持。未来属于品牌，尤其是属于全球性的品牌。世界上最富有的国家的经济是建立在品牌之上的，而非建立在商品之上，这一点毫无例外。

中国经济的增长速度举世瞩目，但是如果不能转变经济的增长模式，还是依靠高投入、高消耗、高排放、低产出、低效益的粗放模式，经济的增长是不可能持续太久的。

企业本质上是一种有机整合资源以供产出的经济组织，在世界经济全球化的浪潮中，资源全球流动高度开放，导致中国企业的竞争环境早已不再是全运会、亚运会，而是奥运会。正如海尔领导人张瑞敏说："我们不出去，他们就会进来"，全球500强企业中已有400强云集于中国市场。因此，中国的未来也将同别国一样，要想跻身世界经济强国，必须迈向世界品牌之路。

创立强势品牌，走向世界，已经是摆在我们面前的重大时代课题。

胡锦涛总书记指出："要拥有我们自己的核心竞争力，拥有民族品牌、核心品牌。"温家宝总理也曾指出："我们要从实现国家繁荣昌盛和民族伟大复兴的战略高度出发，鼓励我国的优秀企业争创世界顶级品牌。"国家的"十一五"规划也明确地将"形成更多的拥有自主知识产权的知名品牌"写入纲要之中。2006年起，商务部开展了"品牌万里行"活动，由经济学家、媒体记者、社会人士等组成团队，在全国开展宣教活动，显示了政府对创建自主品牌的决心。

对目前中国大部分企业来说，创建一个自主品牌是一条极其崎岖坎坷的道路。让一个品牌从无到有、从小到大地成长起来，要面对资金、管理、技术、人才等重重挑战，还要经历一个艰辛而漫长的过程，当然没有直接引进洋品牌来得轻松。然而，中国企业只有走自主品牌发展的道路，实现"中国制造"向"中国创造"的跨越，才能在国际竞争中博得一席之地，才能实现中华的崛起腾飞。

## 二、中国品牌：迈向世界不是梦

不可否认，中国企业短暂的发展历史，决定了中国品牌在成长道路上还处于蹒跚学步阶段，相对于已经锤炼了几十年，甚至上百年的国际品牌，中国品牌的弱势是显而易见的。

然而，我们也应该看到，西方的工业文明经历了百年的锤炼，而我们许多企业用10年、20年时间所取得的成绩也显示出我们的潜力和希望。而且，中国企业在国内市场同外商竞争时，面对的是优惠条件不公平的投资环境，享受着"非国民待遇"。

回首许多国际强势品牌，它们的发展也经历了一个艰辛历程。例如，日本的品牌在20世纪60年代初，在美国还是地摊货，然而日本借1968年东京奥运会的契机，30多年不懈的努力，逐步走向世界品牌之路。今天日本的丰田、索尼、本田、松下、东芝等已成为家喻户晓的世界品牌，丰田更是排名“世界最有价值品牌100强”排行榜第6位。

韩国的三星1988年还在给日本索尼贴牌生产加工，在西方人心目中是廉价的地摊货。然而三星以索尼为参照标杆，把品牌建设作为企业发展的核心战略，在短短10年时间内，从一个昔日的廉价“大路货”一跃成为世界一流品牌。2005年更是以149亿美元的品牌价值位列“世界最有价值品牌100强”排行榜第20位，一举超越日本索尼（108亿美元，排名第28位），成为全球电子消费品第一品牌。

中华文化源远流长，有着独特的魅力；中国经济增长迅速，已经是全球瞩目的经济大国；中国已经形成了新的消费群体，市场潜力巨大；中国有近1万亿美元的外汇储备，15.6万亿元人民币的居民储蓄；中国有5000万海外华人“亲友团”……这些都是中国企业发展壮大走向世界的最有力的支撑。

近30年来，许多中国企业在市场风雨的洗礼中已经积累了相当的管理经验和实力，许多中国品牌也从无到有，从小到大迅速成长起来，涌现出海尔、联想、蒙牛、奇瑞、青岛啤酒等一大批优秀的中国品牌。在我国许多市场领域，中国品牌面对国际品牌的打压，在夹缝中求生存，打响了民族品牌的“保卫战”。

2005年4月30日，在CCTV经济频道举行的“中国品牌高峰论坛”上，中国工商银行、中国石油天然气集团公司、中国移动、通信集团等103家企业共同发布了《中国品牌宣言》，呼吁中国企业“要想在未来获得更高的发展平台和更大的成长空间，就必须在保持传统优势的同时，尽快完成在品牌、产品、服务、人才等方面的升级，进而推动更多的中国品牌尽快实现向全球品牌的跨越”。并承诺：“一切从消费者的根本利益出发，建立市场竞争新规则，摒弃低层次价格战、概念战，构筑高层次的竞争平台，推动中国从制造大国向创造强国的飞跃。”《中国品牌宣言》的内容，大体上涵盖了本土企业今后的发展方向。

据中国汽车工业协会日前公布的最新数据，2007年1~4月，中国自主品牌轿车销量突破44.97万辆，占国产轿车销量的29.31%，市场份额超过美系、日系、德系品牌，跃居第一位。虽然还只是销量上的第一，而不是利润第一，但中国自主品牌轿车艰辛的发展历程和长足的进步让国人欢欣鼓舞。

当初中国汽车业引进洋品牌时的情景还历历在目，有一种声音很有说服力：以市场换技术。对外开放是经济全球化的大势所趋，也是中国经济发展的契机。于是，一边是国外汽车品牌风光无限，一边却是民族汽车品牌被冷落歧视，如“排气量1.0以下不准上街”，而排气量1.0以下多是民族品牌。然而，洋品牌的引进并没有换来我们想要的技术，在绝大多数合资汽车企业里，民族品牌一直被打压限制，原因很简单，民族品牌的发展必然构成对洋品牌的威胁。相反，倒是那些一开始受到冷眼歧视的内资企业民族品牌，如奇瑞、长安、夏利等，一路跌跌撞撞，在夹缝中求生存，今天终于打出了一片属于自己的天地。

其他一些行业亦是如此。例如，1991 年上海家化公司与美国庄臣公司成立合资公司，中方品牌美加净被打入“冷宫”，几乎在国内市场销声匿迹，上海家化最终不得不又高价“赎”回美加净，重新包装上市。然而，上海家化旗下的另一个自有品牌——“六神”，始终寻求自我发展的道路，历经十多年磨炼，扬眉剑出鞘，硬是把许多国际知名品牌拉下马来，成为国内市场夏季洗化类产品中的霸主。

还有，在洗衣粉市场上，当宝洁、联合利华等洋品牌大举进攻时，许多中国品牌纷纷落马，有的还被它们收入旗下。然而，雕牌、奇强、立白等中国品牌奋力抗争，不但求得了生存，而且又重新占据了市场最大的份额。

另外，在同一条起跑线上的许多领域，中国品牌表现得比洋品牌更加精彩，比如，在中国市场上，新浪、搜狐优于雅虎，百度强过 Google，QQ 比 MSN 的人气更旺，马云创造的阿里巴巴更是全球领先的 B2B 电子商务网上贸易平台！

当许多中国品牌在国内第一战场进行“保卫战”时，一些中国品牌已经勇敢地走出国门，向世界品牌步步逼近。

海尔，一个从街道小厂发展起来的企业，一个属于中国人的民族品牌，仅用了短短 20 年的时间，即从强手如林的竞争环境中脱颖而出，创造了销售收入从几百万元到几百亿元的商业神话。海尔作为中国唯一进入亚洲品牌前 10 名的品牌，已经得到了国际市场认可，也让我们看到了中国品牌的希望。2003 年 8 月 20 日，海尔的灯箱广告在寸土寸金的日本东京银座点亮了，标志着海尔国际化的步伐又跨出一步。如今，价格昂贵的海尔变温对开门冰箱已经进入美国的纽约州、加州、佛州、俄州等地区的近 300 个重点连锁渠道，销售网点逐步覆盖美国重点地区的核心卖场。高档产品进入美国的核心卖场不仅对海尔重要，对中国企业同样重要。

另外，2004 年底联想因收购 IBM 个人电脑事业部而获得国际声誉，标志着联想正式跻身 IT 业国际市场；中石油也不断地将一些国外的大企业或者其部分业务收归自己名下；格力空调征服了南半球的巴西市场，连续多年获得巴西政府颁发的最高节能奖杯，成为当地人最认可的空调品牌；2004 年 TCL 通过并购法国汤姆逊公司彩电业务和阿尔卡特公司手机业务，进入了欧洲和北美市场……

法国《费加罗报》转引澳大利亚销售业务咨询事务所负责人珍妮弗·戈登的话说：“在未来 10 年内，中国将会涌现一两个在世界上位居前 10 名的世界级品牌。”中国品牌在迈向世界的过程中肯定会经历很多挫折，但中国的世界级品牌是肯定会出现的。

经济全球化带给中国企业挑战，也带给中国企业机遇。2008 年奥运会，当全世界都瞩目中国的时候，更是中国品牌崛起的契机。21 世纪，该是中国企业实现自己世界品牌梦想的时候了！

## 三、中国品牌如何迈向世界

品牌建设是一个系统工程，不可能一蹴而就。从国际经验来看，培育一个全球化的品牌，至少需要二三十年时间，比如宏碁用了20多年、三星用了30年才成就了今天的辉煌。所以，中国品牌走向世界不能单凭热情，还需要巨大的投入、不懈的努力，更需要理性和耐心。急功近利，"大跃进"式的冒进虽然能制造昙花一现的风光，却创造不了真正的品牌。

我们应该认识到，中国品牌走出国门，让国外消费者认同、接受是一项十分艰辛而复杂的工程，中国品牌迈向世界存在三大障碍：

### （一）品牌的弱势

与国际品牌相比，中国品牌几乎都是弱势品牌。许多国际品牌已经拥有几十年甚至上百年的历史，在消费者心中具有难以撼动的地位，所以一个新品牌进入市场需要非常高的成本，被消费者接受也必然会困难重重。

### （二）来源国效应

国外消费者对中国产品的整体认知是：质量一般，价格低廉，缺乏科技含量。要改变这种认知是一个艰辛的过程，需要时间，需要我国企业不懈的努力。即便是中国的一些优秀品牌，在国内市场有很高的美誉度、忠诚度，但这种品牌价值无法移植到国外市场中去，企业仍需要从头做起。比如海尔为进入世界最大的零售公司沃尔玛连锁超市，耗时整整两年，最后才终于被接受。

### （三）缺乏品牌国际化管理的经验和人才

目前中国品牌国际化还处于启蒙发展阶段，大多数企业还缺乏品牌国际化管理的经验及人才。

尽管中国品牌走向世界是一条充满荆棘的坎坷之路，但是如前文所述，中国品牌走向世界并不是梦想，而是充满希望！

那么中国品牌如何能以小博大、以弱胜强，屹立于世界品牌强手之林呢？

有关中国品牌的国际化问题，许多中外专家有过独到的见解，比如日本品牌战略研究所的专家榛泽明浩先生曾有两条建议：一是注重创新，二是建立规范。特劳特公司曾指出：不能指望企业进行全线作战，而应该把所有的兵力集中在局部市场形成相对优势，从而实现单项突破。宏碁集团董事长施振荣则认为：本地化和创新是创造国际品牌的两大法宝。

对中国品牌的国际化问题，笔者浅见如下：

中国品牌迈向世界不仅仅是企业的事，它需要政府、社会、企业"三位一体”的共同努力，需要联合多方力量，更需要全民的积极参与。

## （一）政府应该营造一个品牌产生的良好氛围

政府的作用就是打造一个健康的市场环境，为中国品牌建设“培土育肥”，政府应该做好以下三方面工作：

（1）在政策上支持企业的技术创新和自主品牌创造，面对外资品牌的进入，政府应该为自主品牌创造一个公平的竞争环境；

（2）依法整顿市场秩序，建立健全保护知识产权的法律体系，打击假冒侵权行为，保护企业和自主品牌的合法权益；

（3）搭建为自主品牌建设服务的各种平台。

## （二）中国品牌崛起离不开每一位中国人的支持

每一个中国人支持和消费民族品牌便是对祖国的最大热爱！

在我国“5·12”汶川大地震中，众多民族企业及华人第一时间站出来慷慨解囊，伸出援助之手，让我们再一次体会到了“血浓于水”的含义。虽然民族品牌相比洋品牌显得幼稚和弱小，甚至有时还会遭到国人的冷眼，然而危难时刻真正能站出来救助我们的永远是中国人，是中国人的企业。

那么，我们每一个炎黄子孙有什么理由不去支持我们中国的企业和品牌呢？其实，支持我们民族品牌就是在支持我们自己！

## （三）企业作为品牌国际化的主角，应该励精图治，发奋图强

中国绝大多数企业的当务之急是练好内功，“守住国门”，在国内市场同国际品牌的竞争中争得一席之地，为今后的品牌国际化奠定基础。对于处在金字塔尖的中国优秀企业，在“守住国门”的同时，要放眼世界，积极地参与国际市场的竞争。

中国品牌走向世界，企业应注意以下几方面：

### 1. 不断创新是品牌国际化的基础

产品不断创新是品牌建设的关键要素，也是品牌国际化成功的基础。

产品研发和创新是中国企业明显的“短板”，中国企业要想真正实现品牌国际化，必须突破这一“瓶颈”，提高产品研发创新能力，拥有更多的自主知识产权。

三星成功的案例给我们很好的启示。10 多年前，三星产品在西方人心目中还是廉价的地摊货，为了提升品牌形象，2003 年三星全面停止了传统低端产品的生产，无论是手机、电视，还是 MP3，三星都将产品定位于高端市场。为了确立产品领导地位，三星对技术研发投入不遗余力，三星在全球有 17 个研发中心，

拥有近27000名研究人员，三星的技术研发投入占营业总收入的9%以上，2006年三星在美国申请专利数位居第二，超过了索尼公司，仅次于IBM。三星开发了世界上第一个商业用途的CDMA、第一个可视电话、第一个MP3手机、第一个摄像手机、第一个滑盖手机等，现在，三星已经成为国际领先的彩电和高端手机制造商，并在B2B的计算机芯片领域处于领跑地位。产品不断创新为三星品牌腾飞奠定了基础，三星品牌终于脱胎换骨，成为真正的世界一流品牌。

令人欣慰的是，越来越多的中国企业已经认识到了产品创新的重要性。比如，华为在技术研发上不遗余力地大量投入，逐步得到了国际市场的认可，2005年4月28日，英国电信宣布其21世纪网络供应商“八家企业名单”，华为作为中国唯一一家企业与跨国公司一并入围，标志着华为在国际化道路上迈出了一大步。

**2. 用品牌文化征服人心**

品牌的一半是技术，一半是文化。技术创新奠定了品牌的理性价值，而品牌文化内涵则赋予品牌感性灵动。一个品牌背后，只有蕴涵富有感染力和想象力的文化内涵，才有可能形成市场影响力，才有可能被全球的消费者所接受。

综观那些国际品牌，它们在出售产品的同时，也在用文化征服人心。比如，麦当劳不仅是在卖快餐，更是在传播一种“欢乐”的快餐文化。麦当劳“品质、服务、清洁、价值”的经营理念，快速、友善的周到服务，优雅清洁的环境，儿童们甚至把餐厅当做乐园……这一切无不使顾客感受到一种家庭的温暖欢乐气氛。

再比如，迪斯尼公司旗下的卡通形象小熊维尼，据评估其品牌价值最高达150亿美元；而世界知名品牌索尼，尽管业务涉及电子、贸易等诸多领域，但其品牌价值仅为129亿美元，距小熊维尼尚有21亿美元的差距。一只玩具熊的品牌价值比一个世界知名高科技企业还多，看似荒诞，然而在品牌的世界这却是事实。小熊维尼何以能战胜索尼，就是因为小熊维尼这个人见人爱的卡通形象，带给了全世界人丰富的文化情感体验。

中国是一个文化大国，中国不乏深厚的文化底蕴，然而缺少文化内涵却是中国品牌的通病。如何在博大精深的中华文化中汲取营养，耕耘出独特的、又能被国内外消费者喜爱的文化精神家园，是中国品牌走向世界的重要一步。

**3. 利用来源国效应形成产业优势**

消费者对产品的认知，来源国效应不可低估。比如德国啤酒、法国香水、意大利服装、瑞士手表、日本电子等。中国在某些类别的产品上，也拥有来源国效应的优势，比如中国的中药、丝绸、茶叶、美食、陶瓷等，都是历史悠久、举世闻名的，具有别国不可比拟的天然优势，只要精心打造，完全有可能诞生出世界知名品牌。

例如，华裔名人靳羽西女士创建的羽西品牌，融合了西方技术和东方智慧，将中国高效天然草药精华运用到美容产品之中，深受女性欢迎。目前羽西正在致力于国际化，将独特的中国美推广到国际时尚前沿。

#### 4. 建设品牌国际营销网络

一个品牌走向国际市场，必然要面对国际营销网络的建设问题。比如瑞典的沃尔沃汽车进入中国市场后，经过了十多年的努力，先后委托英国经销商、中国香港经销商代理，最后由中国“内资”经销商代理，才真正建立了品牌营销网络，终于打开了中国的市场。

国际营销网络的建设是个系统工程，国际市场接受一个发展中国家的品牌，必然会有一个较长的认知过程。所以，国际营销网络建设不可能一蹴而就，也没有捷径，以下策略可供参考：

（1）独家代理。选择国外有影响力、营销网络比较健全的代理商进行全权代理，借经销商成熟的网络渠道进入市场，逐渐获得消费者的认可。青岛啤酒在美国等地就是通过这种方式进入市场，进而扩大品牌影响力的。目前绝大多数中国品牌进入国际市场都采用这种方式。

（2）联姻合作。就是通过合资合作的方法，与国外有影响力的企业进行合作，借助合作方在国际市场的网络销售自己的产品。天津王朝葡萄酒是一家中法合资公司，合作方是法国著名的人头马公司，王朝品牌属中方所有。合作协定由人头马公司负责王朝葡萄酒 10% 的外销。由于人头马公司在欧洲健全的营销网络，王朝葡萄酒很快就在法国以及欧洲其他国家打开了市场。

（3）“借壳上市”。也称海外并购模式，即并购海外的成熟品牌或企业，利用原有品牌或企业的影响力、人才、渠道进入国际市场，联想、TCL 的国际化就是采用了这种模式。

#### 5. 战略国际化，战术本土化

“到什么山，唱什么歌。”中国品牌走向世界，本土化是一个无法回避的问题。

品牌国际竞争的本土化首先表现为品牌文化的本土化，品牌文化应当符合当地的审美习惯、风土人情，才能被逐渐认识和接受。比如，麦当劳在中国市场非常注意其品牌文化的本土化，它们把中国的十二生肖制作成纪念品赠送给来店里过生日的小朋友，把中国的“招财进宝”、“吉祥如意”、“福”、“春”、“寿”、“喜”等字眼制作的店招四处悬挂，或做成小礼品赠送顾客等。

Coca-Cola 在中国的成功也得益于其品牌本土化的成功，Coca-Cola 在中国起了一个非常绝妙的汉语名字——“可口可乐”，“可口可乐”既朗朗上口，又揭示了品牌的产品特征，令人回味无穷。

当然，品牌的本土化策略应该是全方位的，企业还应该解决好产品设计本土化、生产制造本土化、人员本土化、营销本土化等问题。比如，宝洁旗下的品客薯片在日本推出了刺鼻的大豆汤味，在英国推出了咖喱味等，为薯片注入了本土化的风味。

中国一些优秀企业在国内制造了商业神话，但是“出海”之后往往“水土不服”，主要就是没有解决好品牌本土化问题。

海尔在海外市场本土化的成功经验值得借鉴。目前，海尔已建立起一个具有国际竞争力的全球设计网络、制造网络、营销与服务网络。现有海外工厂及制造基地22个，销售网点58800个，海尔产品已进入美国前10大连锁店、欧洲15家大连锁店的12家，在美国、欧洲初步实现了设计、生产、销售“三位一体”的本土化目标。

抚今追昔，中国一直经历着各种磨难，今天，我们终于迎来了民族腾飞的契机。中国要想在强手如林的竞技场上占有一席之地，我们深切地感受到，中国品牌走向世界，刻不容缓！

中国品牌，让我们跨步前行！

## 专论　从国产手机全线亏损看品牌和销量的辩证关系

国产手机企业经历了近10年的发展起伏后，再次站在了十字路口。

来自易观国际的数据显示，2007年，除了华为、中兴、TCL等以国外市场为主的厂商外，国产手机企业几乎全线亏损，2007年第四季度，联想、波导、夏新的市场份额分别是6%、3%、2.8%，比市场份额缩小更令人寒心的是，它们的业绩都在直线下滑。联想手机在上个财政年度的亏损额达到1.33亿元，波导手机2007年前三季度亏损5.06亿元，夏新电子在同一时期亏损4.6亿元。

2008年1月31日，联想集团宣布将其手机业务的所有权益作价1亿美元出售给由弘毅投资为首的私募资金；2月26日，夏新电子公告称，拟出售上海夏新科研大楼，总价约为1.04亿元人民币；3月3日，昔日国产手机老大波导宣布以1.59亿元人民币的价格将其与法国萨基姆共同建立的合资公司的股权出售给萨基姆。

在国产手机集体溃败令人触目惊心之时，国际品牌诺基亚却一路高唱凯歌。2007年，诺基亚宣布全年在中国市场的销售收入达到了创纪录的64亿欧元，增幅近20%，销量也创下7070万部的新高，2008年第一季度销量更是高达2100万部。

国产手机也曾有过辉煌的昨天，2003年半壁江山的市场份额还历历在目，然而从2004年起便一直走在下坡路上。目前，国产手机的市场份额已跌至历史最低点，如何生存下去已经成为许多国产手机面临的首要问题。

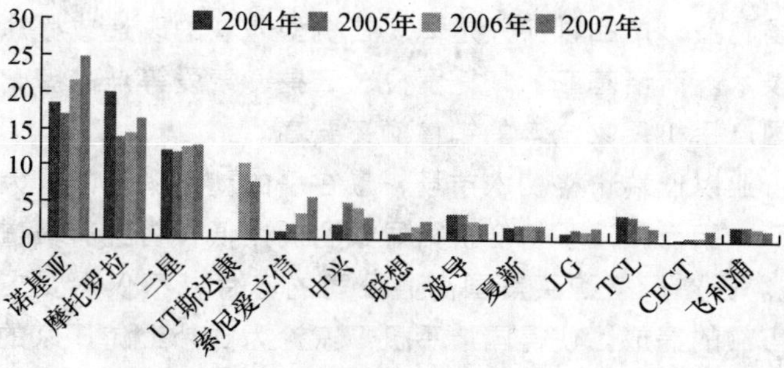


**2004～2007 年手机品牌中国市场占有率（全国 30 个城市）**

资料来源：新生代市场监测机构 CMMS（中国市场与媒体研究），据对全国 30 个城市 70000 名消费者的调查。

## 是何原因导致国产手机步入困境

当手机厂商纷纷将亏损原因归为市场竞争过于激烈以及黑手机的“异军突起”时，我们不难看出，其实国产手机亏损的根本原因还是企业缺乏品牌竞争力及技术“短板”。

对此，联想移动总经理刘志军在联想移动 2007 财年战略会上曾说：“不少消费者认为国产手机质量不如国外产品好。实际上，国产手机目前与国外手机最大的差别不是质量，而在于品牌。在质量上，联想手机现在已不输于任何国外厂商。国产手机要想有出色表现，必须实现从价格到价值的升华。”

我们不难看到，诺基亚、摩托罗拉等洋品牌经过多年的市场培育，在消费者心中具有很高的品牌美誉度和忠诚度，已成为手机的代名词。洋品牌非常注重品牌内涵的培养，诺基亚、摩托罗拉、三星、索爱等都有了自己独特的品牌个性。比如，诺基亚提出了“科技，以人为本”的人性化理念，从人性的角度来看待手机，使冷冰冰的手机成为体现自我、表达情感的载体。

而以低端市场和价格竞争为优势的国产手机品牌比较重视眼前的销量，疏于品牌培育。虽然国产手机也在电视广告中轮番登场，然而大多是概念炒作，有的广告甚至失实或者虚夸，给人以“暴发户”的感觉，品牌显得非常毛糙，缺乏文化内涵。波导虽为手机行业后起之秀，但其品牌的文化内涵、美誉度、忠诚度等远无法同诺基亚、摩托罗拉等媲美，海尔、联想、康佳、TCL 等虽为本土优秀品牌，但它们是家电领域的专家，品牌延伸到手机领域，依然是业余选手。

柜台里放一款同样功能的波导手机和一款诺基亚手机，诺基亚高出 300～400 元钱，许多消费者依然会选择它，更别说同样的价格消费者会选择谁？在品牌的感召力方面，国产手机品牌同洋品牌存在着很大差距，而这种差距，不是一两年急功近利就能解决得了的，需要时间的积淀。

另外，国产手机缺乏持续的研发创新能力。与国外企业相比，国内手机企业更关注短期市场利益，产品创新只是体现在机型外观的改造或概念上做文章，缺乏自己的核心技术。而诺基亚、摩托罗拉、三星、索爱等洋品牌，它们每年的研发投入比许多国产手机厂家全年的销售额还要高。

国产手机行业以低端价格切入市场，最在乎的就是销量的最大化，市场占有率的高低。然而，因为国产手机低价格导致利润太低，曾经有报道称康佳每部手机只赚 10 元钱。国产厂家购买美国高通公司的芯片，不仅需要支付专利费，而且需要支付销售额的提成，使得国产手机厂家沦为国外上游厂家的打工者，赚取一点点辛苦费。

本土化的渠道优势和低端市场价格竞争也曾带给国产手机一时的风光，2003 年的市场份额曾近 60%。然而，销售业绩的暂时性增长始终无法掩盖其品牌力弱和技术"短板"的劣势。当洋品牌进行了迅速的调整，将渠道改成国包、省包、地包结合的模式，使得整个战线更加贴近消费者，并深入三、四级城市，洋品牌便很快化解了国产手机销售渠道及低端市场价格的优势，迅速收复大好河山，国产手机的辉煌也就成为过眼云烟。特别是诺基亚原来主攻中高端手机市场，近两三年里突然发力低端市场，致使国产手机品牌几乎崩盘，不少已转为靠代工为生。

通过国产手机和洋手机市场份额的此消彼长我们不难看出，依靠单纯价格战虽然也能获取较好的销售量，然而这样的销售量往往是短期的、暂时的，市场最终决定胜负的实际上还是品牌的竞争，品牌力决定着企业的长远利益。

这使我们不能不再次深刻思考品牌和销量的辩证关系。

## 品牌经营长远利益，销售实现当期利益

当今刺刀见红的白热化的商战，导致市场竞争日趋同质化。

随着市场经济的日趋开放，信息传播手段的日益便捷，一个企业的产品、品质、营销手段、渠道、服务以及流程等很快就会被竞争对手所复制模仿，所以单纯的营销手段如价格、渠道、促销等很难构筑起稳固的差异化竞争壁垒，维持长久的竞争优势。例如，当一家航空公司搞旅程返点的促销活动时，促销活动的确具备额外的竞争优势，但当许多家航空公司同时模仿搞这样的活动时，旅程累积奖励已经完全丧失了最初的意义。

但是竞争对手无法复制一个卓越品牌，品牌是独一无二的，正是从这个意义上来看，品牌是使企业避免陷入同质化竞争的最后一道"屏障"，一个卓越的品牌就意味着企业长期的成功营销和利润。例如，一瓶依云矿泉水的售价竟然高出同样大小的一瓶国产食用油的价格，而许多消费者依然趋之若鹜。

销售帮助企业实现短期、当期利益，但难以保证或兼顾企业未来。没有品牌为基石的销售力往往非常脆弱，今日也许风光无限，明天就可能成为过眼云烟。春都、秦池、爱多、三株、旭日升等太多的本土品牌昔日都曾有过骄人的销售业

绩，但如今却都销声匿迹，难寻芳踪。国产手机行业以低价格追求市场销量，但却忽视了品牌的培育和技术的研发，其败北也是必然的事。

而品牌经营则同时经营过去、现在和未来，品牌经营不仅要考虑到产品的当期销售量，更要考虑品牌的战略规划、品牌定位、个性内涵、气质特征以及品牌的美誉度、忠诚度、品牌联想等。它实质上是在积累品牌资产，经营着企业的长远利益。

耐克、可口可乐、IBM、宝洁等企业为什么能几十年，甚至上百年源源不断地获取财富和利益，就是因为它们拥有卓越的品牌。

有人说，培育品牌同单纯追求销量，就像种树与种草的关系，当树还是幼苗时，它可能与草相差无几，但树苗有朝一日可以长成参天大树，而草永远只能是随风摇曳的小草，也许种树比种草艰辛漫长，但种树可以培育栋梁，荫及后人。

### 品牌力就是最大的销售力

虽然销售实现企业的当期利益，品牌经营企业的长远利益，但是做品牌与做销售不是对立冲突的，而是为了一个最终目的。

品牌经营也是一种销售手段，它无非是在做销量的同时培育品牌文化内涵、提升品牌的美誉度、忠诚度，打动消费者的内心，积累品牌资产，以便企业今后更贵、更多、更久地销售，获取企业更长远的利益，而做产品销售仅仅是为了当期的销售量。做品牌与“健康销量”之间并不存在根本性的矛盾，两者是相得益彰的，最终是为了同一个目的，即使有矛盾，也是暂时的、可调和的。

做品牌不是不要销量，而是不要“不健康销量”。例如，为了销量，不惜以次充好，损害品牌信誉形象；为了销量，无视品牌规则，忽视品牌内涵的营建；为了销量，忽视市场份额的质量，破坏性地掠夺市场的未来等。

中国手机大战的硝烟还未散去，但愿国产手机全线亏损的事实能给我们更多企业以启示，企业要想长远发展必须培育品牌这棵参天大树，尽管这个过程艰辛漫长！

## 案例解析　中国茶：“有姓无名”的尴尬

茶饮能静心、静神，具有清新、雅逸的天然特性，千百年来一直被人们所喜爱。中国是茶的故乡，早在神农时期，茶及其药用价值就已被国人发现，陆羽《茶经》云：“茶之为饮，发乎神农氏，闻于鲁周公。”有许多证据显示，世界上的很多地方饮茶的习惯都是从中国流传过去的。

然而，当时光的指针旋转到市场经济高度发达的今天时，中国茶却面临着前所未有的尴尬。当今世界举世公认的三大饮料是：可乐、咖啡和茶叶，可乐有可口可乐、百事可乐等品牌，咖啡有雀巢、麦斯威尔等品牌，茶叶的世界第一品牌是英国立顿（Lipton）。中国作为茶叶的发源地，把茶文化传播到世界各地，但在世界知名茶叶品牌的名册中，却不见中国茶的芳名。

## “有姓无名”，中国茶的窘境

中国产茶历史悠久，名茶成百上千，但叫得响的知名品牌却是凤毛麟角。

中国名茶品种林立，其中一些还名扬四海，比如安溪铁观音、西湖龙井、洞庭碧螺春、武夷岩茶、黄山毛峰、信阳毛尖等名茶，不仅我们耳熟能详，连外国人都知晓。然而提起中国茶的品牌时，却让人哑口无言。中国茶叶市场的这种现状被业内人士形象地称为“有姓无名”，有姓，是指茶叶有品种，如铁观音、乌龙等；无名，是指茶叶没有品牌。

在北京的马连道茶叶一条街上，800 多家茶叶商铺一字排开，几乎都在橱窗或者柜台上用茶叶品名做宣传招牌，比如“安溪铁观音”、“西湖龙井”等，而用自己的商标做招牌的最多不过四五家。一位做茶叶生意已经十多年的茶商说，他觉得乌龙、龙井这些名字听起来比他们自己注册的商标更响亮，所以他们做茶叶生意的商人基本都没有注册商标。

实际上，中国茶叶不注重商标的绝非个别现象。根据有关统计显示，我国目前有茶企业六七万家，然而注册商标的仅有近千家，其中能称得上知名品牌的更是凤毛麟角，在中国茶叶进出口公司的 12 家省级公司中，只有 4 家有商标。市场经济发展到今天，中国市场上用品类名来代替产品名的行业几近绝迹，但茶叶行业却还普遍存在。

在我国，饮料、酒业、乳业等行业的优秀品牌纷纷脱颖而出，相比之下，中国茶叶行业的整体品牌意识相对滞后，“有姓无名”是中国茶叶行业现状的真实写照，这种现状已经成为制约我国茶产业发展的一大“瓶颈”。

## 品牌缺失，中国茶身价低廉

没有品牌，就没有竞争力。作为茶叶的发源地，因为没有知名的茶品牌，中国茶在市场上很难要高价，往往只能贱卖自己。

在全球产茶国中，中国茶生产面积第一、产量第二、出口第三、创汇第四，中国茶深陷“一流品质，二流包装，三流价格”的怪圈之中。

2006 年全国茶园面积为 2175 万亩，比上年 2028 万亩增长 7.2%。全国茶叶总产量首次突破 100 万吨大关。全年茶叶平均单价为 24.8 元/公斤，全国茶叶农业总产值为 248 亿元。

不产一片茶叶的英国，立顿红茶在全球的市场占有率达 60%，每年销售额现已突破 30 多亿美元。而我国最大一家茶企业一年的销售额才 10 亿元人民币，中国六七万家茶企业的年总产值不敌英国立顿一家。

目前我国出口茶在国际市场上每公斤仅值2美元左右，平均茶价比印度低四成，比斯里兰卡低六成多，甚至比肯尼亚的茶叶价格还要低20%。

中国茶厂现有六七万家，大量的乡镇、个体小茶厂在茶产区里遍地开花，茶叶生产规模小、分散化，茶产业整体上仍旧停留在产品阶段，品牌意识普遍薄弱，很难参与国际市场竞争，更谈不上高价钱。这些因素都导致了中国目前只是世界产茶第一大国，而不是世界茶业强国。

前段时间“西湖龙井”因无力支付500万元赞助资金而无法跨入奥运会门槛，令人们吃惊不已，也让我们看到了中国茶企业目前的经济现状。

相反，跨国公司凭借品牌的力量杀入中国，把目光瞄准了潜力巨大却又是一盘散沙的中国茶叶市场。很多人可能对“京华”品牌还有印象，然而，这个中国茶叶第一品牌1999年已被联合利华以2.5亿元人民币收购旗下，联合利华先后收购中国的京华、新加坡的元德以及英国的立顿等品牌，对中国茶市场这块大蛋糕虎视眈眈。

## 品牌驱动，开辟中国茶“蓝海”

中国要从茶叶大国迈向茶叶强国，必须开辟中国茶品牌的“蓝海”。当年，中国茶叶走向世界是凭借航船的；今天，中国茶再闯世界，品牌则成为必不可缺的利器。

目前，虽然中国茶叶市场还处在“有姓无名”时代，但中国茶叶市场潜力巨大。据统计，世界人均喝茶量是0.5公斤，印度人均饮茶量是0.64公斤，日本是1.2公斤，而中国现在人均喝茶量仅为0.4公斤（10年前是0.2公斤），中国有13亿人口，随着人们生活品质的提高，市场需求潜力巨大。据估计未来15年内销有望增加3倍，达到900亿元人民币。据悉，中国国际茶文化研究会会长刘枫在全国政协十届二次会议上的提案：关于确定茶为中国“国饮”的建议，已经获得国家农业部、中华全国供销合作总社等有关部门的赞同。可见，打造中国茶叶名牌，已具备“天时、地利、人和”。

那么，如何才能开辟中国茶品牌的“蓝海”，打造中国茶叶强势品牌呢？笔者浅见如下：

### （一）实施品牌战略，构筑竞争壁垒

茶叶科技含量较低，一般不同企业生产的同一品种茶叶本身差异不大，往往容易趋于同质化。正因为如此，企业要想克敌制胜，就必须实施品牌战略，通过品牌的文化内涵、外在包装、品质特点、服务特色等元素构建自己的差异化优势，从而形成竞争对手难以模仿和复制的竞争壁垒。

实施品牌战略是一个系统工程，艰辛漫长而又错综复杂，比如立顿茶经过了100年的积淀和发展，才成就了今天的辉煌。企业要想战略制胜，首先应该制定

好科学、清晰的品牌战略规划。品牌战略规划应该在市场调研分析的基础上，主要解决以下问题：树立品牌愿景，提炼品牌核心价值，界定品牌识别系统，确定品牌战略架构，理性品牌延伸，建立品牌管理机制等，最大化加速品牌资产的积累。

例如，世界茶王李瑞河先生在台湾打造“天仁”茗茶品牌30年，1993年进军大陆市场，创建“天福”茗茶品牌。经过十多年的品牌建设，“天福”终成知名品牌，如今“天福茗茶”连锁店776家遍布中国大陆各大、中城市，在福建、四川、浙江等省建有7家茶叶及茶食品工厂、2家茶博物院，全球第一所茶专业高校——天福茶学院正在建设，“天福”作为中国第一个茶叶商标被评为“中国驰名商标”，天福集团通过品牌建设已成为集茶叶生产、加工、销售、科研、文化、教育、旅游为一体的综合型茶企业。

### （二）整合资源，组建“航空母舰”

我国茶叶企业目前的现状是数量多、规模小、鱼龙混杂、一盘散沙，很难形成合力。要想培育出茶叶行业的强势品牌，就必须依靠大型的龙头企业来拉动，所以我国茶叶行业应该对分散的企业和资源加以整合，实现产业化，形成大型企业“航空母舰”、“旗舰”。

比如，西湖龙井现有300多个品牌，资源严重分散，只有专注打造三五个品牌，才有可能集中资源，形成合力，打造出知名品牌，进而参与国际市场竞争。

在这方面，云南普洱茶近年的成功经验值得借鉴。据说，云南普洱茶的所有推广费用都是由区域内各个厂家共同集资承担，共享收益。这样所有厂家都放弃了区域内部竞争，减少内耗，一致对外，形成超强爆发力。

另外，越南茶业的经验也值得称道，越南茶业在政府的支持下，全力打造一个茶叶品牌“CHEVIET”，目前“CHEVIET”商标已在世界上73个国家和地区注册，并在许多国家和地区发布宣传广告。

### （三）演绎茶文化，彰显品牌特色

中国的茶文化源远流长。茶饮清新、雅逸，有助于陶冶情操，修炼身心，这本是非常好的文化内涵，然而多少年来，这也成了中国众多茶企业千篇一律的文化营销模式，浙江的茶是这样，福建的茶还是这样，趋于雷同，毫无特色。

品牌重要的作用就是通过自身的内涵个性制造差异化。因此，茶叶品牌应该在尊重茶叶的公共属性外，彰显自己的品牌个性，可以与区域内的人文特色、历史等元素结合起来，演绎富有自身内涵特色的茶文化，形成自身独特的魅力。

另外，如何与时俱进，在传统茶文化中融入时尚元素，也是中国众多茶品牌不可忽视的问题。如果茶文化一味遵循传统，缺乏现代、时尚气息，则很难赢得最具消费潜力的年轻人的青睐。因此，茶文化如何将传统与时尚有机地结合起来，值得我们思考。

可口可乐之所以能历经百年，今天依然焕发着青春的活力，这和其紧跟时代步伐密不可分。可口可乐常常起用最当红的明星作为代言人，如刘翔、姚明等，赞助各种体育、公益活动等，总是站在时尚潮流的前沿。可口可乐的成功也值得茶叶品牌借鉴。

**（四）借力外脑，减少失误**

如今，一个企业单凭自身的智慧和经验已经无法适应激烈的市场竞争。如果茶企业管理者缺乏品牌方面的知识和经验，不妨借力外脑，利用品牌专业人士的智慧和经验，助力自身品牌的发展和腾飞。要知道，品牌打造不是试验场，需要巨大资源的投入，品牌战略决策常常是“差之毫厘，谬以千里”，也许企业一次决策失误，就足以导致自己兵败“滑铁卢”。

有效借力外脑成功的例子屡见不鲜，比如，国际知名品牌万宝路以及我国知名品牌凉茶饮料王老吉、糖果雅客V9、中式快餐连锁店真功夫等，都是在默默无闻多年后，在专业机构外脑的协力下，找准了品牌发展的方向，最终获得了巨大成功。

2008年是奥运年，也是中国茶走向世界的大好契机，中国茶品牌能否抓住机遇，脱颖而出？我们拭目以待。

## 案例解析　红旗：品牌错位下“神坛”

红旗——中国第一民族品牌，其光芒曾经让世人眩目，红旗过去一直是国人心目中“尊贵”的代名词，“领袖车”的身份更增添了其神秘的色彩，当年许多外国官员来中国的三大心愿就是“见毛主席、登长城、坐红旗车”。然而，今天面对大街小巷风尘仆仆的红旗出租车，面对13.38万元一辆的价位，面对逐年下滑的销量，我们不得不承认，红旗已经走下了“神坛”。

### 尴尬的处境

虽然红旗轿车曾在2005年6月份的一次最有价值的品牌评估中，以54.56亿元的品牌价值雄踞轿车行业榜首，然而，耀眼的光环并没有给红旗带来骄人的业绩。

2007年8月，一汽轿车发布的上半年年报显示，一汽上半年净利润1.3亿元，与去年同期相比净利润下降近60%；每股收益仅8分钱，同比下降59%；利润总额1.2亿元，同比下降近70%。据悉，一汽轿车利润下降的原因是多方面的，红旗轿车上半年价格优惠幅度达2万~4万元，然而油价、钢材等原材料成本上涨，技术开发等管理费用上升，导致利润空间越来越小。

目前，中国汽车市场销售状况渐入佳境，2007 年上半年乘用车销量达 308.41 万辆，同比增长 22.26%。大众汽车的销售量又创历史新高，2007 年前 9 个月销售量达到 68.4786 万辆，比 2006 年同期增长了 30.2%，预计 2007 年全年销量将达到 90 万辆。上海通用 2007 年上半年销售量达到 22.5502 万辆，同比增长 11.7%，单品年度销量之冠的捷达 2006 年更是创造了 17.6822 万辆的销量佳绩。

然而，和竞争品牌销售火暴状况极不协调的是，红旗轿车的销量近年来逐年下降。从 2002 ~ 2005 年，红旗销量由近 2.7 万辆减少到 9000 辆，2006 年红旗和奔腾一共才销售了 1 万辆左右，2007 年上半年，红旗品牌轿车不足 1600 辆。

新红旗 HQ3 上市境况也不容乐观，2007 年 7 月，北京一家红旗轿车的经销商反映，"好的时候，红旗 HQ3 每个月的销量有一两辆"。

曾几何时，红旗曾是国人心中尊贵的"领袖车"，而今神秘的面纱揭去，红旗已经辉煌不再。在一汽轿车的一次展示会上，一位国家某部委机关采购官员直率地说："我们现在基本不再考虑购买红旗车了，觉得它的档次不够。"

其实，这也反映了许多消费者的心声。

## 曾经的辉煌

"红旗"对中国人来说曾经是一个极其自豪的名字，它蕴涵着与生俱来的高贵情结。

纵览国际汽车工业的发展史，还没有任何汽车品牌像"红旗"那样成为民族自强的化身，凝聚几代领袖的关注。

1958 年 8 月，红旗在一汽厂诞生了，一汽人用智慧的双手实现了中国轿车"零"的突破，也翻开了中国人制造轿车历史新的一页。

从诞生之日起，红旗轿车就与"风流人物"的开国领袖们联系在一起，被赋予了神秘的色彩。1958 年 9 月，邓小平、杨尚昆、李富春等中央领导到一汽视察，赞扬了红旗国产小轿车。

1959 年 9 月，第一辆红旗轿车被送到北京，成为十周年国庆典礼的检阅车。从此，红旗成为"王侯将相堂前燕"，一直是中国的"政治车"和"礼宾车"，代表着地位和权力。领袖接见外宾，庄严国庆庆典等场景，都能看到红旗尊贵的身影。红旗凭借天时、地利、人和，承载了国人太多的关注和希望。

1972 年，美国总统尼克松率领由 500 人组成的代表团访问中国，红旗轿车为美方提供了全程服务。红旗轿车典雅的外形及出色的表现使尼克松及随员大为赞叹，红旗也成为民族自强的象征。

在日本、德国等国际汽车博览会上，红旗轿车以其高贵典雅、凝重大方的东方神韵一枝独秀，从而跻身世界名车之林。意大利汽车设计大师称赞红旗为"东方神韵与现代技术完美结合的典范”。

当年许多外国官员来中国的三大心愿就是“见毛主席、登长城、坐红旗车”，红旗成为世界看待中国的一扇窗户。

## 品牌的错位

红旗轿车从昔日的辉煌荣耀，变为今天的步履艰难，应该说有整个民族汽车工业弱势、自主研发和创新乏力等原因。然而笔者认为，红旗走下“神坛”，致命的硬伤还是品牌战略管理的失误，红旗品牌错位，偏离了自己品牌核心价值的主线。

历史赋予了红旗品牌无人能出其右的至尊地位，“尊和礼”应该是红旗的品牌核心价值，红旗应该是尊贵、权力、地位的象征，自然也是最高档的轿车。

持之以恒地维护品牌核心价值，早已成为很多国际一流品牌创建百年金字招牌的秘诀，许多卓越汽车品牌坚守自己品牌核心价值几十年甚至上百年未变。例如，宝马的“驾驶乐趣”、马自达6的“动感、时尚”、沃尔沃的“安全”、劳斯莱斯的“皇家的坐骑”等。

按理说，红旗应该维护自己“尊和礼”的品牌内涵，坚守高档车市场。然而，面对激烈的市场竞争，红旗经不住诱惑，弃“官”从“民”，昔日的尊贵的“领袖车”今日自贬身价，服务于普通大众。

红旗最大的败笔就是品牌延伸进入中、低档轿车市场，降价过频、过多，最便宜的一款红旗车只要13万多元，滑向低档经济型轿车市场。

红旗为了短期利益，进入城市出租车市场，虽然提升了一定的销售量，但看着大街小巷陈旧的红旗出租车，谁还会想到它曾经是集尊贵、权力和地位于一身的“领袖车”呢？

应该说，红旗进入中、低档轿车市场，使红旗多少年来积累的尊贵品牌形象被破坏殆尽，严重稀释了品牌价值，昔日的“王侯将相堂前燕”现在在消费者心中代表什么？其实什么都不是！

红旗失去值得炫耀的“尊和礼”的品牌价值，也就等于走下了人们心中的“神坛”，难怪红旗在许多人眼里成为低档货，其销量逐年下滑也就不足为奇了。

品牌高、低档之间的垂直延伸往往是死胡同，红旗的失误其实早已被许多品牌失败的案例所证明。

20世纪80年代，美国通用汽车公司曾把凯迪拉克品牌延伸到档次较低的汽车上去，取名凯迪拉克·雪马龙。然而，不仅凯迪拉克·雪马龙未能取得预期的销售业绩，而且过去购买凯迪拉克的顾客也渐渐失去了对它的兴趣，到80年代中期，凯迪拉克的销量显著下降。

为了避免陷入品牌垂直延伸的泥潭，国际成功的汽车公司的高档轿车都是以独立品牌出现的。例如，丰田公司推出高档车取名雷克萨斯，菲亚特旗下的高档车是法拉利，福特旗下是林肯，大众旗下是奥迪和兰伯基尼，本田旗下是阿库拉，宝马收购劳斯莱斯依然保留它的独立性。这些国际汽车公司之所以要保持高档车品牌的独立性，就是为了保持其高档车尊贵血脉的纯正，避免受公司其他中档车品牌的稀释影响。

同样是系出名门的劳斯莱斯轿车的成功经验值得红旗借鉴。劳斯莱斯轿车一百多年来一直维护自己尊贵的品牌形象，特别是成为英国皇室御驾后，劳斯莱斯公司对轿车购买者的身份及背景要求极严，曾经要求只有贵族身份的人才能成为其车主。后来条件虽然有所放松，但还是针对政府高官、贵族、富豪等高端人群。正因为如此，一辆技术含量并不超前、造型几十年不变的劳斯莱斯轿车却成为世人心中尊贵的终极标志，劳斯莱斯幻影 LWB（元首级）进入中国，一辆车的价格高达 1888 万元人民币。

面对红旗的困境，目前一汽厂已经制定了“重归神坛，重塑尊崇”的战略，首先推出了价格在 50 万～70 万元的自主豪华车红旗 HQ3，继红旗 HQ3 之后，一汽还将推出 B 级和 D 级的红旗轿车，以及在 D 级车之前国家豪华礼宾车。

“雄关漫道真如铁，而今迈步从头越。”红旗，这个曾经代表中华民族荣耀的品牌，希望它能重整旗鼓，再现辉煌！

## 专论　地震危难见真情，请支持中国品牌

2008 年 5 月 12 日 14 时 28 分，我国四川汶川县发生了 8.0 级地震。一时间，一方有难，八方支援，华夏儿女众志成城，迅速投入到了抗震救灾的行动当中去。

救灾中有这样一个镜头令人印象深刻：绵竹市汉旺镇东汽中学 17 岁的高二学生薛枭被困废墟 80 个小时，被救出来后的第一句话就是：“叔叔，我要喝可乐，要冰冻的。”这一句话，让薛枭被喻为“逗乐了悲伤的中国”的人。然而，从另一个角度看，这一句话也引发我们的思考，薛枭想要喝的无疑是可口可乐或百事可乐，看来洋品牌有如此大的魅力，已经成为一个孩子获救后的第一渴望。

然而，另一组镜头又不能不让我们感慨。在国难当头之时，许多民族企业或华人在第一时间站出来，毫不犹豫地倾囊相助，伸出援助之手，再一次为我们诠释了“血浓于水”的含义。

我们不妨看看下面的数据：

### 汶川地震捐款排行榜（截至 5 月 22 日数据）

亿元捐款企业个人：国家电网 2.1 亿、深圳慈善总会 1.3 亿、李嘉诚基金 1.3 亿、中国石油 1.03 亿、全国证券期货行业 1.01 亿、万日照钢铁 1 亿、加多宝（王老吉）1 亿、荣成集团 1 亿、台塑集团 1 亿、邵逸夫 1 亿、恒基地产李兆

基 1 亿、雅居乐 1 亿。

千万元捐款企业个人：沙钢集团 8136 万、周大福珠宝 7500 万、台湾长荣 1000 万美元、建设银行 6473 万、中国银行 6400 万、富士康 6000 万、润泰集团 5500 万、中央电视台 5000 万、农业银行 5291 万、中烟总公司 5000 万、匿名公司 5000 万、霖园集团 5000 万、苏宁 5000 万、中国移动 4300 万、中国电信 4072 万、中国平安 3500 万、交通银行 3200 万、中国一航 3000 万、三星 3000 万、耐克 3000 万、香港赛马会 3000 万、保利国际 3000 万、招商局 2713 万、工商银行 2600 万、步步高 2600 万、修正药业 2500 万、国机集团 2500 万、壹基金 2405 万、中国石油 2300 万、中材集团 2300 万、华夏董氏兄弟 2300 万、中国民航 2241 万、亚开行 315 万美元、川渝中烟 2200 万、一汽集团 2129 万、广汽集团 2103 万、华能集团 2100 万、印尼金光 2100 万、中国兵装 2065 万、武钢集团 2011 万、阿里巴巴 2000 万、哈药集团 2000 万、中信集团 2000 万……

爱心固然不能完全用尺子去衡量，也不能去苛求，然而，危难时刻，能否慷慨伸出援助之手确也能够充分体现出一个企业或个人的真情实意。通过上面捐款排行榜我们不难看出，虽然众多中国企业或品牌相比跨国公司洋品牌显得幼稚和弱小，甚至许多民族品牌还备受国人冷落，然而，危难时刻，它们纷纷慷慨相助，站在了抗震救灾的最前沿，献出自己的一份份爱心。

而与之形成鲜明对比的是，那些在中国市场获利丰厚的跨国企业，那些令中国消费者趋之若鹜的洋品牌，要么捐赠数额较少，要么行动迟缓，并没有表现出与其品牌影响力相匹配的企业社会责任感。除了三星、耐克捐赠 3000 万元外，捐赠数额 1000 万元以上的很少能看到那些耳熟能详的跨国企业的名字。

“患难见真情”，我们应该清楚，危难时刻真正能站出来救助我们的永远是中国人，是中国人的企业。因为我们都是炎黄的子孙，所以才会同呼吸、共命运。比如王老吉能在第一时间捐款亿元，同为饮料行业的国际品牌可口可乐、百事可乐能做到吗？

那么，我们每一个炎黄子孙有什么理由不去支持我们中国的企业和品牌呢？其实支持我们民族品牌就是在支持我们自己！

不可否认，许多国际品牌已经经过了几十年甚至上百年的锤炼，在消费者心中具有难以撼动的地位，成为人们心中的至尊、至爱，也难怪薛枭被救出来后的第一句话就是“我要喝可乐”。与国际品牌相比，中国品牌几乎都是弱势品牌，就像一个个正在成长的孩子，身上存在着许多的稚嫩和不足。

然而，“血浓于水”是一个无法更改的事实！我们每个中国人，在对洋品牌趋之若鹜的时候，请不要忘记我们的民族品牌，虽然它们还很不成熟，它们却是我们自己的品牌。

应该说，中国品牌的崛起离不开我们每一位中国人的支持，每一个中国人支持和消费民族品牌便是对祖国的最大热爱！

在2007年8月8日首届中国品牌节开幕式上，全国人大常委会副委员长顾秀莲和品牌中国产业联盟主席艾丰教授以及在场的3000多位企业家、媒体代表一起发出了这样的誓言：我郑重承诺：将以实际行动支持国家自主创新和自主品牌战略，在同等条件下优先购买自主品牌产品，在没有自主品牌产品的情况下，优先购买华人品牌产品，绝不恶意损害民族品牌的形象，以实际行动为“品牌，让中国更受尊敬”贡献自己的力量！

或许有人会说，这是狭隘的民族主义。那么请问，拥有世界品牌的发达国家，它们就没有狭隘的民族主义吗？

西方几乎所有国家元首选用的汽车都是本国品牌，美国总统访华时不惜重金从美国本土将“凯迪拉克”空运到中国，这不仅仅是出于安全考虑，更因为“凯迪拉克”代表着美国的形象和文化……

韩国人支持国货就跟他们爱吃泡菜一样，闻名世界。据说在韩国商场里，韩国产品往往被摆放在显眼的地方，而其他国家的产品则备受冷落。韩国人从汽车、家电、时装甚至一个土豆，都认为是本国的产品好。有这样一个故事：韩国现代刚开始造汽车的时候，有一次一批汽车出了一个不大的瑕疵（不影响使用），现代公开在电视上道歉，并且准备召回。但是就在道歉的第二天，韩国人排队去买这款车，理由只有一个，因为这是我们自己的汽车，就像我们的孩子，我们不支持谁还支持！正是因为有了韩国民众的大力支持和企业的不懈努力，韩国经济才有了高速的发展！

我们并不排斥洋品牌，我们还需要不断向它们学习，但我们更需要支持民族品牌，因为我们拥有一个共同的名字叫“中华”。王老吉亿元捐款感动了中国人，网上一个名为“‘封杀’王老吉”的帖子得到了广大网友的热捧，帖子号召大家“买光超市的王老吉，上一罐买一罐”。据说王老吉近期的销量大幅提高。

中国品牌需要强大，中国品牌需要走向世界，中国品牌更需要我们每一个中国人的支持！

# 第二章 品牌战略

如果说品牌建设如同在夜色茫茫的大海上行船，那么品牌战略就如同大海中闪耀的灯塔，引领着航船前进的方向。

《孙子兵法》曰："善弈者谋势，不善弈者谋子。"

古往今来，任何一场惊心动魄的战局都几乎无一例外地赢在战略上，品牌之战也不例外。

品牌战略就如同夜雾中闪耀的灯塔，引领着品牌航船前进的方向。正所谓"先做正确的事情，再把事情做正确"。品牌战略的本质就是选择正确的方向，它是企业生存发展的前提和保证。

## 第一节 品牌战略——企业战略的核心

当今市场经济，消费者才是市场真正的主人，而消费者追逐的是品牌，所以企业战略如果不以品牌战略为核心的话，就很难真正占有消费者的心，进而占领市场。

回顾中国企业品牌发展的历程，20 世纪 80 年代，谁只要有一点广告意识，敢于大胆做广告就能一鸣惊人，迅速走红；20 世纪 90 年代，广告拍得不仅要有感染力，还要有诉求点，同时 CI 识别系统大行其道，本土诞生的许多名牌中，不少是得益于 CI 识别系统的成功；21 世纪初，谁在整合营销传播方面领先谁就能克敌制胜，稳操胜券。

然而，在市场竞争白热化的今天，产品、渠道、广告、营销等竞争手段日趋同质化，传统竞争手段已经难见分晓，品牌战略管理成为市场竞争的新焦点，谁能够品牌战略制胜，谁就能力挫群雄，赢得天下。

### 一、传统品牌管理的局限性

目前，本土企业在广告宣传、营销策略、终端建设等方面可以说具有很高的水平，然而，充满感染力的广告、别出心裁的营销策略、如火如荼的终端会战并未给企业带来理想的结果。我们不难看到，许多本土品牌虽然家喻户晓，然而生命力极其脆弱，本土品牌的平均寿命只有7.5年，我们距离打造一个强势品牌还路途遥远。

究其根本原因，传统的品牌管理及常规的营销4P理论（价格price、产品product、渠道place、促销promotion）能把企业的营销传播做得有声有色，但却很难打造出一个百年金字招牌。

在传统的品牌管理模式中，品牌居于企业战略中相对较低的位置，包括世界营销学大师菲利浦·科特勒在内，对品牌在企业战略中的地位也未能给予应有的重视。

在传统企业战略框架下，品牌建设居于公司愿景和使命、经营战略、营销战略之下，它的位置和重要性远不如企业的财务管理、生产制造及人力资源。

随着市场经济的发展，品牌的重要性日益凸显，品牌已经成为企业的核心竞争力，传统品牌管理模式已经捉襟见肘，日显苍白。

(1) 传统的品牌管理不介入企业战略的制定和实施，这就导致品牌建设无法在企业的资源配置中得到足够的支持。品牌管理有责无权，只能局限在战术一隅，品牌竞争力自然难以得到长久持续的提高。

(2) 传统的品牌管理在企业经营战略之下，企业管理自然着眼于销量和市场份额等短期利益，很难有人对品牌资产等长远目标负责，而品牌资产恰恰才是企业长久而稳定的利润来源。

(3) 传统的品牌管理视野只局限于单一品牌及产品，企业内部众多品牌往往难以相互沟通协调，有的甚至自相残杀，这就大大增加了品牌建设成本。而且传统的品牌管理难以考虑到品牌延伸等战略问题，而这正是品牌建设的重要环节。

可见，传统的品牌管理模式已经严重制约了品牌的建设和发展，品牌要想提高竞争力，必然要求得到企业财务、生产、研发、营销等各方面的支持。因此，企业中品牌战略管理刻不容缓！

## 二、品牌战略——企业战略的核心

目前，一种新的理论在美国等西方发达国家正大行其道，这个理论就是《高级品牌管理——实务及案例分析》的作者Pual Temporal的“品牌驱动经营战略理论”。

Pual Temporal认为：“开明的公司已经铭记品牌的概念只存在于消费者的心里，没有消费者的心理承诺，品牌只不过是公司或产品的名字或服务的形式罢了”，“消费者创造了品牌，消费者拥有品牌”。“品牌驱动经营战略理论”颠覆了传统的企业经营战略模式，主张用品牌愿景代替公司愿景，用品牌战略指导经营战略，品牌塑造被提升到了企业经营的最高位置。目前许多知名企业开始首先规划品牌的愿景和使命，并以此推动企业的经营战略和经营活动。

笔者认为，“品牌驱动经营战略理论”能够在美国等西方发达国家大行其道，是市场经济发展的必然，随着市场竞争的日趋同质化，品牌战略必将成为企业战略的核心。

当今市场经济，消费者才是市场的真正主人，任何企业战略如果不能以消费者为中心的话，就有可能脱离市场实际，最终被消费者遗弃。

企业的经营战略、人才战略、并购战略等往往是企业内部导向的，其基点不是消费者而是企业自身。企业愿景及使命里长篇累牍、自吹自擂的“我是……”、“我要……”，并未认真考虑消费者的需求和价值。

消费者在市场中所关注、购买的是品牌，只要品牌能带给消费者所期望的功能及情感利益，他们就会心满意足，他们并不关心品牌背后的企业。比如，许多消费者并不知道雷达、浪琴是 SMH 公司旗下的品牌，也不了解肯德基、必胜客都出自百胜集团门下，然而这并不影响这些品牌深入人心。

因为消费者在市场中追逐的是品牌，所以企业经营活动中如果不以品牌战略为核心，就很难最终占有消费者的心，进而占领市场。

杨元庆当年在执掌联想时，就曾提出过这样的企业战略：联想要从单纯的 PC 行业拓展到 IT 服务、互联网、3C 等多个领域。然而市场是残酷无情的，联想的一相情愿被市场碰得头破血流，现在又不得不重新回到 PC 的专业化道路上来。联想当初企业战略失败的根本原因就是忽视了品牌战略，联想单一品牌架构怎能支撑多个业务领域？连索尼这样的世界品牌进入手机市场时还要借助爱立信，形成联合品牌 SONY ERICSSON，何况联想这个本土品牌呢？惨痛的教训使联想不能不重视品牌战略，如今联想的品牌宣言已经成为企业工作的核心。

长虹曾经以成本领先战略令对手闻风丧胆，成为中国彩电业的佼佼者。然而 2000 年以来，长虹的价格“利器”似乎已经不再锋芒毕露，不但无法再现辉煌，反而每况愈下。长虹原本的成本领先战略之所以逐渐失色，就是因为长期以来它侵蚀了长虹的品牌形象，在一项家电品牌调研中，长虹给消费者的品牌联想是“老迈的村支书”、“农民品牌”，这导致长虹在城市市场中不可避免地丢城失地。

相反，1993 年，郭士纳刚刚接手 IBM 时，这家超大型企业已经步履蹒跚，亏损高达 160 亿美元，正面临着被拆分的危险。郭士纳重振 IBM 的核心策略之一就是重视公司品牌，他上任伊始就将 IBM 品牌所占的预算分配比例由 10% 提高到 50%，并聘请咨询公司，重新制定品牌战略。在郭士纳为 IBM 掌舵的 9 年间，这家公司股价上涨了 10 倍，成为全球最赚钱的公司之一。

品牌力时代已经到来，企业和消费者零距离接触的是品牌，企业的产品、技术、管理、营销等各种竞争优势最终都要转化表现为品牌竞争优势参与市场角逐，品牌竞争力是企业核心竞争力，品牌战略是品牌建设的基础，品牌战略必将成为企业战略的核心。

郭士纳救活了 IBM

## 三、品牌战略——企业制胜的法宝

在品牌建设的征途中，并非“条条大路通罗马”，品牌战略为品牌建设确立了目标、方向和行为准则，成为品牌建设的“指南针”和“方向盘”。品牌战略并非像有些人认为的那样是空中楼阁、纸上谈兵，只要我们深刻领悟品牌战略的内涵，就会发现品牌战略的意义显而易见。

2003 年以来，中石化启动了长城润滑油品牌战略工程，收效非凡。中石化在品牌战略工程中，改变了品牌管理仅限于广告宣传和形象管理的局面，将品牌战略与企业战略和企业经营相结合。同时，成功地将旗下的海牌、南海、一坪等其他润滑油品牌整合为长城一个品牌。另外，中石化还实施了“1 + N”品牌工程，“1”是指选择中央电视台作为战略合作伙伴，2004 ~ 2005 年连续两年在中央电视台黄金时段投放超过 2 亿元广告。“N”是指开展系列大型公益活动：赞助“神舟五号”飞天，赞助成为南极科考“雪龙号”指定用油，赞助成为北京 2008 年奥运会正式用油，赞助“品牌万里行”，赞助“2007 年地球第三极珠峰大行动”……

通过实施品牌战略，中石化的品牌力得到有力提升，销量大幅增长。如今，中石化中高档润滑油产销量达到整合前的 3 倍，销售收入达到整合前的 3.6 倍，长城的品牌价值已经达到 85.03 亿元，保持了中国润滑油第一品牌的地位，成为有实力与国际品牌相抗衡的中国润滑油旗舰品牌。

### （一）引领品牌建设前进的方向

一个品牌如果没有明确的目标和方向，就像随波逐流的浮萍，很容易在激烈的市场竞争中迷失方向。

品牌战略为品牌描绘了未来蓝图和终极目标，避免品牌因为缺乏远大目标而深陷旋涡之中。同时，它能唤起企业员工的激情和斗志，形成一种无坚不摧的精神力量，激励员工为了共同理想和目标而拼搏。

纵观品牌发展史，成功的品牌几乎无一例外地赢在品牌战略上。

蒙牛的品牌战略目标是“三步走”：第一步做“内蒙古牛”，第二步做“中国牛”，第三步做“世界牛”。蒙牛在“无工厂、无奶源、无市场”三无的情况下，选择了“先做市场，再建工厂”的战略方向。1999 年，当蒙牛以 100 万注册资金成立公司时，伊利的市场规模已是 12 亿元，蒙牛在全国的排名仅为第 1116 位。然而蒙牛挟品牌之威力跑出了火箭般的速度，在短短 5 年时间里一跃成为中国乳制品行业的“领跑者”，创造了平均每天超越一个竞争对手的神话。

### （二）抢占消费者的心智，开辟自己的生存空间

品牌战略的一个重要内容就是提炼品牌核心价值，个性鲜明独特且高度差异化的品牌核心价值，往往能“万绿丛中一点红”，以低成本吸引消费者的眼球，抢占消费者的心智，在激烈的市场竞争中开辟自己的生存空间。

凉茶饮料王老吉之所以能在竞争激烈的饮料市场脱颖而出，迅速飙红，就是因为提炼出了高度差异化的品牌核心价值——“预防上火”。“预防上火”贴近消费者需求，同时剑走偏锋，避开了同可口可乐等国内外饮料巨头的直接碰撞，开辟了一片“蓝海”，也奠定了王老吉成功的基础。

### （三）降低品牌建设的成本

品牌战略要求企业用以品牌核心价值为核心的品牌宪法统率企业的一切经营活动，这就保证了企业的产品研发、广告宣传、包装设计、公关活动、新闻炒作、软文宣传、终端建设等营销传播活动都在围绕品牌核心价值展开，从而使企业的每一分营销传播费用都在加深强化消费者对品牌核心价值的认知和记忆上，都在为品牌资产做加法，这样自然就大大降低了品牌建设的成本，节约了企业经营活动的费用。

劳斯莱斯轿车的品牌核心价值是“尊贵”，近百年来，劳斯莱斯的一切营销传播活动都围绕“尊贵”展开。劳斯莱斯曾是皇家御用“坐骑”，发动机一直是手工制造，其年产量限定在 2000 辆左右，对购买者的身份及背景要求极严，不惜派出直升机前去修理故障车……企业点点滴滴的经营活动都在围绕“尊贵”展开，都在为品牌资产添砖加瓦，使劳斯莱斯最终成为“尊贵”的代名词。

### （四）科学的品牌架构能使品牌价值最优化

品牌战略的另一个重要内容就是设置品牌架构，品牌架构主要是解决一个品牌大家族内各品牌之间如何协同共处的问题。

在企业发展过程中，随着产品种类增多、兼并收购、资本扩张等情况的出现，企业必然会遇到品牌架构问题。这些问题看似简单，然而却都是牵一发而动全身的企业战略问题。科学的品牌架构能够从战略角度处理好品牌间的关系，整合企业内部资源，形成互动的合力，从而使品牌建设事半功倍，品牌价值最优化。

宝洁公司是一个典型的品牌大家庭，旗下洗发水品牌就有潘婷、海飞丝、飘柔、沙宣等，洗衣粉有汰渍、碧浪、欧喜朵等，化妆品有 SK－Ⅱ、玉兰油、威娜、伊卡璐、妮维娅等，另外还有佳洁士、舒肤佳、护舒宝、吉列、品客、金霸王等。宝洁公司采用科学灵活的品牌架构模式，良好地处理了众多品牌之间协同共处的关系，取得了最佳经营效果。

### （五）深度挖掘品牌价值，扩大经营规模

科学的品牌战略要求提炼品牌核心价值要有战略眼光，品牌核心价值要有包容性，要为未来品牌延伸预埋管线。理性的品牌延伸能够深度挖掘品牌价值，最大限度地提高品牌资源利用率，使企业以最低成本进入新产业、新领域，带动更多的产品畅销，迅速扩大企业经营规模。

西门子、飞利浦、3M、雀巢、海尔等企业都是利用一个品牌培养了成百上千种产品，使企业规模迅速扩张，成为行业中的翘楚。

## 第二节　品牌战略——本土企业的“软肋”

品牌战略是企业战略中的战略，它在企业发展过程中至关重要。

然而，反观中国品牌建设的现状，我们不难发现，品牌战略管理依然是诸多本土企业的“软肋”。品牌战略问题已经成为制约本土品牌发展的一大“瓶颈”。

许多本土企业品牌建设可谓是“战术的巨人，战略的矮子”。

目前本土企业不乏出奇制胜的广告创意、别出心裁的营销策划、过硬的产品质量、畅通的营销渠道，然而却缺乏品牌战略的长远科学规划，品牌战略管理常常是走一步看一步，甚至被视为虚幻之物，成为企业品牌建设的盲点，许多本土知名品牌在战略上犯低级错误的案例屡见不鲜。

许多企业认为，所谓的品牌战略就是做一套漂亮的 CI 手册，拍个好广告，然后敢于巨额广告投入，就能迅速造一个名牌。于是我们不难看见中国市场“广告战”狂轰滥炸的硝烟弥漫。

还有的企业认为，销售额才是硬道理，销量上去了不就等于拥有了强势品牌？我们常常看到中国市场不乏吸引眼球的促销活动、刺刀见红的“价格战”、独辟蹊径的产品“新概念”等。

也有的企业虽然制定了品牌战略规划，然而在具体执行过程中，面对市场环境的风云变幻和种种压力，常常自乱阵脚，偏离了品牌战略原有的轨道，品牌战略管理最终也只能是纸上谈兵。

企业如果缺乏一个对品牌整体运作的长远思路，其后果是非常严重的。仅仅依靠4P获得的竞争优势是局部的，很难形成持久的竞争壁垒。所有高超的营销技巧只能解决企业当前的销售问题，却未必能打造一个具有高忠诚度、高溢价能力、高抗风险能力的强势品牌。品牌战略管理的薄弱导致本土品牌生命力很弱，20多年的市场实践证明，中国不乏昙花一现的名牌，却缺少基业常青的强势品牌。

为什么众多本土品牌难以长久？根本原因还是品牌战略的缺失。追溯中国市场20余年营销的风雨历程，笔者认为，本土企业的品牌战略管理存在以下几方面问题。

## 一、品牌管理未上升到战略层面

客观而言，真正了解品牌战略内涵的本土企业并不多见。

一些企业的管理者品牌意识淡薄，认为只有销量才会给企业带来利润，所以它们习惯于紧盯着财务报表，品牌战略常常因为不能快速获利而被一再搁浅，甚至有的企业错误地认为品牌战略只是虚无缥缈的纸上谈兵。

有的企业虽然已经意识到品牌战略的重要性，然而对品牌建设的理解过于简单，仅仅停留在CI设计、广告创意、营销策划等战术层面。对如何通过塑造品牌的个性内涵抢先占领消费者心智，如何让品牌核心价值统领企业经营活动降低运营成本，如何通过情感沟通建立消费者对品牌的认同和忠诚，如何科学利用品牌资产助推企业发展等品牌战略问题考虑甚少，所以说，品牌管理还没有上升到全局性的战略高度。

品牌管理缺乏战略高度，导致品牌存在诸多弊病。例如品牌气质趋于雷同，缺乏个性，难以建立市场区隔，形成竞争壁垒；品牌内涵单薄，缺乏丰厚的文化底蕴，难以产生高附加值；品牌缺乏定力，品牌诉求朝令夕改，让消费者雾里看花等。

中国彩电企业的营销战术表现可谓妙招迭出，各种新概念、新卖点层出不穷，比如“变频”、“上网通”、“绿色”、“抗菌”等。从短期角度来看，这些营销战术虽然也能吸引一部分消费群体，提高一定产品销售量。然而从长远眼光来看，中国彩电品牌管理缺乏战略掌控，各种新概念、新卖点看似风光，相互之间却缺乏内在有机的联系，没有持续一致地传达共同的品牌内涵，也无法提升品牌的整体价值及消费者的整体认同感。

相反，索尼的品牌传播给人的感觉似乎十分“单调”，自20世纪90年代以来，索尼的广告宣传一直围绕显像技术传递信息，如90年代初的“单枪电子束”，90年代中期的“特丽珑显像管”，近些年的“贵翔彩电”（更先进的特丽珑显像管）。然而正是这种看似“单调”的广告诉求，却切中了消费者购买彩电时“色彩逼真、自然、鲜艳”的心理需求，使索尼“高精尖技术拥有者”的品牌形象深入人心，也大大提升了索尼品牌的整体价值和溢价能力。品牌战略管理水平的高低也导致了收益的大相径庭，有数据表明，2000年索尼在中国销售100万台彩电，赚走了10亿元的利润，而同期中国整个彩电行业利润之和仅有5.4亿元。

难怪有资深家电人士曾说：“再回头看看这几年的中国家电市场，概念营销大有登峰造极之势，然而若问一句，这当中又有几个概念产品真正在市场上立得住？恐怕坦然回答的没有几家企业。”

## 二、品牌战略缺乏有效的组织与人才支撑

战略只有依靠有效的组织体系与人才去执行才能掷地有声。

企业如果要真正制定、贯彻执行品牌战略，就应该将品牌管理组织上升到企业组织构架中的最高层次，应由企业精通品牌战略管理的总裁或副总裁亲自挂帅，协同企业的研发、生产、财务、销售等各个部门紧紧围绕品牌战略展开工作。

宝洁、强生等跨国公司的品牌战略制定是CEO们的核心任务之一，这些企业的总裁（副总裁）大多出身于品牌经理等职位。国内许多成功企业，如海尔、蒙牛、娃哈哈等的总裁们也无一例外地将品牌作为企业的头等大事来抓，这是这些成功企业打造卓越品牌的根本保证。

然而，在本土企业中，真正发挥品牌管理组织应有作用的可谓凤毛麟角。

据统计，目前我国有80%的本土企业没有建立内部专门的品牌管理组织机构，大部分企业还停留在西方国家20世纪50年代的品牌管理水平。许多本土企业由销售总监、广告经理代行品牌管理之职，然而，销售总监往往关注的是年度销售目标，广告经理则易醉心于具体广告创意、营销策划等战术工作。有些企业虽然设立了品牌经理一职，但大都设在市场部之内，实际只是起到广告宣传、视觉设计层面的作用。这种现状导致企业品牌管理很难在品牌核心价值确定、忠诚度培育、品牌延伸、产品开发等战略层面发挥作用，更谈不上调动生产、研发、销售等各方资源为品牌战略服务，而这些恰恰又是打造强势品牌的重要环节。

还有许多企业虽然也意识到品牌管理的重要性，但到底如何建立有效的品牌管理组织体系？应该赋予经理怎样的职责？仍感困惑彷徨。

组织体系应有作用发挥不到位，严重弱化了企业品牌战略管理应有的作用，常常会出现品牌战略实施无人监督，无人协调，甚至营销传播活动严重偏离品牌核心价值也无人负责。这种现状导致品牌战略管理最终只能是纸上谈兵，据统

计，73%的企业品牌战略失败均与品牌管理组织及品牌经理的设置不到位有关。

另外，由于本土企业品牌战略管理处于起步阶段，因此，能够真正掌握品牌战略的精髓并且有丰富实践经验的专业人才比较稀缺。一个合格的品牌管理者应该谙熟战略、营销、广告、公关、心理等多方面知识，并具备良好的沟通协调能力和规划判断能力。目前许多本土企业的品牌经理出身广告或营销行业，缺少品牌战略管理的理论知识及实践经验，因此培养本土企业品牌管理的高层次人才刻不容缓。

## 三、忽略了品牌战略是一项系统工程

品牌战略的实施是企业的一项系统工程，它具有全局性、系统性、长期性、全员性的特点，不可能一蹴而就。

冰冻三尺，非一日之寒。品牌战略的实施依靠的是企业整体素质与整体形象的提升，是一个长期积累的过程，并无捷径可走。如果企业的技术创新跟不上时代、价格定位不配套、产品质量不过硬、品牌承诺和事实不符、销售渠道不力、人才素质低下等，品牌战略实施也只能是空中楼阁。

目前，一些企业在品牌战略实施过程中，没有清醒地认识到这一点，急功近利，过于偏重广告宣传，希望在短时间内“催生”出一个品牌，忽视了在技术研发、品质提升、售后服务等方面下真功夫。

另外，品牌战略的长期性、持续性也会因为品牌管理人员的流动更替受到伤害。铸造卓越品牌需要企业数十年如一日维护品牌战略，有时需要几代人的艰辛努力。然而，职业经理人的职业特征决定了品牌管理者流动更替是正常现象，许多新上任的品牌管理者都有“新官上任三把火”，“一代更比一代强”的自傲心态，他们极有可能推翻前人的品牌战略规划，标新立异，展示自己的非凡韬略。然而，这种短期的动机和行为，却给品牌战略的长期性、持续性带来致命的伤害。在实践中我们不难看到，许多企业的品牌战略随意改变，品牌战略实施的持续一致性成了水中月、镜中花。

为了维护品牌战略实施的持续一致性，许多成功企业纷纷制定了品牌管理手册，如《可口可乐品牌管理手册》、《创维品牌宪章》等，这些管理手册成为企业的品牌宪法，使品牌管理工作有法可依，有章可循，企业不同时期的品牌管理人员都必须严格遵守，认真执行。这种做法值得我们许多企业借鉴。

## 四、实施品牌战略生搬硬套

品牌战略管理固然重要，然而，品牌战略也并非包治百病的灵丹妙药。企业进行品牌战略管理，一定要结合企业的行业特点、自身情况等，东施效颦往往会适得其反。

一般来说，品牌战略更适应如下行业：①食品、饮料、酒、药品、保健品、洗涤用品等快速消费品行业；②家用电器、汽车等耐用消费品行业；③体现身份地位的产品行业。在这些行业中，品牌应作为企业的核心竞争力来打造。

然而，实践中，一些明显不适合运用品牌战略的企业也生搬硬套。比如一些钢铁、汽车配件、餐馆、超市等企业也大搞品牌战略，到处“砸广告”，结果适得其反。在这些企业中，企业核心竞争力往往源自于产品、质量、服务等因素，品牌管理固然重要，但还不能成为企业各经营要素的核心，因此更适宜实施品牌战术管理。

例如，零售批发业的核心竞争力在于周到的服务、低成本采购等，品牌并不构成企业最核心的竞争要素，沃尔玛、家乐福的广告宣传费用占营业收入不到1%，然而这并不妨碍它们门庭若市。又如，2004 年浙江第一超市品牌“家友”由于公司并购原因，统一更名为“世纪联华”，“世纪联华”品牌当时在浙江知名度并不高，然而更名后超市营业额并未下降，说明品牌名称更替对超市经营影响并不大。

## 五、具有高溢价能力的品牌战略凤毛麟角

品牌战略的终极目标是盈利，是为企业带来实实在在的利润，当然它通过品牌的高溢价能力体现。

1998 年 8 月，全兴集团对成都市水井坊街的曲酒生产车间改造时发现，水井坊是世界最古老的酿酒坊，世代传承着酿酒的技艺和文化，于是水井坊一问世便推出了“中国白酒第一坊”的品牌战略，其文化的支撑点就是“老窖文化”。水井坊酒虽然高价问世，但业绩依然一路飙升，迅速成为中国家喻户晓的高档白酒品牌。

然而，在本土企业中，类似水井坊这样具有高溢价能力的品牌战略凤毛麟角。海尔电器价格比一般品牌高 10% 以上，养生堂保健品的价格比同类保健品高 30% 左右，然而这样的本土品牌又有多少呢？本土大多数知名品牌如长虹、康佳、格兰仕、波导、李宁、美加净、大宝等都是以低价取胜，品牌本身溢价能力较低。

溢价能力最高的奢侈品几乎被国际品牌一统江湖，一瓶香奈儿（Coco Mademoiselle）女士香氛 50ml 售价 675 元，一只普通劳力士手表的价格从 1000 美元到 15000 美元不等，劳斯莱斯幻影 LWB（元首级）进入中国市场，一辆车的价格高达 1888 万元人民币。

其实，商品价格和成本之间并没有必然的联系，铸造高溢价能力的品牌并非像有些人想象的那样高不可攀，除了产品品质过硬以外，关键在于培育出能够征

服消费者心灵的品牌文化内涵，使品牌成为情感表达的载体、身份地位的象征。

## 六、品牌战略架构设置简单机械

品牌架构是企业牵一发而动全身的战略问题，然而，许多本土大型企业，特别是中字号特大国有型企业，在品牌架构设置上存在许多问题，有的甚至存在严重缺陷。

许多特大型国有企业产品家族极为庞大，品牌架构设置上却显得有些简单机械。要么是一种产品、一个行业用一个完全独立的品牌，要么是所有业务一律用一个企业总品牌，缺少其他灵活的模式。品牌架构设置简单机械存在明显的缺陷：一方面，企业旗下的每一个子品牌无法得到总品牌的强势支持，从而导致营销成本超高；另一方面，企业旗下众多子品牌的发展没有为总品牌带来提升作用。例如，我们看不到企业总品牌中石油同众多润滑油子品牌飞天、昆仑、七星等的有效互动。

应该说，许多特大型国有企业还没有优选出最佳经济效益的品牌架构模式，总品牌和旗下各子品牌之间未能形成有效互动，品牌建设完全依靠雄厚实力“硬”支持。

许多跨国公司科学灵活的品牌架构模式值得我们借鉴。比如，飞利浦、西门子、松下旗下众多产品共用同一个品牌；通用汽车公司的凯迪拉克、别克、欧宝、雪佛兰等汽车的车尾都镶有“通用（GM）”标志；丰田汽车公司推出雷克萨斯车时刻意隐去了丰田的痕迹；“雀巢—宝路薄荷糖”、“雀巢—美极酱油”采用双品牌并列的模式等，这些不同模式的品牌架构看似眼花缭乱，其实背后都遵循着科学严谨的原则，使品牌价值最优化。

另外，特大型国有企业尚未升华为真正拥有品牌核心价值的企业总品牌。提起“GE”，我们会联想到“GE 带来美好生活”，说到“BP”，人们会感受到它“超越石油”的更高境界。然而，谈到“中石油”、“中国银行”这些如雷贯耳的企业，我们除了产生一些“庞大”及行业识别的联想外，很难体会到超越识别功能的品牌价值联想。而要建立真正的企业总品牌，仅有名称的识别功能是不够的。

## 七、误认为实施品牌战略只是大企业的专利

“做品牌是大企业的事情，像我们这样的中小企业当务之急是把销量搞上去，积累资本，即便做品牌，也是企业发展壮大以后的事。”这是国内中小企业老板对品牌建设的普遍认识。

对于众多中小企业而言，生存确实是摆在它们面前的第一大问题。市场竞争日趋激烈、缺少资金、生产设备落后、人才匮乏等，都使中小企业为了生存而苦苦挣

扎，哪里还有精力考虑品牌建设呢？然而当不少中小企业为了生存陷入单纯的价格竞争困境时，它们却忽略了重要的一点：品牌建设才是中小企业发展的捷径。

探究那些成功企业的发展历程，我们不难发现，它们的成功无一例外与品牌有着密切的联系，如海尔、蒙牛、脑白金等，这些企业从创建之初就有了品牌经营的意识，品牌也助推它们从小到大，最终走向成功。

对于一个渴望长大的企业来说，应该尽早开始实施品牌战略，时不我待，等到企业壮大以后再考虑品牌建设的事，必将错过发展的良机。

## 第三节　品牌战略制胜的“七步棋”

《孙子兵法》中，将战略视为对战争最高层次的决策和把握，推崇“运筹帷幄之中，决胜千里之外”。

那么，品牌如何战略制胜呢？

众所周知，品牌是一种错综复杂的象征，是名称、个性、包装、价格、历史、声誉、广告等元素的集合。品牌战略则为品牌建设制定了目标、方向、指导原则及行为规范，就如同一个国家的宪法一样，品牌战略从宪法高度界定规范了品牌建设的方向及各项工作，使企业品牌管理工作有法可依，有章可循。

和企业一般战略所不同的是，一般战略强调市场、产品、财务、渠道、服务等问题，而品牌战略则针对品牌愿景、核心价值、品牌架构、品牌内涵、品牌机构、品牌识别、品牌延伸等问题，其核心就是有效监控品牌与消费者的关系的发展，从而实现品牌的愿景。

企业要想品牌战略制胜，笔者概括总结应该走好以下“七步棋”：

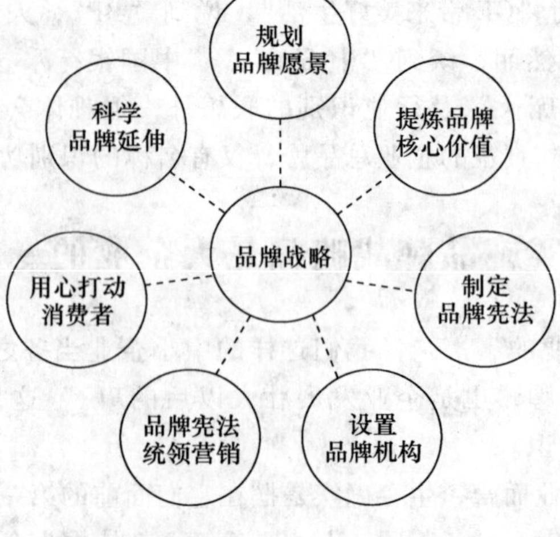

## 一、规划品牌愿景，引领品牌前进的方向

《圣经》里有一句话："哪里没有愿景，人们即将灭亡。"（"Where there is no vision, the people perish."）

一个卓越品牌的塑造首先从规划清晰的品牌愿景开始。

无论是万宝路、可口可乐、奔驰，还是IBM、强生、吉列，每一个卓越品牌的背后都有一种无形的力量引领着品牌前进的方向，就像迷雾中的灯塔，激励着员工为了共同的理想和目标而奋斗，这就是品牌愿景。

品牌愿景是关于一个品牌未来的最重要的描述，它描绘了"我们的品牌想要创造什么"的美好蓝图，它告诉消费者、股东及员工：品牌未来的发展方向是什么？品牌未来要达到什么目标？品牌为什么存在？品牌愿景能够给人一种清晰的品牌聚焦和激励人心的凝聚力、感召力，一经确定就能形成一种无坚不摧的精神力量，推动着品牌不断前进。

一般认为，品牌愿景由品牌未来目标、品牌使命和品牌核心价值三部分构成。

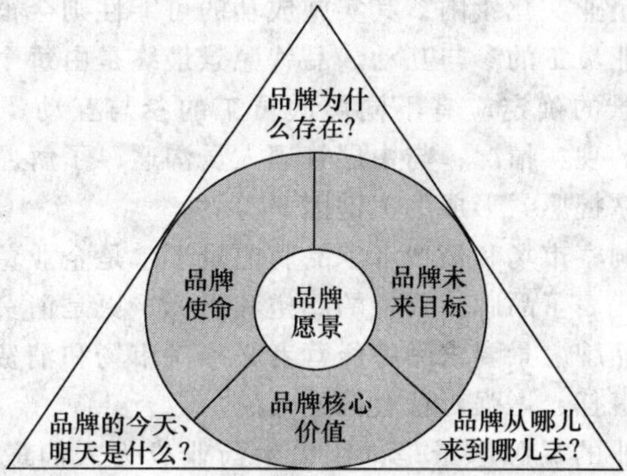


品牌愿景构成图

那些成功品牌都具有一个清晰、明确的品牌愿景。例如，三星的品牌愿景是"成为数字融合革命的领导者"；索尼的品牌愿景是"娱乐全人类——成为全球娱乐电子消费品的领导品牌"等。这些品牌愿景都清晰地勾画了品牌未来的目标，指引品牌发展的方向。

英国著名品牌专家Leslie De Chernatony（《品牌制胜》作者）提出"品牌愿景导向的战略管理理论"。他认为一个品牌的建设和维护是由一个团队来完成的，为了确保大家劲儿往一处使，对品牌达成共识至关重要。因此，品牌建设必须首

先确定清晰的品牌愿景，并得到员工的广泛理解和认同，然后再建立与品牌愿景相协调的组织文化并使品牌愿景具体化，以推动品牌愿景的实现。

然而实践中，我国大多数企业过分重视品牌识别体系建设，却忽视了品牌愿景在品牌建设中的引航作用。据一项对我国食品、饮料、电子、电器、服装等行业300多个品牌的调研结果显示，95%以上的品牌都没有自己明确的品牌愿景，许多品牌管理者很少思考自己品牌的方向性问题，甚至一些品牌管理者对品牌愿景更是闻所未闻！没有明确的目标，品牌很容易在激烈的市场竞争中迷失方向。

那么，如何制定品牌愿景呢？我们应该认真思索这些问题：

（1）我们想进入什么市场？市场环境怎样？竞争者怎样？

（2）企业可以投入的有效资源是什么？

（3）企业的财务目标是什么？品牌又在这些目标里扮演什么角色？

（4）品牌现在地位怎样？未来预期目标又如何？

（5）现在的品牌能够达到未来目标吗？

企业在确定品牌愿景的过程中，应该注意以下关键点，以避免品牌愿景成了大而空的套话，或者不能够被相关人员认同，最终成为纸上谈兵。

第一，要有认同的企业文化氛围。品牌愿景的建立要依据企业内部文化，如果企业内部文化对品牌愿景非常认同，则品牌愿景的实施会非常顺畅和高效，如果品牌愿景有悖于企业文化氛围，其实施成功的可能性则会很低。

第二，要有企业员工的参与互动。品牌愿景最终是由每个员工具体参与实现的，因此，品牌愿景的确定应有不同层次员工的参与互动。通过与基层员工沟通，倾听愿景实施的现实情况；与中层管理人员沟通，了解愿景的实施方案；与高层管理者沟通，掌握愿景形成的关键因素等。

第三，要深入洞察市场和消费者。品牌愿景不单是企业董事会、管理者一相情愿的事，它不仅代表了品牌经营者的愿望和目标，更是消费者使用这个品牌的终极欲望的体现。品牌愿景要求品牌经营者必须对市场和消费者深入洞悉，权衡品牌所承担的社会责任，增强对社会的使命感。

例如，民生药业的品牌愿景是：让民生药业成为人们最值得信赖的药业品牌。民生药业由小到大，由弱到强，经历了80年的发展历程，已成为消费者高度关注和信赖的医药企业。民生药业倡导中国和谐的管理思想，以“勤、变、进”作为企业文化的核心理念，以“专业化、负责任”为核心价值，确保进入中国制药企业前10强，力争成为世界品牌。民生药业的品牌愿景“让民生药业成为人们最值得信赖的药业品牌”明确了品牌未来的蓝图和目标，唤起企业强烈的使命感和责任感，也激发出员工巨大的勇气和能量。

## 二、提炼品牌核心价值，并以非凡定力坚持它

品牌核心价值是品牌的灵魂和精髓，是企业一切营销传播活动围绕的中心。

提炼品牌核心价值必须在全面的品牌调研和“诊断”基础上进行，品牌“体检”是一项非常严谨细致的工作，即使一个小小的错误，也会让你错一子而输全局。

品牌核心价值应该个性鲜明独特，且能打动消费者的内心。当今需求多元化的社会，没有一个品牌能成为通吃的“万金油”，只有高度差异化、个性鲜明的品牌核心价值才能“万绿丛中一点红”，以低成本吸引消费者眼球。例如，百事可乐的“年轻一代的选择”、宝马的“驾驶的乐趣”、美宝莲的“妩媚、雅致、柔美”、舒肤佳的“除菌”、金六福的“福文化”……

一个强大的品牌不是由创意打造的，而是由“持之以恒”打造的。品牌核心价值一旦确定，就应该以非凡的定力，持之以恒地坚持维护它，这已成为国际一流品牌创建百年金字招牌的秘诀。例如，可口可乐演绎“乐观向上”的核心价值百年未变，力士传达“滋润高贵”的形象已有 70 年，万宝路诠释“阳刚”豪迈也有 50 年……

反观我们国内许多品牌（甚至知名品牌），品牌核心价值模糊不清、广告诉求主题朝令夕改成了信天游，尽管品牌建设投入巨大，但品牌资产却未得到有效提升。

## 三、围绕品牌核心价值制定品牌宪法，使其具有可操作性

品牌核心价值确定后，应该围绕品牌核心价值制定品牌宪法，使其具有可操作性。

品牌宪法是统率企业一切营销传播活动的大法，它使企业一切营销传播活动有法可依，有章可循。

品牌宪法由品牌战略架构和品牌识别系统构成。

品牌战略架构主要确定企业是采取单一品牌战略，还是多品牌战略、担保品牌战略等问题，它从战略角度解决如何整合企业内部资源，梳理好品牌大家族中各品牌间的关系，使各品牌能够协同共处，实现品牌价值最大化。

品牌战略架构是事关企业全局发展的大事，品牌战略架构决策的正确与否会导致企业数千万乃至上亿元资产的得失，甚至关乎企业的存亡。

品牌识别系统包括：品牌理念识别、品牌行为识别和品牌符号识别三部分，如果把品牌识别比作一个人的话，品牌理念识别就是他的思想和灵魂，品牌行为识别就是他的举止行为，品牌符号识别则是他的外貌形象。

在品牌这些识别系统中，具体界定规范了一个品牌的核心价值、产品的类别、特色、用途、品质、档次、企业的理念文化、价值观和使命、企业在同行业中的地位、企业社会责任感、企业行为制度、员工行为制度等，以及品牌的产品包装、VI 系统、影视广告、海报等。

这些品牌识别系统具体界定了企业营销传播活动的标准和方向，使品牌核心价值这个抽象的概念能和企业日常活动有效对接并具有可操作性。把品牌战略的文字性东西，分解到产品的研发、生产、品质、特色、渠道、广告、促销、服务等方面，甚至每个员工的行为上。

例如，麦当劳汉堡包的肉饼成分很有讲究，必须由83%的肩肉与17%的五花肉混制而成，体现着其产品特色识别；派克笔1000元一支的价位体现着其产品档次识别；蒙牛乳业倡导："市民健康一杯奶，农民致富一家人"，体现了它们的社会责任感等。

## 四、设置品牌管理机构，确保品牌战略的贯彻实施

品牌管理机构设置是否科学合理事关品牌建设的成败。

目前，我国许多企业非常重视品牌管理，但品牌管理的组织机构设置并不科学。许多企业品牌经理设置在市场部中，等同于一般意义上的广告经理，他们的作用也只是广告宣传、视觉设计等，还没有在品牌战略管理层面发挥作用。许多企业的高层决策者大都是财务或技术人员出身，缺乏品牌管理的意识和经验。品牌管理经理被挤在决策层外，致使品牌战略管理踏空。

品牌战略管理必须得到企业高层的高度重视，公司最高管理者应该是品牌的主要倡导者，如雀巢公司营养部的副总裁就是Carnation品牌领袖，速溶咖啡部的副总裁就是Nescafé的品牌领袖。

而像宝洁这样真正的品牌管理型公司，品牌经理几乎就是某个品牌的"小总经理"，他们要负责解决有关品牌的一切问题，通过交流、说服调动公司所有的资源，为品牌建设服务。这种定位使他们成为品牌真正的主人。

当然品牌管理组织机构的设置没有放之四海而皆准的法则，生搬硬套宝洁的做法也并非可取之策，企业应该结合自身情况具体对待。对于实力雄厚、品牌较多的企业可以借鉴宝洁的经验。例如，上海家化实施品牌经理制度就取得了成功。

对于其他多数以品牌为核心竞争力的企业，建议成立一个由精通品牌的公司副总挂帅，品牌部或市场部、公关企划部主要负责，其他部门参与的品牌管理组织，从而有效组织调动公司各部门资源，为品牌建设服务。品牌管理机构应拥有产品开发制造权、市场费用支配权、产品价格制定权等，从而把握品牌发展的大方向。

## 五、用品牌宪法统率企业的一切营销传播活动

品牌宪法制定后，企业的一切营销传播活动都应遵守品牌宪法，围绕品牌核心价值展开。从产品研发、原料采购、包装设计到广告宣传、公关活动、新闻炒

作、店面布置、促销活动、售后服务、与客户消费者沟通等，都应演绎出品牌的核心价值。这样就会使消费者在每一次接触品牌时都能感受到品牌核心价值的信息，这就意味着企业的每一分营销传播费用都在加强消费者对品牌核心价值的认知和记忆上，都在为品牌做加法。例如，百事可乐的所有形象代言人都是年轻时尚人士，体现了其“年轻一代的选择”；劳斯莱斯的每个部件都是手工打造，诠释着其“皇家的坐骑”；海尔的“国际星级服务”表达着“真诚到永远”。

对品牌核心价值的维护不仅要体现在广告宣传传播手段上，还应体现在产品功能、包装、价格、人性化服务等营销策略上。但国内许多品牌对品牌核心价值的维护往往在传播活动中还能贯彻，但在营销活动中却因为市场环境变化等种种原因而偏离了原有轨道。

## 六、用心打动消费者，提升品牌的美誉度和忠诚度

在过去广告力时代，广告是企业最重要、最有效的传播手段，企业单靠广告的狂轰滥炸也许就能创造一个名牌且大获其利。然而在今天的品牌力时代，企业若还单纯依靠广告这种手法，也许灾难已不再遥远。一个品牌要想成为强势品牌，必须提升品牌的美誉度和忠诚度，用心打动消费者，即所谓“心战为上，兵战为下”。其实品牌的巨大无形资产是在消费者心中的，消费者只有发自肺腑地认同某个品牌，它才会成为强势品牌。一个品牌只有首先付出了真诚，才能打动消费者，才能在消费者心中扎下根。

例如，麦当劳倡导“品质、服务、清洁、价值”的经营理念，使消费者一进餐厅就能感受到切实的优质服务；雅芳“赞助乳腺癌防治教育”、“赞助中国女子足球队”、“捐助重病儿童”、“举办母亲节”等一系列公益活动，使消费者真切地感受到雅芳是“女性的知己”；BP 公司不仅专注于优质石油的生产，还致力于开发未来的清洁能源，同时积极实践企业的社会责任；蒙牛启动“中国牛奶爱心行动”，捐赠 1000 所小学的数万名学生……

## 七、打好品牌延伸这张牌

一个品牌发展到一定阶段推出新产品，会面对是用原有品牌还是推出新品牌的问题，这时就应打好品牌延伸这张牌。

在竞争日趋激烈的市场上，要完全打造一个新品牌将耗费巨大的人力、物力、财力。据统计，新品牌的失败率高达 80%，在美国开发一个新品牌需要 3500 万 ~5000 万美元，而品牌延伸只需 50 万美元，不失为一条快速占领市场的“绿色通道”。雀巢经过品牌延伸后，产品拓展到咖啡、婴儿奶粉、炼乳、冰激凌、柠檬茶等，结果每种产品都卖得不错。

然而，品牌延伸是把“双刃剑”，它可以是企业发展的“加速器”，也可以是企业发展的“滑铁卢”。所以品牌延伸应该谨慎决策，一定要遵循品牌延伸的原则：①延伸的新产品应与原产品符合同一品牌核心价值。例如，金利来品牌核心价值是“男人的世界”，但曾一度推出女装皮具，结果收效甚微。②新老产品的产品属性应具有相关性。例如，三九胃泰曾延伸出三九啤酒，结果惨败而归。③延伸的新产品必须具有较好的市场前景。例如，海尔公司遵循的原则是，延伸产品发展到一定规模后，必须能在同类产品中位居前三名。

其实，品牌战略管理是一项艰巨的系统工程，它不是停留在装潢精美的文件上，也绝非一朝一夕之功，而是渗透到品牌建设的点点滴滴中。品牌建设之路是艰辛而漫长的，它需要企业数十年如一日，如履薄冰，呕心沥血，持之以恒，甚至需要几代人的不懈努力。韩国三星用了30年的时间才跻身全球品牌榜，可口可乐、米其林等品牌更是有上百年的发展历史。

未来中国市场的竞争态势将是：“尚未谋面，胜负已判”，在群雄逐鹿的品牌大战中，中国企业要想克敌制胜，品牌战略制胜将是成功的关键！

## 案例解析　三星腾飞秘诀：卓越的品牌战略管理

一个昔日名不见经传的廉价“大路货”，在短短10年时间内一跃成为世界一流品牌，韩国三星（SΛMSUNG）创造的神话让整个世界都为之惊叹！

60多年前，三星刚刚问世时还只是一家小商铺；

30多年前，三星为了生存还在为日本三洋公司打工；

10多年前，三星在西方人心目中仍然是廉价的地摊货。

然而，近10年间，三星品牌实现破茧腾飞，2005年更是以149亿美元的品牌价值位列“全球100个最有价值品牌”排行榜第20位，一举超越日本索尼（SONY）（108亿美元排名，第28位），成为全球电子消费品第一品牌，2007年三星的销售额达1000亿美元。

### 三星缔造了一个品牌传奇

三星“十年磨一剑”，从“大路货”脱胎换骨成长为国际品牌，三星缔造了一个品牌传奇。

1970年的时候，三星公司还是一个为日本三洋公司打工的OEM厂商，三星那时还只是一个模仿者，只能按照别人的设计制造电子产品。

20世纪80年代至90年代初，三星还是廉价货的代名词。当时三星公司模仿别人的技术，制造大量缺乏灵感的廉价产品，三星公司生产的微波炉卖到美国，由于产品大量堆积，只能打折销售。因此，三星产品在美国人眼里，只是地摊上的廉价“大路货”。后来，三星通过给著名国际品牌制造芯片及电子产品，成为韩国成功的制造企业，但是三星品牌还是与国际品牌相距甚远。20 世纪 90 年代，三星总裁李健熙曾率团考察美国市场，在洛杉矶的家电商场中，李健熙看到索尼、通用电气、飞利浦等国际品牌产品干净整洁地摆放在醒目的位置，而三星的产品却灰头土脸地摆放在角落里，无人问津，李健熙的心深受震撼。

1997 ~ 1998 年，亚洲爆发严重金融危机，三星也深受重创，公司负债 170 多亿美元，裁员达 30%，几乎到了破产的边缘，三星未来之路在何方?

就在这个生死攸关的时刻，三星集团总裁李健熙力排众议，在负债累累的情况下，做出大胆决策，1998 年出资 4000 万美元加入奥林匹克 TOP 计划（The Olympic Plan，全球赞助商计划），以提升三星品牌形象。1999 年，三星集团在经营战略上做出了有史以来最大的一次调整，从大规模 OEM 制造转向创新技术及产品，实施品牌战略，打造自有品牌。

战略上的调整，使三星公司最终从凤凰涅槃中获得重生，三星品牌也踏上了腾飞之路。短短几年时间里，三星迅速崛起，缔造了一个品牌传奇。

2004 年三星实现了销售额为 552 亿美元、利润为 103 亿美元的业绩；2005 年三星销售额达 719 亿美元，位居全球第 39 位；2007 年三星销售额突破 1000 亿美元。

与此同时，美国《商业周刊》发布的“世界最有价值品牌 100 强”排行榜也显示，三星的品牌价值直线攀升。

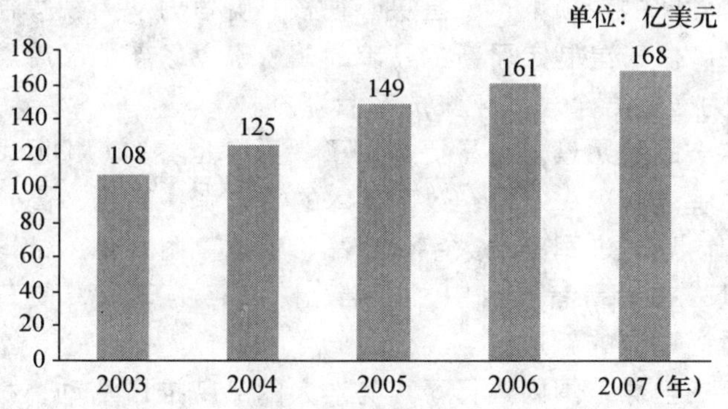


**三星品牌价值直线攀升**

2005 年，三星品牌价值高达 149 亿美元，名列第 20 位，而索尼品牌价值仅为 108 亿美元，位居第 28 位，三星品牌价值首次超过了索尼。

就在几年前，中国消费者还对日本产品青睐有加，而对韩国货却戴着有色眼镜，然而这一切已经悄然变化，三星手机、数字电视、DVD、笔记本电脑、显示器、投影仪等，无一不给人以高品质、高技术、高档次的感受。三星手机内外兼修，以优异业绩超越索爱、摩托罗拉，成为世界第二大手机商，并步步紧逼全球霸主诺基亚。三星纯平显示器、彩电以及半导体内存芯片的市场占有率已稳居世界第一位。

今天的三星不仅成为韩国品牌的精神领袖，而且还成为全球电子行业的翘楚。

## 卓越的品牌战略管理助推三星腾飞

在短短10年时间内，三星从廉价的"大路货"脱胎换骨变为国际品牌，无疑创造了世界品牌史上的奇迹，那么三星巨大成功的秘诀何在？

三星电子社长李基泰曾说，三星品牌之所以能够迅速成功，主要依靠三星的全球化品牌战略管理以及其背后的三个重要因素，即产品的领导性、系统性的品牌管理和差异化营销模式。

下面我们揭开三星巨大成功的谜底：

### 1. 确立"引领数字融合革命"的品牌愿景

三星创造的品牌奇迹，首先要归功于确立了"引领数字融合革命"的品牌愿景。

经历1997年和1998年亚洲金融危机后，三星总裁李健熙深刻地认识到，品牌制胜才是三星崛起的关键。李健熙以敏锐的眼光看到，数字化浪潮正在席卷全球消费电子行业，从模拟技术到数字技术，是整个消费电子行业技术发展的方向。于是，在李健熙的带领下，三星决心把核心竞争力从大规模制造转向基于数字技术的自有品牌。三星制定了新的品牌战略，确立了新的品牌愿景"引领数字融合革命"，致力于领导全球数字集成革命潮流。

紧密围绕这一品牌愿景，三星提炼出了"数字世界"（"Digital All"）的品牌核心价值，给品牌注入"e公司、数字技术的领先者、高档、高价值、时尚"等新元素，使品牌内涵与进军高端数字化产品、追求高附加值的战略相适应，彻底改变三星品牌过去在消费者心目中"低档、陈旧"的印象，使三星展现出高品质、高价值、时尚潮流的新形象。

此后，三星在全球范围内进行了声势浩大的品牌推广活动，树立了三星在数字化时代领导者的品牌形象。

应该说，"引领数字融合革命"品牌愿景的确立，为三星找到了品牌崛起的支撑点，也拉开了三星腾飞的序幕。仅仅一年的时间，三星便取得了令人刮目相看的成绩，公司收入增长了10倍之多，公司的股票上升了233%，净收入猛增了100多倍。

### 2. 品牌战略的有力执行

任何正确的战略都必须有力地执行才能掷地有声。为了把品牌战略贯彻到企业运营的每个环节中去，1999 年，三星在集团层面正式设立了“集团品牌委员会”，规定所有三星集团下属公司在海外市场使用三星品牌时都需获得“集团品牌委员会”的许可。与此同时，集团设立每年预算高达 1 亿美元的集团共同品牌营销基金，以有力推进品牌战略的执行。

过去三星是一个低端消费电子制造商，拥有一大堆品牌，比如 Plano、Wis-eview、Tantus、Yepp 等，使消费者眼花缭乱。新的品牌战略制定后，三星果断砍掉其他品牌，着力主打“三星”一个品牌。

三星过去的广告代理商数量众多，一度有 55 家广告公司代理三星的业务，这导致三星品牌信息繁杂，形象模糊。为了改变这种混乱局面，三星对 50 余家广告公司进行整合，选用全球五大广告集团之一的 IPG 公司负责三星的品牌推广业务，使三星的品牌形象得以统一和简化。

为了提升品牌形象，2003 年三星全面停止了传统低端消费电子和家用电器产品的生产，无论是手机、电视，还是 MP3，三星都将产品定位于高端市场。三星还对其产品销售场所进行了调整，将产品从沃尔玛、Kmart 等以低价吸引消费者的连锁超市中撤出，转移至 Best Buy、Sears、Circuit City 等高级专业商店进行销售，使三星产品在消费者眼中从“低价格”转变为“高品质”。

当然，三星对品牌战略的贯彻执行还体现在企业经营中的其他方面。

**3. 塑造产品的领导性**

产品是品牌的主要载体，没有过硬的产品，品牌铸造只能是无本之木、无源之水。

三星电子社长李基泰说，一个企业有了领导性的产品，消费者才会注意你。三星品牌战略的成功离不开其“World Best, World First”（“世界最佳，世界第一”）产品战略的有力支撑。

三星对产品质量有着极为严格的要求。中国海尔在 20 世纪 80 年代有过著名的“砸冰箱”事件，无独有偶，韩国三星也在 20 世纪 90 年代上演过“烧手机”事件。三星集团总裁李健熙认为“产品缺陷就是癌症”，曾毅然将价值 5000 万美元的问题手机付之一炬。在近乎苛刻的质量标准要求下，三星产品品质不断提升。

三星对产品设计引领时尚潮流。三星的产品，无论是手机、数字电视还是笔记本电脑、投影仪等，无一不彰显出“时尚简约、尊贵优雅、功能先进、操作简便”的特色。目前，三星设计人员达 500 余人，在首尔、伦敦、东京、旧金山拥有四个设计中心。三星的设计作品屡获大奖，2005 年，三星囊括美国工业设计师协会（IDEA）19 项大奖，并在 IF 工业设计“奥斯卡”中荣获 45 项大奖，其获奖总数甚至超过了美国的苹果公司而跃居首位。

**4. 赞助奥运盛会，提升品牌价值**

近年来我们不难发现，无论是在奥运会、世界锦标赛，还是在其他一些国际重大体育赛事上，我们都能看到三星的身影。

1997年，三星受到亚洲金融危机的重创，负债累累，正是在这种情况下，三星只用了三天时间就毅然决定出巨资取代摩托罗拉成为奥林匹克TOP赞助计划合作伙伴。

在尝过赞助汉城奥运会的甜头后，奥林匹克TOP赞助计划已成为三星体育营销的最高策略，三星每年市场营销费用为20亿美元，其中体育营销约占20%。从长野冬奥会、悉尼奥运会、盐湖城冬奥会，再到雅典奥运会、都灵冬奥会，三星标志与奥运五环紧紧地联系在了一起。2007年4月，三星与国际奥委会续签了TOPⅦ、TOPⅧ赞助协议，将赞助时间延续至2016年。借力奥运盛会，三星摆脱了以往低端的品牌形象，品牌价值大幅提升。

三星Anycall手机在全球市场的成功，80%的功劳来源于集团的奥运营销策略，这在三星公司已经达成共识。三星取代摩托罗拉成为长野冬季奥运会的合作伙伴，当时Anycall手机的年销售量占全球市场份额的2.7%，排名第九，五年后三星Anycall市场份额上升到12%，排名第三，在美国市场上的销售量增幅达311%。2004年雅典奥运会上首次亮相的三星WOW（Wireless Olympic Works）手机，将奥运信息通过手机实时现场转播，实现历史上第一个无线奥运会。在最近公布的一份全球手机销售量排行榜上，三星第一次超过摩托罗拉，成为仅次于诺基亚的第二大手机制造商。

2008年的北京奥运会将迎来三星奥运赞助计划的20周年，三星一如既往地携手奥运，准备让三星标志在北京奥运会上大放异彩。

体育运动团结、进取的精神与三星企业哲学存在着强烈的共鸣，三星正是借助奥运平台，向全世界消费者传播其品牌内涵，赢得了消费者的好感和信任。

**5. 履行社会责任，提升品牌美誉度**

就像鱼离不开水一样，一个企业不可能脱离社会而单独存在。三星公司非常认真地履行着优秀企业应尽的社会责任，尽其之所能，努力提高周围人，特别是残疾者、儿童、老人以及低收入家庭的生活质量。

三星进行了大量的社会公益活动。1999年，三星用于社会公益活动的支出是0.327亿美元，这相当于三星年度税后利润的29%，2000年，三星此项的费用超过1亿美元。

自1999年后，三星在连续5年时间里，每年都捐赠1000万美元，来帮助和照顾社会上贫困的人群，三星生命保险也在2002～2004年中捐赠1000万美元，用于对患有癌症、脑溢血等疾病的患者进行治疗。三星成立了三星文化财团，赞助了韩国几个因资金困难而陷入危机的大学，三星还设立了三星奖学金，建造了湖岩美术馆。作为全球社会公益活动的一部分，三星从1996年起就开始赞助诺贝尔基金会。

三星认为，一个公司不应仅仅追求利润，还要在社会中创建一个空间，让人们的生活更加欢乐和幸福，让每个人、每种思想都徜徉在创造与爱的海洋中。

## 三星成功对中国品牌的启示

三星的崛起，给众多中国企业树立了榜样，也让至今仍徘徊在世界品牌大门外的中国品牌看到了希望。

目前众多的中国知名品牌，就像20世纪90年代的三星一样，虽然“中国制造”闻名全球，然而在西方人眼里却还是廉价“大路货”的代名词。

品牌国际化是中国世界级品牌诞生的必由之路，海尔、联想等不少中国企业已经踏上了这条征程。中国品牌是否也能破茧腾飞，成为世界一流品牌？三星走过的路带给我们许多启示和借鉴。

（1）实施卓越的品牌战略。三星的成功根本在于品牌战略制胜，三星确立了清晰的品牌愿景，提炼了品牌的核心价值，使三星明确了前进的方向，同时把品牌战略真正贯彻到企业经营的每一个环节。然而，许多中国企业实施品牌战略常常只是纸上谈兵，很难真正贯彻到实际经营活动中去，我们更擅长营销战术，而不是长远的品牌战略，许多企业为了眼前利益而采取投机行为，放弃了自己的品牌承诺，自然难以树立清晰、统一的品牌形象。

（2）打造品牌需要耐心和恒心。1997年，当三星提出打造世界级品牌的时候，没有多少人会信以为真。亚洲金融危机几乎使它濒临破产，而且2000年三星在品牌方面的巨大投入也没有显露出理想的回报，然而三星持之以恒，不轻言放弃，坚定的信念和不懈的努力终于成就梦想，三星终于从一个二流品牌脱胎换骨成长为世界超级品牌。

（3）巧借事件营销“造势”。三星品牌之所以能迅速崛起，其奥林匹克TOP赞助计划功不可没，借力奥运让全世界了解了三星，其品牌价值也大幅提升。目前，单纯依靠传统媒体打造品牌的时代已经过去，事件营销往往以“四两拨千斤”的奇效大大节约广告费用，我国许多企业也因此受益匪浅，比如蒙牛借“神五”飞天，海尔利用中国“申奥”成功等。特别是对于海尔、联想等踏上品牌国际化征程的中国企业，奥运盛会及重要国际体育赛事将是中国品牌腾飞世界的“助推器”。

（4）产品品质制胜而非价格制胜。三星“世界最佳，世界第一”的产品战略也是其克敌制胜的利器，三星比业界平均水平快1~2倍的新产品推出速度给对手造成了极大压力。其实，三星的许多新产品也都是基于市场需求对技术的小步改进，并非基础技术层面上的创新，这种新产品战略值得中国众多缺乏“核心技术”的企业学习借鉴。另外，为维护品牌形象，三星公司很少打“价格战”，三星每种产品只找一家总代理，避免多家代理导致相互压价损害高档品牌形象。

然而许多中国企业为了一些眼前利益动辄降价促销，刺刀见红的“价格战”最终会使产品沦落为廉价的地摊货，很难在消费者心中树立高端品牌的形象。

当然，三星的传奇是不能复制的，对于中国企业而言，三星成功的最大意义在于，从三星身上让我们看到了中国品牌的希望。放眼当今世界，中国已成为全球经济的热点，机遇和挑战共存，我们热切期待中国品牌也能早日破茧腾飞，成长为世界一流品牌！

## 案例解析　宝洁制胜的秘密武器——“四色球”

清晨，你从散发着碧浪香味的床单上醒来，用飘柔或海飞丝洗发水、舒肤佳浴液洗个澡，然后用佳洁士牙膏刷刷牙。男士会拿起吉列剃须刀清理一下胡须，女士们还会用妮维娅或玉兰油化个妆……

其实，这些只是宝洁产品家族的冰山一角，每天，宝洁公司的产品与全世界160多个国家和地区的消费者发生着30亿次亲密接触。全世界很少有企业能够像宝洁一样，通过理解和把握消费者价值，将护肤品、护发品、化妆品、洗涤用品、纸品、药品以及食品等300个品牌，如此成功地畅销于世界各地。

是什么原因让宝洁如此深入大众生活？是什么原因让它在全球市场上所向披靡？

探究这位品牌“巨人”的成功之道，令许多人颇感意外的是，宝洁公司的成功，竟然是从四个看似普普通通的“四色球”开始的。

绿、红、黄、蓝“四色球”，其实是宝洁品牌营销模式生动形象的体现。

### 绿色球：前景评估

在宝洁公司，立项推出一个新产品上市，必须从前景评估开始。

前景评估包括整个经济发展状况、消费者状况及和企业的关系、竞争对手情况等方面的评估，如竞争对手的策略是什么，它们占领哪一个领域，它们的主要目标消费群体是哪些等。

通过前景评估，宝洁要明确，如果自己要进入这个市场，未来5～10年，到底要锁定一个多大的市场份额？利润额是多少？要增加市场份额的策略手段又是什么？开始进入市场，是采取低价薄利多销的策略，还是以一个比较合适的价格进入呢？

宝洁推出新产品时，每一步决策都不是凭空臆断，而是基于谨慎细致的市场前景评估。

比如要新推出一个彩妆，要花时间调研收集许多相关资料，要了解包括目前国际、中国的彩妆市场的现状如何，价格情况怎样。一般化妆品分为四个档次，包括大众、中档、高档和超高档。价格为 50～100 元、100～200 元、200～300 元、300 元以上，每一个区间含有多少个竞争品牌？各自占有多少市场份额？每一个品类的目标群体的消费能力是多少？宝洁的自身优势在哪里？应该最先进入哪个区间档次等？到第二年、五年、十年后，中、低、高、超高各市场会有一个什么样的变化？等等。

比如，在护肤品市场，现在唱主角的是低中档产品，但是它的增长率已经下降到 10%以下，而高档、超高档的产品则保持在 20%以上的增长率，未来 5～10 年会是一个倒三角状况。这些都是宝洁在前景评估中要掌握的情况。

## 红色球：Who 消费对象

完成前景评估以后，宝洁就要分析了解，谁是它们的目标消费群体？

宝洁把目标消费群体分为三个群体：核心目标群体、策略性目标群体和大众消费群体。核心目标群体是宝洁需要赢得的最重要人群，赢得不了这部分人群，这个品牌也就无法做了。核心目标群体扩大一些，就是策略性目标群体，这个人群游走在外，宝洁运用不同的营销策略，争取机会赢得他们。最后是所有的大众消费群体，这是一个最大的人群，对宝洁而言，如果能抓住他们固然好，抓不住也不会影响品牌的发展。

比如，宝洁准备推出一个美白产品，定位为中档，价位在 100 元以内，最核心的目标人群锁定在年龄 20～28 岁的年轻人。这一群体比较年轻，有活力、追求时尚，有美白需求，但她们的月收入在 3000～5000 元，这样的收入只允许她们消费中档价位的产品。策略性目标群体可能是更年轻或更老的人群，更年轻的可能还是校园里的学生，她们对美白也很关注，消费还在低档，但是明天可能会进入核心目标群体。更老的经济实力较强，她们可能关注中高档产品，但还是有一部分低收入人群是能够被吸引过来的，因此在她们身上也需要有足够的投入。

目标消费群体的锁定，保证了宝洁的人力、物力投入针对性很强，从而获得高效的利益回报。

宝洁公司的品牌营销、研发部及市场调研部在全球都是一流的。在中国，市场调研部每年会通过不同方式和上 10 万人次的消费者做沟通，了解他们的收入、需求、烦恼和梦想等。宝洁的市场调查手段很多，包括网上调查、问卷调查、小型消费者座谈（通过匿名第三方形式组织的）等，以确保获得调查信息的真实和公正。

宝洁的相关人员经常会到消费者家里去拜访，征得同意后，去看看她们的洗衣间、化妆间，问一些细致的问题，诸如，这瓶化妆品为什么只用了一半？是因为太油腻，还是哪方面没有满足你的需求？

宝洁和目标消费群的沟通交流是非常细致充分的，这也保证了他们能够精确把握消费者的需求。

## 黄色球：What 品牌形象

锁定了目标消费群体，下一步要确定这个品牌产品的形象特征是什么？

宝洁会把品牌形象用最凝练的几句话概括，为了让消费者记住这几句话，他们会选用最佳的品牌传播策略进行传播。品牌推广一年之后，他们会再去拜访目标消费者，了解她们关于这个品牌口中重复的几个关键字是什么，看是否和这个品牌的形象特征一致。

比如，玉兰油“惊喜从肌肤开始”，它下面有不同的产品线，如新生焕肤系列针对的目标人群是抗老人群，也是价格最贵的一个系列，宝洁选用张曼玉为代言人。又如补水产品系列，宝洁选择的代言人大都是健康、亲近的体育明星，希望走健康、时尚、大众的路线，与新生焕肤系列有所不同。

宝洁不同品牌产品传播的信息是不一样的，关于某个品牌产品的关键词，宝洁通过不同的传播渠道反复诉说，几年之后，消费者对该品牌的联想，基本和他们想要的是一致的。

## 蓝色球：How 营销方式

所谓 How，就是通过什么样的营销策略，通过哪些渠道才能最优化地进行品牌推广。宝洁的品牌推广手段包括电视、网络广告、平面广告，还包括产品的包装、价格、渠道（超市、高档百货、专柜、药房、专业线等），宝洁的品牌推广一般都有明确的渠道定位，以维护其品牌形象的一致性。

比如，玉兰油的一个补水系列，其所有的产品包装、广告、宣传册都是白底淡蓝色，以水为背景。补水系列所有推广沟通元素都和水、健康有关，从各个角度加深消费者对补水系列产品特征的印象，从而使消费者获得清晰、一致的品牌形象信息，达到最优化品牌推广的目的。

再如，一个好的美容院，传递给消费者的信息应该从视觉、听觉、嗅觉到触觉都是一致的，大到要到什么样的商店去采购，小到纸张的质地、颜色、味道等细节。

四个看似简单的“四色球”却蕴涵着神奇巨大的魅力，它成就了宝洁公司日化行业所向披靡的王者风范。

# 专论　品牌管理如何在企业管理中定位

随着市场经济的发展，“品牌管理”的呼声风起云涌。然而千篇一律的“宝洁”式管理并不可取，品牌管理业并非医治百病的灵丹妙药。企业的行业特点不同，自身情况不同，品牌管理在企业管理中的定位也有所不同。那么，如何精准定位呢？

## 品牌管理的两种主要模式

不同行业、不同实力的企业，其品牌管理各具特色，既有“宝洁”式的全方位、多层次的品牌管理，也有“沃尔玛”式的有限品牌管理，不同的品牌管理模式主要可以归纳为两种，即品牌战略管理和品牌战术管理。

（1）品牌战略管理，即将品牌管理上升到企业战略的高度，企业将品牌作为核心竞争力来打造，品牌处于企业各经营要素的核心。企业通过长期不懈的品牌建设，使品牌资产不断积累，品牌通过本身的附加值，使企业持续获取盈利的能力。例如，可口可乐、耐克、宝洁、宝马等公司都是通过品牌战略管理，使企业所向披靡、攻无不胜。特别是耐克公司，自己在全球未兴建一家工厂，完全通过品牌经营，而获得巨大成功。

（2）品牌战术管理，即将品牌管理作为企业营销的一种手段，只构成企业的一般竞争力，企业核心竞争力源自于产品、质量、服务等因素，品牌战术管理作为企业参与竞争的要素之一，往往只起到品牌视觉形象树立、广告宣传等有限作用。例如，工业用品企业、超市、银行、餐厅等往往实施品牌战术管理。

两种品牌管理模式并无优劣之分，重要的是企业应该选择适宜自己的管理模式，并结合自身特点，形成自身品牌管理风格。

## 品牌战略管理同战术管理的区别

在信息爆炸的年代，品牌已成为企业的身份证，品牌管理业已成为绝大多数企业的必修课。然而，企业如何选择适宜自己的品牌管理模式呢？

企业选择适宜自己的管理模式，首先应该了解它们的区别。品牌战略管理同品牌战术管理在组织地位、管理深度、管理作用、适用行业等方面都有许多不同之处，主要表现在：

### 1. 组织地位

品牌战略管理模式下，品牌负责人（公司总经理、副总经理或有“小总经理”之称的品牌经理）组织、协调研发、生产、市场、销售、财务等各部门工作。品牌负责人在公司内部，是消费者的代言人；在外部市场，则是公司内外营销力量的代言人。品牌战术管理模式下，品牌经理往往设在市场部中，与研发、销售等部门并列。

### 2. 管理深度

品牌战略管理是企业管理的核心，是全方位、多层次的管理，企业的研发、生产、销售、物流、财务等各项工作紧紧围绕品牌战略展开，品牌负责人往往拥有产品开发制造权、市场费用支配权、产品价格制定权，把握品牌发展的大方向。而品牌战术管理只是企业管理的组成部分之一，不能主导研发、生产、销售等部门的工作，管理内容也仅限于品牌形象设计、广告宣传等。

**3. 管理作用**

品牌战略管理形成企业的核心竞争力，构成企业唯一的竞争优势，品牌是企业赖以生存的生命线，品牌战略管理起到长久、深远、全局的作用。而品牌战术管理只构成企业的一般竞争力，企业核心竞争力源自于产品、质量、服务、技术等其他因素，品牌战术管理只起到短期、浅层次、局部的作用。

**4. 适用行业**

品牌战略管理适用于食品饮料等快速消费品、家电汽车等耐用消费品、体现身份的奢侈品等行业。而品牌战术管理适用行业很广，几乎涵盖上述行业以外的所有行业。

可见，品牌战略管理是企业管理的核心，构成企业的核心竞争力，成为企业生存发展的基石，对企业的发展起到力挽狂澜的决定性作用。而品牌战术管理是企业达成营销目标的一种手段，只构成企业的一般竞争力，对企业的发展起到锦上添花的作用。

## 品牌战略管理同战术管理的适用性

品牌战略管理同品牌战术管理有不同的特点，自然也适用不同的行业。结合自身情况，选择合适的品牌管理方式，是企业经营的关键。

### （一）品牌战略管理适用的行业

**1. 食品、饮料、酒、药品、保健品、洗涤用品等快速消费品行业**

消费者在选择食品、饮料、酒、药品、保健品、洗涤用品等大众消费品时，会考虑到质量、安全、品位等因素，特别是质量安全事关人身健康的大事，是消费者购买时首先考虑的因素。品牌是质量的承诺、信誉的体现，消费者宁愿多花点钱，用起来放心。所以，在食品、饮料、酒、药品、保健品、洗涤用品等快速消费品市场，品牌威力巨大，20%的知名品牌占领着近80%的市场，特别是婴儿食品，知名品牌几乎将100%的市场垄断！所以在这些行业，品牌建设关乎企业的命运，实施品牌战略管理是企业生存发展的唯一途径。

**2. 家用电器、汽车等耐用消费品行业**

家用电器、汽车等耐用消费品是消费者家庭的大额支出，所以消费者在购买决策时特别谨慎，会考虑到安全可靠、售后服务、价格款式、时尚品位等多种因素，而品牌恰恰负载着这些信息，影响着消费者的购买决策。99%的消费者在购买这些产品时都会考虑品牌因素，没有品牌的产品将很快被淘汰，难有生存的空间，例如，在国美电器，除了日立、松下、海尔、长虹、康佳等名牌，根本看不到杂牌的踪影。所以家用电器、汽车等耐用消费品行业必须实施品牌战略管理，别无他途。

**3. 体现身份地位的产品行业**

随着人们生活品质的提高，消费者选用某一产品不再仅是满足物质使用的需求，更希望借此体现自己的地位、身份、品位、情趣。品牌恰恰把产品从冰冷的物质世界带到了一个丰富多彩的精神世界。人们之所以愿付更多的钱去开奔驰汽车、穿皮尔·卡丹西装、戴劳力士手表、用派克笔，是因为这些品牌蕴涵着“成功、地位、品位”等内涵，所以，体现身份地位的产品，品牌至关重要。

### （二）品牌战术管理适用的行业

**1. 文化、娱乐、金融以及交通、水、电等行业**

这些行业的核心竞争力是价格和服务，品牌形象的树立是果，而不是因，品牌管理处于从属地位。所以这些行业的企业管理重心应是提高服务质量，降低成本，建立在业界的影响，适用品牌战术管理。

**2. 工业用品、原材料行业**

大量的工业用品、原材料，如钢铁、煤炭、石油、天然气、木材、机械设备等，其消费群体不是普通大众，而是企业团体单位。团体购买主要考虑产品的性能价格，品牌并不是考虑的决定因素。

**3. 餐饮、零售批发行业**

餐饮业吸引顾客的主要因素是菜肴口味、就餐环境、价格水平、服务质量等，品牌不是核心竞争要素。例如，北京的“罗杰斯”西餐厅更名后，并没有影响它的经营。

零售批发业的核心竞争力在于周到的服务、低成本采购等，品牌也不是核心竞争要素。例如，沃尔玛、家乐福的广告宣传费用占营业收入不到1%。

**4. 一些低价值的消费品行业**

例如，信纸、牙签、袜子、毛巾、圆珠笔等日常消费品，产品价值较低，消费者往往只关注其产品使用性能，品牌作用不大，所以这些行业的企业更适用品牌战术管理。

但是，例外的是，如果企业将某些低价值产品高价定位，成为身份的象征，则也可使用品牌战略管理，例如，皮尔·卡丹袜子、派克圆珠笔等。

**5. 学校、医院、政府、城市等非营利组织**

这些组织虽然是非营利机构，但也需要树立品牌形象，对外宣传，但品牌并非核心要素，适用品牌战术管理。

总之，品牌固然是企业参与市场竞争的利器，但也并非包治百病的灵丹妙药，生搬硬套、东施效颦往往会适得其反。企业进行品牌管理，一定要结合企业的行业、自身情况，准确定位，科学管理。

## 专论　本土企业品牌经理现状的忧思

企业要想铸造一个卓越品牌，不仅需要产品本身，更需要品牌战略的规划和执行，企业管理层应明白，承担这份重任的正是品牌经理人。

品牌经理不同于一般意义的市场部经理，市场部经理更关注近期的日常战术性问题，如促销活动策划和广告发布等。而品牌经理更重要的任务是明确品牌战略，塑造清晰的品牌形象，使品牌资产不断增值。

### 本土企业品牌经理现状

目前，在中国真正发挥品牌经理应有作用的本土企业屈指可数。

有些企业虽然设立了品牌经理一职，但大都设在市场部之内，实际只是起到广告宣传、视觉设计层面的作用等，很难在品牌战略规划、品牌核心价值确定、品牌延伸、美誉度建立、产品开发等层面起到“创造品牌”、“管理品牌”和“评估品牌”的作用，更谈不上调动生产、研发、销售等各方资源为品牌建设服务，而这些恰恰又是提升品牌价值的重要环节。

还有许多企业虽然已经意识到品牌管理的高度重要性，但到底应该赋予品牌经理怎样的职责以及如何在企业组织架构中定位，仍感困惑彷徨。

品牌经理应有作用发挥不到位，严重弱化了企业品牌的管理，常常会出现品牌战略实施无人监督，无人协调，甚至营销传播活动严重偏离品牌核心价值也无人负责的情况，品牌战略最终往往只能是纸上谈兵，这种现状制约了品牌的建设维护和发展。据统计，73%的企业品牌战略失败均与品牌管理组织及品牌经理的设置不到位有关，许多本土品牌生命力极其脆弱，一旦市场出现不利的突发事件，便会很快夭折。中国品牌的平均寿命只有7.5年，许多本土品牌往往“壮志未酬身先死”。

上海家化是品牌经理制度运作较成功的本土企业。在上海家化，品牌经理的职责涉及管理的各个层面，是整个上海家化营销管理工作的核心，因此被称为“小总经理”。企业的研发、生产、财务、销售等各个部门在品牌经理的协调串连之下，紧紧围绕品牌的建设，有的放矢，快速反应。科学的品牌管理效果不凡，家化的“六神”品牌，硬是把许多国际知名品牌拉下马，成为夏季洗化类产品中的霸主。

然而，目前在中国，像上海家化这样品牌经理制度自成一家的本土企业可谓凤毛麟角。

## 品牌经理作用难以发挥的原因

为什么许多本土企业品牌经理难以发挥应有的作用呢?

有人说因为中国缺乏真正的品牌经理人才，有人说因为中国根本不具备品牌管理的土壤。到底是种子不好，还是土壤不良？笔者认为主要有以下三个原因：

### 1. 以销量为主导的“短视”行为

中国许多企业把产品销量作为企业追求的最大目标。在很多企业的经营计划中，常常一味强调销售量的提升，片面追求销售量往往会导致产品降价、促销等“短视”行为的发生，忽略了对品牌资产的培养和维护。这种“短视”的经营理念导致品牌管理很难落到实处，品牌经理自然难以发挥应有的作用。

### 2. 品牌管理定位不清晰

以品牌为核心竞争力的企业，品牌战略管理是企业管理的核心。

而我们有些企业虽然也很重视品牌管理，但对品牌管理在企业管理中的定位并不清楚。许多企业品牌经理设置在市场部中，等同于一般意义上的广告经理，他们的作用也只是广告宣传、包装设计等，还没有在品牌战略层面发挥作用。

而像宝洁这样真正的品牌管理型公司，品牌经理几乎就是某个品牌的“小总经理”，他们要负责解决有关品牌的一切问题，通过交流、说服调动公司所有的资源，为品牌建设服务。这种定位使他们成为品牌真正的主人。

### 3. 缺乏高水准的品牌管理人才

在中国，缺少真正有品牌意识的企业家，也缺少真正懂品牌的经理人。许多企业的品牌经理出身广告或营销行业，缺少品牌战略管理的经验，如果一个品牌经理不清楚自己的定位和作用，自然无法说服并取信于公司的同事与上级。

## 如何发挥品牌经理的作用

企业品牌经理的设置没有放之四海而皆准的法则，生搬硬套“宝洁”的做法也并非可取之策，企业更应该结合自身情况灵活运用。

当前流行的两种品牌管理组织模式：①品牌经理制；②跨职能小组管理制度。

**1. 品牌经理制**

品牌管理制度最早出现在20世纪30年代中期的宝洁公司（后来宝洁的首位品牌经理成为了公司的CEO）。在品牌经理制度下，由产品品牌经理全面负责该产品品牌的战略营销工作，品牌经理的职责包括：①在对市场环境、消费者、竞争者进行分析研究的基础上，为品牌制定战略、战术规划，包括细分市场的确定、品牌定位、产品开发、价格制定、分销渠道选择、广告、促销、公关等内容。②组织、协调公司研发、生产、财务、销售等各个部门力量围绕品牌战略、战术规划展开自己的工作。

品牌经理不同于一般意义的市场部经理，市场部经理更关注近期的日常战术性问题，如促销活动策划和广告发布等。而品牌经理更重要的任务是明确品牌战略，塑造清晰的品牌形象，使品牌资产不断增值。

**2. 跨职能小组管理制度**

这种组织方式在一些公司或高校教师对中小企业提供品牌方面咨询时经常用到，主要受到否定品牌经理制的专家和学者们推崇。

跨职能小组的品牌管理制度主要是指在公司内部由公司一高层领导挂帅，与市场相关的部门人员组成的一个临时的跨职能式的组织。这个品牌跨职能小组成员都有其他的工作内容，品牌管理工作主要是临时性、机动性工作。当然在管理制度的要求上，规定了品牌管理的内容、品牌规划、检查的时间、工作方法等。

应该说两种品牌管理组织模式各有利弊，企业应该结合自身情况灵活运用，不能生搬硬套。笔者认为，对于以品牌为核心竞争力的企业，无论采取何种品牌管理组织模式，品牌最高负责人（品牌经理）都应该担当如下职责：

（1）确定细分市场，洞察消费者的需求，探寻品牌发展机会。

（2）确定品牌的核心价值，明确品牌定位，寻求品牌的市场差异性。

（3）制定品牌识别系统，如品牌名称、品牌个性、品牌形象、品牌口号、品牌气质、品牌地位、品牌故事等，以此来指导品牌传播，“用同一种声音说话”。

（4）制定广告、公关、赞助等传播策略，维护品牌传播的持续一致性，切忌朝令夕改。

（5）组织、协调公司的其他部门围绕品牌建设的核心经营，在产品特性、价格定位、分销渠道等方面把握品牌发展的大方向，切忌企业经营偏离品牌核心价值的主线。

（6）制定行为细则，确保员工行为在不同的接触点上有效一致地表达品牌信息和承诺，维护企业文化与品牌的一致性。

(7) 确保客户关系管理方案与品牌保持同步。

(8) 随时监控品牌的表现，发现偏差及时纠正。

为了更好地履行自己的职责，品牌最高负责人（品牌经理）还应该提高下面两种能力：

(1) 沟通协调能力，品牌最高负责人（品牌经理）要组织协调研发部、生产部、销售部、财务部等各个部门，要想法得到它们的理解、支持与合作，所以沟通协调能力尤为重要。

(2) 规划判断能力，要充分了解企业自身、消费者、竞争者、市场环境等情况，做好品牌的战略规划，品牌战略的偏差往往会导致企业满盘皆输。

在品牌决定生存的今天，企业面临的已不是做不做品牌的问题，而是如何做好品牌的问题。铸造卓越品牌，品牌经理人应发挥应有的作用。

## 专论　从脑白金的崛起谈中小企业的品牌之路

近几年，脑白金在竞争激烈的保健品市场上横空出世，成为家喻户晓的强势品牌。

1998 年 5 月，脑白金正式问世时，因为缺少资金，脑白金的第一个市场选择在无锡江阴这样一个小县城。试销的成功让史玉柱看到了希望的曙光，然而第一轮试销做完之后，史玉柱已弹尽粮绝，只好向朋友借了 50 万元，随后花了 10 万元在江阴做广告，很快就产生了强烈的市场效应。脑白金挟江阴成功之势，很快启动了周边的无锡等市场，随后进军整个江苏、上海、浙江等地，后来脑白金用了一年多的时间顺利启动了全国市场，使脑白金成为一个全国性的强势品牌。

脑白金刚问世时，史玉柱手里仅有借来的 50 万元，因此，脑白金绝对是一个小企业。然而在短短几年里，脑白金便实现了从小到大，从弱到强的快速蜕变，创造了一个品牌神话。

其实，脑白金的崛起，完全是品牌运作成功的结果。脑白金成功的案例告诉我们：中小企业也能走出成功的品牌之路。

### 中小企业走品牌之路的认知误区

许多中小企业主都持有这样一个观点，认为做品牌是一种奢侈品，是大公司的专利，只有大量广告投入才能建立品牌。小企业因为资金不足，当前最关键的问题是销量，等积累了足够的资本，再去考虑品牌之事。

其实，这是中小企业对品牌认知的误区，也违背了品牌发展的规律。

品牌几乎存在于市场经济的任何企业之中（类似电力、煤矿等企业除外），它和企业的规模大小没有必然联系。任何成功企业都是从小到大，任何著名品牌也都是从默默无闻到名闻天下。品牌建设从来就是一个渐进发展的过程，企业一出生，就同品牌相伴共生。国际知名品牌，哪一个是等到企业发展壮大后才开始考虑品牌建设的？许多大企业如果没有自始至终培育自己的品牌，可能还在幼年时就被无情的市场竞争所淘汰。企业不管大小，其经营的关键环节都不可缺，而品牌战略恰恰是企业经营和竞争中的关键环节。

不可否认，许多中小企业面临着严峻的市场挑战，比如缺少资金、缺乏人才、竞争力弱等，但是如果你不想永远做小企业，如果你还梦想长大，那么，品牌建设则是中小企业快速崛起的捷径，有足够类似脑白金成功的案例可以说明这一点。

事实上，品牌是中小企业寻求突破的利器，品牌能够优化企业的资源配置，构建企业差异化优势，形成竞争壁垒，使中小企业在同质化竞争的“红海”中脱身，从而实现腾飞。

红顶商人胡雪岩曾说：如果你有一个县的眼光，你可以做一个县的生意；如果你有一个省的眼光，你可以做一个省的生意；如果你有了全国性的眼光，你便可以做全国的生意了。做品牌又何尝不是如此呢？

索尼创始人盛田昭夫在创建索尼之初，便有了品牌的战略眼光。索尼 20 世纪 50 年代还是一个替别人生产电子晶体管的小企业，但是盛田昭夫却认为“我们应该有自己的品牌”！即使是在企业最艰难的时刻，也没有放弃品牌经营的观念，终于使索尼成为国际知名品牌。

海尔当年举步维艰，却敢抡起大锤砸不合格的冰箱，其实它们当时已经开始树立自己的品牌形象了。

## 中小企业走品牌之路势在必行

我国的中小企业已占到全部企业数的 99%，创造的价值也占国内生产总值的一半以上。目前，我国市场经济蓬勃发展，商机无限，为中小企业走品牌之路提供了诱人的前景。

**1. 中国市场容量巨大，潜力诱人**

我国 13 亿人口的巨大市场为数量庞多的品牌提供了广阔的生存空间。我国幅员辽阔，区域间的文化差异很大，市场需求丰富多样，当国际或全国性的强势品牌无暇触及某些区域或细分市场时，则为中小企业创建品牌提供了生长土壤。

例如，中国农村市场潜力巨大，奇强洗衣粉就是首选了宝洁、联合利华等大企业忽视的农村市场，采取“农村包围城市”的战略而发展起来的。

又如，在酒市场上，除了一些全国性的品牌，区域品牌山头林立，各踞一方。北京以燕京啤酒畅销，山东以青岛啤酒畅销。河北石家庄畅销的白酒品牌是板城烧锅酒、道光廿五，而陕西畅销品牌则是西凤酒、太白酒等。

**2. 中国市场中许多行业还是群龙无首，缺少真正的领袖品牌**

例如，我们每天离不开的酱油、醋市场，绝大多数消费者可能对“海天”这个牌子略有印象，但可能很难再联想到其他更多有影响的品牌。

又如，销量巨大的拖鞋市场，目前只有路路佳尚有一定品牌意识，形成了一定的品牌知名度，其他99.9%的企业都是作坊式生产，毫无品牌可言。

其实，我国缺少真正领袖品牌的市场比比皆是，如大米、水果、面粉、调味品、茶叶等，这也给中小企业脱颖而出，抢占行业品牌霸主地位提供了难逢的良机。然而，机会不等人，中小企业请多珍惜！

## 中小企业如何走品牌之路

虽然中小企业创建品牌前景诱人，但其发展初期，抗风险能力很弱，每走错一步都有可能坠入“死亡之谷”，那么中小企业如何走好品牌之路呢？笔者认为应注意以下几方面：

**1. 制定适合自己的品牌战略**

中小企业制定自己的品牌战略，必须认清自己的综合实力及所处的市场环境，1亿元的企业有1亿元的做法，1000万元的企业有1000万元的做法，故步不前、拔苗助长都不可取。如果企业财力还很单薄，就冒进地进行广告狂轰滥炸，则极有可能遭遇品牌“猝死”。中小企业制定品牌战略应因“企”制宜，做好品牌核心价值提炼、品牌识别界定、品牌传播等工作。其中品牌核心价值提炼是重中之重，这一步如果不精确，将会导致品牌建设方向性的错误。

**2. 走好渐进发展的“三步棋”**

中小企业从小到大、从弱到强应该渐进发展，稳扎稳打，走好如下“三步棋”：

第一步棋，在中小企业创业初期阶段。企业应当“集中优势兵力打歼灭战”，即集中自己的所有人力、物力、财力资源，投入到一个较小区域（如地、市、县）。中小企业虽然资源匮乏，但如果集中发力，其力量也足以战胜这个区域的大企业，成为该区域的领导品牌，以图下一步进一步扩张。例如，脑白金刚问世时，因为资金匮乏，史玉柱选择了无锡江阴这个小县城作为其第一个市场，为脑白金进军全国市场下好了第一步棋。

第二步棋，在中小企业发展壮大阶段。中小企业应当在已建小区域领地基础上总结经验，分析对手，训练队伍，积累资源，沉着稳健地一步步进攻竞争对手薄弱的市场区域，攻城拔寨，扩张自己的版图范围。在领土逐步渗透扩张的同时，通过有效的小区域营销战役，实现各个领地之间的连接，从而建立较大的市场区域，以图下一步进军全国，创建全国性的强势品牌。例如，脑白金在江阴一炮打响后，史玉柱用在江阴赚的钱迅速启动了无锡、南京、常州、苏州、吉林等地市场，这几个市场在第二个月便见到效益。

第三步棋，在中小企业统一全国阶段。中小企业应当巩固已有战果，积蓄力量，时机成熟时，通过全国性媒体广告、新闻宣传、促销活动、公益活动等手段，发动全国攻势，从而最终占领全国市场，实现创建全国性领导品牌的目标。例如，脑白金在南京、无锡等地获得成功后，史玉柱再接再厉，很快启动了整个江苏及相邻的上海、浙江等地市场。在不到一年半的时间，脑白金便迅速飙红全国，成为一个家喻户晓的强势品牌。

**3. 品牌打造要持之以恒**

一个强势品牌不是由创意打造的，而是由持之以恒打造的。

然而我们许多中小企业因为缺乏品牌常识，其创业初期确定的品牌定位、个性、形象等品牌要素在发展过程中随意改变，朝令夕改，这是品牌建设的大忌。品牌定位的随意改变会模糊品牌在消费者心中的形象，浪费品牌建设费用，这也是本土品牌很难长久的原因之一。所以中小企业在品牌建设之初就应该有百年大计的战略眼光，企业在变，产品在变，但品牌形象定位不能变。

燕京啤酒集团总经理李福成曾在央视《品牌中国》中说："没有品牌的竞争是无力的竞争，没有品牌的市场是脆弱的市场，没有品牌的企业是危险的企业。"所以，中小企业若想摆脱被市场淘汰的险境，若想发展壮大，请走好品牌之路！

# 第三章　品牌灵魂

人失去灵魂会浑浑噩噩，如行尸走肉，品牌失去灵魂也会像无根的浮萍，随波逐流。品牌的灵魂就是品牌核心价值。

据说20世纪有一次调查显示，全球最流行的三个词语分别是“上帝”、“她”和“可口可乐”。

诞生于1886年的可口可乐何以有如此巨大的魅力？穿越百年时光，依然牢牢“俘获”人心。

其实，可口可乐辉煌成功的秘诀就是在于对“乐观向上，勇于面对困难”的品牌核心价值不遗余力地演绎和坚持。1886年5月，可口可乐诞生不久就在《亚特兰大日报》上打出第一幅广告：“可口可乐，可口！清新！快乐！活力！……”一百多年来，可口可乐用过的广告语达100多条，代言人也换了又换，然而万变不离其宗，可口可乐“乐观向上，勇于面对困难”的精神始终如一。

正是“乐观向上，勇于面对困难”的精神征服了世界人，使“可口可乐”成为仅次于“上帝”和“她”的流行词，深深镌刻于人们心中。

## 第一节　走进品牌灵魂深处

品牌核心价值之于品牌犹如灵魂之于人生，看似虚无缥缈，其实威力无穷。

对于品牌核心价值，还有许多其他形象的比喻：

有人将它比作品牌基因DNA，如同生物体内的遗传基因一般，生生不息，世代传承，成为彼此相互区别的中心要素；

有人将它比作太阳系里的太阳，它不仅是八大行星运转环绕的核心，而且还是光和热的无尽源头；

还有人将它比作强壮的树干，不仅支撑着枝繁叶茂的参天大树，还为枝叶不断输送着养分。

……

不同的比喻其实蕴涵着同一个含义，那就是品牌核心价值之于品牌是何等重要！

品牌核心价值是品牌的灵魂和精髓，它代表一个品牌最核心、最独一无二的要素，让消费者明确、清晰地识别并记住品牌的利益点与个性，成为品牌区别于竞争对手的最重要标志。

随着市场经济的发展，企业竞争日趋同质化，高度差异化、个性化已成为品牌脱颖而出、克敌制胜的不二法门！而品牌核心价值正是品牌差异化、个性化的标志符，它在白热化的市场竞争中为品牌开辟出一个独立的生存空间，构筑起竞争对手难以逾越的壁垒鸿沟。

品牌核心价值是品牌建设的基点。可以说，如果品牌核心价值有误，品牌的一切建设工作都无异于在进行慢性自杀。一个品牌核心价值建设成功与否，已经成为决定品牌成败的关键点。中国燃气具大王华帝集团总裁黄启均在谈到品牌建设时，将华帝10余年的稳健发展首先归功于华帝品牌核心价值的精准定位。

纵观世界品牌发展史，那些成功品牌无一例外地都有一个共性，那就是它们都拥有个性鲜明独特的品牌核心价值。

例如，可口可乐的“乐观向上”、万宝路的“阳刚、豪迈”、诺基亚的“科技以人为本”、雅芳的“女性的知己”、Lee（牛仔裤）的“体贴的、贴身的”、劳力士的“成功、尊贵”、夏士莲的“中药滋养”、555的“绅士的风度”、ZIPPO的“英雄”、茅台的“国酒”、七匹狼的“追求成功，勇于挑战”……

**知名品牌核心价值**

| 品牌 | | 品牌核心价值 | 品牌外延（口号语） |
|---|---|---|---|
| 国际品牌 | 百事可乐 | 青春、朝气 | 新一代的选择 |
| | 耐克 | 超越 | 发挥潜能 Just do it |
| | 辉瑞 | 关爱 | 关爱生命，辉瑞使命 |
| | 吉列 | 阳刚、男人味 | 男人的选择 |
| | 清扬 | 去头屑 | 百分百挑战，头屑不再来 |
| 国内品牌 | 海尔 | 真诚 | 真诚到永远 |
| | 海信 | 创新 | 创新就是生活 |
| | 王老吉 | 预防上火 | 防上火，喝王老吉 |
| | 伊利 | 天然、绿色、无污染 | 来自内蒙古大草原 |

总体而言，品牌核心价值内涵分为三个层面，即功能性价值、情感性价值及象征性价值。这三个层面价值宛如交相辉映的三重奏，为品牌演奏出悦耳动听的音乐旋律。

### 一重奏：功能性价值

功能性价值是品牌立足的基石，它主要体现产品的功能性利益或物理属性。如手表的计时准确、防水，钢笔的书写流畅，洗衣粉的去污，香皂的除菌，白酒的顺口、不上头等。功能性价值是绝大多数品牌在发展初期的立身之本，没有功能性价值为基础，品牌只能是空中楼阁。

宝洁旗下的洗发水品牌核心价值大都定位在功能性价值层面：

飘柔突出“头发更飘，更柔顺”；

潘婷强调“拥有健康，当然亮泽”；

沙宣追求“专业头发护理”；

海飞丝表达“头屑去无踪，秀发更出众”；

伊卡璐诉求“草本精华”。

### 二重奏：情感性价值

情感性价值主要表达品牌的情感内涵，如真情、关爱、友谊、温暖、牵挂等。品牌的情感性价值常常将冷冰冰的产品带到了有血有肉的情感境界，绵绵而来，赋予产品生命和感染力，让消费者拥有一段美好的情感体验。

例如，海尔“真诚到永远”表达了对消费者的一片赤诚之心；

诺基亚“科技以人为本”体现了对人性细致入微的关怀；

戴比尔斯钻石“钻石恒久远，一颗永留传”让人洗去浮躁，为纯真的爱情而感动；

美加净护手霜“就像妈妈的手温柔依旧”；

贵州青酒“喝杯青酒，交个朋友”使浓浓的友情融于醇香的酒中，表达出人们追求真挚友情的一种美好愿望。

……

### 三重奏：象征性价值

象征性价值主要诠释品牌所蕴涵的人生哲理、价值观、审美品味、身份地位等，人们往往通过使用这样的品牌产品，体验人生追求，张扬自我个性，寻找精神寄托。

例如，奔驰车体现着“权势、财富、成功”；

百事可乐张扬“青春活力和激情”；

麦当劳代表“欢笑”；

香奈儿香水演绎“时尚、浪漫”情怀；

劳力士让消费者体验“尊贵、成就、完美、优雅”的感受；

派牌服饰彰显“自由自在，洒脱轻松”的品质个性；

哈利波特展示“神奇的童年”；

哈雷机车则主张“无拘无束”的个性……

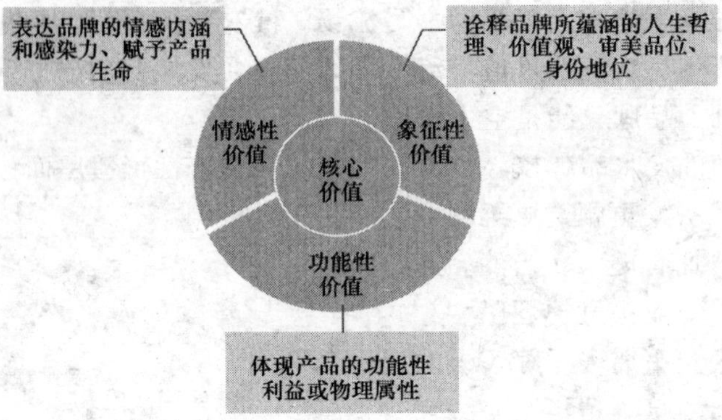


**品牌核心价值内涵图**

品牌核心价值既可以是功能性价值，也可以是情感性价值或象征性价值，还可以是三者的和谐统一。其实每种模式都不乏成功的案例，“中药滋养”成就了夏士莲，“科技以人为本”成就了诺基亚，“滋润、高贵”成就了力士……

那么，品牌核心价值究竟选择哪种模式为最佳呢？

这主要以品牌核心价值能否对目标消费群体产生最大感染力，并同竞争品牌形成差异为原则。比如，使用洗涤、洗发用品，消费者更关注产品的使用功效，所以这类品牌大都选择了功能性品牌核心价值，如霸王洗发水的“中药去屑”、汰渍的“领干净、袖无渍”等；使用汽车、手表、服饰、香水、酒等产品，消费者更希望借此体现自己的身份，寻找精神寄托，所以这类品牌大都定位于情感性或象征性品牌核心价值，如宝马的“驾驶乐趣”、欧米茄手表的“代表成就与完美”、登喜路服饰的“贵族的、经典的”、人头马 XO“人头马一开，好事自然来”等；保健品、药品主要体现关怀，强调功效，所以这类品牌核心价值中，功能性和情感性兼而有之，如静心口服液“买静心，送给妈妈一个心”、三精葡萄糖酸锌口服液“聪明的妈妈会用‘锌’”、斯达舒的“胃酸、胃痛、胃胀，请用斯达舒胶囊”……

应该看到的是，在产品日益同质化的今天，产品的物理属性几乎相差无几，通过产品的功能性价值战胜竞争对手的概率越来越小，这就要求品牌更多地依赖情感性或象征性的品牌核心价值才能与竞争对手形成差异。而且，随着社会进步，人们生活水平不断提高，消费者选择品牌往往更注重精神感受，情感性或象征性的品牌核心价值日益成为消费者认同品牌的驱动力。比如，阿迪达斯早期非常强调品牌的功能性价值，然而随着市场的发展，阿迪达斯的竞争优势越来越弱化，20 世纪 90 年代，阿迪达斯为品牌注入新的个性和情感元素，提炼出“没有什么不可能的（nothing is impossible）”的核心价值，阿迪达斯又重新焕发了生命力。

当然，功能性价值是情感性价值和象征性价值的基石，情感性价值和象征性价值只有在坚实可靠的功能性价值强力支撑下，才更有说服力和感染力。比如，劳力士诠释“尊贵、成就、优雅”的品牌内涵，但劳力士对产品品质的追求也几近苛刻，劳力士每个制表工艺环节都严格讲究，除了表身质料的选择之外，宝石的镶配位置以及做工都经过反复的草图设计、深思熟虑后才最终成型。劳力士的每块表都进入气压室测试防水性能，然后用每一百年误差两秒的原子钟做准确度校准，只要发现稍有不合格的，即弃之不用。劳力士精良的品质有力支撑了“尊贵、成就、优雅”的品牌核心价值。

提炼品牌核心价值是一个深奥的战略问题，并无放之四海而皆准的准则，企业要想提炼出精准的品牌核心价值，必须做好深入细致的市场调研，了解市场及竞争对手情况，最重要的是洞察消费者的内心。主观臆断、生搬硬套往往会导致企业战略性的失误。

## 第二节　提炼品牌核心价值的法则

品牌核心价值堪称品牌的灵魂，提炼个性鲜明且能拨动消费者心弦的品牌核心价值是品牌建设的最重要环节，事关品牌建设的兴衰成败。

那么，如何科学提炼品牌核心价值呢？

### 法则一：寻找差异点，成为心智中的“第一”

《圣经》中“马太福音”第二十五章有这么几句话：“因为凡有的，还要加给他，叫他有余；没有的，连他所有的也要夺过来。”这种典型的现象被称为“马太效应”，简而言之就是“强者越强，弱者越弱”。

马太效应在生活中极为常见，比如人们往往关注第一，却忽视第二，体育比赛中大家都记住了冠军，却忘记了亚军、季军；提起世界第一高峰，我们马上会想到珠穆朗玛峰，可是有多少人知道世界第二高峰呢？

马太效应也同样适用于品牌竞争。某一品牌认知与联想如果率先在消费者心目中建立起来，被冠上“第一”的光环，也会产生马太效应，优势不断加剧“裂变”，最终独霸消费者心智空间，从而形成竞争区隔优势。消费者往往认为，第一品牌意味着正宗和货真价实，其他追随品牌都是“模仿秀”。要知道，即使“模仿秀”的领悟力很强，付出的艰辛努力再多，最终还是为第一品牌作出了辅助贡献。

哈佛大学乔治·米勒教授的研究发现也佐证了这一现象，他指出消费者购物时大脑出现的候选品牌不会超过七个。特劳特则进一步发现，七个品牌其实还只是在市场竞争的初始阶段，随着市场的日趋成熟，大多数人购物时往往只记住两个品牌，并二选其一就行了。特劳特把这个原则叫做“二元法则”，指出任何一个市场最终会变成两个品牌竞争的局面。比如说，可乐饮料行业是可口可乐与百事可乐，牙膏业是高露洁与佳洁士，香皂业是舒肤佳和力士，胶卷业是柯达与富士，飞机制造业是波音与空中客车，等等。居于第三位以下的品牌，在消费者心目中往往被忽视，需要不断促销才能引起消费者的注意，因而存在着很大的生存压力。

可见，领导品牌拥有巨大的优势，品牌一旦成为某一领域的“第一”，只要科学管理，与时俱进，其他品牌就很难撼动其霸主的地位。我们不难理解，为什么美国的十大品牌：可口可乐、高露洁、吉列、固特异、好时、家乐氏、柯达、立顿、纳贝斯克、麦哈顿，从 1923 年至今，除了麦哈顿以外，其余九个一直保持着“第一”的地位。上海家化 1996 年推出以“清凉、清爽”为独特诉求的六神沐浴露，成为夏季洗化类产品中的霸主。2005 年宝洁曾投入 10 亿元巨资打造“激爽”沐浴产品，向六神发起进攻，然而最终还是黯然退出中国市场，显示了六神这个领导品牌的强大生命力。

在市场竞争白热化的今天，品牌多如过江之鲫，几乎任何一个细分市场都存在着一个或多个竞争品牌。然而，随着生活水平的不断提高，人们的消费需求日趋个性化，那些老成持重的中年人、活力四射的年轻人、男人和女人、富人和穷人等，一起缔造出丰富多彩的市场多元化需求，没有任何一个品牌能满足所有消费者的口味，成为人人喜爱的“大众情人”。

在这种情况下，品牌要想脱颖而出，就必须用心挖掘或制造消费者心目中的“空白点”，提炼出高度差异化的品牌核心价值，彰显个性，抢占“第一”要位，成为鹤立鸡群的领导品牌。

相反，如果品牌核心价值个性模糊、空洞或趋于雷同，拾人牙慧，醉心于“模仿秀”，则无法在消费者心目中长久占据一席之地，也不可能形成品牌自身的竞争壁垒、给品牌自身带来增值。这样的品牌生命力是非常脆弱的，很容易淹没于茫茫的品牌海洋中，最终成为过眼云烟。

我们不难发现，那些成功品牌的核心价值无一不个性鲜明，成为消费者心目中的“第一”。

百事可乐把“青春、朝气”作为自己的品牌诉求，将火力对准了可口可乐“传统”的形象，终于得以与可口可乐平分秋色；

星巴克率先选择在办公室与家之间的“第三空间”开设咖啡店，一开就是世界“第一”；

M&M’s 巧克力通过“只溶在口，不溶在手”的独特卖点，奠定了糖衣巧克力领导品牌的地位；

娃哈哈第一次把纯净水纯美的情感演绎得淋漓尽致，以至于无人能出其右；

雅客 V9 打造了“维生素糖果”这个新品类，所以一炮走红；

脉动通过“运动饮料”的独特诉求，开辟了自己的生存空间。

……

再以汽车为例，那些世界品牌的核心价值都独具特色，拥有自己的一方沃土。比如奔驰体现“权势、财富、成功、至尊”，宝马体验“驾驶的乐趣”，沃尔沃追求“安全”，劳斯莱斯展示“皇家贵族的坐骑”，菲亚特张扬“精力充沛”，绅宝演绎“飞行科技”，本田主张“节油”……

目前，虽然市场竞争日趋激烈，然而市场中的“蓝海”并不匮乏，关键在于我们是否拥有一双慧眼。消费者的需求是多姿多彩的，只要我们用心洞察消费者内心，发挥创造性思维，就会挖掘出消费者心目中的“蓝海”。

下面总结几种品牌差异化方法供参考：

**1. 借助产品新概念**

随着科学技术的日新月异，产品新概念也不断诞生，比如不含脂肪、低糖、非油炸、无醇、促进睡眠、便携、速冻等。品牌如果能借助产品新概念为支持点，让品牌价值显得与众不同，那么就有可能挖掘出新的品类或细分市场，并成为该领域的第一品牌。

霸王提出“中药世家”的新概念，用中医药理论支撑自己的品牌诉求，并借助成龙的代言宣传，撬动了被外资品牌封锁得铁桶一般的洗发品市场，成为 2007 年中国日化业的一匹“黑马”。

2005 年 11 月，五谷道场在央视发布以陈宝国为代言人的“拒绝油炸”广告，五谷道场“非油炸”的新概念直指传统油炸方便面的健康问题，抓住了消费者的心智，一下子在众多方便面中脱颖而出。当然，五谷道场最终昙花一现主要是因为企业盲目扩张、资金链断裂等原因所致。

小肥羊的创始人发明了一个“不蘸小料的白汤火锅”的新配方，从而区别于原先的四川红汤火锅，创造了火锅新品类，迅速风靡市场。小肥羊也因此成为中国餐饮行业的第一品牌，年销售额接近 50 亿元。

2005 年，金威啤酒在行业中发起了一轮宣传，宣称金威啤酒不含甲醇。“无醇啤酒”应该是一个很好的新卖点，如果金威抓住这个契机进行品牌推广，完全有可能开创一个新品类，并成为领导品牌。可惜金威没有这样的意识，它的口号是“不添加甲醇，添加时尚”，又很快湮没于平庸的啤酒行列之中。

当然，所谓产品新概念应是企业真实的承诺，而不是忽悠消费者的概念炒作。而且，企业不仅要开创一个产品新概念，还要把品牌及时烙刻在那个新概念上，这样才能确保你的品牌成为真正的领先者，而不是为后人做嫁衣的“先烈”。

**2. 比竞争品牌拥有更多价值**

通常，我们谈到品牌差异化，过于重视质的差异，而忽略了量的差异，其实品牌为消费者提供更多的价值量也是突破品牌同质化的利器。

20 世纪 90 年代，诺基亚无论在知名度、技术还是资金上都无法与摩托罗拉、爱立信等相提并论，如果诺基亚也一味打科技牌，则很难拥有竞争优势。诺基亚意识到，科技真正的魅力源自于人性，于是诺基亚提出了“科技以人为本”的品牌诉求，从而找到了新的价值增长点。

血尔在补血保健品市场趋于成熟的情况下，以“补血功效持久情更久”区别于市场领导品牌朴雪、红桃 K 的“补血快”，硬是杀开一条血路。

美国的洗涤剂市场品牌林立，有个新品牌别出心裁地设计出一种靓丽的瓶型，让产品成为水槽边的一道风景线，更多的价值使该品牌深受爱美的家庭主妇的欢迎。

**3. 做领导品牌的对立者**

如果一个品牌没有机会成为领导品牌，那么最佳的出路就是做领导品牌的对立者。

实践证明，做领导品牌的对立者总是胜过做它的“模仿者”，那些开始没有占据领导地位的品牌最终获得了成功，甚至战胜领导品牌，毫无例外都是因为它们采用了对立面的策略。

奔驰可谓全球最尊贵舒适的轿车品牌，它车体大、马力强、驾驶平稳、坐椅舒适。如何同奔驰这样的领导品牌竞争呢？宝马把自己确定为奔驰的对立者，宝马设计的轿车车体更小、更轻，驾驶起来也比奔驰有更多乐趣。结果，宝马在美国以及全球很多国家的销量超过奔驰。

在本土企业果汁大战中，很多模仿鲜橙多的品牌都没有占到多少便宜，但是可口可乐推出的果汁饮料“Qoo 酷儿”则俨然以“不同”的形象，定位为青少年，很快成为与鲜橙多旗鼓相当的品牌。

《广州日报》是当地报业的领导品牌，四开大报，风格朴实、正统。然而《南方都市报》并没有模仿它，而是办了一份与之风格迥异的报纸，《南方都市报》是十六开小报，新锐、年轻。正是这种对立的策略让《南方都市报》获得了成功，《广州日报》流失的读者，大部分是选择了《南方都市报》。

本土餐饮品牌真功夫近年来异军突起，目前已经拥有 200 多家直营店，成为国内最大的中式快餐连锁店。真功夫的成功得益于其采用了麦当劳对立面的策略，针对于麦当劳的“炸”，真功夫提出营养还是“蒸”得好，向麦当劳发起挑战，开辟了自己的一片天地。

### 4. 挖掘消费者的情感空隙

如果说借助产品功能卖点，能让品牌开辟新的品类或细分市场，那么，挖掘消费者的情感空隙，与消费者进行情感上的交流，也能让品牌彰显个性，楚楚动人，并成为充满情感内涵的强势品牌。

美国的斯莫诺夫酒诠释“神秘，奇特，充满想象力”的品牌个性，让人们在酒吧里、餐桌上，一边品味斯莫诺夫酒，一边体会神奇、放松的情感。

雕牌洗衣粉的广告“妈妈，我能帮您干活了”摆脱了日化用品通过功能诉求进行品牌区隔的套路，通过一个下岗母亲和懂事女儿之间的情感交流，对消费者进行了一次深刻的心灵震撼，揭示了“真情付出，心灵交会”的生活哲理，打动了无数善良人的心。消费者在感动之余也对雕牌青睐有加，面对众多洋品牌洗衣粉的夹击，雕牌相关产品销量猛增，连续4年全国销量第一。

养生堂龟鳖丸在品牌宣传中没有宣扬其保健功效如何神奇，而是以“养育之恩，无以回报”的感人故事，唤起了人们对父母辛勤操劳的回忆和感动，将其品牌融入“孝敬父母”的情感演绎中，为生活中忙碌奔波的人们，打开了一扇情感流露与宣泄的窗口，也树立了感人至深的品牌形象。

“它山之石，可以攻玉”，探究那些成功品牌发展的历程，我们会得到许多启示。

近年来，饮料行业的一匹黑马——罐装饮料王老吉横空出世，迅速引爆凉茶市场。

透过下面一组数据，我们不难看到王老吉的增长速度：王老吉2002年销量1.8亿元，2003年销量6亿元，2004年销量15亿元，2005年销量超过25亿元（含盒装），2006年销量超过了35亿元，2007年销量更是近90亿元（含盒装）。在南方一些地区的宴席上，“茅台酒、中华烟、王老吉”已成为不可缺少的几小件，打麻将熬夜、运动、看球赛后喝一罐王老吉更是成为一种时尚。

那么，一杯小小的凉茶王老吉，缘何能攻城略地，迅速飙红大江南北呢?

其实，在2002年以前，王老吉已经不愠不火地经营了7年多，虽说小日子过得还算滋润，但却一直默默无闻，固守一方。

2002年，成美营销顾问公司在为其做品牌诊断时发现，王老吉不愠不火的最根本原因不在于市场推广，而在于品牌核心价值。王老吉虽然经营多年，但其品牌核心价值缺乏清晰明确的定位，其原来的广告语“健康永恒，永远相伴”其实是一个较模糊的概念，无法回答王老吉到底是什么。

经过细致的市场调查，成美公司发现，消费者在饮食时（特别是在享受煎炸、烧烤、香辣美食时)，特别希望能够预防上火，而目前市场上的可乐、茶饮料、矿泉水、果汁等显然不具备“预防上火”的功能，而王老吉的“凉茶始祖”的身份、中草药配方、125年历史等要素为其成功打造“预防上火”形象提供了有力的支撑。最终王老吉明确了自己的品牌核心价值——“预防上火”，这一关键性的举措改变了王老吉多年来一直偏安南粤的命运，随着“预防上火，喝王老吉”的系列广告等品牌推广活动的展开，王老吉的销售量直线上升，迅速引爆凉茶市场。

可见，王老吉的成功，关键在于找到了自己的竞争利器——“预防上火”，“预防上火”独树一帜，个性鲜明，避开了同可乐等国内外饮料巨头的直接碰撞，开辟了自己的生存空间，也让王老吉迅速“火”了起来。

百事可乐终于得以与可口可乐平分天下，其个性鲜明的品牌核心价值“新一代的选择”功不可没！

百事可乐于1890年由美国一位药剂师 Caleb Bradham 创造，并于1903年注册为商标。百事可乐和可口可乐在营销史上相互厮杀了100多年，但是前面的70年可谓长夜漫漫，百事可乐因为缺乏明确的品牌核心价值，给人以追随者的印象，所以品牌竞争力较弱，屡战屡败。百事可乐初入市场时，曾以挑战者的身份打出“Me Too（我也是）”的旗号，可口可乐趁机推出“只有可口可乐，才是真正的可乐”，强化了可口可乐不可动摇的领导者形象，提醒消费者其他的都是模仿者，给百事可乐以迎头痛击。1929年开始的大危机和“二战”期间，百事可乐为了生存，不惜将价格降至可口可乐价格的一半，以至于“5分镍币可以多买1倍的百事可乐”成为美国人的口头禅，然而这也未能从根本上改变其命运，百事可乐曾三次上门请求可口可乐收购，均遭到无情的拒绝。

进入20世纪60年代末期，百事可乐认识到“新”才是自己的差异化优势。因此，百事可乐把“青春、朝气”作为自己的品牌诉求点，“百事可乐新一代”的口号正式面市，将火力对准了可口可乐“传统”的形象。至此，百事可乐才找到了针锋相对的竞争武器，百事可乐从此也走上了腾飞之路，用活力和激情“虏获”了一代又一代年轻人的心。

“百事可乐新一代”的挑战给可口可乐带来很大冲击，可口可乐仓皇迎战，1985年改变了沿用99年的传统配方，推出经市场调查证实消费者更加喜欢的、味道接近百事可乐的新配方，以拉回被百事可乐夺去的“百事新一代”。然而可口可乐忽略了消费者的情感因素，新产品上市后引起了轩然大波，消费者纷纷抵制抗议，可口可乐形象为之大挫，不得不迅速恢复传统配方。

“新一代的选择”，让百事可乐终于找到了挑战强者的利器，最终得以与可口可乐并驾齐驱、平分天下。

无独有偶，可口可乐和百事可乐已经成为饮料市场的霸主，许多新品牌发起了无数次进攻均以失败而告终。然而，创建于1929年的七喜（7 - Up），在20世纪40年代也发挥了品牌差异化的优势，巧妙采用“非可乐”策略，直击可口可乐与百事可乐的“软肋”，使七喜一举成为美国的第三大饮料品牌。

## 法则二：拨动消费者的心弦

“望梅止渴”是一种生理现象，如果提炼品牌核心价值能达到这一境界，那无疑会抓住消费者的心。

品牌核心价值不是企业自有的，它来自消费者的心声，可以说消费者才是企业最好的老师。一个品牌核心价值只有贴近消费者的内心需求，体现出对消费者的细致关怀，才能拨动消费者的心弦，让他们心灵受到感染、震撼，从而获得消费者的认同、喜爱和忠诚。

一些企业确定品牌核心价值时往往喜欢开会，市场的、销售的、财务的各色人等济济一堂，畅所欲言，然而闭门造车的讨论结果又能有多少真正体现出消费者的心声呢？

品牌核心价值必须要站在消费者的立场来确定，一定要细致入微地洞悉消费者的内心世界，了解他们的价值观、审美观、喜好、渴望和未满足的需求等。

首先，了解消费者的内心感受需求，了解消费者在购物时，产品的哪些特点是影响其购买的主要因素和次要因素，并对诸因素排序。

其次，研究消费发展趋势，随着消费者生活质量不断提高，新的消费需求会不断出现，企业应该深入地了解市场行情，前瞻性地发现消费者的潜在需求与未来的需求，及时发现品牌的制高点，抢占消费者的心智空间。

1986 年国际品牌力士进入中国，很快便称雄香皂市场，“我只用力士”成为当时非常流行的一句广告语。6 年后也就是 1992 年，宝洁旗下的舒肤佳进入中国市场，舒肤佳很快便后来居上，硬是把力士拉下马，成为现在中国香皂市场的新霸主。

分析原因，人们不得其解。论品牌持有者，力士背后是全球 500 强排名第 54 位的联合利华，舒肤佳背后是全球 500 强排名第 75 位的宝洁，联合利华不在宝洁之下。论品牌宣传、产品包装，力士 70 多年来一直请光彩照人的国际影星演绎其“滋润、高贵”的品牌核心价值，产品晶莹，包装鲜艳，显示出优雅高贵的气质；舒肤佳请家庭主妇传达其“除菌”的品牌核心价值，产品色泽灰暗、缺少美感，无法与华贵相提并论。论品牌的传播策略，双方都是品牌高手，多少年来持之以恒地围绕自己的品牌核心价值传播营销，使品牌形象深入人心。论产品品质，力士芬芳怡人、滑爽光亮；舒肤佳虽说具有“除菌”功效，但内行都知道，国内一个普通日化厂也能生产出这种功能的产品。

可见，力士在企业实力、包装设计、产品品质、品牌管理等诸多竞争要素上都不比舒肤佳逊色，那么为什么还会败给舒肤佳呢？

经过深入研究，人们才发现，力士的“滋润、高贵”不及舒肤佳的“除菌”更贴近消费者的内心，这才是其败北的主因。力士的“滋润”固然好，但很多其他香皂也有此功能，况且几元钱一块的香皂，也未必能显示出其有多么“高贵”。但舒肤佳的“除菌”就很重要了，因为除菌可是事关全家人健康的大事呀！

通过这个例子我们不难看出，洞察消费者的内心世界是何等重要！

宝洁公司在确定品牌核心价值上也曾犯过错误。宝洁曾经推出一种小孩用的纸巾尿裤，它的品牌核心价值是“方便、干净”，解决母亲为孩子“换尿裤”之苦。产品上市之初，宝洁雄心勃勃，花了1亿多美元进行市场宣传推广，然而结果出乎意料，产品备受消费者冷落。原因何在呢？宝洁通过深入的市场调研发现，纸巾尿裤的品牌诉求存在问题。在日常生活中，“换尿裤”是母爱的一种体现，所以母亲选择尿裤一般不太注重“方便”，即使想买“方便、干净”的纸巾尿裤，也怕被人指责为不负责任，缺乏母爱。所以尽管宝洁产品不错，却忽视了消费者的内心感受，因此付出了惨重的代价。宝洁发现了问题后，及时调整策略，把品牌诉求改为“有利于孩子健康”，终于获得了消费者的欢迎。

**法则三：要有前瞻性**

我们经常看到市政道路建设时，由于没有预见到未来地下管线的设置，结果道路挖了填，填了又挖，掘地三尺，伤筋动骨，造成不必要的巨大浪费。

提炼品牌核心价值也应该注意这一情况。

提炼确定品牌核心价值一定要有前瞻性，它是战略规划，而不是战术策略，所以要有战略眼光。如果随着企业发展，品牌需要延伸，发现原来的品牌核心价值不能包容新产品，再去伤筋动骨地改造，则将给企业造成巨大的损失。

前瞻性体现在空间和时间两方面。

空间上，品牌今后若扩展其他多种类型产品或跨行业经营，就应预埋品牌延伸管线，品牌核心价值应能为多种产品所共有。例如，辉瑞的“关爱生命”包容性非常强，能容纳麾下众多产品。法国毕克（Bic）品牌核心价值是“优质一次性产品”、“方便用品”，其品牌包含一次性打火机、钢笔、圆珠笔等大量方便产品。

时间上，品牌核心价值一经确定，便不能轻易改变，所以应考虑到它能延续百年不落伍，成为长寿的“不倒翁”品牌。例如，可口可乐的“乐观向上”、耐克的“超越”、雅芳的“女性的知己”、米其林轮胎的“科技创新”等，跨越百年时光也不过时。

品牌核心价值包容力的大小应依据市场状况和企业经营战略而定。如果企业的品牌发展单一产品，而产品希望突出功能“卖点”从而占领细分市场，则品牌核心价值包容力应小，如潘婷的“亮泽”、夏士莲的“中药滋养”、舒肤佳的“除菌”等，这类品牌很难再延伸出其他产品。如果产品是体现身份或表达情感型产品，或品牌今后要延伸多种产品，则品牌核心价值包容力应大，通用的“GE带来美好生活”、海尔的“真诚”等，能包容旗下成百上千种产品。

## 第三节　恒久不变的品牌核心价值

“一旦你产生了一个简单而坚定的想法，只要不停地重复它，终会使之变为现实。提炼、坚持、重复——这就是你成功的法宝。”

——韦尔奇

### 一、“咬定青山不放松”

品牌核心价值一旦确定，就应该专心致志，心无旁骛，以滴水穿石的定力，持之以恒地坚持维护下去。企业的一切营销传播活动，从产品研发、价格、包装、广告、公关、赞助、促销到新闻炒作、软文宣传、市场生动化、售后服务等都应该围绕品牌核心价值去演绎。在企业漫长的岁月中，“咬定青山不放松”，不为风吹雨打所动。这就意味着企业的每一次营销活动、每一分广告传播费都在加深消费者对品牌核心价值的记忆和认同，都在为品牌做加法。

我们常常高估自己品牌传播的功效，其实让消费者铭记品牌信息是一件异常艰巨的事情，即使是宝洁旗下的品牌舒肤佳，在中国用了10多年的时间投入巨额广告费反复说同一句话“除菌”，今天真正能记住这句话的中国人可能也超不过30%。

可见，如果不能持之以恒地坚持品牌核心价值，就很难使其深深植入消费者心中。

品牌核心价值应从纵向、横向两方面坚持。

横向坚持：同一时期内，产品的包装、价格、广告、公关、促销、市场生动化等营销传播活动应围绕同一个主题和统一的形象。

纵向坚持：1年，2年，10年……品牌不同时期不同的表达主题和形象应围绕同一个品牌核心价值。

许多实践证明，一个不断推出平庸广告但信息一致的品牌，比一个时常有精彩广告但信息颠三倒四的品牌成功的概率大得多。

### 二、百年金字招牌的启示

持之以恒地维护品牌核心价值，已成为许多国际一流品牌创建百年金字招牌的秘诀。

在香烟王国的众多品牌中，万宝路（Marlboro）无疑是最响亮的名字。万宝路演绎的“阳刚、豪迈”的男子汉形象震撼着几代人的心，并成为美国文化的一部分。

万宝路发展初期并非一帆风顺，从1924～1954年，万宝路一直是一种优雅女士香烟，1954年的市场占有率不及0.25%，几乎奄奄一息。1954年，菲利浦·莫里斯公司聘请广告大师李奥·贝纳策划，万宝路脱胎换骨，改为铁骨铮铮的男子汉形象。一个目光深沉，浑身散发着阳刚之气的英雄男子汉，高卷袖管，露出多毛的手臂，手指间夹着一支冉冉冒烟的万宝路香烟。那粗犷豪放、自由自在、纵横驰骋的牛仔形象代表了在美国开拓事业中的不屈不挠精神，也正是万宝路的品牌内涵所在。这则广告1954年问世后没多久，万宝路便压倒群雄，第二年一跃成为美国香烟销量第10名，之后便扶摇直上。

从此以后，“阳刚、豪迈”便成为了万宝路的灵魂，万宝路踏上了跨越50多年的演绎英雄男子汉形象的征程。

自1954年以来，万宝路的广告一直锁定在“牛仔”系列，并把牛仔形象发挥到极致，万宝路还经常派人到美国最偏僻的大牧场去物色土生土长的“真正的牛仔”为模特，增加品牌形象的真实性。

据说，有一天，万宝路的老板非常生气地对广告代理商说：“我每年付几千万美元的广告费用，你们怎么策划出来的总是牛仔和那几匹马跑来跑去!”广告代理商意味深长地回答：“坚持让牛仔和马在广告中跑来跑去，正是我们对您巨额广告投入的最大价值回报。”

万宝路以牛仔形象为主题的广告发布以来，基本的设计一直未曾更改过，只是在不同的国家和地区，根据当地的风俗习惯、文化背景等对其硬汉形象灵活地予以适当的调整，但不管怎样变，绝不会偏离“阳刚、豪迈”的主线。例如，20世纪70年代，万宝路进军中国香港市场时，根据香港人的审美观，将广告中的西部牛仔调整为英武洒脱、事业有成的牧场主，身边有助手前呼后拥，并乘私人飞机观察牧场，与亲朋好友分享万宝路，共度好时光，受到了港人的欢迎。万宝路在中国曾请张艺谋拍“威风锣鼓舞狮篇”广告，其喧天的锣鼓和震撼性的壮观场面照样演绎了万宝路“阳刚、豪迈”的核心价值。

万宝路参与体育赞助活动也都紧紧围绕“阳刚、豪迈”的核心，万宝路赞助的最有影响、最重要的一级方程式赛车就是一个很好的案例。在大众心目中，一级方程式赛车被视为自由、奔放、竞争、极具挑战性的运动，比赛体现的精神正是万宝路具有的精神，赛车手的形象也恰恰符合万宝路的硬汉形象。至今，万宝路已赞助一级方程式赛车20余年，自由、奔放、冒险的一级方程式赛车形象与万宝路品牌形象实现了完美的结合。

为了维护万宝路“阳刚、豪迈”品牌形象的一脉相承，菲利普·莫里斯公司制定了一套严格的“中央集权式”的品牌管理体系，这套管理体系从制度上确保了万宝路在全球范围内有一个统一且兼顾本土特色的品牌形象。

万宝路诠释“阳刚、豪迈”已经跨越半个多世纪，终于在人们的心目中树立了“哪里有男子汉，哪里就有万宝路”的品牌形象，如今世界上每4支烟中就有一支是万宝路。

瑞典著名汽车品牌沃尔沃（VOLVO）的品牌核心价值是“安全”，从20世纪20年代以来，“安全”便成了沃尔沃一切经营活动的核心。

“对沃尔沃来说，每年都是‘安全年’”，这句话源自沃尔沃的一则广告，也是沃尔沃的真实写照。1926年，沃尔沃公司在售出第一辆汽车之前就进行了首次撞击试验，在美丽的斯德哥尔摩到哥德堡的公路上，当一同试验的进口美国车几乎被撞成一堆废铁时，而沃尔沃车只有几处撞击的伤痕，车子大体上安然无恙。20世纪20年代以来，沃尔沃每年都要投入大量的“安全”方面的研发费用，其研究成果也层出不穷，世界汽车工业发展史上有许多安全技术都是沃尔沃首创的。如1944年的安全车厢、1959年的前座三点式安全带、1972年后向式儿童安全坐椅、1984年的ABS防抱死制动系统、1994年的防侧撞安全气囊、2006年的碰撞警示和刹车辅助系统等。其中1959年的三点式安全带，被公认为是人类历史上挽救生命最多的技术发明之一。沃尔沃在汽车的设计过程中，如果操纵性、舒适性等其他性能与“安全”性能矛盾时，其会毫不犹豫地把“安全”放在第一位。

另外，在品牌传播上，沃尔沃的广告、公关活动也始终围绕“安全”而展开。1996年，沃尔沃的一则广告在戛纳国际广告节上获得了大奖，这则广告画面上只是一幅形似沃尔沃车的安全别针图案，没有一句广告词。事实上，与“安全”无关的广告诉求是永远不会出现在沃尔沃的广告作品里。“像你恨它一样驾驶它”，沃尔沃这样的广告语将沃尔沃车的“安全”特性表达得淋漓尽致。

正是因为沃尔沃在“安全”上的不懈追求，沃尔沃屡获大奖，如麦克王子道路安全奖、欧洲碰撞四颗星奖、英国房车赛总冠军等。沃尔沃在与奔驰、宝马的鏖战中保住自己的市场份额，并成为世界上最“安全”轿车的代名词。

始创于1837年的宝洁公司堪称品牌教父，宝洁成功的秘诀就在于对品牌核心价值精准的定位和不懈的坚持。宝洁一旦经过市场调研，对旗下某个品牌核心价值进行了精准的定位，便心无旁骛，持之以恒，企业的一切营销传播活动都围绕品牌核心价值展开。例如，海飞丝的核心价值是“去头屑”，多少年来，张德培、叶倩文、郑伊健、王菲、王力宏、梁朝伟等代言人换了一茬又一茬，“你不会有第二次机会给人留下第一印象”、“头屑去无踪，秀发更出众”、“新海飞丝，就是说没头屑”、“去头屑，让你靠的更近”等广告语也变了又变，然而始终都是围绕“去头屑”的主线去演绎。舒肤佳1992年进入中国市场，10多年来，我们看到舒肤佳的广告也是不断更新，然而诉求的主题除了“除菌”还是“除菌”。

宝洁在推广全球性品牌时，还特别注意维护品牌核心价值在不同国家和地区的持续一致性。比如护舒宝的核心价值是“一种更清洁、更干爽的呵护感觉”，宝洁在全球不同国家和地区推广护舒宝时，都坚持了这一诉求，只不过根据不同地域文化特点调整了广告表现形式。比如，在日本由于妇女对此话题比较隐秘，就采用了悄悄话的形式，而在中国则采用了平铺直叙的方式。

另外，还有许多国际品牌堪称持之以恒的典范：

吉列表达“男人的选择”跨越百年时光；

力士请国际影星演绎“滋润、高贵”有70多年；

戴比尔斯钻石的广告语“钻石恒久远，一颗永流传”从1948年流传至今未曾改变；

米其林轮胎从1889年起，便将“科技创新”运用于现代化运输方式开发上；

柯达“为你记录家庭欢笑”已达100多年；

路易·威登展现“奢华”形象有着150多年的历史；

雀巢伴随世人走过60年。

……

据一份调查显示，耐克、可口可乐、IBM、宝洁等全球50大品牌中，品牌历史在55~100年的占32%，在25~55年的也占到32%。这些国际强势品牌，年复一年，持之以恒，几乎从不轻易改变自己的品牌核心价值，从不放弃对消费者所作的承诺，品牌形象自然得以在消费者的心目中历久不衰。

相反，因为品牌核心价值朝令夕改而导致品牌陷入困境的案例也屡见不鲜。

著名牛仔服装品牌Lee最初的品牌核心价值是：最贴身的牛仔。在当时众多牛仔服一窝蜂宣扬自己“领导潮流、高品位、最漂亮”的情况下，Lee的“最贴身”应该说独具个性，清新脱俗。然而Lee的广告播出后不久，便遭到了零售商的反对，他们自认为更了解消费者的心理，以为应该突出牛仔时装的“时尚、品位”才能吸引消费者。Lee最终接受了零售商的意见，放弃了“最贴身”的品牌定位。然而，两年后Lee陷入困境，销量直线下降。痛定思痛，Lee重新找回了原来的品牌定位：最贴身的牛仔。经过多年不懈的努力，今天Lee终于成为闻名世界的牛仔服装品牌。

## 三、品牌核心价值统领企业一切经营活动

品牌的核心价值建立是一个系统工程，品牌核心价值一旦确定，就应该以此统领企业的一切营销传播活动。

在企业的日常经营活动中，品牌通过各种各样的接触点与消费者进行接触，比如广告宣传、产品外观设计、产品的功效、价格档次、终端的装潢与设计、人员促销、服务人员的态度、现场展示、公关活动、新闻炒作等。目前在中国市场，仅凭广告单一的传播手段就能打动消费者并大获其利的时代已经过去了，企业只有在每个品牌接触点反复向消费者传递清晰、统一、连贯且主题突出的品牌

信息，才能使品牌影响力最大化，才能使消费者深刻记住并由衷地认同品牌。

因此，对品牌核心价值的坚持仅仅停留在广告宣传等传播层面上是远远不够的，还应贯彻在产品研发、包装设计、价格定位、通路策略、人性化服务等各个营销环节上。要通过种种渠道和手段让消费者真真切切地体验到品牌核心价值，让品牌在消费者心中留下清晰、一致的印象。

许多卓越品牌的成功之道值得我们借鉴。

带有“蓝天白云螺旋桨”标志的世界名牌宝马（BMW），其品牌核心价值是“驾驶的乐趣”，多少年来，宝马一直不遗余力地演绎着这一核心价值，使“开宝马”成为一种真正的乐趣和享受，连007系列电影的男主角詹姆斯·邦德也把宝马作为自己的座驾。

宝马有一则有趣的广告，标题是“终于，我们发现了一个未能享受宝马驾驶乐趣的人”，原来这个人是一个机器人，寓意宝马车的许多功能已经智能化，就像有个机器人替你驾驶一样，机器人很辛苦而未能享受驾驶的乐趣。

为了真正体现出“驾驶的乐趣”，宝马的每款车造型设计都轻盈、飘逸而富于灵性，栩栩如生地展现出潇洒、灵动的气质。而且，宝马的整个产品研发与技术创新也都紧紧围绕“驾驶的乐趣”的核心，宝马汽车加速性能和高速性能在世界汽车界中数一数二，因此各国警方的警车首选就是宝马。宝马汽车有3、5、7系列，以及宝马Z3、Z8、X5和宝马M，其中宝马3系堪称“驾驶的乐趣”的杰出典范，最近14年来，宝马3系连续入选美国《名车志》“十大最佳车型”的纪录遥遥领先于其他车型。

2004年上市的宝马3系BMW318i装备2.0升四缸汽油发动机，该动力单元采用DME数字式电子伺控系统，Bi-VANOS双凸轮轴可变气门正时控制系统，以及来自新7系的宝马专利技术Valvetronic电子气门技术，堪称现代四缸发动机的典范。同时，它完美的后轮驱动、符合空气动力学的设计、先进的底盘技术、一系列精密的电子系统都使操控性达到了极佳水平，使驾驶者最大限度地感受到“驾驶的乐趣”。另外，BMW318i内部设计也尽显对“驾驶的乐趣”的追求，从坐椅的品质，到驾驶舱设计，以及按照人体工程学定位的所有控制装置，都为享受“驾驶的乐趣”提供了舒适的驾驶环境。

宝马的精神在于路上驾驭的乐趣。宝马成功地把“驾驶的乐趣”贯穿到企业经营活动的各个环节，使驾驶者每一脚油门、每一次切弯、每一瞬回眸，皆是乐趣的源泉。许多商业新锐、演艺人士以及活力、激情且喜欢自己驾车的成功人士，都把宝马当做自己座驾的首选，“驾乘宝马，其乐无穷”的品牌形象也深深地刻在消费者的心里。

海尔的品牌核心价值是“真诚”，海尔的“真诚到永远”绝不是仅停留在煽情的广告上，而是真真切切融化在产品研发、售后服务等各个环节中。

在产品研发上，海尔遵循“将用户的潜在需求和抱怨变成创新产品”和

“专为您设计”的理念，不断推出人性化产品。仅洗衣机就有“小小神童”、“手搓式”、“双动力”、“保健双动力”和不用洗衣粉的“环保双动力”洗衣机。从变频A8“双动力”到能让衣服跳舞的“仿生双动力”，从自动挡1268到“阳光丽人”洗干一体机，从“洗虾机”到“大地瓜”洗衣机等，海尔迎合消费者不同需求的新产品层出不穷。据统计，中国洗衣机行业的专利技术海尔就占了约60%。2007年，海尔新产品“净界”洗衣机问世，“净界”融合了洗净即停的领先技术及不用洗衣粉、SPA烘干、双动力等技术，包揽“2007年十大创新产品”等三项大奖。

在售后服务上，海尔细致入微，为了更好地服务于顾客，海尔经过多年实践提炼出“闭环式服务体系”，管理之细从服务规范、服务礼仪、服务用语到岗位衔接、动态考核、等级排序、星级升降等都有详细的规定，甚至已经细致到如何敲用户的门、穿鞋套、临走打扫卫生、自带饮用水等。

当许多企业正在为模仿海尔的“星级服务”而沾沾自喜时，海尔又推出了一项服务：在海尔社区服务站接受附近居民的委托，为居民照顾放学后暂时无人照管的孩子。居民敢于放心将孩子“暂存”到海尔服务站，体现了他们对海尔的信任，这份信任则源自海尔人20年来持之以恒的那份“真诚”之心。

海尔卖产品的成功背后是无时无刻地在“买”，用自己的“真诚”之心“买”回越来越多的用户。

世界最大的连锁便利店“7－11”1927年创立于美国，1992年进入中国市场，成为我们身边熟悉的朋友。说起来，“7－11”单个店面面积不算大，陈列商品有限，而且价格并不便宜，为什么还吸引那么多人呢？如果要探究“7－11”成功的秘密，就会发现，这家全球最大的便利连锁店，创造了一种独一无二的感受——“速递新鲜生活”。

当你步入一家“7－11”店时，你会发现“便利”确实随处可见。一般“7－11”店都设在居住小区内，步行几分钟就可到达。“7－11”便利店初创时期的营业时间从早晨7点到晚上11点，如今早已“名不副实”，采取了无休息日、无停业的24小时连续经营方式。“7－11”便利店既卖日常生活用品，又提供多元的便民生活服务，例如，速递、存取款、发传真、复印、代收公用事业费、代售邮票、代订车票和飞机票、冲印照片等。“7－11”便利店改变了一般超市等零售店纯粹买卖的形式，在快餐等商品中又提供了简单的加工服务，多种速食食品如热狗、包子、茶叶蛋、粽子、蒸糕等热气腾腾地等待顾客随时选购，在深圳的“7－11”便利店内还安放了一个餐桌，便于顾客就餐。

“7－11”便利店的“速递新鲜生活”代表了一种便捷、新颖的生活方式，吸引了许多年轻人。目前，“7－11”便利店在全球20多个国家拥有两万多家店铺。

通过以上几个案例我们不难看出，成功品牌之所以能赢得消费者的心，关键在于他们数十年如一日言行一致，不光说得好，而且做得好，将品牌核心价值贯彻到企业经营的每个环节。这样，企业的每一次营销传播活动都在向消费者传递品牌核心价值的信息，都在获取消费者的记忆和认同。久而久之，品牌核心价值将会镌刻在消费者心中，挥之不去，而这时一个威力无比的强势品牌也就在消费者心里诞生了！

## 第四节　本土品牌核心价值的硬伤

李宁——中国著名品牌，本土可以抗衡耐克等洋品牌的第一运动服装品牌，曾经带给国人多少自信与骄傲。

然而，透过李宁品牌耀眼的光环，我们又不难发现，李宁品牌在核心价值的提炼上似乎有点乱。

我们不妨追溯一下李宁品牌的成长历程，自 1990 年以来，从最初的“中国新一代的希望”到“把精彩留给自己”、“我运动我存在”、“运动之美世界共享”、“出色，源自本色”等，直到现在的“一切皆有可能”，李宁的品牌核心价值一直在变，一个个创意的火花却模糊了李宁品牌的核心价值定位及形象，令人雾里看花，难以寻找到一根贯穿始终的清晰的主线。1999 年，李宁聘请瞿颖当形象代言人，瞿颖的形象特点和李宁品牌的运动精神相距甚远，使人莫衷一是。

另外，也许李宁太想成为中国的耐克了，李宁品牌在核心价值的提炼上还犯了 ONE MORE（跟随）的低级错误，例如，耐克提倡“JUST DO IT”，李宁提倡“我运动我存在”；耐克提倡“I can”，李宁提倡“一切皆有可能”，给人以“模仿秀”之嫌。

事实上，李宁品牌的成功，很大程度上得益于奥运冠军——李宁个人品牌的巨大感召力，这种感召力掩盖了李宁品牌建设中的瑕疵。然而，李宁要想打造成为百年卓越品牌，并形成自己独特的品牌文化，仅仅依靠李宁个人品牌的影响是不够的，李宁品牌必须遵循打造百年品牌的法则，提炼自己个性独特鲜明的品牌核心价值，并以滴水穿石的非凡定力贯彻它、坚持它！

其实，本土品牌核心价值缺乏个性、朝令夕改的现象绝非李宁品牌一家，它已成为许多本土品牌的硬伤。

### 一、没有太阳的太阳系

没有核心价值的品牌运作体系，仿佛没有太阳的太阳系，然而这正是许多本土品牌的写照。

提炼一个高度差异化、个性化的品牌核心价值并以非凡的定力坚持它，已成为许多国际一流品牌的共识，也是创造百年金字招牌的秘诀。然而许多本土企业由于缺乏品牌战略管理的知识和经验，品牌核心价值的确立基本处于空白状态，有的即使有也简单化、肤浅化，很难在消费者心中留下清晰、深刻的烙印。可以说，品牌核心价值的硬伤已经成为制约本土品牌腾飞的一个重要因素。

把脉本土品牌核心价值缺失的现状，我们发现存在以下问题。

**硬伤一：个性模糊，空洞无味**

综观众多本土品牌，许多品牌缺乏明晰的品牌核心价值，有些企业甚至把企业的价值观、企业文化当成品牌核心价值。有的企业虽然确立了品牌核心价值，但却给人非常模糊的印象，令人不知所云。还有的品牌核心价值仅仅停留在广告语、口号的层面上，虽然口号朗朗上口，但内涵却空洞无味。

以洗发水为例，许多本土洗发水品牌缺乏对品牌核心价值的深刻理解，导致品牌严重空洞化。

蒂花之秀："蒂花之秀，青春好朋友"，这款洗发水的利益点在哪里？同其他品牌相比有什么特别之处？

巧巧："巧取天地精华，滋润无限秀发"，看上去气势磅礴，但你听懂它的品牌诉求了吗？

拉芳："爱生活，爱拉芳"，消费者为什么要爱拉芳？它让消费者钟情的独特卖点在哪里呢？

好迪："大家好，才是真的好，好迪真好"，好迪是一种什么样的洗发水呢？它和其他竞争品牌的区别是什么？

飘影："有飘影，更自信"，飘影通过什么利益承诺能让消费者自信呢？

……

我们不难看出，许多本土洗发水品牌很少深入市场了解消费者的真正要求，因而品牌核心价值大而空泛，缺乏鲜明独特的个性，这种空洞的品牌很难俘获消费者的心。

跨国日化公司绝对不会采用这种不知所云的品牌策略。

宝洁旗下的五大洗发水品牌海飞丝、飘柔、潘婷、伊卡璐、沙宣，每一个品牌都有明确的诉求点，个性鲜明、栩栩如生。比如去屑的、柔顺的、营养的、草本的等，完全满足不同消费者的个性化需求，再加上宝洁娴熟的品牌运作手段，使每个品牌都具有很强的竞争力。

2007 年，联合利华推出清扬洗发水，一亮相便明确地告诉消费者，清扬是专门针对男性消费者去头屑的，联合利华投入 5 亿元的推广费也是要反复强调这一句话，以便能烙刻在消费者心中。

品牌核心价值的先天不足，实际上等于是万丈高楼根基出现问题，这也导致本土洗发水品牌在与国际品牌的博弈中一直处于弱势地位。2006 年，宝洁旗下的五大洗发水品牌销售额约为150亿元人民币，市场占有率达到65%，联合利华则稳坐第二把交椅，而本土洗发水品牌拉芳、好迪、蒂花之秀、飘影、采乐、隆力奇、亮荘、名人等为了求得生存，只能以低价长期盘踞在二线、三线市场，现在更是向乡村市场延伸，面临巨大的生存压力。长期占据低端市场必然给品牌烙上低档货的烙痕，而当企业进一步做大，再想提升品牌形象时，则会发现很难扭转消费者心中固有的低档印象。

再以本土可乐品牌为例。

前几年，本土饮料品牌非常可乐、汾湟可乐、中华可乐纷纷亮相，挑战国际巨头可口可乐及百事可乐，掀起了一场硝烟弥漫的可乐大战。然而，这三种本土可乐品牌除了强调自己是“中国人自己的可乐”外，似乎没有更多的新意，它们也都存在品牌核心价值定位模糊的问题。

以汾湟可乐为例，当年汾湟可乐曾向新闻媒体宣称，经过数万名消费者盲测表明，汾湟可乐比可口可乐和百事可乐更适合亚洲人口感。然而，汾湟可乐忽略了一个最关键的问题，可乐这种饮料，除了碳酸、糖精就是水，根本没有惊人的产品品质可言。可口可乐和百事可乐之所以能辉煌百年，与其说是产品的成功，倒不如说是品牌文化传播的成功，而这正是汾湟可乐的软肋。

汾湟可乐曾播出两则电视广告——《龙舟篇》和《打抱不平篇》。《龙舟篇》的内容是：当人们挥汗如雨扛起龙骨下水时，一罐汾湟可乐出现了，成龙打开它仰头畅饮，然后出现一句话“汾湟可乐，大家齐欢乐”。《打抱不平篇》的内容是：小男孩手中的汾湟可乐被抢走后，见义勇为的成龙出现了，他帮小男孩抢回可乐，小男孩对成龙的功夫佩服得五体投地，又将手中的汾湟可乐抛出，要求再来一次。分析这两则电视广告我们不难发现，前一则广告无非是在阐述一个问题：汾湟可乐能解渴，特别是大汗淋漓时，这与其他可乐相比又有何区别和优势呢？后一则广告似乎是在为成龙的功夫做广告而非汾湟可乐，消费者很难从广告中领悟到汾湟可乐的品牌个性内涵。

可以看出汾湟可乐品牌诉求模糊空洞、毫无特色，这大大削弱了品牌的影响力，更谈不上形成自己独特的品牌文化。尽管汾煌可乐1998年仅电视广告就打了1.5亿元，约占当年饮料广告费用的23%，超过可口可乐广告近6%。然而在短短两年的风光之后，汾湟可乐还是淡出了人们的视线。

另外，娃哈哈旗下的非常可乐品牌核心价值也不明晰，开始的广告语是“中国人的可乐”，打民族牌，后来又说“年轻没有失败”，而这似乎又与百事可乐的“新一代的选择”相似，给人以模仿之嫌。

其实，品牌核心价值模糊、空洞已成为许多本土品牌的通病，品牌核心价值的模糊导致许多本土品牌无法清晰地回答“我是谁”。

五粮液虽然是名副其实的酒业老大，然而一会儿是“中国酒业大王”，一会儿是“21世纪的酿酒企业”，一会儿又是“你一生的选择”，让消费者至今也无法清晰地领悟到它的个性内涵。五粮液实施品牌扩张之后，五粮液旗下的五粮春、五粮醇、天地春三者相比，除了价格差异外，其个性内涵又有何不同？就短期来说，五粮液的成功掩盖了品牌的其他不足，但是从长远发展来看，品牌核心价值依然是五粮液无法回避的问题点。

董酒是我国老八大名酒之一，采用140多种名贵药材制成，工艺和配方被国家定为机密，应该说董酒先天具有许多与众不同之处。然而董酒的广告是："不喝董酒不懂酒"，你能感知它的个性吗？

酒鬼酒宣称自己是"中国酒文化的引导者"，然而酒文化又是一个多么宽泛的概念，这种个性不鲜明的文化又有几个人能领悟其中的内涵。

知名品牌红塔山香烟，其"天外有天，红塔集团"的口号似乎想表达一种"谦逊、礼让"的核心价值，但其广告画面中，奔流的黄河、雄伟的长城似乎又想诠释一种宏伟，令人一头雾水。

## 硬伤二：趋于雷同，醉心于"模仿秀"

近年来，罐装饮料王老吉通过"预防上火"开创了饮料的新品类，迅速飙红大江南北，2007年销量直逼90亿元。面对王老吉的一鸣惊人，许多凉茶品牌比如和其正、邓老、黄振龙、春和堂等，摩拳擦掌，纷纷跟进，也想从市场中分得一杯羹。特别是福建达利集团新推出的和其正，请陈道明为品牌代言人，在电视里频频亮相，震撼上市。然而，和其正的品牌诉求"喝了不上火"似乎和王老吉的"预防上火"如出一辙，其产品包装色调也与"王老吉"相差无几。王老吉能通过"预防上火"一鸣惊人，和其正等跟进品牌却未必能。拾人牙慧的"模仿秀"的形象让它们置身于王老吉的阴影之下，一开局便处于劣势地位，前景令人担忧。

其实，本土品牌中，趋于雷同，醉心于"模仿秀"的现象不胜枚举。

"第一个说女人像花的人是天才，第二个是蠢才，第三个是庸才。"然而，仔细观察我们将不难发现，本土品牌内涵诉求雷同、重叠现象十分严重。比如，西装品牌都去展示"成功、尊贵"，连几百元一套的西装都不除外；食品都一窝蜂打"健康、绿色"牌，让消费者难分伯仲；许多白酒要么离不开"吉祥、喜庆"的俗套，要么一窝蜂都"刨根问祖"，生搬硬套往"古文化"上靠；众多彩电品牌给人的联想惊人的一致，很难清晰区分它们的差异性……

以本土洗发水品牌为例，我们从飘影的"有飘影，更自信"里是否能看到宝洁飘柔的影子，这一点已经决定了飘影只能生活在飘柔的阴影之下。另外，又有一大群风影、碧影、云影等高度贴近，让消费者难以分辨。

拉芳宣扬"爱生活，爱拉芳"，丽涛也高唱"美丽生活有丽涛"。"生活"本来是一个充满感染力的字眼，品牌内涵生活化也能打动人心，然而众品牌都去"爱生活"，就会让人感到厌倦。

另外，本土洗发水品牌在广告制作投放上也高度雷同，一律是长发飘飘加明星代言，比如拉芳请陈德容，名人请萧蔷，蒂花之秀请田震，采乐请黎明，等等。广东卫视晚间时段各品牌广告狂轰滥炸，众明星轮番登场。这种雷同化的表现手法及媒体投放形式加重了品牌识别的难度，使消费者很难分清明星代表的品牌个性，最终消费者记住了明星一张张熟悉的脸，至于他们代言的品牌却忘到脑后了。

再以本土白酒品牌为例，“喝孔府宴酒，做天下文章”曾一度声名鹊起，很快就有“喝孔××酒，批天下文章”的跟风；“五粮液”如雷贯耳，“五灵液”就紧随其后；你做“天地春”，我就做“天贝春”；当一个“酒鬼”酒走红时，一时间“酒霸”、“酒妖”、“醉仙”等酒纷纷登场，让人眼花缭乱；“小糊涂仙”走俏时，各种各样的“糊涂”酒又一窝蜂地涌现……

还有，洋快餐麦当劳和肯德基在中国市场呼风唤雨，引来很多国内企业模仿。于是麦香那、麦肯姆、麦肯基这样的“仿制品”纷纷出现了，这些快餐店无论是装修风格还是快餐种类、无一不在模仿麦当劳、肯德基，甚至连麦当劳的“儿童乐园”也被照搬了过去。然而结果呢？当正宗的麦当劳和肯德基一出现，麦香那、麦肯姆等很快就销声匿迹了。

……

“模仿秀”为什么能流行呢？很多企业可能会认为，模仿和跟风至少是一种安全的策略。事实上，“仿制品”置身于领导者阴影下，随时面临领导者的巨大威胁，这种表面上的“安全”只不过是一种自我安慰罢了。

适合领导者的良策，对于跟随者来说也许就是一剂“毒药”。大量的失败案例证明，“模仿秀”实际上是一种奋不顾身的自杀行为，几乎所有的模仿者最终都没有逃脱惨败的宿命。如果你想活下去并发展壮大，你就必须独树一帜，与领导者不同。

### 硬伤三：朝令夕改，信天漫游

许多本土品牌在核心价值的坚持上缺乏定力，品牌建设常常迫于市场压力或受短期利益诱惑而偏离品牌核心价值的轨道。

许多企业管理者在日常经营活动中十分关注如何提高产品销售量、应对竞争对手的进攻等，唯独忽略了这些具体的经营战术应该始终围绕品牌核心价值的主线展开。我们不难见到这些现象：“换个领导人，换个品牌战略”，“换个广告公司，换个广告诉求”，“东点一把火，西烧一炷香”，广告诉求朝令夕改，信天漫游。在这种情况下，企业即使投入巨额的广告宣传费用也未必能塑造出鲜明的品牌个性，反而使品牌形象日益模糊，让消费者不知所云，更谈不上有效积累品牌资产了。这种品牌建设“信天游”的现象，也正是中国本土品牌短命的主要原因之一。

上海家化旗下有两个品牌美加净和六神，20世纪90年代中期，美加净的盈利能力是六神的三倍，但近几年情况却发生逆转，六神的盈利为美加净的三倍，而且六神沐浴露更是历经十多年磨炼，扬眉剑出鞘，硬是把许多国际知名品牌拉下马来，成为夏季洗化类产品中的霸主。

同样的生产、营销却何以产生这样的结局呢？

深入调研后我们不难发现，六神的品牌诉求“清凉、草本精华，夏天使用最好”的高度差异化且非常清晰独特，而且十多年来坚持不懈，始终如一。然而美加净的品牌经理八年间走马灯似的换了6个，6个品牌经理一人一个主张，前一个还在强调“青春无皱”，后一个又推出“CQ凝水活肤”，6个品牌经理挖了六口井，却没有一口挖深的，最终的结果，只能是品牌个性越来越模糊。而六神则因其独特的个性及始终如一的表现，品牌形象逐渐深入人心，市场表现非凡，2005年、2006年、2007年中六神产品的销售收入同比分别增长了17%、22%和9%。

再以汽车品牌吉利为例，吉利最初的品牌诉求是“造老百姓买得起的车”，然而，随着市场环境的变化，吉利的品牌诉求也随之频频改变。先是对产品品质提出更高的要求，“造老百姓买得起的好车”；接着对市场范围进行了扩展，“造全世界老百姓都买得起的好车”；最后又迈向更高的境界，打出了“世界先进，中国领先”的旗号。品牌诉求的不断变化，让消费者难以领悟吉利品牌的内涵到底是什么。

联想通过多年来的努力，在中国市场已经家喻户晓，知名度超过了90%，并拥有30%左右的市场份额。然而联想在发展过程中也曾出现过这样的现象，就是联想的品牌推广费用逐年上升，而联想在消费者心目中却缺乏清晰、统一的品牌内涵及形象。联想曾请小明星王迢迢做品牌代言人来表现联想的真诚，曾让大猩猩做广告来演绎联想的简单，还曾斥巨资请章子怡代言展示联想的时尚，甚至把F4请来张扬联想的活力……另外，在联想品牌家族中，商羽、联想1+1、小新、深远、黑金刚、天侣等子品牌在联想母品牌下共存，然而它们却没有突出联想共性的东西。过去联想在媒体上的许多广告，是由各个子品牌各自为政，联系不同的广告公司来做，相互之间没有协调和统一的标准，结果导致联想的广告五花八门，单个看都很精彩，但放在一起却显得杂乱无章。联想的广告口号也从“人类失去联想，世界将会怎样”变为“联想走近你，科技走近你”等。

过去联想在品牌建设过程中一直缺乏一个清晰、统一的品牌主线，这也导致了联想品牌形象的杂乱无章，当问及消费者联想的品牌内涵和形象时，得到的答案是众说纷纭、五花八门。有的消费者说联想代表物美价廉，最适合家庭使用；有的消费者说联想代表售后服务好，适合政府机关的人士使用；还有的消费者说联想代表高质量，同时又有亲和力等。

2003年4月，联想全面启用了新标志Lenovo，提出了“只要你想”的品牌口号，联想领军人杨元庆也在媒体面前表示，联想过去缺乏一个清晰的品牌形象，今后将统一根据“只要你想”的内涵，加速品牌建设，让联想走上国际化的道路。

笔者认为，联想“只要你想”，需要自己先想清楚。联想所面临的，不应该仅仅是一个简单的品牌形象重塑的问题，因为这只是品牌战略的最表层，根本构不成品牌战略的全部。如何让“只要你想”的品牌内涵贯穿到企业战略层面，进而让消费者真正体会到品牌内涵的价值所在，这是联想这样成功的企业应该深入考虑的问题。联想的品牌愿景是什么？为实现这一愿景如何进行品牌资产整合？为消费者创造什么价值？这种品牌战略问题企业自己想不出，如何让消费者去想。笔者认为，联想最新的品牌主张也需要商榷，“只要你想”远没有三星的“数字世界”（Digital All）清晰和明确。

其实，本土品牌中“信天游”的现象不胜枚举，面对市场竞争环境的瞬息万变，许多本土品牌很难保持定力，结果品牌很难在消费者心中留下一个清晰、统一的印象。

## 二、本土品牌缘何爱唱“信天游”

本土品牌核心价值朝令夕改，缺乏定力已成通病，那么是何原因造成“信天游”这一现象呢？

深入研究我们发现，以下问题是企业“信天游”的主要原因。

### （一）缺乏对品牌核心价值的深刻认识

持之以恒地维护品牌核心价值，已成为创建百年金字招牌的秘诀。然而，国内许多企业家并未深刻地认识到这一点，所以在品牌建设中面对市场环境的变化，往往难以有“愚公移山”的精神，持之以恒地维护品牌核心价值，最终导致品牌形象的朝令夕改，难以有效积累品牌资产。

### （二）广告人、策划人的求新心理

许多专业的广告人、策划人在广告设计中常常标新立异，闪动出许多创意的思想火花。然而，这种求新的心理转嫁到品牌核心价值的提炼上，则成为可怕的致命伤。一个个创新的火花最终导致品牌核心价值日新月异，难以长久。

另外，许多企业频繁更换广告公司，有的新广告公司为了显示自己的“技高一筹”，往往对前任者的策划方案加以否定，重新规划企业品牌战略或提炼品牌核心价值，最终使企业和品牌深受其害。

### （三）缺乏品牌管理机构与人才的支撑

目前，绝大多数国内企业都没有设立专门的品牌管理机构，并缺乏品牌专业人才。许多企业的品牌管理职责由销售总监或广告经理肩负，而销售总监往往以年终的销售额为主要目标，广告经理则易深陷于广告创意、促销策划等战术工作上，所以很难保证对品牌核心价值的坚持和维护。

### （四）市场压力或短期利益诱惑，导致企业改弦易辙

许多国内企业对品牌核心价值的维护在传播活动中还能贯彻，但在营销活动中因为市场压力或短期利益的诱惑，常常偏离了核心价值的原有轨道。例如，康佳原来打的是“高科技”牌，但面对长虹的降价攻势乱了阵脚，也打起价格战，结果 2000 年惨败而归。

## 案例解析　诺基亚的成功之道：聚焦品牌核心价值

品牌核心价值是品牌的灵魂和精髓，是品牌一切资产的源泉。一个品牌是否拥有核心价值，已经成为企业品牌塑造成功与否的重要标志。

诺基亚也不例外，诺基亚之所以能成为闻名遐迩的世界品牌，和其“科技以人为本”的品牌核心价值密不可分。多少年来，诺基亚一直矢志不渝地坚持“科技以人为本”的理念，并融入企业经营的点滴细节之中，使冷冰冰的高科技转化为对消费者贴心、细致的关怀，从而赢得了消费者的喜爱。如今，诺基亚已经占领了三分之一的市场份额，成为全球移动通信市场的霸主。

### 诺基亚河养育出的百年品牌

1865 年，诺基亚创始人弗雷德里克·艾德斯坦（Fredrik Idestam）在芬兰的诺基亚河畔创建了一家木材纸浆厂，取名诺基亚，从此，诺基亚走上了一条漫长的发展之路。

诺基亚公司在发展历程中，经营过木材、造纸、橡胶、物业、机械、电缆等门类繁多的产品，但大都业绩平平。直到 1992 年，新任总裁约玛·奥利拉上任后做出了以移动通信为核心业务的决定，这一决定成就了后来的全球移动通信的

领导者——诺基亚。

1985 年，诺基亚进入中国，在北京开设了第一家办事处。1991 年，诺基亚向香港 CSL 提供了亚洲第一个 GSM 网络。三年后，中国邮电部领导用诺基亚移动电话打通了中国历史上第一个 GSM 电话，而网络正是诺基亚提供的。

多年来，移动通信市场烽烟四起，强手如林，尤其是摩托罗拉一直以“全球手机市场霸主”的身份同诺基亚拔刀相见。然而，诺基亚以不变应万变，从上市那天起，便一直坚持自己“科技以人为本”的核心价值，凭着“专心、专注、专业”的精神，使诺基亚品牌不断深入人心。

2007 年，诺基亚公司净利润总额达到 79.85 亿欧元，升幅 46%，利润主要来源于移动电话终端业务，达 54.34 亿欧元。在 2007 年第四季度，诺基亚终端业务的市场占有率已达到了 40%。

## 科技始终源自于人性

诺基亚的理想是通过开发领先的科技产品改善人们的日常生活。

诺基亚公司认识到，科技源于人，服务于人。越是高深的科技，越要从人性出发，为人设计和服务，而不是让用户买回去之后，花大工夫研究和学习才能掌握操作。试想，如果用户买了一款手机，一星期之后还不会发短信、玩游戏，那么这样复杂的手机谁还会喜欢呢？因此，诺基亚通过充分满足人性的需求来实现企业的经营目的，同时也凝练出自己“科技以人为本”的品牌核心价值。

诺基亚手机被消费者喜爱，不仅仅源于它的时尚和美观，更源于它的人性化。诺基亚手机一贯追求人性化设计，无论性能、外观还是材料，每一款产品都为不同的消费者量身定做，更有完善的售后服务，使他们在选择人性化科技的同时尽享丰富多彩的个性化生活。

曾经有这样一个故事：诺基亚手机设计完成后，公司老总会拿着手机边上楼边发短信，如果脚下被楼梯绊一下，手机就会被打入冷宫，重新设计。这个故事也反映了诺基亚在人性化设计上要求是多么苛刻！的确，诺基亚手机以操作简便而著称，当用户购买一款新的诺基亚手机，充完电后无须阅读用户指南，即可方便使用了。

另外，为了充分满足不同的个性需求，诺基亚针对不同的消费群体，如企业老总、公司白领、学生、家庭主妇等，推出不同的产品，每一个系列都彰显不同的品位，每一种款式都体现不同的风格。

例如，诺基亚手机 3610 展现了个性“就要自主”。亮蓝格调衬托无忧欢乐，银白色展现青春性格，玲珑剔透的外表超酷闪亮……诺基亚 8910 演绎着尊贵与雍容典雅。GPRS1 以及内置蓝牙无线技术，尊容随处展现，令人尽享高雅尊贵……

其他产品如“倾慕”系列、“绝色倾城”系列、“至尊经典”系列、“N”系列、“8”系列等，都美轮美奂，各具特色，受到不同消费者的喜爱和追捧。

## 始终不渝地聚焦品牌核心价值

诺基亚从最初名不见经传的小品牌成长为如今全球闻名的强势品牌，这得益于其持之以恒聚焦“科技以人为本”的品牌核心价值。

当其他竞争对手还在忙于把手机定义为通信工具时，诺基亚已经提出了“科技以人为本”这一人性化理念，第一次从人性的角度来看待手机，使冷冰冰的手机成为体现自我、表达情感的载体。

从公司成立伊始到今天成为全球移动电话的霸主，诺基亚一直持之以恒地坚持和维护品牌核心价值。20 多年来，无论是电视、广播还是报刊、路牌等媒体宣传，诺基亚“科技以人为本”的诺言始终未变，也植根于消费者的内心。

诺基亚的“科技以人为本”绝非简单地喊喊口号，停留在广告宣传层面上，而是一种企业的信念，由内而外，以实际行动贯穿在企业经营的产品研发、生产、销售与服务等各个环节。

诺基亚手机无论外形如何设计，功能如何创新，人性化的追求始终不变。比如，诺基亚手机依据人体工程学原理作的弧线设计，让手机握在手中贴切自然；很多手机都有闹钟功能，但往往开机状态才能工作，诺基亚在关机状态一样具有闹钟功能的设计，细致地体贴着消费者的需要……

诺基亚对“科技以人为本”的核心价值的贯彻还渗透在企业管理的方方面面。

比如，诺基亚一直向员工传递这样的价值观：客户满意、追求成功、互相尊重和不断创新，从而形成人性化的企业文化。诺基亚的价值观突出尊重人，即尊重客户，尊重员工。在尊重员工方面，又在于不仅是尊重人格，而且尊重员工的成就感和责任感。诺基亚不仅为员工提供实现个人价值的机会，还为每一位员工量身制定出自身的职业规划，开办诺基亚大学，提供给员工更多的学习和发展的机会。诺基亚在员工待遇上也显示着人文关怀，员工周末加班，一定能拿到双倍的薪酬，传统的节假日，一定发给福利礼金。对员工的尊重和关怀，使诺基亚成为一个充满凝聚力、战斗力的集体。

每个人都对生活充满美好的向往，能够帮助他们实现自己的梦想，正是诺基亚努力的目标。多少年来，面对激烈的移动通信市场竞争，诺基亚心无旁骛，一直坚持自己“科技以人为本”的品牌核心价值，带给消费者细致入微的人性化关怀。

## 案例解析　哈根达斯：卖的不是冰淇淋，而是梦想

哈根达斯（Häagen-Dazs）的“矜贵”是举世闻名的，动辄上百元的价位让普通冰淇淋自惭形秽，也让它享有“冰淇淋中的劳斯莱斯”的美称。经历了 40 多年的风雨历程，哈根达斯已在全球 55 个国家开设了 700 多家专卖店和几万

家零售点，从西方到东方，从蓝眼睛到黄皮肤，它跨越了地域和种族的限制，成为追求高雅时尚生活人士的共同语言。在许多人心里，哈根达斯卖的不是冰淇淋，而是对生活的梦想！

## 洞察市场，哈根达斯一炮走红

1961年，哈根达斯诞生于纽约的布朗克斯（Bronx），它的创始人便是鲁本·马塔斯（Reubeno Mattus）。1921年，波兰移民马塔斯便开始在纽约布朗克斯大街上出售家庭自制的冰淇淋和果冰，并在当地渐渐有了一些名气。

20世纪50年代，美国冰淇淋市场竞争越来越激烈，40多岁的马塔斯敏锐地发现，低价冰淇淋市场已日渐成熟，小作坊式的冰淇淋生产根本不可能有大的作为。另外，由于冷冻技术的发展，许多制造商在冰淇淋中加入了更多的空气、稳定剂和防腐剂，以延长产品的保质期并降低成本，使冰淇淋质量大不如前。于是，马塔斯立志要生产纯天然、高质量、风味绝佳的冰淇淋产品，抢占高品质冰淇淋的市场空间。他推出三种口味的高档冰淇淋：香草、巧克力和咖啡，主要针对一些高级餐厅和商店，1961年产品正式命名为“Häagen-Dazs”。

马塔斯高价位的经营策略无疑具有风险性，然而最终让他获得了极大的成功。哈根达斯上市后很快一炮走红，并在全球带来了一场冰淇淋革命。在随后的几十年里，哈根达斯尽管几易其主，但其“矜贵”的品牌形象却一直未变。马塔斯独到的商业眼光和其后对“矜贵”品牌形象的维护，让哈根达斯至今仍独秀于顶级冰淇淋行列，成为优质生活和品位的象征。美国《时代》杂志曾赋予哈根达斯“冰淇淋中的劳斯莱斯”的美名。

## 尽善尽美，哈根达斯演绎“矜贵”

正如许多顶尖奢侈品牌，哈根达斯走的是“曲高和寡”的经营路线，它必须凸显自己“矜贵”的品牌个性。马塔斯在创立哈根达斯之初，便明确地喊出了自己的宣言“制造最好的冰淇淋”，在其后的发展历程中，无论是制作选料、产品定价，还是专卖店设立、宣传策略等，哈根达斯都尽善尽美，体现出对“矜贵”傲人品质的孜孜以求，使品尝哈根达斯冰淇淋成为一种难忘的体验。

在产品制作上，马塔斯舍弃当时偏重外观而忽视口味的做法，不吝成本，严格地选用100%天然的原料。为保证傲人的品质，哈根达斯不懈寻找世界上最优质的原料，不含任何防腐剂、人造香料、稳定剂和色素，在冰淇淋中加入更多鲜奶油，并努力降低冰淇淋的空气含量。采用脱脂奶、新鲜奶油、蔗糖及经过严格品质鉴定的新鲜蛋黄是哈根达斯骄人口味的秘密。正如哈根达斯所宣称的：每一口的哈根达斯冰淇淋都比一般的冰淇淋更加香软油滑，品尝后顿觉齿颊留香。至今，哈根达斯仍延续了这一优良传统，全球出售的哈根达斯都是选用100%的天然原料，而且每道制作工序都有严格的质量检测保证。

在产品定价上，哈根达斯与和路雪、雀巢不一样，走的是高价位路线，目标消费群是处于收入金字塔顶层的注重生活品位、追求时尚的年轻人。哈根达斯冰淇淋的价格令普通人"望价却步"，一份"梦幻天使"78元，一个冰淇淋球25元，一个主题冰淇淋更是在百元以上。然而，哈根达斯的高价位依然引来大批信徒，拥护者已经将哈根达斯视为高品质生活的象征。

在专卖店设计上，1976年鲁本·马塔斯的女儿多丽丝·马塔斯（Doris Mattus）在美国开了第一家哈根达斯专卖店，其高雅的设计获得巨大的成功，随后，哈根达斯专卖店如雨后春笋般在世界各地出现。哈根达斯为了维护其"矜贵"形象，专卖店绝不会设立在嘈杂的超市或杂货店里与廉价冰淇淋为伍，其专卖店均设于时尚繁华路段，由设计师精心设计。有时，哈根达斯一间旗舰店的投资会超过数百万美元。幽静的角落，温情的音乐，柔和的灯光，哈根达斯用温馨、轻松、时尚、浪漫的氛围包围每一位光顾者，让顾客在品尝冰淇淋的同时，体会优雅的"哈根达斯一刻"。如今，哈根达斯已在全球55个国家拥有约700多个专卖店，年销售额逾10亿美元（约合82.8亿元人民币）。

在宣传策略上，为了维护其"矜贵"形象，哈根达斯几乎不做针对广大受众群的电视广告，它的广告偶尔出现在一些时尚杂志上，大都是极富视觉冲击力的平面广告。当然，哈根达斯很看重"口口相传"的效果，因此对光顾者"进来一个，抓住一个；抓住一个，巩固一个；巩固一个，发展一批"。消费者热情的口碑传播也成了哈根达斯的撒手锏。另外，哈根达斯精美的菜单里令人目不暇接的主题雪糕也许比广告更具诱惑力，当你面对菜单里诸如"浓情脆意"、"爱琴海之舟梦"、"心怡情怡"、"梦幻天使"、"情迷黑森林"、"梦牵霞飞"等美妙新奇的冰淇淋名字时，你怎能不垂涎欲滴而乖乖投降呢？哈根达斯还有一个独特的宣传策略，就是将产品贴上爱情标签，一句"爱我，就请我吃哈根达斯"的广告语，让吃哈根达斯就像送玫瑰一样，哈根达斯俨然成为"小资男女"的浪漫爱情信物，令许多情侣们衍生出甜蜜美好的遐想。哈根达斯在情人节时还特别推出"情侣冰淇淋"，免费拍情侣照，罗曼蒂克的促销手段让情侣们流连忘返。

对"矜贵"品质尽善尽美的追求，使哈根达斯成为"高贵时尚生活方式"的代言人。

## 中国之旅，哈根达斯融入东方情结

1996年，哈根达斯进入中国，在上海南京路开设了中国第一家专卖店，随后，哈根达斯在北京、广州、杭州、深圳、青岛等十多个城市闪亮登场，目前已经在中国内地开设了50家专卖店，零售点达到1000多个。

哈根达斯是个异国品牌，当许多人对圣诞节和情人节等舶来品热情追捧时，哈根达斯却将自己的西方浪漫风情融入传统的东方情结中，牢牢抓住了中国消费者的心。

2000年千禧之际，哈根达斯为中国消费者推出了匠心独具的“冬日狂欢精选”系列，包括哈根达斯冰淇淋火锅、三款冬日精选菜式和专为新千年倾情奉献的“千禧之约”冰淇淋蛋糕。特别是哈根达斯冰淇淋火锅将西方的冰淇淋同中国的传统火锅融为一体，给中国消费者带来了美好新奇的体验。

哈根达斯深谙中国人品茶之道，特意将同属东方的日本抹茶融入冰淇淋中，让你在浓郁的茶香中体会到一种别样的冰淇淋甜蜜。哈根达斯2001年4月推出的“抹茶”冰淇淋包括“抹茶手卷”和“茶的物语”，“抹茶手卷”将清香的抹茶冰淇淋融合于奶昔中，而“茶的物语”则融合鲜奶、炼乳及蜜红豆。哈根达斯将东方茶文化融入西方的冰淇淋中，掀起了一场绿色风暴。

2001年中秋节前，哈根达斯又推出独具创意的“月饼冰淇淋”。在设计精美的月饼礼盒中，4款不同口味的“月饼冰淇淋”异彩纷呈，有以杧果雪芭为馅、以巧克力为皮的月饼冰淇淋，还有由草莓和杧果搭配而成的月饼冰淇淋……当你中秋佳节举头赏月，品尝着清滑香浓、莹润剔透的“月饼冰淇淋”时，怎能不深切地感受到哈根达斯“一切都值得回味”呢?

如今，哈根达斯已成为享誉全球的品牌，无论在哪里，只要一提到“哈根达斯”，人们心中便会激起温馨、甜蜜、时尚的涟漪。在消费者心里，哈根达斯卖的不是冰淇淋，而是对美好生活的梦想!

## 案例解析　霸王洗发水缘何霸气冲天

2007年中国的日化业市场硝烟四起，一匹黑马一鸣惊人，分外引人瞩目，这就是“中药世家”的霸王洗发水。

尽管霸王高价出位，一瓶200ml卖到55.90元，令诸多国内洗发水品牌“汗颜”，然而，霸王依然在激烈的市场竞争中深受消费者的追捧。

据相关资料显示，2006年霸王销售额超过10亿元，是前一年的数倍。2007年霸王针对不同头发问题推出系列天然植物产品，销售状况更加火暴，其中防脱洗发水销量排名全国第一，其他的品种也都卖得不错，霸王一举成为“中国中药日化领导品牌”。近日，霸王又摘得“中国驰名商标”桂冠，这也是霸王继荣获“中国品牌建设十大优秀企业”、“中国化妆品行业十大影响力品牌”等奖项后获得的又一项殊荣。

目前，中国洗护发产品市场的年销售额达到260亿元，然而绝大部分都被洋品牌收入囊中，其中宝洁就占据了一半以上，本土品牌在洋品牌的夹击中举步维艰，生存艰难。“中药世家”霸王的异军突起打破了洋品牌独霸天下、本土品牌竞相折腰的局面，使得行业人士刮目相看，“霸王现象”也成为众多国内企业借鉴和研究的对象。

那么，霸王为什么能霸气冲天，敢与洋品牌试比高呢？

## 天然养发，引领消费新时尚

随着人们生活品质的提高，追求天然、健康的生活方式已经成为一种新的时尚，人们开始青睐与生活息息相关的“绿色产品”，“天然”、“绿色”似乎成为优质生活的代名词。食品讲究“绿色食品”、“无公害蔬菜”，家居追求天然环保、无有害物质，对于我们自己倍加珍爱的头发，“天然健康”也渐成现代人选购洗发产品的首要考虑因素。

在没有洗发水的古代，古人是用什么来清洗头发的呢？用天然植物中草药来养发一直是中国传统的美发方法，中国自古就有将皂角、首乌、茶子等中草药捣碎来洗发养发的传统。天然植物洗发对头发有非常好的养护作用，可以外调内养，真正实现秀发的乌黑浓密、健康强韧，所以古人大多拥有一头令我们现代人羡慕的油滑黑亮、无屑无痒的头发。我们在遗存的古代文学名著中，常常能看到长发飘逸、乌黑亮泽的生动描写，在众多医药文献中，也没有发现脂溢性皮炎的记载和论述。

到了现代社会，由于我们生活节奏加快、工作压力过大、环境污染严重、饮食不当以及长期使用化学合成的洗发水等原因，我们的头发问题也日益增多。可以说，我们多数人都被不同程度的毛发问题困扰着，比如头皮屑、脱发、头皮瘙痒、头发枯黄暗淡、发质脆弱易折等。

毛发对于人们的身心健康都有很大的影响，虽然现代社会发展日新月异，但我们还是希望能像古人那样拥有一头乌黑亮泽、飘逸强韧的秀发。古人用天然植物中草药来养发的传统方法值得我们借鉴，某些名牌化妆品由于含有违禁成分被曝光后，消费者对天然植物的日化用品更是青睐有加。可以说，天然植物养发必将迎合广大消费者回归天然、追求健康的需求，天然植物洗发产品的走俏也将成为市场发展的趋势。

## “中药养发”开创洗发市场“蓝海”

面对潜在的市场需求，宝洁公司以战略眼光率先推出天然植物和鲜果洗发护发的概念，许多商家跟风似的推出大量的类似新品，然而宝洁强大的攻势及严重的同质化让众多跟进者大都黯然收场。奥妮曾以黑头发而风光一时，但由于管理上的问题，最终也日渐没落。

霸王的营销战略独具慧眼，他们并未盲目跟进植物、蔬果洗发的概念，而是跳出“红海”，独辟蹊径，经过深入的市场研究后，找到了差异化的品牌核心价值——“中药养发”。

事实证明，霸王“中药养发”的市场切入点是成功的。中药作为中国的国粹，其安全、健康、温和、绿色的特性备受大众推崇，中草药养发在中国有着几千年的历史，霸王的“中药养发”把传统中药文化融入了现代洗发产品中，突出祖传秘方与现代科技的结合，给消费者带来了全新中药养发的理念，也开创了中药洗发的“蓝海”。全新的霸王中药洗发水一问世，很快受到了消费者的追捧，霸王系列洗发产品在各大城市的大卖场里持续热销。

霸王演绎“中药养发，自然健康”的品牌文化，一改往日洗发产品强调靓丽、时尚的套路，产品包装典雅古朴，香味清新，洋溢着浓郁的中国味道。在琳琅满目的销售终端卖场里，霸王产品总是格外显眼，夺人眼球。霸王最近还推出了首乌黑亮、皂角去屑、人参养润、茶子去屑四款系列新品，新品一脉相承，延续着霸王“中药养发”的品牌内涵。

霸王集团的前身是传承了百年历史的“中药世家”，拥有悠久且功效独特的中药养发秘方，“中药世家”现任掌门人陈启源先生目标很明确，做“中药养发”的专家，让中国五千年的中药文化走向世界。霸王的腾飞看似是近两年的事，其实，从 1989 年起，霸王就开始在中草药洗发产品研发生产上摸爬滚打。梅花香自苦寒来，历经 18 年的磨炼，霸王今天终于开辟出中草药养发这一洗发水市场的“蓝海”，为消费者带来了全新、健康的“中药养发”之道。

面对洋品牌的打压，面对众多跟风者的跟进，霸王凭借“中药养发”的差异化品牌策略以及令人难望其项背的“中药世家”的背景，形成自己强大的品牌竞争力，成为中药洗发市场的霸主。

## 成龙加盟，中药文化与中国功夫相得益彰

自 2005 年起，成龙代言的霸王产品广告通过电视屏幕飞入了千家万户。成龙轻甩一头乌黑浓密的头发自信地说：“中药养发，乌黑浓密。”一时间，霸王伴随着成龙亲切的笑容为中国广大消费者所熟知。

成龙是国际影视巨星，2008 年奥运会的形象大使，在华人中有着巨大的影响力。而且成龙的中国功夫和霸王的中草药都是中国的国粹，成龙身上特有的中国传统文化烙印和霸王产品“中药世家”的品牌内涵十分吻合，两者结合可谓珠联璧合，相得益彰。

其实，成龙内心一直也有一个愿望，就是让中国的国粹——功夫、中药、丝绸、陶瓷、茶叶、唐装等都能走向世界。广告费对于成龙来说并没有太大的吸引力，成龙之所以愿意成为霸王的形象代言人，主要是因为他在使用过霸王洗发水之后感觉效果真的很好，而且成龙认定——中药日化必将大放异彩。

成龙代言的霸王产品广告共分四个系列，除了以中医药文化底蕴为主基调，体现成龙自强不息的民族精神的广告外，广告片中还加入了一些时尚、活泼的元素，以体现天然植物系列产品清新、淡雅的特性。成龙的现身说法，进一步激发了消费者购买的信心。另外，成龙在广告中也将呈现出不同的侧面，柔情的成龙、孩子气的成龙以及动感的成龙，伴随着霸王系列产品生动地展现在电视观众面前。

成龙的加盟和在中央电视台大力度的广告宣传快速提升了霸王品牌的知名度，成龙以其良好的形象和社会影响力，给霸王带来了极高的人气。一时间，“中药世家”走俏大江南北，霸王也树立了亲切、可信的品牌形象。可以这么说，霸王品牌，已深深地烙上了中国印——“成龙”和“中药世家”。

### 产品品质，优质铸就霸王底气

品牌如果没有优质的产品品质做基础，即使风光一时，也难以基业常青。国内日化企业也曾出现过一些好的产品概念，比如以前的植物皂角，上市初期也取得了不俗的市场效果，然而因为没有形成过硬的产品优势，最终淡出了人们的视线。

霸王作为中国中药洗发的领导品牌，其成功不仅在于切中消费者内心的品牌诉求，而且得益于霸王优良的产品品质。

从推出第一款产品开始，霸王就坚持产品的“中药养发”特色，霸王的系列产品是采用现代技术与祖传中草药秘方结合而成。产品原料全部精选自名贵中草药皂角、人参、首乌、茶子、黑芝麻、当归、灵芝、墨旱莲等，这些中草药在《本草纲目》里都有记载。从机理来看，这些中草药能够促进头皮血液循环，抑制皮脂的分泌，促进毛囊细胞新陈代谢，提高毛发的自我修复能力，具有乌发固发、去屑止痒、滋养修护等多种功效。多年以来，霸王产品得到了多个组织和协会的认可，并获得了多项大奖。

2006 年，霸王国际集团投资 8 亿元，在广州新白云国际机场附近征地 325 亩，将建成全世界最大的中药日化研发、生产和中药旅游基地，并设立中国中药日化公共实验室，建立中药日化博士后流动工作站，争创中药日化产品研发的领先水平，以过硬的产品品质巩固霸王“中药养发”的霸主地位。

众所周知，打造品牌就像修建长城一样，是一个艰辛而漫长的过程。霸王虽然异军突起，取得了令人刮目相看的开局，但要成为一个真正的卓越品牌，仍需不懈努力。目前宝洁、联合利华等日化巨头都在功能洗发水市场上打压霸王，索芙特等竞争对手也都虎视眈眈、咄咄逼人。霸王目前还比较年轻，在品牌美誉度的提升、品牌延伸、产品研发、内部管理等方面仍需要不断完善。要知道，在强手如林中求生存，任何一个环节的失误都有可能成为致命的祸根。

希望民族日化品牌霸王能不断焕发中药文化的生命力，成为世界品牌之林中的一棵常青树！

## 案例解析　诊断茅台

2007 年以来，“国酒”茅台频频曝光，其中有两件事引起了社会的广泛关注：

一是涨价。继 2007 年 1 月 1 日年份酒出厂价上涨后，2007 年 3 月 1 日再次提价，上调除陈年酒以外的普通酒出厂价格，平均涨幅达12%。重要的是，这次涨价是贵州茅台酒股份有限公司董事长袁仁国在2008年“两会”期间宣布的。此举一出，市场人士则认为有“炒作”之嫌。

二是《中国民航》杂志2007年2月刊载了茅台集团董事长季克良的撰文“茅台酒不但能治感冒，还能治许多其他疾病”，该文被业内人士曝以“假广告”而引起争议。

仔细分析，这两件事情的背后所折射出来的是茅台的品牌战略和营销策略问题。拥有“国酒”招牌的茅台在品牌战略和营销方面，正面临着一个转折的关口。

## 茅台的营销史没有放大

众所周知，历史造就了茅台“国酒”的至尊地位，也赋予了茅台丰厚的文化内涵。在消费者的心智资源中，“国酒”是茅台酒的品牌核心价值，尊贵、历史、厚重是茅台酒鲜明的个性，人们喝茅台酒，更想去体验“国酒”的尊贵与正宗。

早在1915年，茅台酒在巴拿马万国博览会上直接由高级评审委员会授予荣誉勋章金奖，并享有了“世界名酒”（World Famous Liquor）的美誉。有一种说法，1915年茅台酒在巴拿马万国博览会上“怒掷酒瓶振国威”，由于酒香袭人最终摘得桂冠。

1972年，时任国家总理周恩来拿出了储藏30多年的茅台酒与美国总统尼克松举杯共饮时，世界记录了这一珍贵时刻，也记住了茅台。

和茅台息息相关的这两件事情，更凸显了茅台的价值与内涵。遗憾的是，很多人知道茅台是一个知名品牌，但知道茅台深厚历史底蕴的人越来越少。

笔者随机调查10个白领阶层显示：100%的人都认可茅台是名酒；80%的人不知道它曾经在历史上获过国际金奖；70%的人不清楚1972年中美两国领导人会谈时喝过茅台。

现在看来，无论是巴拿马博览会，还是1972年的尼克松访华事件，都为当年的茅台酒做了一次具有国际影响的事件营销。遗憾的是，这次的事件营销之后，人们对这两件事情的历史记忆在减退。在某种意义上，暴露出茅台酒没有把历史上的营销事件放大，没有借助当年的历史意义延伸推广。

1915年、1972年的历史事件，其实本身就是一次事件营销的经典案例，这也造就了茅台巨大的品牌价值。“国酒”的桂冠使茅台酒最容易介入重大政治、历史事件，通过事件营销释放茅台的影响力。

从营销的角度分析，茅台历史上的经典营销案例没有被放大，这对于品牌推广来说是不利的。一个产品，当它的历史、文化内涵被更多的人记住时，这才是营销的真正成功。换句话说，即使不喝酒或没有喝过茅台酒的人，当谈到茅台酒时都能想到其历史上最有名的事件，这就做到了成功。这种文化的渗透是无形的，也是事件营销的核心。

茅台酒不应该仅仅固守前人留下的“国酒”桂冠，甚至向品牌透支，更应该以创新的手段寻求新的突破，不断演绎茅台“国酒”的品牌内涵，不断为茅台的品牌资产添砖加瓦。

实际上，事件营销的影响力往往是广告所无法比拟的。例如2003年“蒙牛：中国航天员的专用牛奶”的事件营销，使蒙牛一跃成为中国乳业的“领跑者”。

五粮液通过“国内现存唯一一瓶600年五粮液拍出50万天价”、“五粮液明代窖池，至今已有600年历史，比泸州万历老窖还早108年”、“五粮液68度原浆酒问世创白酒界的吉尼斯纪录”等系列事件营销，吸引了社会、媒体、消费者的广泛关注，也有力引爆了五粮液的品牌影响力。

剑南春集团2003年11月9日举办的“市场准入与全球营销——克林顿剑南春之旅”活动吸引了美联社、路透社和几乎所有的国内财经媒体的视线，使剑南春再一次地成为行业的焦点，也使剑南春品牌得到有力的提升。

可以说，茅台酒亲历的两次历史事件的影响，是现在剑南春们无法比拟的，但缺憾是没有延续下去。当然另一方面是由于历史原因，当时的资讯和传播渠道都不发达，无法和今天的时代相提并论。问题在于，茅台忽视了历史上最有名的营销事件，没有将这些发生在过去的事情重新演绎，以至于很多人对茅台酒的历史认知度在减弱。

## 茅台的品牌价值没有放大

如果从茅台的销量和利润来判断，茅台酒仍是一个认知度很高，得到市场高度认同的知名品牌。这从茅台酒涨价后销量不降反升，就能得到验证。

比如，茅台酒2006年初就曾提价15%，价格上涨之后，茅台酒的年销售不但没有因此疲软，反而有明显增长的势头。2006年前11个月销售量达到8310吨，销售增速达17.46%，茅台酒出现了供不应求甚至频繁缺货的情况。

茅台酒2006年底在部分地区还曾出现过“断货”现象，笔者认为，此次“断货”现象其实也是茅台集团的一种营销策略，而不是真正意义上的产量所限。尽管茅台酒从根本上来说会存在产能限制问题，2007年3月1日起提价，提价前发生断货，难道是巧合?

应该说，茅台酒涨价后销量不降反升有市场“供不应求”的因素，但为什么消费者唯独对茅台酒需求这么旺盛？笔者认为，最根本的原因是品牌因素，茅台酒的高价营销策略紧紧维护了茅台“国酒”尊贵的品牌核心价值。

但是，我们看到茅台近些年来醉心于打健康牌、走平民化路线，我们却鲜见其有创新精彩的事件营销新篇章，更谈不上重现1915年、1972年事件营销的辉煌。

《中国民航》杂志2007年2月刊载了贵州茅台酒股份有限公司董事长季克良先生有关“茅台酒不但能治感冒，还能治许多其他疾病”的撰文。文中声称“茅台酒成了许多老一辈党和国家领导人终身不离的保健饮品”。此时的茅台在媒体上频频打健康牌，宣传茅台酒具有独特的保健功能，对人的肝脏等有好处，“国酒茅台，喝出健康来”，茅台酒俨然成了健康酒的代表。

且不论茅台酒“能治许多疾病”是否涉嫌虚假宣传，笔者认为，单从品牌建设层面来讲，茅台酒打健康牌实属下策。茅台酒是什么？它是中国的“国酒”，按理说，茅台酒厂的一切营销传播活动都应该围绕“国酒”的品牌核心价值去演绎。

然而，茅台酒打健康牌偏离了“国酒”的品牌核心价值主线，背离了茅台“国酒”尊贵、历史、厚重的文化内涵。长此以往，必将使消费者如雾里看花，搞不清茅台到底代表什么，这将大大稀释茅台的品牌价值。

其实，人们喝茅台酒，是想去体验“国酒”的尊贵与正宗，如果为了追求健康，完全可以选择医药保健品、饮食、健身等其他手段，为什么一定要喝茅台呢？

另外，茅台集团还推出了茅台啤酒、茅台葡萄酒等，这和消费者对茅台的传统认识有很大差别，自然难有购买的热情，所以茅台啤酒、茅台葡萄酒的销售业绩一直不甚理想。茅台啤酒在征战全国市场的时候，可谓屡战屡败，最终不得不龟缩到贵州当地市场。在茅台酒30多亿元的销售额中，茅台啤酒、茅台葡萄酒以及其他浓香型产品，总共销售额还不到2个亿。

茅台集团应该明白，茅台在激烈的白酒市场竞争中之所以能保持优势，主要是因为其拥有“国酒”的桂冠，如果有朝一日茅台在消费者心中“国酒”印象已经模糊，茅台成为健康酒、科技酒、平民酒、葡萄酒、啤酒等，那么，面对众多的竞争对手，茅台酒还有何优势可言？

其实，“以非凡的定力，持之以恒地坚持维护品牌核心价值”早已成为国际一流品牌创建百年金字品牌的秘诀。那些国际强势品牌无不对自己的品牌核心价值“咬定青山不放松”。

可口可乐演绎“乐观向上，勇于面对困难”百年未变；万宝路的“阳刚豪迈”牛仔形象跨越了50年；吉列演绎其“男人的选择”达100年；力士请国际影星演绎“滋润、高贵”也有70年。

所以，茅台应该以滴水穿石的定力坚持维护“国酒”的品牌核心价值。这就意味着企业的每一次营销活动、每一次广告传播都要围绕加深消费者对“国酒”品牌核心价值的记忆和认同上做文章，这同样会为其品牌做加法。

近几年，茅台酒面对竞争对手五粮液的攻势乱了方寸，没有借助“国酒”的优势资源进行阻击，却打出了平民化的旗帜。伴随着“茅台也要开始瞄准老百姓的饭桌”的宣言，茅台集团先后推出茅台王子酒及茅台迎宾酒等中低档酒，将品牌从高端市场拉到中低端市场。既是“国酒”就应该至尊天下，然而茅台酒非要往价格战里钻，偏离了自己品牌核心价值的轨道，稀释了品牌内涵，也挫伤了茅台酒原有消费群体的忠诚度。

## 茅台内部管理有待提高

茅台品牌知名度高，但茅台自身的管理还存在问题。

据《东南早报》报道，泉州市区一家茅台酒专卖店被市民举报，之后工商执法人员检查发现，该茅台专卖店里真假混杂，假茅台酒和真茅台酒摆在一起，同样卖368元一瓶，而这些假茅台酒的成本可能只有区区几元钱。

据“金黔在线”消息，一位消费者在茅台专卖店一口气买了12瓶飞天茅台，请客时却被喝出是假的，令他尴尬无比。经过质监局认定，该消费者买的确实是假茅台，接下来在专卖店中也查出了更多的假茅台。

这些只是细枝末节，在互联网上搜索“假茅台”关键字，就有上万条相关信息可以查询。当然，一方面是不法商贩受利益驱使，以假乱真来牟取暴利；另一方面值得思考的是，茅台专卖店也同样充斥假酒，这其中茅台集团应负管理责任。

换个角度看，假酒并不仅仅发生在茅台身上，剑南春、泸州老窖、山西汾酒等同样有很多假酒混迹于市。问题是，茅台作为“国酒”闻名世界，这种现象的发生令茅台品牌形象受损。

肯定地说，自己的专卖店出现假酒丑闻是出乎茅台集团意料之外的事情，然而这也说明茅台集团管理上有漏洞，在制度建设方面存在问题。品牌建设是个系统工程，不仅包括产品质量，还包括服务、制度、理念、文化等，这些都是打造一个知名品牌的必备要素。

“国酒”赋予了茅台巨大的品牌价值，我们并不怀疑茅台的资本实力以及品牌影响力，至少目前，茅台的地位还是无人撼动。然而，如何通过科学管理，使茅台品牌保值、增值，是茅台集团不能回避的问题。愿茅台酒能珍惜“国酒”这顶桂冠，不断演绎出“国酒”尊贵、历史、厚重文化内涵的新篇章。

# 第四章　品牌识别

人的思想、个性、外表等让我们在茫茫人海里区别于他人，形成独一无二的自我。同样，清晰、独特的品牌识别也让一个品牌在浩如烟海的品牌丛林中独树一帜、与众不同。

## 第一节　诠释品牌识别

品牌识别是消费者认知品牌的重要元素，它不仅体现了品牌的属性和特征，而且还传达了品牌未来的目标和方向，让消费者一眼就能分辨出“你是谁?”、“有何特征?”……

### 一、什么是品牌识别

品牌识别是一个较新的概念，它是由美国著名品牌专家大卫·艾克（Aaker）教授在《创造强势品牌》（“Building a Strong Brand”）一书中提出的。他认为：品牌识别是品牌战略者们希望创造和保持的，能引起人们对品牌美好印象的联想物。这些联想物暗示着品牌对消费者的某种承诺，它指导品牌创建及传播的整个过程。

品牌识别是一个品牌的全方位识别体系，它既有灵魂、意识，也有行为、外貌，其广度与深度绝非单纯的视觉符号所能涵盖。比如，一条广告语（柯达的“串起生活每一刻”）、一个标志（雀巢的鸟巢图案标志）、一个卡通人物（迪斯尼的唐老鸭）、一种颜色（百事可乐的蓝色）、一项售后服务（海尔的“星级服务”）、一些公益活动（麦当劳的慈善活动）、一种企业特色（万科的“黄埔军校”美称）等，都是品牌识别的表现形式。品牌识别贯穿到品牌经营活动的每个环节，有效地传播给消费者，形成区别于竞争对手的品牌联想，从而赢得消费者的认可和忠诚，最终形成品牌价值。

品牌识别的本质在于其揭示了：

(1) 品牌的灵魂和精髓是什么?

(2) 品牌的信仰是什么?

(3) 品牌的个性特征是什么?

(4) 品牌的识别符号是什么?

雀巢温馨的鸟巢标志让人联想到待哺的婴儿、慈爱的母亲

(5) 品牌的产品及企业行为如何?

……

所有的强势品牌都拥有着鲜明、独特且丰富的品牌识别体系，如大众意味着“经久耐用”，宝马让人想到“驾驶乐趣”，维珍象征“挑战传统”，三星代表着“数字世界”，香奈儿则是“高尚品位”的化身……

## 二、为什么要建立品牌识别

(1) 建立清晰、独特的品牌识别系统，能够使品牌在令人眼花缭乱的品牌丛林中独树一帜，彰显鲜明的个性，在激烈的竞争中制造市场区隔，创造和保持品牌领先的地位。同时，品牌识别还能引起人们对品牌的美好联想、信赖和忠诚，有助于消费者在琳琅满目的品牌中用最短时间找到自己中意的品牌。

比如，可口可乐可以说是全球第一品牌，其鲜艳的红色、醒目的波浪形条纹、充满活力的代言人、独特的产品包装……这一系列极具冲击力的识别系统震撼着人们的视听，使人们感受到自由、热情、向上的美国文化，也奠定了可口可乐品牌价值的基础。

(2) 打造品牌的中心环节是提炼品牌核心价值，然而核心价值提炼出来后，由于仅仅是一个抽象的概念而无法直接贯穿到企业的经营活动中去，况且消费者认同一个品牌还需要有产品特色、价格定位、外观设计、企业实力等实实在在的认知和联想。以品牌核心价值为核心的品牌识别系统，将品牌核心价值实实在在地落实分解到企业经营活动中的产品的研发、生产、品质、特色、包装、渠道、广告、促销、服务、组织等各个环节甚至员工的行为上，使品牌核心价值这个抽象的概念能和企业日常经营活动有效对接，具有实际可操作性。

品牌识别系统界定和规范了企业营销传播活动的标准和方向，它宛如一部企业品牌宪法，制约和引领企业的日常经营活动，使企业一切经营活动有法可依，有章可循，避免了偏离品牌核心价值轨道可能的出现。

## 三、品牌识别的内容

有关品牌识别的构成，中外专家的观点各不相同，其中最有影响的为“艾克

模型”和“科普菲尔模型”。

美国著名品牌专家大卫·艾克教授在1996年提出，品牌识别包括四个方面组成的12个元素：产品识别（产品领域、产品性质、品质价值、用途、来源国），组织品牌（组织性质、本土化或全球化），个性品牌（品牌个性、品牌与顾客之间的关系）及象征品牌（视觉意象、暗喻和品牌传统）。品牌识别结构包括核心识别和延伸识别。核心识别是品牌最重要、永恒的本质，当品牌进入新的市场和产品领域时最有可能保持不变。延伸识别包括那些完美的品牌识别元素组成的附属的有意义的类别。

艾克的品牌识别模型图

品牌专家科普菲尔于1992年也提出过一个经典的品牌识别模型。他认为品牌识别必须建立在三个品质的基础上：持久性、协同性以及现实主义。科普菲尔的品牌识别模型有6个度量标准：体格、个性、关系、文化、反应和自我形象，它们构成一个品牌识别的棱柱。

笔者认为，为了能让品牌识别更好地界定和规范企业营销传播活动的标准和方向，品牌识别分为品牌理念识别（brand mind identity）、品牌行为识别（brand behavior identity）和品牌符号识别（brand symbol identity）三部分。

在构成品牌理念的三部分中，品牌理念识别是品牌的灵魂和精髓，也是最核心的品牌识别。就像人的思想一样，它统率着其他的品牌识别，决定着品牌的价值和方向，没有理念识别的品牌只是一个没有灵魂的空壳，无法真正打动消费者的心。

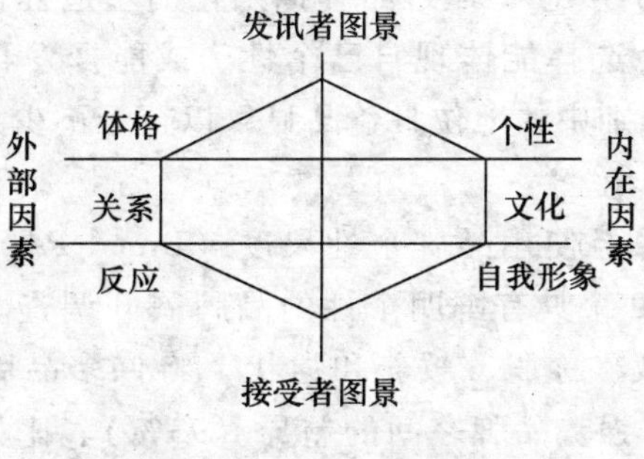


科普菲尔的品牌识别模型图

品牌行为识别是企业围绕品牌的行为总和，它是品牌理念识别在企业经营活动中的实际行为体现，在实际意义上形成和提供品牌所承诺的价值。

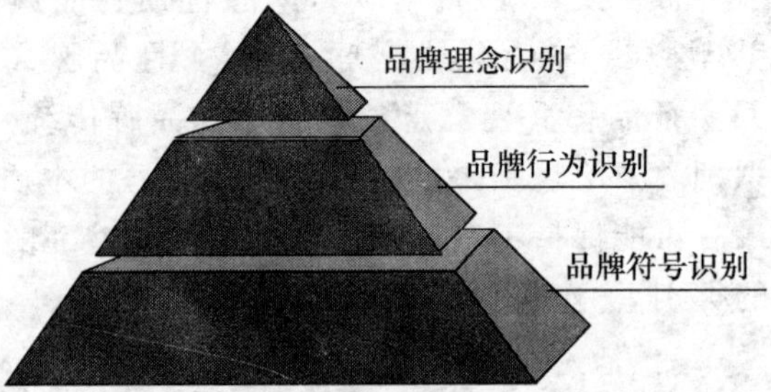


品牌识别构成模型图

品牌符号识别是品牌的外在形象，它把品牌的核心价值、产品特征等要素融合成符号传播给消费者，是消费者获得有关品牌信息的主要载体。

如果把品牌识别比作一个人的话，品牌理念识别就是他的思想和灵魂，品牌行为识别就是他的举止行为，品牌符号识别则是他的外貌形象。

### （一）品牌理念识别

品牌理念识别就是指品牌的核心价值，它是一个品牌永恒的精髓和本质。它界定了品牌传播和品牌发展的根本原则，是品牌识别系统的核心。

前文我们曾经提到，品牌核心价值分为三个层面，即功能性价值、情感性价值及象征性价值。品牌核心价值在情感性价值及象征性价值层面，将品牌带入到一个鲜活的情感精神世界，赋予品牌拟人化的人格力量。就像人一样，品牌也有气质内涵，也有各具特色的“牌格”，比如，百事可乐给人以青春、活力的感觉；惠普让人感觉称职、有教养；雀巢散发着温馨的气息；奔驰彰显庄重、权威；宝马则体现一种潇洒、灵动……品牌个性是驱动品牌形象的最活跃、最能体现差异的因素，正像奥格威在其品牌形象论中所述：“最终决定品牌市场地位的是品牌总体上的性格，而不是产品间微不足道的差异。”

人常常是“情感的俘虏”，通过品牌拟人化的塑造往往更容易占据消费者的心，因为消费者通常会选择能体现自己个性，或能抒发自己情怀的品牌。近年来，品牌个性在品牌识别中的地位日益凸显，以至于不少人认为品牌个性就是品牌的核心价值。

大卫·艾克教授曾经使用品牌个性尺度（Brand Personality Scale，BPS）对1000位美国受访者、60个具有鲜明个性的品牌展开调查。这项调查总结的五大个性要素“纯真、刺激、称职、教养和强壮”将许多品牌的个性描述得淋漓尽致，几乎可以解释所有强势品牌之间的差异（93%）。比如，柯达被认为是“纯真”的，保时捷体现出“刺激”，而万宝路则被认为是“强壮”的，等等。品牌个性在企业经营中的作用日渐彰显，企业可以根据具体的品牌个性选择具体的营销策略。

## （二）品牌行为识别

品牌理念识别虽然是品牌的灵魂和精髓，但它毕竟是个抽象的概念。品牌行为识别则使品牌理念识别落实到企业实际经营活动中去，使它成为看得见摸得着的东西。

**品牌个性尺度**

| 五大个性要素 | 不同层面 | 特　点 |
|---|---|---|
| 纯真（如康柏、柯达） | 纯朴 | 家庭为重要的、小镇的、循规蹈矩的、蓝领的、全美国人民的 |
| | 诚实 | 诚心的、真实的、道德的、有理想的、沉稳的 |
| | 有益 | 新颖的、诚恳的、永不衰老的、传统的 |
| | 愉悦 | 感情的、友善的、温暖的、快乐的 |
| 刺激（如保时捷） | 大胆 | 极时髦的、刺激的、不规律的、煽动性的 |
| | 有朝气 | 酷酷的、年轻的、活力充沛的、外向的、冒险的 |
| | 富于想象 | 独特的、风趣的、令人惊异的、有鉴赏力的、好玩的 |
| | 新颖 | 独立的、现代的、创新的、进取的、积极的 |
| 称职（如 CNN、IBM） | 可信赖 | 勤奋的、安全的、有效率的、可靠的、小心的 |
| | 聪明 | 技术的、团体的、严肃的 |
| | 成功 | 领导者的、有信心的、有影响力的 |
| 教养（如雷克萨斯、奔驰） | 上层阶级 | 有魅力的、好看的、自负的、世故的 |
| | 迷人 | 女性的、流畅的、性感的、高尚的 |
| 强壮（如万宝路、耐克） | 户外 | 男人气概的、活跃的、运动的 |
| | 强韧 | 粗壮的、强壮的、不愚蠢的 |

品牌行为识别包括产品行为识别和企业行为识别。

### 1. 产品行为识别

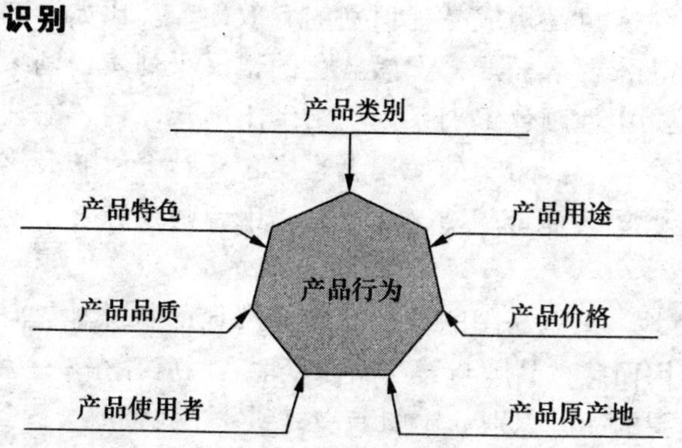


**产品行为识别模型图**

产品是品牌最好的代言人，也是品牌识别的首要来源。产品对于品牌的形象及消费者重复购买率有着直接的影响。产品行为识别体现在以下几方面：

(1) 产品类别。当消费者提到某个品牌时，往往会首先快速联想到它是一个什么类别的产品。比如，提到诺基亚时，马上就会想到手机；提到哈根达斯，马上就会想到冰激凌；提到联想，马上就会想到电脑等。企业应该建立好这种品牌识别联想。

(2) 产品特色。产品特色体现出产品的特点与优势，通常为消费者带来实质性的利益，诱发他们购买和使用的欲望。比如，霸王洗发水的“中药养发”，麦当劳汉堡的“面包中的气泡全部为0.5厘米，因为这种尺寸味道最佳”等，都是通过产品的特色形成自身的品牌识别。

(3) 产品用途。品牌与产品用途成功地结合起来，能让消费者在需要这种功能的产品时，直接联想到这个品牌。比如，需要“头发更飘，更柔顺”就会想到飘柔，需要医治感冒就会想到新康泰克，需要“预防上火”就会想到王老吉等。

(4) 产品品质。产品品质是品牌的生命，也是品牌参与市场竞争的“准入证”，品牌要想赢得消费者的最终认可必须具有过硬的产品品质。强势品牌的一个共同特征就是产品品质卓越，宝马公司追求“力臻完善，永不罢休”，劳力士手表以“精确”的形象深入人心，三星集团认为“产品缺陷就是癌症”，IBM公司力求“尽善尽美”。

(5) 产品价格。产品的价格、档次是构成品牌识别的重要部分，特别是在体现身份、地位的产品中，价格更是区分品牌的重要标志。比如，劳斯莱斯幻影LWB（元首级）进入中国，在丰富选装配置后一辆价格高达1888万元人民币，一辆奔驰S350价格近140万元，一辆奥迪A6价格为40多万元，而一辆国产捷达GIF都市前卫价格则不到10万元，可见不同品牌的产品价格、档次泾渭分明，成为消费者识别品牌的重要标志。

(6) 产品使用者。产品的使用群体往往也体现出品牌的定位、品位等特征，品牌与产品使用者结合也是构成品牌识别的有效途径。比如，劳斯莱斯公司对轿车购买者的身份及背景要求极严，像黑蓝色的银灵系列卖给国家元首、政府高级官员、有爵位的人，中性颜色银羽系列卖给绅士名流，白、灰浅色银影系列卖给一般企业家、大富豪等。劳力士的使用者也定位于社会大腕及名流人士等，绝非一般工薪阶层所能奢望。而奇瑞QQ轿车的使用者则是针对事业刚起步的时尚年轻人。

(7) 产品原产地。某些品牌的产品因其原产地的特殊地理环境或生产工艺而具有特殊的品质，因而此种品牌与其产品原产地之间就存在着一种特殊的联系，产品原产地也成为重要的品牌识别。比如，一提到蒙牛我们就会想到一望无际的大草原，一提到雷达、斯沃琪手表我们就会想到瑞士精湛的制表工艺。

2. **企业行为识别**

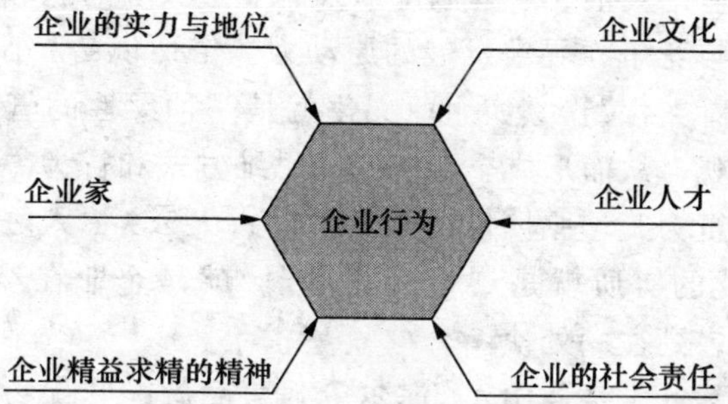


**企业行为识别模型图**

企业是生养品牌的“父母”，它抚育了品牌成长，也在品牌身上烙下了自己的痕迹。任何品牌都会或多或少地让消费者联想到它的企业，这种对企业的联想也会成为品牌识别的一部分。

“产品可以是相同的，但生产产品的企业却可以是千姿百态的”，当产品日益同质化时，在产品层面形成品牌区隔越来越困难，然而从企业层面，比如企业的组织地位、企业文化、企业家个人影响力等方面，却能形成同竞争品牌的区隔，获得消费者的认同。另外，一个品牌如果突出企业行为识别往往能增强品牌的延伸力。对于一个所有产品系列都使用同一个品牌的企业，如果过于突出产品行为识别，则很难涵盖旗下不同门类的产品。

企业行为识别体现在以下几方面：

（1）企业的实力与地位。企业雄厚的实力以及在行业的领导地位也会让消费者对其品牌产生正面的联想，比如即使消费者不太了解诺基亚、IBM、海尔的品牌内涵，这也不妨碍消费者对其产品的追捧和信赖，因为这些企业在行业的领导地位已经为其品牌提供了巨大的保证。许多行业的霸主，即使对其品牌未做太多的宣传，也会受到消费者的青睐。可见，树立企业领导者形象是提升品牌的捷径，财力的雄厚、管理的先进、技术的创新、销量的领先等都能体现出企业的领导者形象。

在宝洁公司旗下海飞丝、汰渍等众多产品品牌的广告宣传中，我们经常在最后看到：“宝洁公司，优质产品”的字样及“P&G”的标志；在通用汽车公司旗下的别克、凯迪拉克、欧宝、雪佛兰等汽车的车尾也能看到镶有“通用（GM）”的标志。其实，企业的这种做法是想告诉消费者，这些品牌均系出名门，享誉业界著名企业的产品自然在品质上有可靠的保障。这时企业的实力与地位无疑成了其产品品牌的重要识别。

（2）企业文化。优秀的企业文化，不仅能凝聚企业员工的人心，增强团队的战斗力，而且还能赢得消费者的关注和信赖，大大提升企业品牌的形象和价值。

企业文化是企业在经营活动中形成的企业精神、价值观念、经营理念、经营方针、行为准则、道德规范、管理制度以及企业形象等的总和。它是企业个性化的体现，是企业参与竞争、寻求发展的原动力。俗话说："小企业看老板，中企业看制度，大企业看文化"。其实企业文化就是一种柔性的管理手段，是通过建立一种共同的价值观，从而形成企业统一的思维方式和行为方式，凝聚员工的人心，提升员工的执行力，增强团队的战斗力。古人云："人之力发自于心，心旺则事盛"。企业文化的实质就是"以人为本"，就是企业在经营中得员工之心，使员工心往一处想，劲往一处使。

可口可乐、微软、宝洁、IBM、海尔等强势品牌，其优秀的企业文化在其品牌形象塑造过程中发挥了巨大的作用。

海尔企业文化的核心是"创新"，海尔文化以观念创新为先导、以组织创新为保障、以战略创新为基础、以技术创新为手段，伴随着海尔从小到大、从大到强，从中国走向世界，海尔文化本身不断发展，逐渐形成独具特色的文化体系。海尔文化在发展过程中得到了员工的普遍认同和主动参与，激发了海尔人的智慧和力量，在实现海尔世界名牌大目标的过程中，海尔员工将企业目标同个人的价值追求完美地结合在一起，充分施展自己的才干。海尔企业文化不但得到舆论的高度评价，被美国哈佛大学等世界著名学府收录 MBA 案例库，而且也为海尔品牌增光添彩，大大增强了海尔品牌的竞争力。

(3) 企业家。品牌主要是企业家的经营成果，企业家也是品牌的人格化体现及品牌价值观的高度浓缩。由于公众对成功企业家的敬佩，使得他们的言行备受公众关注。企业家们在镁光灯中、在麦克风边登台作秀，传经论道，演绎自我的同时，也传播着企业品牌的信息，这些充满影响力的企业家也成为各自企业重要的品牌识别。

CCTV－2 经济频道 2006 年、2007 年度最成功的栏目要数《赢在中国》，然而这场创业人的饕餮盛宴中，最大赢家应该是阿里巴巴董事局主席马云。马云担任《赢在中国》两赛季首席评委，他精辟的分析、幽默的语言牵动着全国电视观众的视线，这让马云及其麾下的阿里巴巴品牌人气一路飙升，马云巧妙地利用《赢在中国》的舞台，成功地实现了个人及企业品牌的推广。

企业家的非凡胆略、传奇经历、经营理念甚至个人爱好都能为企业品牌增光添彩，企业家的个人品牌效应，对于推动企业品牌往往起到广告所不能及的作用。想想看，马云之于阿里巴巴，柳传志之于联想，张瑞敏之于海尔，潘石屹之于 SOHU，他们的媒体曝光每年为打造企业品牌节省多少广告费？这些企业家的个人魅力已经成为各自企业品牌的重要识别符号。

(4) 企业人才。卓越的品牌、优质的产品都是靠人创造的，特别是优秀人才。所以企业强调自己的人才优势，往往也能赢得消费者的信心和认可，从而形成自己的品牌识别。

万科有地产界的“黄埔军校”之称，这个称呼无疑大大增强了万科品牌的含金量。重视人才，培养人才，为优秀人才创造一个和谐、富有激情的环境，已成为万科的一大特色。在万科，学习的精神与方式始终贯穿于员工的整个职业生涯与生活之中，在工作中不断学习，讲究方法地学习。人才的尊重和培养，让万科已经形成了一个让人羡慕的职业经理人团队，从万科集团总经理，到全国各大城市下属公司的总经理，平均年龄不到35岁，却拥有十来年的万科职业生涯，每个人都有自己突出的专长。从2000年起，万科推出了一个名为“新动力”的新计划，计划每年从全国最有名的高校中选拔一批优秀毕业生，把他们集中起来，成立一个“新动力”训练营，经过一段时间的训练之后，再把他们分派到各地的公司去。平时对他们也进行有意识的培养和评估，希望他们将来能够成长为万科的中坚力量。

如今，万科优秀的人才库已成为职场上猎头们锁定的目标，企业人才优势也成为万科品牌的一大亮点。

（5）企业精益求精的精神。企业在经营过程中精益求精、尽善尽美的精神往往是感人的，如果这些细节能够形成动人的故事，生动地传播给消费者，也能形成品牌识别，大大提升品牌的感染力，使品牌深受消费者喜爱。

中国海尔在20世纪80年代有过著名的“砸冰箱”事件，海尔总裁张瑞敏砸掉76台存在质量问题的冰箱，使海尔“真诚到永远”的品牌形象深入人心；韩国三星在20世纪90年代也上演过“烧手机”事件，三星总裁李健熙曾毅然将价值5000万美元的问题手机付之一炬，使三星一丝不苟的精神传为佳话。

许多成功企业精益求精、尽善尽美的感人故事，让品牌大放光彩，也在消费者心中留下了难以磨灭的美好印象。

（6）企业的社会责任。通过品牌背后企业高度的社会责任感，赢得消费者乃至社会公众对品牌的认同，已成为品牌的一个重要识别。

管理大师波特曾强调：“将社会责任与经营策略结合，将是企业未来新竞争力的来源。”目前，许多企业已经纷纷热情拥抱CSR（企业社会责任，Corporate Social Responsibility）。

例如，2008年5月18日晚，在“《爱的奉献》——2008抗震救灾大型募捐活动”中，罐装饮料王老吉宣布捐款1亿元，支持受灾地区建设。王老吉的生产商加多宝集团负责人阳爱星在节目现场说：“王老吉的每一位员工和我一样，虔诚地为灾区人民祈福，希望他们能早日离苦得乐。”

加多宝集团在灾后的紧急关头挺身而出，慷慨解囊，彰显了民营企业高度的社会责任感，也诠释了这个时代最值得树立的民族企业精神。正因为巨额捐赠善款，王老吉立即成为社会公众的关注焦点，并赢得人们的如潮好评：“加多宝，好样的”，“以后多喝王老吉，下火又慈善”……

凉茶饮料王老吉经过13年的发展，目前已经成为“中国饮料第一罐”。王老吉的崛起不仅为民族品牌提供了商业成功的范本，而且也成为勇于、乐于承担社会责任企业的典范。王老吉在自身发展壮大过程中，始终贯彻有益社会、关注民生的理念，无论是在“非典”期间的真情付出，还是持续了八年的以资助贫困生为主题的“学子情”活动，王老吉一直展现着“中国饮料第一罐”企业所应有的大家风范。

又如，2008年5月11日，蒙牛的“中国牛奶爱心行动”走进杭州市淳安县界首乡桐子坞小学，至此，该小学成为蒙牛免费赠送牛奶的第867所学校。在“中国牛奶爱心行动——爱在杭州”的活动现场，专为“中国牛奶爱心行动”点燃的爱心火炬耀眼夺目，爱心火炬传递着“国家强盛、民族健康”的百年梦想。

“我有一个梦，让每个中国人，首先是孩子，每天能喝上一斤奶。”这是温总理的梦想，也是蒙牛集团及其众多爱心人士所向往的社会责任。蒙牛乳业集团总裁杨文俊曾表示，“中国牛奶爱心行动”所捐赠的1000所小学的数万名学生，相对于几千万农村儿童和全国2.4亿儿童而言只是“沧海一粟”，蒙牛希望能够用更多富于创意的方式来会聚更多行业力量，唤醒全社会对于公众饮奶事业的关注，并将它发展成为有特色的、用爱心扶贫的“中国模式”。

### （三）品牌符号识别

品牌的符号识别是品牌的“身份证”，它是品牌个性的浓缩，也是品牌视听形象的主要载体，它把品牌的核心价值、产品特征等要素融合成图形、文字、色彩、声乐等符号传播给消费者，使消费者最直观地感知一个品牌，达到“一图胜千言”的效果。

比如，可口可乐公司推出的果汁饮料“Qoo酷儿”从日本、韩国、新加坡、中国台湾等地一直热销到中国内地，小朋友们在接受活泼、可爱、喜好助人的大头娃娃“Qoo酷儿”形象的同时，也接受了它的产品——酷儿果味饮料。“Qoo酷儿”的广告歌传遍了大街小巷，成为幼儿园里的“新园歌”，“好喝就说‘Qoo’”这句广告语也成为小朋友们的流行语。

品牌符号识别包括：视觉符号识别、听觉符号识别和视听总和符号识别。视觉符号识别包括：标志、象征物、代言人等；听觉符号识别包括：主题歌曲、有声商标等；视听总和符号识别包括：品牌名、品牌标识语等。

有关品牌符号识别问题，许多书籍、文章已有精辟的论述，本章就不作全面详细的探讨，仅就几个较受关注的问题阐述自己的观点。

#### 1. 规划品牌符号识别应该遵循独特性和简洁性的原则

独特性和简洁性是规划品牌符号识别的最基本原则。

品牌符号识别最基本的要求便是区别于其他品牌。与众不同，不仅容易引人注目，而且印象深刻，所以品牌符号识别应该独特别致，追求与众不同的视听效果，避免同其他已使用的品牌符号识别相雷同。只有富有创造性，独具特色的品牌符号识别才具有感染力和生命力，比如，苹果被咬一口的图标、耐克浑厚有力的一钩、IBM 虚化的字母等都独特别致，给人留下深刻印象。

苹果被咬一口的图标　　耐克标志浑厚有力的一钩　　IBM 标志虚化的字母

简洁性是品牌符号识别易于理解、记忆和传播的重要因素。简洁明晰、通俗易懂的信息才能看得懂，记得住，传得开。因此品牌符号识别无论在听觉上还是视觉上，都应尽量使用简单顺口、通俗易懂的符号语言，只有这样才能使消费者过目不忘，增强消费者的亲切感和认同感。要知道，在品牌传播成本日益增高的今天，复杂烦琐、晦涩难懂的品牌符号识别无疑会增加品牌传播的难度和费用。许多世界著名的品牌，其品牌符号识别都非常简洁，比如宝洁公司的“P&G”，肯德基的“KFC”，通用电气的“GE”等，使人一目了然。

**2. 品牌视觉识别有向企业名称、品牌名称、标志三者合一发展的趋势**

随着市场经济的发展，企业品牌竞争日益激烈，品牌视觉传达也在悄悄地发生着变化。

品牌视觉识别的作用本是在众多品牌中彰显自己的特色，以便消费者辨别。于是，在标志的设计过程中，设计师们绞尽脑汁，通过各种千变万化的图形去塑造标志的独特性。然而，调查的结果却让许多设计师感到尴尬：自己千辛万苦设计的一个标志，一经展示，马上就有人说与某某品牌标志相似！为什么会发生这样的情况呢？其实原因也很简单，标志的图案可以千变万化，但无非都是由一些基本的几何图形构成，加上企业在标志设计时无不要求现代感、国际化，因此标志设计很容易陷入雷同的尴尬境地。

例如，国美近期在全国范围内正式启用以“沟通情感，拉近距离”为表达内涵的新标志。新标志外形是个房子，寓意家，而“gome”和“国美”都在房子里，寓意国美电器“创新家电品质生活”的经营理念。然而，国美新标识却给人以似曾相识的感觉，它是否与“海尔整体厨房”标志颇为相似呢？

于是，为了避免这种尴尬情况的发生，我们发现，越来越多的企业已经不再热衷于将图形作为品牌标志，从无图到有图再到无图，企业名称、品牌名称、标志三者渐渐合而为一已经成为不可阻挡的发展趋势。

**国美新标识与“海尔整体厨房”标志是否有点相似**

品牌、企业名称、标志三者统一，有其明显的优越性：第一，易于识别。名称往往以文字拼写而成，不容易与其他标志雷同，而且企业名称在很多情况下比图形传达更准确、更直观。比如，国际四大快运公司联邦快递、UPS、日本 TNT 和中外运敦豪都用了文字名称作为标志，让公众一目了然，能够轻松辨别。如果用图形来区分，不但会相对复杂，而且有可能近似，要让消费者深刻记于脑中，恐怕要花费更多的宣传费用。第二，便于记忆。品牌名称同企业名称分开，普通消费者很难迅速反应某品牌到底出自哪家企业。而企业名称、品牌名称、标志三者统一，能将企业信息、品牌信息合二为一，简单迅速地传达给消费者，便于消费者记忆。第三，方便实用。很多图形标志在设计时运用了丰富的色彩，然而这给标志的实际运用带来很大的麻烦。而简单的名称，特别是英文名称简洁明了，在各种场合使用时很少会受到限制，而且可以通过发音来增强记忆，便于品牌的全球化。比如韩国三星电子，在所有对外广告宣传中，最后一个单词永远都是“SΛMSUNG”，成为通行的“世界语”。

观察世界最有价值品牌 100 强排行榜，我们不难发现，绝大多数企业直接以公司或者是品牌名称作为标志，而且其余的企业也都向放弃或弱化图形标志的趋势发展。比如，宝洁公司 1882 年便有了以月亮和星星为背景的标志，星星定为 13 颗，喻示当时 13 个州。然而如今，宝洁公司在品牌宣传传播中已经淡化了那个美丽的图标，只用文字“P&G”，在宝洁国际公司的网站上，旧的图标已经淡出了我们的视线。

目前，我国许多知名品牌如海尔、联想等，它们也在遵循企业、品牌、标志三合一的规律，突出品牌名的文字组合，弱化或放弃图形的使用，为品牌的国际化征程铺平道路。

**3. 动态地运用品牌符号识别**

科学实验表明，人类对信息记忆保持能力与信息获取的方式有关。两小时后保持率：观看是 72%、谈话是 70%、视听并重是 85%；72 小时后保持率：观看是 20%、谈话是 10%、视听并重是 65%。可见，综合刺激人的感官可以使人对信息的记忆程度大大增强。

品牌符号识别除了品牌名称、标识、广告语外，还包括有声商标，象征物等，如何动态运用这些品牌符号识别，让品牌“动起来”，让人在视、听、触、嗅觉上充分感受品牌的独特魅力，是品牌经营者应该考虑的问题。

一处公交候车亭的一则动态广告吸引了很多人的注意，广告的界面被处理成动态的效果，一束光线在画面上急速飞旋，广告语不停闪烁。相比之下，旁边的几处单调的静态候车亭广告则显得黯然失色。再如一处候车亭的纸巾广告别出心裁，在灯箱的表面凸起一块，设计成纸巾的样子，纸巾的柔软和舒适被体现出来，不禁让人产生触摸的冲动，给人留下深刻的印象。

**4. 品牌名称应该有利于消费者联想**

好的名字胜似千言万语。

宝马让人联想到风驰电掣；

农夫山泉让人联想到一泓清泉；

飘柔让人联想到秀发飘扬；

雀巢让人联想到温馨、亲切……

“给产品起一个好名称，犹如为它安上了腾飞的翅膀，是不可等闲视之的大事。”

品牌名称的天然联想对消费者的影响力是不可低估的，一个能让消费者产生天然联想的品牌名字，能使消费者推断出它的产品属性或利益，利于消费者认知记忆，并有助于品牌的低成本传播推广。比如高露洁、洁诺等很容易让人联想到清洁用品，而本田“Honda”的发音则容易让人联想到马力强大的汽车发动机。相反，一个感觉土气的服装品牌名花再多的力气也很难打造成一个高雅、时尚的服装品牌。

美国格洛斯曼公司曾经做过一项“产品品牌名称与销售效果相关研究”的调研，结果表明：有36%的品牌名称生硬、枯燥，对销售造成严重伤害；有52%的品牌名称平平淡淡，对销售没有多大帮助；只有12%的品牌名称令人一见倾心，大大促进销售。可见，品牌名称优劣与销售效果有很大关系。

有人对外国品牌的中国译名进行了研究，结果表明，1987～1988年国际品牌的汉语名字含有天然联想的占50.6%，1994～1995年上升到72.3%，洋品牌令人联想丰富的中国名字让它们在中国的土壤上很快生根发芽。

当然，品牌名称的天然联想应该与行业和产品特点相结合，同时考虑目标消费群的审美特点。比如，食品品牌名称应该体现出健康、安全、温馨等特点，电器品牌应该强调现代、领先和可靠，化妆品品牌则应该演绎优雅、浪漫和高贵，等等。

下面，通过解读麦当劳的品牌识别系统，能让我们更加深刻地领悟品牌识别的内涵。

**麦当劳的品牌识别系统**

| | |
|---|---|
| 理念识别 | ▶麦当劳的理念是"质量、服务、清洁+价值"（"Q、S、C+V"），即向顾客提供高质量的产品；快速、准确、友善的优良服务；清洁优雅的环境及做到物有所值。 |
| 行为识别 | ▶行为规范准则包括：麦当劳营运训练手册（Q&T manual）、岗位工作检查表（SOC）、袖珍品质参考手册（Pocket Guide）、管理发展手册（MDP）。<br>▶ 食物品质：在全世界各地始终保持同样热度和好味道。<br>▶ 服务：快捷、准确、友善、不会有争执。<br>▶ 环境：不管是柜台前或柜台后，都严格执行清洁标准。<br>▶ 大众价格：麦当劳提供大量平价食品，顾客付了钱，不仅买到一顿饭，还买到一次愉快的用餐体验。<br>▶ 方便：麦当劳是最快、最方便的餐厅，因为它总是坐落于人们居住、工作或聚会场所的附近。而且，麦当劳强调省时和高效率服务，连售卖的食品也都具有"容易吃完"的特色。<br>▶ 产品范围：快餐、汉堡、儿童娱乐场所。<br>▶ 品牌个性：家庭向导、纯正美式风味、真实材料、轻松愉快的用餐气氛。<br>▶ 顾客关系：麦当劳是美好时光的一部分，融合了"家庭"和"愉快"的联想。<br>▶ 公共形象：麦当劳叔叔儿童慈善机构引起人们的尊敬、喜爱和仰慕。<br>▶ 功能性利益：美味可口的汉堡、薯条和饮料，另外还有游戏、特价食品和儿童娱乐区等附加价值。<br>▶ 情感性利益：对儿童——麦当劳所举办的生日会和其他象征物、玩具所带来的快乐，以及家庭聚会的感觉。对成人——和家人聚餐与麦当劳广告所激发的体验而得到的温馨感觉。<br>…… |
| 符号识别 | ▶ 标识：金黄色拱门"M"。<br>▶ 象征物：麦当劳叔叔、各种麦当劳玩具。<br>▶ 色彩：麦当劳招牌的底色是红色的，而上面的标志"M"则是黄色的，红色表示"停"，黄色则是"注意"的意思。<br>▶ 员工着装：整洁、统一。<br>▶ 就餐环境设计：温馨、优雅。<br>…… |

## 第二节　规划品牌识别的误区

品牌识别是"品牌宪法"的核心组成部分，它反映了品牌的终极追求，界定和规范了企业经营活动的标准和方向。然而实践中，许多企业在规划品牌识别时常常会陷入一些误区，下面分别讨论。

## 一、把品牌识别与视觉符号画等号

中国企业从品牌意识淡薄到重视品牌，普遍经历了一个从无标志到极为重视标志的过程，20 世纪 90 年代中国企业界曾经掀起一股标志热的浪潮，许多企业纷纷请专业机构设计标志，制作精美的 VI 手册，树立自己的品牌形象。然而，也正是这个浪潮，让许多中国企业过分夸大了品牌视觉符号作用，以至于许多企业轰轰烈烈的“品牌变革”最终只是在视觉符号上大做文章，甚至把品牌识别与视觉符号画等号，认为品牌视觉符号就是品牌的全部。

众所周知，一个人的魅力不仅在于其优雅的风度、美好的容颜，更在于其睿智的头脑以及高尚的人格魅力。品牌又何尝不是如此呢？

品牌视觉符号由文字、图形、色彩等构成，它只是品牌的外表，从某种意义上可以反映出企业品牌的内涵和风格，但它不是品牌的全部。品牌战略规划只在品牌视觉符号上下工夫，无异于只是将“中山装换为西装”，即使从视觉上迅速改变自己“土里土气”的形象，但却不可能触及品牌的灵魂，更不可能从根本上解决如何建立强势品牌的问题。

品牌识别是一个品牌的全方位识别体系，它不但有外表形象，还有灵魂意识，有行为举止。一个品牌要想真正打动、感染消费者，必须将完善的品牌识别系统贯穿到企业经营活动的各个环节中去，通过产品与服务、企业行为、视觉符号等全方位与消费者进行积极的品牌沟通，最终形成消费者对品牌个性内涵的认知和联想，使品牌成为一个有血有肉有感染力的情感集合体。那些国际强势品牌从宝洁、诺基亚到麦当劳、可口可乐等，经受市场风雨的洗礼发展到今天，支撑品牌成功的不仅是美观的视觉符号，更是品牌文化内涵以及对消费者每一项承诺的实实在在的兑现。

解读麦当劳的品牌识别系统，能让我们更深刻地领悟品牌识别的内涵。

## 二、品牌识别过分突出产品特色

不可否认，产品特色是品牌识别的重要内容，也是一个品牌优于竞争者且吸引消费者的重要因素。在某些产品领域，依靠产品特色取得成功的品牌也不乏先例，比如海飞丝的“去头屑”、高露洁的“防蛀牙”，等等。然而，许多人认为产品特色是打动消费者、克敌制胜的最有力甚至唯一的竞争利器，这样就陷入了认知的误区。

你能否说清可口可乐比非常可乐的味道到底好在哪里？

你是否知道耐克运动衣和李宁运动衣的面料到底有何区别？

也许不能，但这并没有妨碍它们在消费者心中处于不同的地位。

产品特色固然重要，然而很多情况下单靠产品特色取胜是远远不够的，特别是在时装、化妆品、香水、手表、香烟等行业，产品特色只是品牌进入竞技场的“入场券”，根本不可能形成品牌的核心竞争力。

首先，品牌重要的作用便是把产品从冷冰冰的物质世界带到活生生的精神情感境界。就像有人所说：“品牌做到最高境界的时候便成为一种宗教、一种信仰，会左右消费者的消费观念。”在很多产品领域，消费者选择品牌主要是因为它能抒发自己的情感，体现自己的身份和品位。可口可乐无非是一罐毫无营养价值的糖水，却能风靡全世界，就是因为它诠释了“乐观进取”的美国文化。同样是一把小木梳，当许多产品还是几元钱一把作为地摊货时，谭木匠却能卖到几百元并在香港上市，就是因为谭木匠将浓厚的中国传统文化底蕴注入到了小木梳中。所以说在许多情况下，产品特色只能是品牌的“入场券”，最终制胜的还是品牌的感性因素。

其次，产品特色很难形成品牌长久的竞争壁垒。在科学技术如此发达的今天，产品特色很容易被竞争者抄袭模仿，从而丧失竞争优势。而且产品更新换代的速度很快，一个品牌如果过分强调突出产品特色，那么如果竞争品牌生产出更先进的产品，该品牌的优势就会迅速瓦解。

比如，手机行业的新技术发展很快，可拍照、能上网、彩显等花样层出不穷，当许多手机厂家忙于把手机定义为通信工具，在技术的博弈中难见分晓时，诺基亚提出了“科技以人为本”的人性化理念，认为越是高深的科技，越要从人性出发，第一次从人性的角度来看待手机，给冷冰冰的手机注入了细致入微的人性化关怀，成为全球移动通信市场的霸主。

最后，过分突出产品特色会束缚品牌的延伸力。过分突出产品特色往往会导致消费者对品牌的联想局限在某一特定的产品属性上，这样就会作茧自缚，束缚品牌延伸到其他产品领域。

当然，在某些消费者更关注功能性利益的产品领域，比如洗发水、沐浴液等，如果企业未来又不打算进行品牌延伸，那么突出产品特色也不失为品牌的竞争利器。所以企业在规划品牌识别时应根据企业的发展战略、产品特点等具体情况，科学界定各种识别之间的地位关系。

## 三、品牌识别过分追求短期利益，忽略长远目标

企业的效益利润是企业管理者最为关注的，“销售额突破 X%，利润增长 X 亿元”这常常是企业的奋斗目标。然而，如果企业过分追求短期利益，忽略了品牌的长远目标，则很难打造百年金字招牌。

比如，巧克力品牌往往给人以浪漫、美好、温情的联想，巧克力也成为情人间表达情感的至爱礼品。然而，观察国内某知名巧克力品牌发现，其2006年的4

个亿的销售额中，有 50% 是通过特价销售而获得的。频繁的价格促销使消费者对品牌的联想大打折扣，品牌溢价度降低，情人之间的爱总是百分百的，有谁会把一个经常打折的产品作为至爱礼品呢？可以说，该企业的营销活动过分追求销量的短期利益，而没有兼顾品牌的长远目标，长时间后低价格会成为消费者认知品牌的一个主要标志，这无疑是对品牌自身的伤害。

更有甚者，有的企业急功近利、为了追求短期利益，做出有损消费者的事，最终招致消费者的唾弃。

## 第三节　品牌识别的时空管理

纵观世界品牌发展史，我们不难发现，有些品牌经受了时光的侵蚀，始终与时代的脉搏一起跳动，至今仍充满青春活力，成为魅力四射的百年金字招牌。比如，浪琴表已经走过 176 年的风雨历程，可口可乐辉煌了 122 年，柯达有 110 年的历史，全聚德也经历了 144 年的沧桑。然而，还有许多品牌成为转瞬即逝的流星，淡出人们的视线，比如大宇、八佰伴、爱多、太阳神、春都、欧典，等等。同样是品牌为什么会有不同的命运归宿呢？

### 一、时空管理，摆脱时光的侵蚀

“时间的摧毁力不能低估”，随着社会的进步时代的发展，科学技术、审美时尚、消费者的消费心理及行为方式等都会发生变化，品牌识别的生存基础自然也会随之变化，品牌识别当然要与时俱进，进行时空管理。品牌识别如果墨守成规，停滞不前，则很容易僵化进而被消费者遗弃，所以品牌识别只有把握时代脉搏，对部分内容进行适时适度的调整，最终才能摆脱时间的侵蚀，经受住市场风雨的洗礼。

壳牌的标识从 1897 年使用至今，先后经历了十多次调整变化，但其核心元素——贝壳始终未变。如今，壳牌独特的红黄双色贝扇标志已经成了世界上认知度最高的标志之一，壳牌标识的变化也堪称品牌识别时空管理的成功典范。

壳牌标识的变化

## 二、处理好“变”与“不变”的关系

品牌识别时空管理的关键问题，是如何处理好“变”与“不变”的关系。为了维护品牌主张的一贯性和持续性，哪些品牌要素不能变？为了保持品牌的新鲜感和时代感，哪些品牌要素可以变或应该变？

为了更好地研究品牌识别时空管理，我们建立一个金字塔模型。

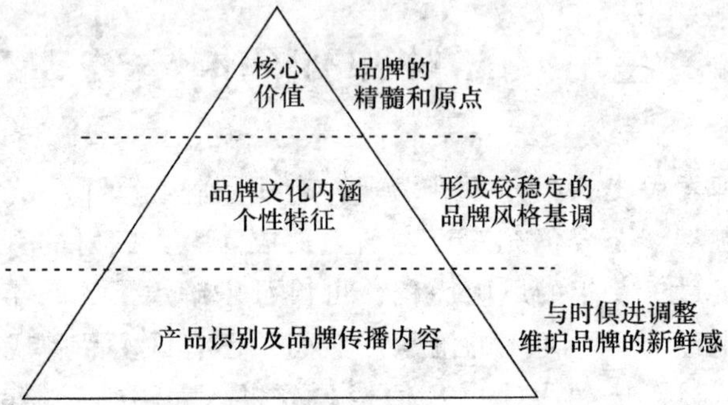


品牌识别时空管理金字塔模型图

### 1. 金字塔顶端——恒定不变的品牌核心价值

金字塔顶端是品牌的核心价值和灵魂，它是品牌的精髓和原点，也是品牌的DNA。位居金字塔顶端的品牌核心价值必须保持长期的稳定性，不能轻易改变。以非凡的定力坚持维护品牌核心价值已成为许多国际一流品牌创建百年金字招牌的秘诀，比如，柯达一直展现“家庭欢笑”，耐克一直追求“发挥潜能”，多少年来，市场风云变幻，却不曾改变它们对品牌核心价值坚持的执著，永葆“英雄本色”成为它们成功的秘诀。

### 2. 金字塔中层——谨慎调整的品牌文化内涵和个性特征

金字塔中层是品牌识别塑造中形成的较稳定的风格基调，体现了品牌的文化内涵和个性特征，比如品牌的标志、象征物等，这部分内容应保持对品牌核心价值的忠诚，改变需要相当谨慎。当然，为了适应时代的变迁，也应该做些适时适量的调整变动，保持与时代合拍，以迎合消费者的需求。

奔驰汽车1909年申请登记了三叉星作为轿车的标志，象征着陆上、水上和空中的机械化。1916年在三叉星的四周加上了一个圆圈，在圆的上方镶嵌了4个小星，下方有梅赛德斯“MERCEDES”字样（“梅赛德斯”是幸福的意思）。随后奔驰标志又做了五次大的调整，但都维护三叉星的核心元素不变，这种谨慎的演变，迎合了时代的潮流，又保持了标志核心元素的稳定性。

奔驰标志的演变

联邦快递（Federal Express）将名称改为“Fed Ex”，既淡化了政府的含义，又体现出简洁明快和时代感。宏碁电脑 1976 年创业时的品牌名为“Multitech”，为了国际化经营，宏碁最终将品牌更名为“Acer”，既易读易记，又更具全球通用性。和路雪的旧标志尽管已具备较高的知名度，但许多消费者感觉其过于冷漠缺乏人情味，于是和路雪将标志调整为红黄搭配的“双心”。

**3. 金字塔底层——与时俱进的产品识别及品牌传播内容**

金字塔底层是品牌的产品识别以及品牌传播内容，这部分内容需要与时俱进，以维护品牌的新鲜感和时代感，永葆品牌的青春活力。

品牌的时代感常常是通过产品的创新体现的，它既可以是产品更新换代，也可以是产品延伸到新的领域。产品长期不变会让品牌“落伍、陈旧”，显得暮气沉沉，无法满足消费者“喜新厌旧”的心理需求。宝洁、索尼、三星、西门子等，几乎每一个国际强势品牌都在推陈出新，不断创造新产品，与时俱进，让这些品牌始终焕发着青春活力。

品牌核心价值应该恒定不变，然而品牌传播的主题及表现形式却应该围绕品牌核心价值的主线，紧跟时代的潮流积极创新改变，保持自己“青春”、“时尚”的形象，比如品牌代言人、广告创意、广告语、产品包装、市场生动化等元素，都应该迎合消费者的口味不断变化。

许多成功品牌为了更好地处理好“变”与“不变”的关系，制定了严谨的品牌传播准则，使品牌管理有章可循，比如《万宝路品牌传播准则》就值得我们借鉴。

**万宝路品牌传播准则**

| 广告运作国际标准 | 赞助活动国际标准 |
| --- | --- |
| 牛仔是英雄，他控制着周围的世界；<br>牛仔必须是可信的，不必问每一个细节的真实性；<br>万宝路图片必须是自然拍摄的，绝不是人工制作与矫揉造作的；<br>万宝路广告的主题必须保持不变，具体设计则要富有变化；<br>万宝路世界必须是美妙的，它的美丽和难忘印象必须始终被强调。 | 活动必须与特定的目标群体的利益与兴趣相一致（如一级方程式赛车是年轻、豪放、冒险的年轻人感兴趣的运动，而万宝路的目标群体正是这类人）；<br>活动必须有较好的密集覆盖面；<br>活动必须符合公司所期望的声誉；<br>活动的宣传必须与一个市场领导者的身份保持一致。 |

## 三、何时进行品牌识别调整

当遇到以下情况时应该进行品牌识别调整。

### 1. 品牌原有战略发生变化

品牌原有战略发生变化，如跨行业延伸到新的产品领域，旧有品牌识别无法适应新的品牌战略，则应该进行品牌识别调整。比如，强生婴儿洗发用品原来是专为婴儿开发的，后来消费人群扩展到成年人，消费群体变了，品牌识别自然也应该随之改变。通用电气原来主要生产电器，后来逐步延伸到金融、塑料、医用设备、发动机等，所以通用电气逐渐淡化了电器识别的基调。

### 2. 品牌识别不能迎合消费者的需求

消费者是品牌的最终评判者，所以说消费者永远是对的，品牌识别必须迎合消费者的需求。如果消费者的消费观念发生变化，品牌识别也应该及时调整。比如，为了迎合消费者的需求，沃尔沃在过去只注重强调“安全”的基础上，又加入了时尚和驾驶舒适的元素。20 世纪 80 年代中后期，消费者的健康意识不断增强，1991 年肯德基把它的品牌名字缩写为“KFC”。以避免消费者对油炸食品的负面联想。

### 3. 品牌识别陈旧老化

喜新厌旧是人的天性，品牌识别如果长年不变、陈旧老化、缺乏时代感，则会让消费者感到索然无味，进而淡忘遗弃。所以品牌识别应该常常“保鲜”，避免陷入老化的境地。笑容可掬的“麦当劳叔叔”是个很好的品牌代言人，然而几十年不变的形象让很多年轻消费者感到陈旧和老土，于是麦当劳推出“我就喜欢”的新营销主题，围绕着“酷”、“我行我素”等年轻人推崇的理念，以迎合“新生代”的心理。

### 4. 品牌识别成为品牌国际化的障碍

未来的市场竞争是跨越国界的，品牌走向世界也是品牌发展的理想境界。如果在品牌国际化进程中，品牌识别成为全球沟通的障碍，则必须及时调整更换品牌识别，使之成为国际或当地适用的“语言”。比如雀巢（Nestié）咖啡风靡世界，但在德国市场上却失宠，更名为“Bonke”后，才被德国消费者喜欢。

## 案例解析　谭木匠："小木梳"做出"大文章"

1993年，谭传华依靠30万元贷款和仅有的一只左手，从手工作坊起家创建了小木梳谭木匠，如今谭木匠已经成为木制品市场上叱咤风云的大品牌，在全国拥有500余家连锁店，并把店面开到了新加坡、马来西亚，产品远销欧美、日本、东南亚以及中国港台等数十个国家和地区，年销售额达1.5亿元，年净利润近3000万元，总资产超过亿元。谭木匠公司2006年入选了权威的《福布斯》杂志评选的中国最有潜力企业100强，谭木匠公司的股票也于2007年底正式登陆香港主板市场。

一个残疾人、一把小木梳……"梳子大王"谭传华如何在小产品里做出了大文章？这是一个令很多人感兴趣的问题。

综观谭木匠的发展历程，我们发现，谭木匠脱颖而出的关键在于用千姿百态的小木梳传递出中国浓厚的传统文化底蕴，而清新、独特的品牌识别系统为其品牌文化的形成立下了汗马功劳。

梳子，是我们生活中长期使用的小物品，然而小东西在身边待久了，就会滋生情感。民谣里有"文拜侯，武拜相，黄杨木梳尽了头"的说法，在爱情故事里，一头秀发、一个发簪、一把檀木梳，便承载起一片深深的情意。然而，近年来国内梳子市场上的一些小品牌，大都产品式样单一，缺乏文化内涵品位，高端市场更是一片空白，谭木匠正是抓住了这个难逢的市场良机，适时而出，以清新、独特的品牌识别系统演绎自己的品牌文化，使一把小木梳散发出动人的魅力。

### 独具特色的理念识别

演绎独具特色的文化理念，突出鲜明的个性，往往能使品牌获得消费者情感上的认同，进而形成品牌的魅力和价值，谭木匠可以说是深谙此道。

中国人使用木梳已经有几千年的历史，从古至今，梳子能够体现主人的品位和气质，承载人们对梳理愁绪的联想。然而工业文明导致大批塑料梳子的生产和使用，使梳子沦为一种没有底蕴和技术含量的低廉日用品。近年来，随着保健、防静电等功能要求的提出，木梳和牛角梳逐渐成为消费者青睐的对象，然而国内大多厂家生产的木梳、牛角梳工艺落后，制作粗糙，高端市场还是一片空白。

谭木匠抓住顾客的潜在需求，以独特的文化品位和高品质的木梳塑造品牌形象，创造出了一个巨大的市场"蓝海"。

谭木匠依靠传统木梳行业的底蕴，提炼出"我善治木"、"好木沉香"的理念，把中国古典文化和人性情感注入到了产品中。具有古典气息的谭木匠品牌、古朴的购物环境、造型精致独特的小木梳、精心设计的包装袋、以“用情梳心、真爱相随”为主题的七夕节促销活动、以“感恩”为主题展开的征文活动……这些无不散发着谭木匠的传统文化气息。谭木匠把木梳的效用重心由顺发功能转向文化和情感，将小木梳的艺术性、工艺性、观赏性、收藏性与实用性相结合，使小木梳从日常用品提升为寄托情感的艺术品。对于谭木匠的核心消费群体女性顾客，谭木匠将传统文化与流行时尚相结合，让谭木匠的小梳子、小镜子、小布袋子，成为“小资”女性的标志和最爱，给予她们文化上的认同和情感满足。

为了更好地演绎品牌文化，谭木匠还采用了“讲故事”的独特方法。在每一个谭木匠专卖店里都工整地装裱了这样一段“家史”：“我的曾祖父是一位知名木匠，小有家业。由于爷爷沾上鸦片和赌博，把整个家业输得一干二净，在万般无奈之下，年轻美貌的奶奶只好求保长将爷爷抓去当壮丁……两年后，爷爷就死在长沙……父亲含恨学艺，成了一个好木匠。我一直想当诗人、画家，付出过惨重代价，几近饿死街头，天意不可违，我仍然还是做木匠的命。”这段“家史”也成了谭木匠不花一分钱的广告。

## 耳目一新的视觉识别

品牌视觉识别在品牌传播时通过图案、造型等向消费者传播品牌的诸多信息，会给消费者留下直观、深刻的印象。谭木匠的品牌视觉识别系统令人耳目一新，文化气息扑面而来，也很好地诠释了谭木匠的品牌文化内涵。

### 1. 品牌名称和标识

谭传华曾经想过“先生”、“小姐”、“三峡”等许多品牌名称，但是效果并不理想，最后才启用“谭木匠”这个品牌名。没想到“谭木匠”这三个普通的字，却把木梳浓厚的乡土情结体现得淋漓尽致。“木匠”是中国传统木工手艺人称呼，本身就有一股乡土味，“木匠”前冠以“谭”字，符合中国传统商号的取名习惯，给人一种沧桑厚实的历史感，使许多消费者把这家新开的“小作坊”误认为是一家历史悠久的“老字号”。同时，檀木在中国民间是吉利的象征物，有避邪驱邪的功用，“谭”与“檀”谐音，正好给人以美好联想。谭木匠的标识设计也别具一格，“谭”用隶书，“木”是几块木板搭成，“匠”则配以木工作坊劳作图，极具中国传统文化特色。

### 2. 产品包装

俗话说：“佛要金装，人要衣装。”谭木匠在包装上采用分类包装的方法，高档木梳有礼品盒包装，普通的木梳的外包装是黑色或蓝底白花的中式小布口袋，非常富有中国传统特色。礼品袋、礼品盒的设计使谭木匠的产品不仅有实用价值，还成为馈赠佳品，给消费者留下了高档的品牌印象。

### 3. 店面陈列

谭木匠采用品牌特许经营方式，专卖店大都设在城市商业闹市区，店面陈设有统一的风格要求。谭木匠的店面大约 10 平方米，小小的门面以红檀木色为基础，两端门柱上挂着一副隶书对联“千年木梳，万丝情缘”。店面内悬挂“好木沉香”、“谭木匠”等字样的门楣，温暖的灯光打在亮闪闪的招牌上，于浮光掠影中给人一种原汁原味的古朴感。店内木质展台设计精巧，四壁挂满了各种样式精致的小木梳，店面虽然不大，却让人仿佛置身于梳子的王国。整个店面传递出浓厚的文化气息，很容易就让过路人好奇地驻足观望。顾客走进谭木匠专卖店，感受着这里的气息总会有一股莫名的感动，感动于喧嚣城市里这块小天地带给人的那份古老而精致的心情，这种文化和情感认同使许多过路人成为谭木匠的客户，甚至成为回头客。

## 匠心独具的产品识别

产品是品牌的载体，也是消费者认识品牌的一扇窗口。谭木匠对产品的开发、价格定位以及品质要求都匠心独具，体现了其品牌的文化内涵。

### 1. 产品开发

谭木匠梳子系列按立意划分有：翠竹、牡丹组成的“花开富贵，竹报平安”、“凤求凰”系列以及“鹊桥仙”系列等，体现传统民族特色，彰显品牌文化底蕴；按用途划分有：普通桃木梳、护发梳、合家欢、婚庆梳以及相关的发夹、镜子、佛珠等木制产品；按材质划分有：各种檀木系列、黄杨木系列、牛角系列等。

谭木匠丰富的产品系列满足了消费者不同的需求口味，还体现了谭木匠出色的产品开发和设计水平，赢得了消费者的好感。

### 2. 产品价格

产品价格与产品形象一样，也能体现品牌的品位。谭木匠的定价策略有两条：一是优质高价。地摊或商店里的普通梳子常常几元钱一把，然而谭木匠的梳子最便宜的是 18 元一把，通常的黄杨木梳子是 38 元一把，最贵的梳子超过 200 元一把。谭木匠的高价位与其专卖店的销售方式、地理位置和店面布置很协调，体现出谭木匠卓尔不凡的品位，也使谭木匠获得了很高的利润空间。二是统一定价。谭木匠所有专卖店的价格都是统一的，一律按照标价出售，从不打折还价，体现了谭木匠产品物有所值，这符合一切高档品牌的营销策略。

### 3. 产品品质

谭木匠将传统工艺同现代抛光、插齿技术结合起来，每一把木梳都是经过

36 道手工工序精心打磨而成。谭木匠产品用料考究，大多取材于上等的黄杨木、桃木、枣木，通过草染、生染等手工工艺精心打磨，再经蒸、烘、高温加压等特殊工艺处理而成。比如草木染工艺，利用严格的中药配方，再把这些中药进行压汁，然后把梳子放在里面浸染，这样就制成了谭木匠颇具名气的一款梳子“草木染”。精心制作的谭木匠木梳梳齿圆滑、手感舒适，具有防静电、保健、顺发等基本功能。而且，它将实用和艺术完美结合起来，创造了多样的梳体造型，赋予小木梳艺术魅力。

产品品质的严格把关也是谭木匠的一大特色，谭传华曾经火烧 10 余万把质量不过关的梳子，一时传为佳话。

一把小木梳传递出浓郁的传统文化底蕴，也造就了一个神话。如今，很多人都期望着拥有一把刻有“谭木匠”字样的木梳，以及那块“我善治木”小木牌。

# 第五章　品牌架构

一个家庭需要处理好长幼之间、孩子之间的关系问题。一个品牌大家族也需要梳理好各品牌之间的关系问题，使各品牌能够协同共处，品牌架构正是要解决这一问题。

## 第一节　解析品牌架构

品牌架构是品牌战略的重要组成部分，品牌架构正确与否直接关系到企业的经营成果，品牌架构决策水平的高低，会形成巨大的“裂变”效应，导致企业几千万上亿元的得失，甚至关系到企业的命运。

### 一、品牌架构：品牌的关系谱

品牌架构是指企业根据整体战略确定的企业品牌、产品品牌间的组合形式结构，并使之成为有机协同的整体。简单地说，品牌架构就是解决一个企业需要多少个品牌、各品牌之间如何协调共处的问题。

一个家庭里有家长、孩子、亲戚之分，需要处理好生育多少个孩子、长幼之间、孩子之间的关系等问题。康熙皇帝一生共生了 40 多个皇子，皇太子废了立、立了废，众皇子为了争夺皇位拉帮结派，自相残杀，使大清王朝深受其害。

企业也像一个拥有众多品牌的大家庭，自然也会面临各品牌之间关系如何处理等问题。是像西门子那样，所有产品都采用西门子一个品牌；还是像宝洁那样，洗发水就有飘柔、海飞丝、潘婷等数个品牌；或者像丰田那样，根本就不希望消费者知道雷克萨斯是丰田旗下的产品。品牌架构其实就是品牌家族的关系谱，企业如果不能梳理好众多品牌复杂的关系，就会使企业经营成果大打折扣，甚至使企业深陷难以自拔的困境。

### 二、为何要建立品牌架构

雀巢公司曾经推出飘蓝矿泉水，但发现飘蓝这个新牌子投入巨大，而收效并不显著。2001 年雀巢公司果断砍掉了飘蓝，仍用雀巢作为矿泉水的品牌，结果在未做很大的广告宣传投入的情况下，产品很快占领了市场。

如果当年雀巢公司没有及时、果断地采取措施，仍用飘蓝作为矿泉水的品牌，那么成千万上亿元的利润岂不白白流走？可见，梳理好企业品牌的关系，建立科学的品牌架构，是事关企业发展和命运的大事。

品牌解决的是知名度与美誉度的问题，而品牌架构则从战略角度解决如何整合企业内部资源，处理好品牌间的关系，确保统一、协调、清晰的品牌形象，从而使品牌价值最大化的问题。

在企业发展过程中，随着产品种类增多、兼并收购、资本扩张等情况的出现，企业必然会遇到品牌架构问题。一般来讲，品牌架构主要解决以下问题：

(1) 企业是采取单一品牌战略，还是多品牌战略、担保品牌战略等；

(2) 企业品牌与产品品牌的关系如何处理，是采用“别克—通用”模式，还是像LVMH集团那样，根本就不希望消费者知道迪奥、路易·威登、纪梵希、倩碧、娇兰等世界名牌都是LVMH旗下的同门兄弟姐妹；

(3) 企业发展新产品是用新品牌，还是用老品牌来延伸，或者采用副品牌来彰显新产品个性；

(4) 新品牌、副品牌的数量多少合适；

(5) 如何发挥副品牌反作用于主品牌的作用。

……

这些问题看似简单，然而却都是牵一发而动全身的企业战略问题，正所谓“失之毫厘，谬以千里”，品牌架构决策水平的高低将会大大影响企业的经营效果，导致企业巨大利益的得与失，甚至关乎企业的命运，企业必须予以高度重视。

例如，目前企业并购已经成为一股热潮，并购过程中如何重新梳理品牌架构，处理新旧各个品牌之间的关系，则会成为无法回避的重要问题。如果企业原品牌与被并购品牌是同质的，它们面对同样的消费群体，品牌之间没有差异，那么，企业拥有这样的品牌越多，企业内部的冲突就会越激烈，也更容易引起消费者的认知混乱，企业就应该果断忍痛割爱，二者取其一。类似“TCL + 乐华”的品牌架构应该说是不明智的组合。

惠普收购了上百个品牌，然而不管这些品牌如何家喻户晓，品牌价值多么重要，惠普一概忍痛割爱，而仅保留惠普这个主品牌，最终使得惠普无比强大。

松下公司在全球范围内停止使用“NATIONAL”，只保留“PANASONIC”一个品牌。“NATIONAL”和“PANASONIC”两个品牌之间没有太大的差异，同时并用的话，不仅浪费资源，而且还容易混淆认知，所以保留“NATIONAL”是没有任何必要的。松下公司启动全球单一品牌战略无疑是明智之举。

又如，企业开发新产品时，在完全可以利用原品牌的影响力延伸出新产品的前提下，如果不去大胆延伸反而发展新品牌，实为吃力不讨好，因为新品牌不仅投入巨大，浪费资源，而且还可能中途夭折。比如，娃哈哈当初推出纯净水时，如果听取许多理论家的建议，不用太儿童化的娃哈哈为品牌而去推出新品牌，那么娃哈哈肯定会事倍功半。

实践中，国内许多企业虽然具备品牌意识，但却没有深悟品牌架构之内在规律，品牌架构设置缺乏章法，使企业品牌建设事倍功半，经营成果大打折扣。

例如，普天集团麾下有很多的知名品牌，单手机就有波导、首信和东信三个品牌，而东信和首信的品牌价值相当有限，实在看不出来有什么保留的价值，保留太多的同质品牌，既分散了企业资源，又增加了管控的难度。而且，普天集团一直疏于强化公司主品牌——普天，我们很难看到普天同旗下子品牌的有效互动作用。

五粮液在短短的几年时间里，通过品牌买断经营，推出了国玉春、火爆酒、老作坊、六百岁、送福液、五粮醇、五粮春、五福液、金六福、六和醇、四海春、干一杯、京酒、浏阳河等百余个品牌。这些品牌虽然构起了五粮液酒业遍布全国市场的版图，但它们多为中低档牌子，定位重复，品牌形象混乱，破坏了五粮液中国白酒旗舰的品牌形象，暴露了五粮液整体品牌架构管理的不成熟。如今，五粮液也认识到问题的严重性，大大收缩战线，提出“1+9+8”工程，即打造一个世界性的品牌，打造九个全国性品牌，打造八个区域性品牌。

## 第二节　品牌架构的模式

品牌架构的建立是一门非常深奥的学问，只有深刻洞察每一种品牌架构模式的内在的规律，才能优选出最佳经济效益的品牌架构模式。

一般来讲，品牌架构分为如下几种模式：单一品牌战略、多品牌战略、主副品牌战略、担保品牌战略、联合品牌战略、来源品牌战略等。

当然，品牌架构每种模式下也可能还有许多次级模式，企业也并不局限于采用某一种模式，而是可以根据实际情况相互渗透并用。

品牌架构模式没有好坏之分，只有合适不合适之别。实践中，一个企业采用怎样的品牌架构模式，需要视企业的整体战略、产品特点、市场环境等具体情况而定。现有的模式固然可供参考，但企业更应该结合自身情况，量体裁衣。

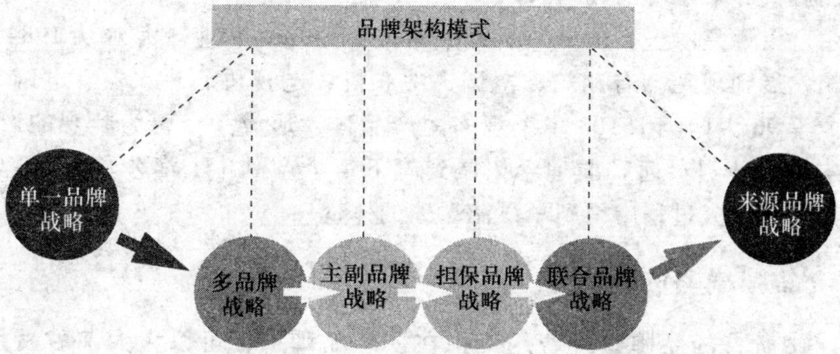


品牌架构模式图

## 一、单一品牌战略

单一品牌战略是指企业所有产品系列都使用同一个品牌名。例如雀巢出品的奶粉、咖啡、牛奶、冰激凌、柠檬茶等都用雀巢这一个品牌。

三星是采用单一品牌战略的典型，20 世纪 90 年代末，三星公司发现旗下百余个业务单元在品牌管理上各自为政，缺乏协调，甚至互相冲突，这大大削弱了三星作为单一主品牌的影响力。为了成就数字梦想，三星大刀阔斧，将提炼出的三星品牌识别统一应用于各个经营领域。为了确保这项工作的顺利进行，三星采取了许多有效措施，如品牌决策委员会直属总裁管理、单一的市场信息系统、单一的广告公司、单一的品牌测评系统等，经过几年不懈的努力，三星从二、三流品牌中脱颖而出，成为享誉世界的国际品牌。

达能、西门子、飞利浦、海尔、康师傅、娃哈哈等实施的也都是单一品牌战略，它们麾下产品众多，形态各异，但都共同使用一个主品牌。

有的企业产品门类跨度很大也共享一个品牌，如 GE（通用电气）旗下的电力机车、冰箱、核磁共振设备乃至金融服务都共用 GE 这一品牌。韩国现代的汽车、家电、化工产品、轮船等都享用现代品牌。

英国品牌维珍（Virgin）也是单一品牌的典范，维珍集团的经营领域广阔，涉足传媒、唱片、饮料、化妆品、铁路、航空、财经以及电信、博彩、火箭、婚纱等，它们都共享维珍一个品牌。维珍的成功让许多反对企业多元化的人士大跌眼镜，其实，仔细分析维珍的品牌经营之道就会发现，虽然维珍品牌共享于多个领域，但维珍产品在不同领域中的消费者其实都是一群人，都是那些另类、不循规蹈矩、叛逆的年轻人，维珍不追求在所有领域都成为行业的领导者，而是希望担当一个行业破坏者和市场补缺者的角色。维珍把自己的品牌内涵定义为“叛逆、创新、自由”，这时候，维珍在消费者心中就不仅仅是航空、饮料或服饰什么的，而是一种另类、叛逆精神的象征，正是这种品牌内涵的统一，才成就了维珍这个品牌世界颠覆者的成功。

海尔可以说是本土实施单一品牌战略最为成功的企业。海尔从 1984 年生产单一冰箱发展到现在拥有冰箱、空调、洗衣机、电视机、热水器、电脑、手机、家居集成等 96 大门类 15100 多个规格的产品群，形成一个蔚为壮观的产品大家族。海尔“真诚到永远”的理念拓展到旗下每个产品中，海尔单一品牌战略的优势在其发展壮大过程中得到了淋漓尽致的体现。

### 单一品牌战略的优点

（1）把所有的品牌建设费用集中在一个品牌上，可以大大节省费用支出，集中企业所有资源打造一个强势品牌。

（2）新产品推出时，可以“大树底下好乘凉”，借助母品牌的影响力，以最低成本迅速占领市场。

（3）众多产品共用一个品牌，在消费者视线里反复出现，有利于品牌价值的不断提升。

（4）一个品牌形象对外，有利于消费者清晰地认知和记忆品牌，使他们能够清楚地知道所购产品来自何方，有何特征。

### 单一品牌战略的缺点

（1）品牌涵盖产品太多，跨度太大，难免会稀释品牌个性，有损品牌专家形象。例如，海尔手机同诺基亚手机相比，就给人以业余对专家的印象。

（2）品牌旗下某一产品出现问题，极有可能一损俱损，损害原品牌及其他产品的声誉。例如，当年南京冠生园的“陈馅月饼”事件，使全国其他地区无辜的冠生园月饼也深受其害。

（3）一个品牌较难表现旗下不同产品的各自优势特点。

在采用单一品牌战略时，为了突出不同产品的个性，还可以辅以副品牌战略。即给不同产品起一个生动传神的名字作为副品牌，彰显产品的个性。

### 单一品牌战略适用

（1）品牌核心价值包容品牌旗下各种产品；

（2）企业实力不是很雄厚，不足以支撑多个品牌；

（3）品牌旗下不同产品有较高的关联度；

（4）企业产品的市场容量不大；

（5）竞争品牌是非专业品牌或也采用了单一品牌战略。

## 二、多品牌战略

多品牌战略是指一个企业同时拥有两个或两个以上相互独立的品牌。采用多品牌战略的企业将许多不同的品牌投入市场中，满足消费者的差异化需求，从而最大限度占领市场。

多品牌战略有一品一牌、一品多牌两种形式。一品一牌是指企业的每一类产品使用一个品牌，一品多牌是指每一类产品使用多个品牌。

宝洁公司是实施多品牌战略成功的典范。宝洁的营销原则是：如果某一个细分市场还有空间，最好由自己的品牌去占领。因此，宝洁公司的品牌频频出击，形成一个庞大的多品牌家族。宝洁公司旗下有数百个小品牌、80 多个独立大品牌，其产品覆盖洗发护发、美容护肤、个人清洁、妇女保健、婴儿护理、家居护理等诸多领域。宝洁的洗发用品就有飘柔、潘婷、海飞丝、沙宣等品牌，洗衣粉有汰渍、碧浪、波德、达诗、奥克多、依诺等品牌。香皂用的是舒肤佳，牙膏用的是佳洁士，卫生巾用的是护舒宝等。

联合利华也是实施多品牌战略成功的企业，联合利华的洗发用品和牙膏是一品多牌，洗衣粉、冰激凌、红茶是一品一牌。

大众汽车公司旗下，除了核心品牌大众外，还拥有宾利（Bentley）、奥迪（AUDI）、布加迪（Bugatti）、蓝博基尼（Lamborghini），以及捷克的斯柯达（Skoda）、西班牙的西亚特（SEAT）这些中端品牌。丰田公司也有五大品牌——丰田、雷克萨斯、SCION、大发、日野。

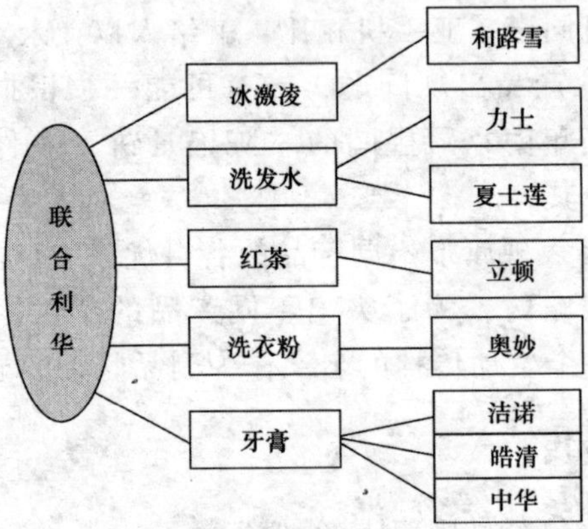


联合利华多品牌战略示意图

嘉里粮油公司在中国市场上也有十多个品牌，如金龙鱼品牌针对花生油及食用调和油市场，胡姬花品牌针对花生油市场，鲤鱼品牌针对菜籽色拉油市场。嘉里粮油赋予不同品牌不同的核心价值。

国内企业实施多品牌战略的并不多见，比如科龙集团旗下拥有科龙、容声、华宝、康宝恩等品牌，丝宝集团有舒蕾、风影、顺爽等品牌。

### 多品牌战略的优点

（1）凸显品牌个性，满足消费者差异化需求，增强品牌竞争力。当今社会，消费者需求更加多元化，如果企业发展多个品牌，每个品牌的个性或利益点都切中某一细分市场，那么这些品牌比起那些“万金油”品牌更具竞争力。如飘柔的“柔顺”功能、海飞丝的“去屑”功能、潘婷的“亮泽”功能都针对不同的消费需求。

（2）降低企业经营风险，当某个品牌遭遇危机时不会株连其他品牌。例如，2006年9月宝洁旗下的化妆品牌SK－Ⅱ被国家质检局检测出含有铬和钕等国家明令禁止的物质，受到广大消费者的抵制，但这不影响宝洁公司其他品牌产品的畅销。

（3）有利于鼓励企业内部竞争，提高工作效率。企业内同类产品不同品牌间的竞争，能激发员工士气，提高工作效率。例如，通用汽车公司和宝洁公司就鼓励各品牌之间相互竞争，促进共同发展。

### 多品牌战略的缺点

（1）多品牌战略往往是强者的游戏，打造一个品牌的代价是非常高昂的，没有充足的财力作后盾，企业很难支撑，宝洁公司一年的广告费就高达几十亿美元。

（2）不利于企业资源共享。企业内部各品牌之间因为竞争关系，互相争夺资源，不能实现资源共享，这样有可能增加企业运营成本。

（3）品牌结构过于复杂，增加品牌管理难度，即使宝洁这样的品牌巨人也在聚焦于所谓“十亿美元品牌”而进行品牌瘦身计划。

### 实施多品牌战略应注意的问题

（1）多品牌战略是地地道道的“富人俱乐部”的游戏，企业没有雄厚的财力切莫轻易尝试。众所周知，打造一个有影响力的品牌投入动辄数千万上亿元，据统计，在激烈的市场竞争中，新品牌上市能存活四年的仅为30%，很多品牌中途便夭折了。所以实力有限的企业与其四面出击，分散资源，还不如“集中兵力打歼灭战”，合力打造一个有竞争力的品牌。实践中，很少有中小型、成长型企业运用多品牌战略获得较大成功。

当年Hanson信托集团收购一家大型烟草公司时，这家公司旗下拥有75个烟草品牌，Hanson收购后所做的第一件事就是砍掉众多品牌，只保留其中五个。这一计划遭到了公司营销人员的强烈反对，他们认为每一个品牌都面对一个消费群体，哪一个都不能减。反对声并没有动摇Hanson管理层的决心，他们严格执行品牌缩减计划，品牌缩减后销售额不但没有降低，反而上升，利润更是翻了一倍。

目前，很多跨国公司也纷纷实施品牌“瘦身”行动。例如，通用汽车公司堪称汽车品牌大家族，最多时曾拥有30多个汽车品牌，然而由于投资过于分散，品牌个性不够鲜明，结果市场收效并不理想。后来通用汽车公司采取了大规模的品牌“瘦身”行动，砍掉众多影响力不大的品牌，最终集中资源合力打造凯迪拉克、别克、欧宝、雪佛兰这“四大金刚”。联合利华也实施了“成长之路”的品牌合并计划，目标是在五年内将旗下1600个品牌削减到200个核心品牌，以突出联合利华核心品牌的优势。

（2）企业内同类产品的不同品牌应针对不同的细分市场，避免兄弟之间自相残杀。一个企业同类产品推出多个品牌，其终极目的是要占领不同的细分市场，满足消费者差异化需求，最大限度地占有市场份额。如果同类产品推出的多个品牌之间毫无差异，目标市场相互重叠，其实就等于自相争斗，毫无意义。

因此，企业实施多品牌战略不是简单地在一种产品上贴上几种不同的牌子，而应该打好差异化营销这张牌，在品牌产品的功效、包装、宣传等方面突出自己独特鲜明的个性，寻求自己的市场空间，避免市场重叠。

例如，同为宝洁旗下的洗发水品牌，飘柔、潘婷、海飞丝、沙宣等各有区别。飘柔突出“头发更飘，更柔顺”，从“飘柔”名字上就让人联想到产品柔顺的特性，草绿色的包装洋溢着青春的气息，广告中少女甩动如丝般的秀发更强化了飘逸柔顺的效果；潘婷强调“拥有健康，当然亮泽”，产品采用了杏黄色的包装，给人以营养丰富的视觉效果；海飞丝则表达“头屑去无踪，秀发更出众”，海蓝色的包装让人联想到蔚蓝色的大海，带来清新凉爽的视觉效果；沙宣则是追求“时髦健康”，是“迷人秀发的权威专家”。

宝洁公司在洗衣粉市场上同样发挥得淋漓尽致。使用洗衣粉时，有些人看重洗涤和漂洗能力，有人希望洗衣粉具有芬芳气味，还有些人认为使织物柔软最重要……于是宝洁公司针对不同的市场需求推出了多种不同的品牌，包括汰渍(Tide)、碧浪（Ariel)、奇尔（Cheer)、格尼（Gain)、达诗（Dash)、波德(Bold)、卓夫特（Dreft)、象牙雪（vorySnow)、奥克多（Oxydol）和时代（Eea）等，在功能、价格、包装等各方面形成差异，满足不同消费者的需求。目前，宝洁公司在洗涤品的市场份额已达到55%，这是单个品牌所不能及的。

又如，Swatch 旗下手表品牌众多，包括欧米茄、雷达、斯沃琪、浪琴、天梭等，这些品牌个性迥异，如欧米茄体现“尊贵豪华”，是成功人士的选择，因此常请明星作为形象代言人，以圆形表为主；雷达表的卖点则在于“高科技工艺和材质”，很少选用明星代言，以方形表为主；斯沃琪则是前卫和时髦人士的选择……

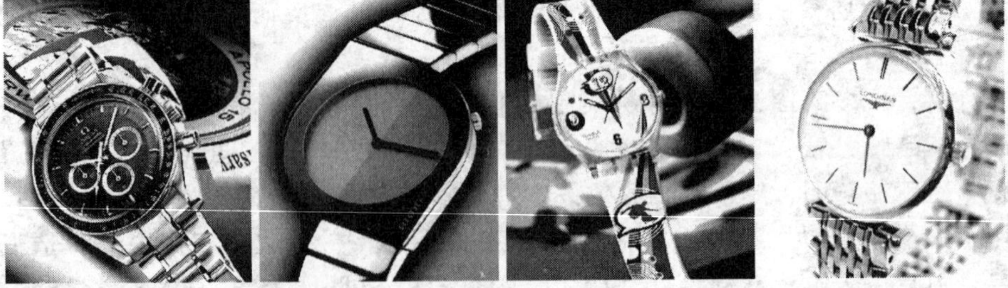

**Swatch 旗下的手表品牌欧米茄、雷达、斯沃琪、浪琴等个性迥异**

(3) 每个品牌所针对的细分市场应该具有相应的市场规模。企业实施多品牌战略，如果某个品牌所针对的细分市场容量太小，销售额不足以支撑一个品牌的生存和发展，那么推出这个品牌很难成功。台湾的企业很少采用多品牌战略就是这个原因，台湾地区人口总数不过2000多万，细分市场的人口数量就更少，如此小的市场规模很难承受多品牌的生存，因此我们不难看到，台湾地区企业几乎都采用单一品牌战略，如台湾统一公司旗下的方便面、饮料、果汁、茶、奶粉等使用统一品牌。当然，中国大陆市场人口众多、潜力巨大，具备多品牌战略的市场条件。

（4）企业要有成熟的品牌运作管理体系。通常情况下，一个企业打造一个品牌已经让管理者如履薄冰，疲惫不堪了，面对多个品牌，如果没有成熟的品牌运作管理体系，从容应对处理错综复杂的品牌问题，很容易陷入管理混乱的困境。因此，企业实施多品牌战略，建立成熟的品牌运作管理体系是获得成功的基础。

## 三、主副品牌战略

为了规避单一品牌战略产品跨度太大、品牌个性稀释的缺点，企业也可考虑采取主副品牌战略，即以一个成功品牌作为主品牌，涵盖系列产品，同时又给不同产品起一个生动活泼、富有魅力的名字作为副品牌，突出产品的个性。

一个企业创业初期往往产品较为单一，企业名、品牌名、产品名三位一体，不存在企业总品牌与各产品品牌之间的关系协调问题。然而随着企业的发展壮大，产品种类逐渐增多，企业则无法回避一个品牌战略问题：是采用单一品牌战略，让所有新产品沿用原有品牌？还是采用多品牌战略，重新推出一个新品牌？还是采用其他方法？

单一品牌战略的最大好处是，新产品能“搭便车”享用原成功品牌的影响力，从而降低营销成本。然而，单一品牌战略下，原品牌对新产品的带动力是有局限的，若品牌旗下产品众多，不同产品对外传播的信息千差万别，则会导致品牌在消费者大脑中的印象烦杂混乱。

多品牌战略虽然克服了单一品牌战略品牌个性稀释的缺陷，然而新产品无法享用原成功品牌的影响力，建立一个新品牌不仅投入大、周期长而且风险也大，只有像宝洁这样财力雄厚且经验丰富的企业才敢选择这样的战略。

因此，无论采用单一品牌战略还是多品牌战略，企业都面临有利有弊的两难境地，而采取中庸之道——主副品牌战略，不失为企业摆脱这种两难境地的有效方法。

索尼（SONY）公司采用的就是主副品牌战略，索尼拥有Walkman、Vaio、PSP等一系列副品牌，这些副品牌凸显了产品的个性，也增添了索尼品牌的活力和立体感。

近些年，越来越多的国际品牌利用副品牌策略来推广自己的新产品，如“松下—画王”、“飞利浦—视霸”、“东芝—火箭炮”、“宏碁 - Aspire” 等，许多国内品牌也纷纷利用这一利器来开拓市场，如“海尔—大王子”、“联想—锋行”、“喜之郎—水晶之恋”、“长虹—红太阳”、“美的—超静星” 等。

### 主副品牌战略的作用

（1）张扬产品的个性和特色。一个主品牌不可能把旗下每个产品的个性都充分展示出来，而副品牌恰好可以弥补它的不足。副品牌可以栩栩如生地展示产品的个性、功能和利益点，让消费者一目了然。主品牌和副品牌的同时使用，既可以保持各种产品在消费者心中的整体形象，又可以传达不同产品特色、功能等方面的个性信息，二者相得益彰，使品牌更加丰厚，富有立体感。

例如，副品牌“神童”生动地展示了“海尔—神童”洗衣机的电脑控制、全自动、智慧型等特点和优势；“先行者”蕴涵了“海尔—先行者”彩电是采用尖端技术、质量功能有突破性进步的新产品；“画王”传神地表达了“松下—画王”彩电的显像管采用革命性技术，画面色彩鲜艳、逼真自然等优点。

（2）引发联想，促进销售。副品牌一般选用生动形象的名字，赋予产品浓郁的感性色彩，所以往往能贴近消费者的审美观念，给产品注入了新鲜感和兴奋点，从而引发消费者美好的联想，吸引情感性消费。

例如，“水晶之恋”是喜之郎针对年轻女孩推出的果冻产品，不少女孩购买“喜之郎—水晶之恋”果冻正是因为被其所蕴涵的“纯清、浪漫”的意境所打动。又如，乐百氏的“健康快车”朗朗上口，引人联想，1998 年一问世便大获全胜，全年的销售额超过 4 亿元。还有，海尔的“小梦露”美容加湿器、格力的“冷静王”空调、TCL 的“美之声”无绳电话等无不给人以美好的联想。

（3）对主品牌有反哺作用。副品牌运用得当，对主品牌的价值也有提升作用，它可以强化主品牌核心价值、赋予主品牌现代感、时尚感等，使主品牌更加丰厚立体、充满活力！同时，还可以使消费者感觉到企业的实力强、创新快、活力足等，从而提升主品牌的美誉度及消费者的信赖感。

例如，海尔的“红薯洗”、“即时洗”等让人感受到海尔为消费者着想的“真诚”，也大大提升了海尔的美誉度；长虹“精显”彩电的问世，使消费者相信，长虹不仅擅长打价格战，而且也有能力研发、生产技术领先的尖端产品。

（4）巧妙绕过商标法的限制。《中华人民共和国商标法》第八条规定：“商标不得使用下列文字、图形：直接表示商品的质量、主要原料、功能、用途、重量、数量及其他特点的。”采用副品牌就可以有效地回避这一规则限制。比如，海信虽然不能注册“智能王”商标，但是可以通过命名副品牌“智能王”，照样打出“海信—智能王”的广告。

### 实施主副品牌战略应注意的问题

（1）以主品牌为重心，切忌喧宾夺主。在主副品牌中，主品牌是根基，副品牌是主品牌的延伸，主品牌起主导作用，副品牌起辅助作用，所以，企业广告宣传应以主品牌为重心，副品牌处于从属地位，副品牌绝不能喧宾夺主，超越主品牌。否则，突出副品牌无异于建立一个新品牌，要使消费者认知新产品，一切又要从头开始。

例如，消费者对“飞利浦—视霸”彩电的认可及购买，主要是基于对主品牌飞利浦的信赖。如果“飞利浦—视霸”彩电喧宾夺主以“视霸”为主角进行宣传，那么没有主品牌飞利浦的巨大影响力为基础，新品牌“视霸”要让消费者认可接受，没有巨额的广告投入和几年的努力是根本不可能的。

（2）起个凸显个性、通俗活泼的好名字。主品牌的名字一般可以内涵单一，有的甚至根本没有含义，比如海尔、索尼等，但副品牌的名字应该内涵丰富，凸显个性，直接表现产品优点和个性形象。

比如，海尔电热水器副品牌起名为“防电墙”，“防电墙”直观地表达了产品的利益点，使经销商、消费者一目了然，所以，海尔热水器一推出上市，便雄踞国内热水器市场榜首。假如海尔用“HE001”为名字，那可能就是另外一番光景了。还有，海尔功能先进、外形俊朗的冰箱叫“帅王子”；海尔能洗 0.5 公斤衣物的小洗衣机叫“小小神童”；长虹空气净化功能领先的空调叫“绿仙子”、“花仙子”；红心电饭煲叫“小厨娘”等，这些副品牌的名字都直观、传神地表达了产品的个性和优势。

另外，副品牌的名字应该通俗化、口语化并且生动活泼，这样才能易于传播，较快地打响副品牌。比如，“TCL—巡洋舰”、“海尔—小松鼠”、“美的—健康星”等无不亲切可爱、生动活泼、通俗易懂。

（3）副品牌要切合目标市场。任何一个品牌参与市场竞争，都应该明确自己的目标市场，副品牌亦是如此。副品牌所表现的个性、内涵一定要切合自己的目标市场，比如，“海尔—小小神童”洗衣机的目标消费群体主要是单身、老年家庭及儿童，而“海尔—神童王”则是功能较多、容量较大的高档洗衣机；“长虹—红双喜”、“长虹—红太阳”主要以中小城市和农村为目标市场，而“长虹—精显”则定位于高端彩电市场等。

（4）副品牌一般不额外增加广告投入。使用副品牌后，企业广告宣传的主角仍是主品牌，副品牌一般都是依附于主品牌联合的广告宣传中，扮演配角，从不单独对外宣传。这样，副品牌一方面能借助主品牌的巨大影响力张扬自己的个性形象；另一方面也不会额外增加广告投入，节省了大量的广告费用。

## 四、担保品牌战略

在飘柔、潘婷、汰渍、舒肤佳等众多宝洁公司的产品广告中，我们很容易在最后看到：“宝洁公司，优质产品”或“宝洁公司美化你的生活”的字样及

“P&G”的标志，其实，这就是担保品牌战略（也称为背书品牌战略）的运用。

担保品牌战略是指企业品牌出现在产品广告或包装的不显著位置，告诉消费者该企业是产品品牌的制造商或核心技术与元件的供应商，对独立的产品品牌起到背书、担保或支持的作用，以获得消费者的信赖。形象一点说，就是产品品牌在聚光灯下，企业品牌在背后“托”着它，为产品品牌“托”出一个独立的舞台。

担保品牌战略主要是通过企业品牌在一定领域内的信誉及影响，向消费者担保承诺其旗下产品品牌在品质、技术、信誉上的可靠性，使消费者感觉到既然产品品牌系出名门，其品质自然有可靠的保障，从而增强产品品牌的权威性，提高消费者的信任度。特别是当企业的新产品品牌推入市场时，担保品牌战略更能打消消费者对新品牌的陌生感，使新品牌迅速占领市场。当然，担保品牌战略中，企业品牌同产品品牌也是“一荣俱荣，一损俱损”的关系，产品品牌的不断传播宣传会反哺企业品牌；相反，如果被担保的产品品牌遭遇不测，也会祸及企业品牌。

万豪（Marriott）酒店在推出家庭公寓式酒店或房价便宜的酒店时，就采用了这种模式。

（1）Marriott HOTELS & RESORTS，坐落于都市或度假胜地里的传统意义上的酒店。

（2）Residence Inn Marriott，详细的介绍是：惬意舒适的住宿环境，令您犹如置身家中，忘却一切工作压力。酒店内的每间客房亦早已增设宽带上网服务，同时备有独立厨房，想亲自烹调家乡美食，一样方便简易。酒店设有住客欢聚时间，每星期还提供烧烤晚会，如此丰富的节目安排，让您在家以外，亦可找到家的暖意。

（3）FAIRFIELD INN Marriott，详细的介绍是：洁净环境加上光线充足的客房，而亲切友善的服务态度，屡获海内外多项殊荣，加上相宜房价，更赢尽住客的赞赏。

通过上图可以看出，在第二、第三种模式中，万豪用“Marriott”在背后支撑着子品牌“Residence Inn”、“FAIRFIELD INN”，将万豪品牌的信誉及影响引入到新的子品牌中来，同时，又彰显子品牌的不同特色。如果一个高层白领公务出差，就可以入住万豪的传统商务酒店，如果他携家带口自费出来游玩，对价格比较敏感，就可以入住万豪的“Residence Inn”或“FAIRFIELD INN”。

通用汽车公司也采用担保品牌战略，我们在别克的电视广告最后常常看到“别克——来自上海通用”的字幕，在凯迪拉克、别克、欧宝、雪佛兰等汽车的车尾也能看到“通用（GM）”的字样。

可口可乐旗下的所有产品包装上都标有“可口可乐荣誉出品”一行字，甚至非软饮品及非即时饮品也有，使可口可乐的光芒为旗下不同产品增辉。联合利华、花王等企业也都采用担保品牌战略。

在本土品牌中，上汽推出的中高档汽车荣威也采用了担保品牌战略。上汽特意为荣威设计了一款贵族气十足的标志，醒目的“荣威”标志镶嵌于汽车车头和车尾的中央，突出其独特的品牌个性，在车尾左下侧标注了“上海汽车”的字样，起到了推动作用。

本土另一家汽车巨头长春一汽最近也推出了自有品牌——奔腾。仔细观察我们发现，“一汽”的企业标志醒目地出现在车头中央，而“奔腾”仅作为车的型号标识，出现在车尾右侧。也许一汽太想用奔腾这款中档车来提高一汽品牌的含金量了，然而一汽在轿车领域的红旗做得并不成功，过去的历史中成功的产品主要是卡车。因此，笔者认为，一汽这个“负重”的老品牌用在一款中档轿车上，不但不能推动消费者对这个产品的认可，相反还有可能降低奔腾在消费者心中的品位。所以一汽应该让奔腾站在舞台的聚光灯下，而压低一汽的声调。

**荣威标志镶嵌于车头和车尾的中央，彰显品牌魅力**

## 实施担保品牌战略应注意的问题

（1）企业品牌应该具有很大的品牌价值，拥有较高的品牌知名度、美誉度，能惠泽旗下的产品品牌。实施担保品牌战略的企业，比如宝洁、可口可乐、联合利华、五粮液等都是叱咤风云的知名企业。

（2）企业品牌只起到让消费者信任的作用，驱动消费者购买的重心还是产品品牌，所以企业品牌很少与产品品牌连在一起亮相，而一般是隐在角落最后出现。

（3）企业品牌如果同产品品牌的个性内涵相距甚远，则不适宜采用担保品牌战略。例如，当一个过去生产中低档产品的企业推出高档产品品牌时，即便企业具有良好的声誉，也不宜采用担保品牌战略。因为企业品牌的联想非但不能担保和支持高档品牌的推广，相反还会稀释高档品牌的纯正血统，这种情况下应该割裂或淡化产品品牌同企业品牌的关系。

宝洁公司在推广洗发水、洗衣粉等品牌时采用担保品牌战略，但推出高档化妆品品牌SK－Ⅱ时，却是让SK－Ⅱ以一种独立的姿态出现，刻意淡化了SK－Ⅱ同宝洁公司的关系。

赫莲娜、兰蔻、碧欧泉都是欧莱雅公司的高端品牌，但在它们的宣传中，我们却很难看到欧莱雅的身影。

## 五、联合品牌战略

随着市场经济全球化的发展，一些市场上你死我活的竞争对手也开始为共同的利益而牵手合作，联合品牌战略就是一个缩影。

联合品牌战略是指两个或更多的不同所有者的品牌共同使用在同一产品上，相互借势，共同发展，以实现1+1>2的做法。

美国明尼苏达州大学的一位教授说："当品牌单独出现没有说服力时，联合品牌可以更好地标明商标的品质。"

目前，许多企业采用了联合品牌战略，寻求优势互补，力求实现共赢。如索尼（Sony）同爱立信（Ericsson）联合推出手机索爱（Sony Ericsson），日立照明灯使用"日立·GE"，英特尔标志频频出现在知名电脑上，固特异（Goodyear）公司声称其轮胎是奥迪车的使用部件，可口可乐与传奇在线游戏无缝对接，奥妙在产品包装上标明：奥妙洗衣粉是值得海尔等洗衣机信赖的产品等。

英特尔（Intel）公司与知名计算机制造商之间的合作堪称品牌联合的经典之作。英特尔公司是世界上最大的计算机芯片制造商，为了提高"Intel"的品牌影响力，该公司联合戴尔、IBM等计算机制造商，鼓励在其电脑产品上使用"Intel Inside"标志，结果在合作实施的短短18个月里，"Intel Inside"标志的曝光次数就高达100亿次。英特尔公司与知名电脑品牌合作的结果是，一方面，在未支出巨额广告宣传费的情况下，"Intel"迅速家喻户晓，几乎成为电脑微处理器的代名词；另一方面，"Intel Inside"标志的频频出现也使标注它的计算机更为畅销。

爱立信和索尼各出资50%成立新公司索尼爱立信，从事联合品牌索爱的设计、研发和销售。在联合品牌形成之前，索尼在手机行业名不见经传，而爱立信的手机业务全球亏损已经高达160亿瑞典克朗（约合18亿美元）。联合品牌索爱结合了爱立信在移动通信技术方面的优势和索尼在视听电子方面的经验，一问世就步入一线手机品牌的行列。如今，索尼爱立信公司已经成为世界第四大手机生产商，2007年一季度营业额近30亿欧元。

宝马（BMW）的品牌识别是"驾驶的乐趣"，而阿迪达斯（adidas）则是"卓越表现的运动鞋"，宝马和阿迪达斯优势互补，联合推出的驾驶鞋，形成新的相关性品牌资产。

美航、花旗、维萨卡三家企业业务相互支撑，组成联合品牌美航花旗维萨卡，其中美航提供常客积分，而花旗提供商业客户，维萨卡则提供全球网络。

联合品牌有时还能降低品牌延伸的风险，例如博朗（BRAUN）和欧乐宝（Oral－B）延伸电动牙刷产品都存在着风险，但它们强强联合推出博朗·欧乐宝，推出电动牙刷产品的风险则大大降低了，因为联合品牌综合了博朗在个人护理电器上的优势以及欧乐宝在专业牙齿护理上的优势。

### 实施联合品牌战略应该注意的问题

（1）实施联合品牌的企业应该门当户对，不应该选择和自身品牌形象相差甚远的企业，否则可能有损强势品牌企业的形象。

（2）联合的两个品牌应该内涵相容，优势互补，互相支撑，不会让消费者产生心理上的矛盾冲突，并有相近的目标消费群体。

（3）应该避免“平衡的联合品牌”，所谓“平衡的联合品牌”是指企业将两个同类品牌平等地应用在一个产品上，在品牌传播中“一视同仁”，对二者投入相同的重视。比如，美菱—阿里斯顿冰箱、惠尔浦—雪花冰箱。“平衡的联合品牌”往往难以达到两个品牌的优势互补，相反，还会给消费者带来品牌概念的混淆，造成自己品牌之间的内耗。

## 六、来源品牌战略

来源品牌战略是指产品同时使用公司品牌和产品品牌，两个品牌在宣传及产品包装上同位出现，难分伯仲，共同驱动消费者作出购买决策。如雀巢—美极酱油、雀巢—宝路薄荷糖、雀巢—美禄高能运动饮料、吉列佳信抛弃型刀片、福特—全顺商务车等。

在来源品牌战略中，企业品牌主要起到让消费者对新产品接受、认可、信任的作用，产品品牌则起到张扬产品个性，丰富品牌联想的作用。

通常情况下，产品亟需依赖独立品牌张扬个性，但独立品牌的影响力不足以吸引消费者，则可采用来源品牌战略，使公司品牌和产品品牌同时亮相，用尽用够公司品牌的影响力，使产品品牌最大限度地被消费者认可。

吉列佳信抛弃型刀片采用了来源品牌战略，吉列公司在剃须产品中遵循的一贯标准是“男人可以获得的最好刀片”，但佳信抛弃型刀片使用者的个性比传统吉列刀片使用者更年轻、更随意，佳信将抛弃型刀片同其他系列刀片区别开来，应该说，吉列和佳信这两个品牌都对消费者购买行为产生了驱动作用。

应该注意的是，来源品牌战略与担保品牌战略、主副品牌战略有所区别。

（1）来源品牌战略中，公司品牌和产品品牌同位亮相，难分伯仲，通常同时出现在广告或产品包装中，消费者购买时经常一起叫，如“雀巢—美极酱油”。

（2）担保品牌战略中，宣传的重心为产品品牌，公司品牌常常隐在角落或最后，只起到一定担保支持的作用。如“GE”只以很小的字样出现在别克车尾。

（3）主副品牌战略中，宣传的重心为主品牌，副品牌只起到张扬产品个性的点缀作用，绝不能喧宾夺主，超越主品牌。如消费者购买时会说“买一个‘美的一超静星’空调”。

## 第三节　探寻品牌架构设计的规律

品牌架构设计是事关企业生存发展的大事，一个科学、清晰、协调的品牌结构，对于整合企业资源，减少内耗，加速品牌资产累积至关重要，然而，品牌架构决策失误导致企业“翻船”的案例屡见不鲜，因此，企业在品牌架构设计上应该谨慎决策，切不可掉以轻心。

总结品牌架构设计的规律性，除了上一节阐述的有关内容外，企业还应该注意以下问题。

### 一、品牌架构设计不可忽视行业特点

品牌架构设计同产品行业特点有着密切的关系，观察部分行业企业现有成功品牌架构的特点，我们探寻总结出一些规律。

**日化行业**

大多数成功的日化企业都采取了多品牌战略，比如宝洁公司有潘婷、飘柔、海飞丝、碧浪、汰渍等品牌，联合利华有夏士莲、力士、奥妙、洁诺等，上海家化有美加净、六神、明星、百爱神等品牌。

**家电行业**

几乎所有的成功家电企业都采用了单一品牌战略，国外品牌比如，飞利浦、西门子、日立、松下、索尼、东芝、伊莱克斯、三星等，本土品牌比如海尔、TCL、长虹、美的、海信等。它们旗下的电视、冰箱、空调等众多产品都共享一个企业品牌。

**汽车行业**

成功的汽车企业中，既有采用单一品牌战略的，也有采取多品牌战略的。比如奔驰、沃尔沃是单一品牌，通用汽车旗下有凯迪拉克、别克、欧宝、雪佛兰“四大金刚”，此外还有奥兹莫比尔、旁迪克等多个非主力品牌。

### 食品行业

达能、雀巢、娃哈哈等成功企业大都采用了单一品牌战略。法国达能公司旗下的酸奶、饼干、奶粉、牛奶等产品在中国市场都共用达能一个品牌。雀巢公司的咖啡、柠檬茶、奶茶、炼乳、冰激凌等产品都采用雀巢这一品牌，另外还拥有巴黎水、哈根达斯等其他单独品牌，这与其收购历史有关。娃哈哈的儿童保健品、酸奶、纯净水等产品都采用了娃哈哈这一个品牌，同时通过副品牌凸显产品个性。

### 手表行业

全球知名的制表企业斯沃琪集团，旗下有欧米茄、雷达、浪琴、天梭、斯沃琪等多个独立的产品品牌。这些产品品牌有自己鲜明的品牌个性、不同的价格定位以及清晰的目标消费群体。

通过以上成功企业的实践我们不难看出，日化用品、汽车、手表等行业多采用多品牌战略，而家电行业企业几乎都采用了单一品牌战略，鲜有多品牌出现，为什么会出现这样的情况呢？

其实企业是否需要更多产品品牌，主要看产品品牌是否需要个性化的形象来满足差异化的细分市场需求。例如，洗发水市场，有人需要“去头屑”，有人希望“柔顺”、有人钟情“亮泽”，等等；汽车市场，有人注重“安全”，有人看重“尊贵”，有人追求“驾驶的乐趣”，等等。消费者这些差异化需求就给个性迥异的产品品牌提供了生存土壤，因此这些行业往往采用多品牌战略。

然而，消费者对彩电、冰箱等家电类产品的关注重心，主要还是产品的品质、技术水准方面。个性化形象对于家电产品不是最重要因素，一个家电品牌只要其品质、技术能赢得消费者信赖，就能带动一大批相关产品行销市场。所以我们不难看到飞利浦、西门子、松下、索尼、海尔、长虹、美的等家电品牌都是一个品牌统率麾下众多产品。

而且，家电产品技术日新月异，各种“概念”、“创新”层出不穷，今天空调有“负离子”、“纳米”、“抗菌”，明天彩电有“变频”、“等离子”等，如果针对不同“概念”都推出不同个性的家电品牌，那么，一个品牌也许还没培养成熟就已经过时了。所以，家电品牌如果要凸显个性，往往采用副品牌，给品牌注入新鲜感和兴奋点。

2003年7月21日，国际著名电器企业松下耗资200亿日元的全球单一品牌战略开始启动，曾经使用了近百年并带给松下无数荣耀的National品牌将退出市场，淡出人们的视野，取而代之的是Panasonic品牌。松下的中国公司新任董事长坦言：松下旗下的Panasonic和National，经常会混淆消费者的品牌认知，弄不清它们跟松下的关系，这样大大分散了松下的品牌资源，削弱了松下的整体竞争力。因此，松下决定使用 Panasonic 作为全球海外市场统一的品牌。松下电器由多品牌战略向单一品牌战略的转变，也说明了家电行业单一品牌战略不可阻挡的魅力。

科龙集团旗下拥有科龙（空调、冰箱、洗衣机）、容声（冰箱）、华宝（空调）、三洋—科龙（冷柜）共四个品牌，虽然科龙的多品牌现状是历史发展所形成的，然而这有悖于家电行业单一品牌的规律。面对众多品牌，科龙集团难以割舍，谋求全面发展，结果不但没有把容声、华宝培育好，主品牌科龙也陷入困境。尽管科龙集团目前的困境事出多因，但其多品牌架构模式“功”不可没。

## 二、母子品牌联合使用时，应考虑品牌内涵是否冲突

我们先看一个案例。

大众汽车公司禁不住高档汽车市场的利益诱惑，决心一展宏图。2003 年 11 月，大众版的豪华轿车——辉腾闪亮登场，辉腾的原意是“光芒四射”，大众汽车以此来命名其推出的豪华轿车可谓寓意深远。

辉腾确实卓尔不凡，型号有从 68655 美元的 V8 辉腾到 100255 美元的 12 缸辉腾。其车身长 5.06 米，宽 1.9 米，拥有圆润、修长、充满动感的外观以及优雅舒适的内部设计，前后排乘客都可单独调节适合自己的温度。作为标准配备的水平控制空气悬架极好地运用了运动学原理，使该款豪华车在乘坐舒适性和驾驶动感方面达到了极高的境界。辉腾的车速可达 300 公里/小时，所有部件都经过精心设计以达到车速的要求，与此相配的是带 6 速变速箱的 3.2 升 V6 发动机，以及带 5 速手自动一体变速箱的 6 升 W12 发动机。

动力强劲，外观流畅，内饰优雅，即使与同级别的宝马 7 系、奔驰 S 级相比，辉腾也毫不逊色，《福布斯》称其为“伟大的车”，《今日美国》也给予极高的评价，《Business2.0》杂志更是称辉腾将在豪华车市场上鹤立鸡群。

然而就是这样一款“伟大的车”，销售状况却令人大跌眼镜，上市两年来仅售出 3715 辆，大众汽车公司近期不得不挥泪将辉腾撤出美国市场。

为什么卓尔不凡的辉腾会兵败“滑铁卢”，原来辉腾失败的重要原因就是错误地把辉腾和大众两个品牌紧密地捆在一起，在辉腾车身的前盖和后厢上都嵌有大众的 LOGO，在辉腾的广告宣传中大众也频频露脸。

也许大众汽车公司的初衷是想利用大众品牌的影响力及信誉来支持担保辉腾，强化消费者对辉腾的认可。然而，大众的决策者们忽略了一个重要因素，就是大众品牌在消费者心中“平民车、中低档”的形象已经根深蒂固，把辉腾和大众捆在一起，非但不能支持辉腾的豪华高贵形象，相反却让消费者怀疑辉腾高贵基因的纯正性。

大众辉腾失败的案例让我们不能考虑一个问题，就是母子品牌联合使用时，

应考虑它们的品牌内涵是否冲突。

母品牌和子品牌联合使用有两种模式，即担保品牌战略和来源品牌战略。不可否认，母子品牌联合使用往往能借助母品牌多年来积累的影响力及信誉来推动消费者对子品牌的迅速认同，起到良性的互动作用。然而，这一策略的运用切不可生搬硬套，并不是在任何情况下母子品牌绑在一起就能产生整合力，母品牌同子品牌的内涵是否兼容是它们良性互动的前提。内涵冲突的母子品牌捆绑在一起，非但不能相互借力，相反还会产生副作用。

一般来讲，在以下两种情况下，子品牌应该以独立形象出现，即便母品牌具有良好的声誉，也应该让母品牌和子品牌相互分离，最好不要让消费者知晓它们的关系。

**1. 大众化形象的母品牌推出高档形象的子品牌**

母品牌的大众化形象往往让消费者怀疑其是否有能力推出高档的子品牌，这种怀疑心态大大稀释了子品牌在消费者心中高贵血统的纯正性。

相对于辉腾，同样是大众旗下的奥迪汽车营销得非常成功，主要是因为奥迪割裂了同大众的联系，在奥迪的车身和广告宣传中我们很难看到大众的标志，正是这一策略，让奥迪同辉腾遭遇两种不同的命运。

20 世纪 60 年代，丰田轿车进军美国市场，但丰田皇冠的销量并不尽如人意，因为丰田已经在美国消费者心中留下“廉价、低档”的印象。如何才能扭转这一局面呢？丰田公司经过精心筹划，1989 年在美国推出了高档豪华车雷克萨斯(LEXUS)。为了不让丰田的品牌形象连累 LEXUS，LEXUS 在美国有独立的渠道、独立的专卖店，并且在 LEXUS 的广告及车身上隐去了丰田公司的标记，甚至长期不在日本本土销售，直到十几年后才开始“出口转内销”销往日本。1999 年起，LEXUS 在美国的销量超过宝马、奔驰，此后 6 年连续摘得豪华车销量第一的桂冠。2005 年，雷克萨斯全球销售了 39 万辆，其中 30 万辆销售在北美，被美国人称为“LEXUS 奇迹”。

宝洁公司在推广洗发水、洗衣粉等品牌时采用担保品牌战略，但推出高档化妆品品牌 SK－Ⅱ时，却是让 SK－Ⅱ以一种独立的姿态出现，刻意淡化了 SK－Ⅱ同宝洁公司的关系。

高档化妆品品牌赫莲娜、兰蔻、碧欧泉都是欧莱雅公司的产品，但在它们的宣传中，我们却很难看到欧莱雅的身影。

著名的品牌巴黎水（Perrier）今天几乎已经成为了带气矿泉水的代表，然而又有多少人知道它是雀巢旗下的产品？雀巢品牌统领旗下众多产品，然而却让巴黎水以独立品牌形象出现，就是怕雀巢的大众食品品牌形象淡化了巴黎水的稀有与珍贵。

**2. 品牌之间的个性差异较大**

如果品牌之间的个性差异较大，为了保持各个品牌个性的纯正性，也应该将母品牌与子品牌分离开来。

消费者也许并不知晓，迪奥、路易·威登、酩悦香槟、纪梵希、倩碧、娇兰等世界名牌原来都是LVMH集团旗下的同门兄弟姐妹，LVMH集团掌门人伯纳德·阿诺尔特认为，“像宝洁那样把公司和产品品牌联系起来的策略不适合LVMH。正确的做法应该是让每个品牌拥有自己的一套独立的创新设计以及形象维护人马。我们让每个品牌的运作享有充分的自治权，实施高度分散的管理。”因此，迪奥、路易·威登、酩悦香槟、纪梵希、倩碧、娇兰等这些个性迥异的品牌都以独立品牌形象出现，LVMH则隐身其后，成功地操纵着这些品牌的运作，这种做法维护了每个品牌纯正的血统及个性。

2005年，全球最大的日化用品公司宝洁公司以570亿美元并购了全球最大手动剃须刀企业吉列。吉列拥有5个10亿美元以上品牌，包括著名的锋速、威锋、超蓝等剃须用品以及Oral－B牙刷、RightGuard化妆品、Duracell电池和博朗电动剃须刀等。宝洁公司是全球日化用品行业的翘楚，而吉列则是男士美容用品的霸主。因此，在吉列的广告宣传中，宝洁聪明地隐身其后，并没有大声宣扬“宝洁公司，优质产品”。另外，品客薯片也是宝洁的产品，品客的食品形象同宝洁的日化产品形象相距甚远，为了不使消费者在购买品客薯片时联想到洗发水、洗衣粉，宝洁知趣地隐藏了同品客的关系。

百胜集团是全球最具竞争力的餐饮集团，百胜拥有5个餐饮品牌：肯德基、必胜客、塔可钟、A&W及LJS（在中国还有个东方既白中式快餐），这5个品牌都是各餐饮细分市场的佼佼者，其中的肯德基、必胜客更是全球知名品牌，然而百胜在品牌运作中淡化了这些品牌之间的亲缘关系，使得每个品牌都能心无旁骛地突出鲜明的个性，成为类别专家。以至于很少有消费者知道这些品牌都是百胜旗下的同门兄弟。

**肯德基、必胜客、塔可钟等都是百胜集团旗下的品牌**

2001年雀巢公司从通用磨坊手中收购了哈根达斯后，为了维护哈根达斯“纯天然原料、体贴、时尚、极品、欧陆风情”的品牌个性，并没有将哈根达斯和雀巢捆绑在一起，所以许多消费者享受哈根达斯的美味时，并不了解它也是雀巢公司的产品。

## 三、平衡的联合品牌战略较难成功

中意—阿里斯顿冰箱、美菱—阿里斯顿冰箱、惠尔浦—雪花冰箱，这些曾经耳熟能详的联合品牌如今不是淡出人们的视线，就是市场份额锐减。

看来，1+1 并非都能收到大于 2 的效果。

上面几个联合品牌的例子其实都是“平衡的联合品牌”，即将两个同类品牌平等地应用在一个产品上。企业在合资过程中很容易形成“平衡的联合品牌”模式，因为合资双方都想保存自己的品牌，因此双方的品牌共同上阵，然而实践证明，这种策略非但起不到优势互补的作用，反而会减弱品牌的竞争力！

科学的联合品牌如英特尔与知名电脑品牌、宝马和阿迪达斯以及美航花旗维萨卡等，能够起到优势互补、相互支撑的作用。然而平衡的联合品牌，因为两个同类品牌用在一个产品上，它们之间很难相互借势，优势互补，相反，还会给消费者带来品牌概念的混淆，造成自己品牌的内耗。

实践中，单推一个品牌，把该品牌的核心价值清晰地传达给消费者已经非常困难，如果同时推两个品牌，自然是难上加难。在消费者心里，记两个品牌肯定不如记一个品牌清晰易记，同样的资源投入，推一个品牌获得的效果自然更大。

### 案例解析　多品牌的差异化生存

欧莱雅和宝洁都是闻名全球的跨国公司。

欧莱雅堪称全球“美丽产业”——化妆品行业之翘楚，成立于 1907 年，位列美国《财富》杂志评选的全球 500 强第 373 位，2006 年欧莱雅全球销售额达 157.9 亿欧元，连续 22 年实现收益两位数增长。1997 年，欧莱雅正式挥师进入中国市场，10 年时间里，欧莱雅在中国市场迅速崛起，1997 年在中国内地的销售额是 1.8 亿元人民币，2006 年销售额已逾 40 亿元人民币，首次超过日本，成为欧莱雅在亚洲最大的市场。

品牌巨人宝洁公司始创于 1837 年，是全球最大的日用消费品公司之一，位列《财富》全球 500 强第 86 位，2006 年宝洁公司全球销售额达到 764 亿美元，同比增长 12%。1988 年，宝洁公司在广州成立了其在中国的第一家合资企业——广州宝洁有限公司，从此开始了宝洁公司的中国大陆之旅，2006 年宝洁公司大中华区年销售额超过 20 亿美元，销售量已位居宝洁全球区域市场中的第二位。

欧莱雅和宝洁都是多品牌家族，在中国市场上，它们旗下的品牌都可谓“星光灿烂”。

目前，欧莱雅旗下的高端化妆品品牌有兰蔻、赫莲娜、碧欧泉，中端化妆品品牌有薇姿、理肤泉、欧莱雅专业美发、卡诗，低端化妆品品牌有巴黎欧莱雅、羽西、美宝莲、卡尼尔、小护士等，欧莱雅旗下许多品牌在不同产品品类中均占据领先地位。其中兰蔻、美宝莲和薇姿三大品牌分别占据高档化妆品市场、大众彩妆市场和药房活性健康护肤品市场的第一名。

宝洁公司也是多品牌成功的典范，旗下小品牌数百个、独立大品牌80多个，其产品覆盖洗发护发、美容护肤、个人清洁、妇女保健、婴儿护理、家居护理等诸多领域。宝洁旗下洗发水品牌有潘婷、海飞丝、飘柔、沙宣等，洗衣粉有汰渍、碧浪、欧喜朵、波特等，牙膏有佳洁士，香皂有舒肤佳，卫生巾有护舒宝，化妆品有SK－Ⅱ、玉兰油、威娜、伊卡璐、妮维娅等，另外还有吉列、博朗、锋速3、品客、金霸王等。目前，宝洁有9大类、16个品牌进入中国大陆市场。

| 公司 | 宝　洁 | 欧莱雅 |
|---|---|---|
| 高端品牌 | SK－Ⅱ、Noxzma | 兰蔻、赫莲娜、碧欧泉 |
| 中端品牌 | 玉兰油、威娜、MOD | 薇姿、理肤泉、欧莱雅专业美发、卡诗 |
| 低端品牌 | 伊卡璐、妮维娅、Covergirl | 巴黎欧莱雅、羽西、美宝莲、卡尼尔、小护士 |

欧莱雅和宝洁，同样在全球市场上所向披靡，同样在中国市场风生水起，同样拥有庞大的多品牌家族，然而，我们不难发现，它们的品牌营销策略却有所不同。

我们很容易注意到一个细节，在飘柔、汰渍、舒肤佳等众多宝洁旗下的产品广告或包装上，会标有“宝洁公司，优质产品”的字样及“P&G”的标志，标明该产品出自宝洁旗下，以增强产品的权威感，提高消费者的信任度。其实，宝洁公司这一做法运用了担保品牌战略。

然而，欧莱雅的做法却不相同，在欧莱雅旗下的众多产品品牌中，很难看到“欧莱雅”的标记，欧莱雅有意淡化了欧莱雅企业品牌同各产品品牌的关系，使产品品牌以独立的形象出现，以至于许多消费者并不知道兰蔻、赫莲娜、碧欧泉、薇姿等知名品牌也是出自欧莱雅之手。

为什么都是多品牌，欧莱雅和宝洁的品牌营销策略却大不相同呢？

应该说，欧莱雅和宝洁的多品牌战略都采取了差异化营销策略，它们旗下的每个产品品牌都个性迥异，针对不同的细分市场进行产品设计、价格定位、广告传播及渠道建设，满足消费者差异化的市场需求。例如，欧莱雅旗下的兰蔻等以高贵、时尚为品牌内涵，通过严格选择的分销渠道如香水店、百货商店、免税商店等进行销售；巴黎欧莱雅则以专业和时尚为品牌诉求，通过专柜和专业美容顾问的渠道向公众展示品牌形象及产品；而美宝莲则定位大众化妆品品牌，突出奔放、时尚和多彩生活方式的品牌个性；薇姿只在“药房专售”，强化其专业化、科学化、医学级的品牌特征。又如，宝洁旗下的海飞丝表达“头屑去无踪，秀发更出众”，飘柔突出“头发更飘，更柔顺”，潘婷强调“拥有健康，当然亮泽”，沙宣追求“专业发廊效果”，伊卡璐诉求“草本精华”等。

欧莱雅和宝洁的差异化营销不同之处在于，欧莱雅的化妆品以“档次、价格”为品牌区隔标准，以情感表达和自我表现为品牌利益诉求点，满足消费者不同的品位、档次及审美情趣需求；而宝洁的洗发水、洗衣粉等则以产品的使用功能为品牌区隔标准，以产品使用功能为品牌利益诉求点。

以产品使用功能为利益诉求点的品牌，多为中低档的大众消费品牌，消费者关注的是它的使用功效，企业品牌的良好信誉往往能向消费者担保承诺其旗下产品品牌品质、技术、信誉上的可靠性。因此，“宝洁公司，优质产品”频频出现，对飘柔、潘婷、汰渍、舒肤佳等品牌起到了很好的支持作用。

以情感表达和自我表现为利益诉求点的品牌，其品牌内涵往往演绎不同的品位、生活方式、身份及不同的审美风格，正如欧莱雅前公关总监兰珍珍说的那样，“欧莱雅销售的不仅仅是产品，而且是一种生活方式”。这种品牌之间的差异往往非常大，比如兰蔻、赫莲娜等奢侈品牌，其高贵的品牌内涵不可与大众品牌同日而语，对于兰蔻、赫莲娜的使用者来说，在大卖场选购化妆品体现不出自己的身份和品位。这种情况下，一个公司总品牌很难兼容支持各种不同的品位、身份及审美等诉求。因此，欧莱雅公司有意淡化了自己在旗下不同品牌中的声调，以欧莱雅的中档品牌形象来担保支持兰蔻、赫莲娜等高档奢侈品牌显然是不明智的。

其实，宝洁公司在旗下化妆品品牌的营销策略上也和欧莱雅有着惊人的相似之处，比如 SK－Ⅱ正是宝洁旗下的高档化妆品品牌，然而宝洁公司在推广SK－Ⅱ时，为了凸显其高贵品质，让 SK－Ⅱ以独立的品牌形象出现，刻意淡化了它同宝洁公司的关系，唯恐宝洁大众日化的品牌形象会稀释了 SK－Ⅱ高贵基因的纯正。

欧莱雅和宝洁品牌策略的这一差异也正体现了两个品牌高手长袖善舞的高明之处。

无独有偶，联合利华也采用了担保品牌战略，其旗下许多品牌如力士、夏士莲等的广告包装上都标有“有家就有联合利华”的字样和标识。然而，联合利华旗下的高档品牌伊丽莎白·雅顿却有意割裂了同联合利华的关系，我们在伊丽莎白·雅顿品牌宣传中很难看到联合利华的一丝踪影。

类似情况在其他品牌中也有体现。也许你不知道，著名的品牌巴黎水（Perrier）和哈根达斯都是雀巢旗下的产品，雀巢品牌统领旗下众多产品，却让巴黎水和哈根达斯以独立品牌形象出现，就是怕雀巢的大众食品品牌形象稀释了巴黎水和哈根达斯的矜贵。

欧莱雅、宝洁及其他品牌的案例给我们许多启示，多品牌企业采用担保品牌战略切不可生搬硬套，并不是在任何情况下母子品牌绑在一起都能产生整合力，企业品牌同旗下产品品牌的内涵是否兼容是它们良性互动的关键。

## 案例解析　ThinkPad 和 Lenovo 能交相辉映吗

2005 年以前，ThinkPad 是 IBM PC 事业部旗下的便携式计算机品牌，凭借尖端技术与内在品质在业界享有很高声誉，成为“性能超级稳定、权威、睿智成熟的商务精英的首选”。在联想集团收购 IBM PC 事业部之后，ThinkPad 商标为联想所有。

目前，面对 IBM 商标使用期限的临近，联想开始放弃 IBM 了，然而联想保留了其副品牌 ThinkPad，并升级为主品牌。联想保留了 IBM－ThinkPad 的一贯风格，让人感觉到还是 IBM 的品质，而且联想还非常巧妙地把鼠标上的小红帽放到了 ThinkPad 标志的“I”上，使 ThinkPad 标志显得更生动，这些无疑都是精彩之笔。

然而，笔者认为，联想在 ThinkPad 品牌整合过程中的举措也有值得商榷之处。

联想在 ThinkPad 手提电脑屏幕的右下角开始标上了联想的标志“Lenovo”，想必是想告诉消费者 ThinkPad 的制造商是联想，对 ThinkPad 起到背书、担保或支持的作用，以获得消费者的信赖。

然而，ThinkPad 和 Lenovo“同台献艺”明智吗？

众所周知，ThinkPad 手提电脑的个性是“性能超级稳定、权威、睿智成熟的商务精英的首选”。ThinkPad 以其坚固和可靠的高端品牌形象而著称。ThinkPad 的宣传中曾有这样的文字：“从诞生之日起，ThinkPad 便与思考密不可分。15 年来，ThinkPad 不断创新，从而让每部 ThinkPad 都成为尖端技术与内在品质完美结合的经典。ThinkPad 用顶级的服务与软件与你一起推动未来。”

很多商务人士买 ThinkPad 手提电脑，一方面是因为它稳定、可靠的品质；另一方面也是因为它带给人一种权威、睿智和荣耀的心理满足。

然而，在消费者心中，Lenovo 是低价实用型笔记本，让“Lenovo”出现在 ThinkPad 手提电脑上，非但不能支持 ThinkPad 的高端品牌形象，相反还会使 ThinkPad 的权威感大打折扣。这种副作用短时间内也许不会很明显，然而时间一长肯定会稀释 ThinkPad 的高端品牌形象。事实上，ThinkPad 和 Lenovo“同台献艺”已经令许多 IBM 迷伤心不已，甚至有消费者因为这个放弃购买 IBM－ThinkPad 系列电脑。

在品牌架构问题的处理上，许多成功品牌的经验值得借鉴，它们对企业旗下档次差异较大的不同品牌，往往采取互不相关联的策略，以维护高端品牌高贵品质的纯正性。例如，福特控股美洲豹（JAGUAR），睿智的福特并没有满世界张扬美洲豹是福特公司旗下的品牌，更没有在美洲豹车身上打上“福特”的标志，因为福特怕自身的形象会破坏美洲豹灵动的气质和纯正的英国血统。

另外，ThinkPad 一系列的营销策略也不明智。ThinkPad 推出 5999 元的手提电脑，联想的专卖店也开始大张旗鼓销售 ThinkPad。联想的低价策略虽然也可以促进眼前的销量，但它稀释了 ThinkPad 的高端形象，长此以往，ThinkPad还能成为“性能超级稳定、权威、睿智成熟的商务精英的首选”吗？其实，联想进攻低端市场完全可以靠 Lenovo，为什么一定要用 ThinkPad 呢？

品牌管理是事关企业生存发展的大事，联想 ThinkPad 采取的一系列品牌策略值得深思。

# 第六章　品牌资产

与厂房、机器、设备等有形资产不同，品牌资产是一种无形资产，但其价值却可能超过企业的全部固定资产。品牌资产的实质其实就是消费者对品牌的信任和忠诚，正是这种看不见、摸不着的东西，却成为最终主宰企业沉浮的砝码。

在众多企业CEO或CFO的大脑里，对厂房、机器、设备等看得见摸得着的东西如数家珍，然而对品牌的影响力、创造力、想象力、印象等无形之物却漠不关心。我们不难看到，在许多企业中，有形资产由几十甚至上百人的团队精心管理，然而对品牌这个无形资产却鲜有人问津。

然而，市场竞争的现实中，正是品牌资产这种看不见、摸不着的东西，却成为最终主宰企业沉浮的砝码。

进入21世纪，如何建立和管理品牌资产已成为企业面临的一个重要问题。

正如美国著名广告研究专家Larry Light所言："未来的营销是品牌的战争——品牌互争长短的竞争。商界与投资者将认清品牌是公司最珍贵的资产。拥有市场比拥有工厂重要多了，唯一拥有市场的途径是先拥有具市场优势的品牌。"

拥有了品牌资产，就等于拥有了竞争的资本，未来的商战将是跨越国界的、无形的品牌资产的竞争。这一点，许多卓越品牌已经为我们演绎得淋漓尽致，美国耐克公司委托他人加工一双鞋子只需几十元，贴上耐克标签，身价立刻上涨到几百甚至上千元，人们还趋之若鹜。耐克公司虽然在全球没有投资一家工厂，然而耐克的品牌资产已经达到了100多亿美元。

## 第一节　品牌资产内涵

品牌资产是20世纪80年代营销领域出现的一个重要概念。特别是1991年，美国加州大学教授大卫·A. 艾克（David A. Aaker）的著作《经营品牌产权》出版之后，品牌资产就成为营销研究的热点问题。

尽管有许多学者研究品牌资产，但目前对于品牌资产这一概念，尚无一个大家公认的定义。大卫·艾克认为：品牌资产是与品牌、品牌名称和标志相联系的，能够增加或减少企业所销售产品或提供服务的价值和（或）顾客价值的一系列品牌资产与负债。美国学者杜拉·E. 科耐普认为：品牌资产是对品牌认知度的综合评价，其中包括该品牌的所有产品和服务的相对质量、销售业绩以及顾客对其所持有的品牌忠诚度、满意度和尊重程度等。

美国著名品牌管理专家凯文·凯勒教授认为：所谓“品牌资产”是基于顾客的品牌资产，而不是由企业财务会计所决定和由企业营销业绩所决定的量化观点。基于顾客的品牌资产，是由企业通过长期的品牌战略管理在顾客心智上产生的品牌知识所致。

笔者认为，品牌资产是品牌影响消费者的吸引力和感召力的综合体现，品牌资产的实质是企业与消费者关系的反映，是消费者对品牌的信任和忠诚。品牌资产是存在于消费者心中的，当消费者表现出更喜欢一个品牌产品时，品牌就具有了基于消费者的品牌资产。

## 一、品牌资产的构成

许多人认为，品牌就是知名度高、名气大。其实品牌资产的构成是多方面的，品牌建设只有围绕品牌资产的各个方面综合提升，才能打造一个卓越品牌。

品牌资产由以下五部分构成：品牌知名度（name awareness）、品质认可度（perceived quality）、品牌忠诚度（brand loyalty）、品牌联想度（brand association）和品牌其他资产（other assets），如渠道关系、专利权等。

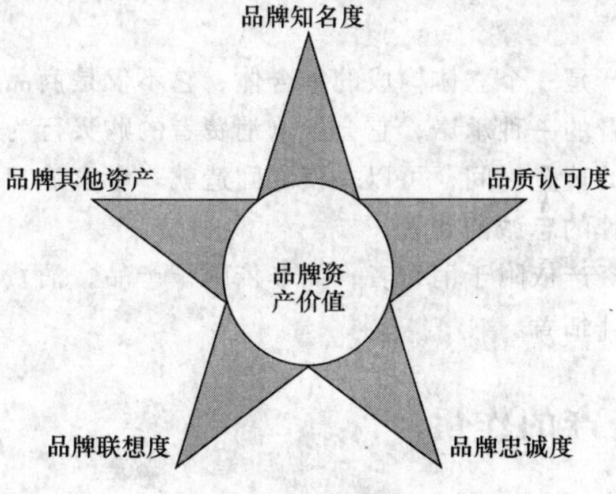


**品牌资产价值模型图**

（1）品牌知名度是消费者对某一个品牌知晓的程度，品牌知名度可分为无知名度、提示知名度、未提示知名度和第一提及知名度四个阶段。知名度是品牌资产的“准入证”，没有足够的知名度，品牌产品再好也没有经济效益，正所谓“酒香也怕巷子深”。

一个新品牌刚刚问世，无人知晓，品牌处于无知名度状态；经过一段时间的广告宣传推广，品牌经提示，消费者能够有一定模糊的印象，品牌进入提示知名度阶段；在未经提示的情况下，消费者也能主动想起该品牌，品牌则到了未提示知名度阶段；当提起某类产品时，消费者会第一个脱口而出该品牌，品牌就达到了最高境界——第一提及知名度阶段。

（2）品质认可度是指消费者对某一个品牌的品质认知和喜好程度。品质的内涵不仅是产品质量，还包括特点、功能、耐用度、可信赖度、服务度、产品外观、效用评价等方面。品牌美誉度是拨动消费者心弦的利器，近几年中国手机品牌的几乎全军覆没就是因为缺少品牌美誉度。

（3）品牌忠诚度是指消费者在购买决策中对某个品牌的偏好程度（而非随意的），以及对品牌使用经历的满意程度。品牌忠诚度的主要衡量指标是重复购买率和替换品牌的频率等，如果没有消费者的品牌忠诚，品牌则不过是一个几乎没有价值的商标或符号。20世纪80年代，可口可乐“更换配方事件”就充分显示了品牌忠诚度的价值。

（4）品牌联想度是指消费者提到某一个品牌而产生的所有印象、联想。它往往提供了消费者购买的理由和品牌延伸的依据。如提起麦当劳就会联想到洁净的就餐环境和优质的服务；提起维珍就会联想到“叛逆、创新、自由”等。

（5）品牌其他资产是指品牌的商标、专利等知识产权及专属渠道等。如金拱门是麦当劳重要的商标品牌资产，“7x”配方是可口可乐神秘的技术性品牌资产，空气动力专利是耐克引以为傲的专利性品牌资产，直销渠道则是戴尔赖以生存的渠道品牌资产。

可见，品牌资产是一个立体构成的集合体，它不仅是商品标志，而且还是信誉标志，是对消费者的一种承诺，它会影响消费者的购买行为以及对营销活动的反应。中央电视台的黄金时间，可以一夜之间造就一个家喻户晓的名牌，但却未必能造就一大批品牌的忠诚消费者。

可以说，品牌资产依附于消费者，而非依附于产品，消费者才是品牌资产的真正审定者和最终评估者。

## 二、品牌资产的作用

当今市场，企业能不能克敌制胜，重要的不是产品如何，而是有没有品牌资产。因此，企业认识并发挥品牌资产的作用至关重要。品牌资产的作用表现为两方面：

### 1. 品牌资产为消费者创造价值

（1）有助于消费者更好地认知品牌。比如，一提起劳力士，人们就会想到品质卓越，工艺精湛，糅合尊贵、典雅于一身。

（2）增强消费者购买决策时的信心。品牌美誉度、忠诚度越高，消费者对该品牌的信心就越强，购买决策时所花费的时间就越短。

（3）提高消费者的感知满意度。品牌所蕴涵的文化内涵，往往把冰冷的产品带到了一个情感世界，带给消费者精神的享受。例如，雅诗兰黛会给消费者"美丽是一种态度"、"没有丑陋的女人，只有不相信自己魅力的女人"的审美文化理念。

**2. 品牌资产为企业创造价值**

品牌资产除了能够为消费者创造价值以外，还可以通过以下方面为企业创造价值：

（1）能够体现品牌高品质，比竞争品牌卖出更高的价格。例如，当消费者购买奔驰汽车、雅诗兰黛化妆品、蒂芙尼（Tiffany）珠宝、茅台酒时，他们必定相信自己购买的是高品质商品，即使价格再高也会热情追捧。

（2）能够打消消费者的疑虑，赢得消费者的信任和忠诚，增加重复购买的频率和数量，减少尝试其他竞争品牌的概率。

（3）能够减少企业对促销的依赖程度，从而使企业获得更高的利润。

（4）能够形成难以逾越的竞争壁垒，使企业获得竞争优势。比如，飘柔"头发更飘，更柔顺"的品牌诉求抢先占领了消费者的心智，其他后跟进的竞争者只能望其项背，很难撼动飘柔在这一细分市场上的霸主地位。

（5）通过品牌科学延伸，能够最大限度地利用品牌资产拓展品牌的产品空间，增加品牌利润点，同时进一步提升品牌资产价值。例如，雀巢经过品牌延伸后产品从咖啡拓展到婴儿奶粉炼乳、冰激凌、柠檬茶等系列产品，并且都十分畅销。

（6）能够获得分销商及销售终端的信任和配合，减少分销渠道通路的阻力，大大降低在销售环节的成本。

市场经济的全球化，最终会将中国企业无情地推入品牌资产经营的竞争轨道，面对国际品牌的步步逼近，中国企业要尽快积累自己丰厚的品牌资产。

## 第二节　提高品牌知名度

再好的产品如果不与"注意力"相结合，也创造不了市场价值。

世界上的顾客并不会去买最好的商品，他们只会去买自己知道的商品。

在眼球经济时代，"注意力"本身就是资产，品牌知名度则是吸引消费者注意的重要因素。诺基亚、万宝路、范思哲、劳力士、茅台、蒙牛、海尔……这些品牌家喻户晓，畅销不衰，为企业带来了巨大的财富。消费者往往青睐那些自己熟悉的品牌，如何让好酒走出长长的巷子？如何低成本提高品牌知名度？是企业打造品牌应该迈出的第一步。

## 一、品牌知名度的价值

### 1. 品牌资产建设的开始

一个品牌只有经过多次反复传播，拥有了一定知名度后，其品质内涵才能逐步为人所知，随着品牌认知的不断加深，开始产生品牌联想，随着品牌认知和联想的不断积累进而形成品牌忠诚度。

可见，提高品牌知名度是品牌资产建设的开始，没有这个开始，品牌资产的其他内容都无从谈起。一个品牌纵然产品品质超群，但终日“养在深闺人未识”，也只能是孤芳自赏，产生不了市场效益。比如，脑白金的突然崛起、王老吉的迅速飙红、蒙牛酸酸乳的唱响等，都是从提高品牌知名度开始的。

### 2. 暗示某种承诺

当消费者面对纷繁复杂的品牌无从选择时，高知名度的品牌往往会给人以“大品牌，实力雄厚，品质有保障”的感觉。在消费者的潜意识里，高知名度品牌暗示着许多承诺：投放广告这么多，实力一定雄厚；铺货那么广，产品一定畅销；购买人那么多，品质一定没问题……

尽管消费者对某个品牌的品质内涵还不真正了解，但高知名度所暗示的种种承诺，往往会带给消费者一定的安全感和亲近感。相反，不熟悉的品牌则会带给人陌生感和疏远感。特别是，当消费者在缺乏品牌辨别能力时，品牌知名度则会成为决定购买的重要因素。

### 3. 纳入购买候选名单

根据研究发现，消费者在购买某一类产品时，在购买决策前，脑海里一般会有一个供选择的品牌候选名单，闻所未闻的品牌是绝对不会进入这个候选名单的。所以，高知名度是品牌纳入消费者购买名单的“通行证”。

## 二、品牌知名度认知的误区

正因为高知名度品牌的巨大市场号召力，所以一夜成名成了许多企业家的梦想。我们不难看到，许多企业为了在短期内快速催生出一个名牌，不惜巨资广告狂轰滥炸，各种促销手段层出不穷，一时间“广告战”硝烟弥漫，愈演愈烈……

然而，本土许多知名品牌的早逝，又让无数企业一夜成名的梦想回归理性。我们不难看到，许多巨额广告费打造出来的“标王”、“名牌”虽然辉煌一时，但最终都“挥一挥衣袖，不带走一片云彩”……

高知名度品牌就等于卓越品牌吗？

一个卓越品牌必须具备四大资产：品牌知名度、品质认可度、品牌联想度和品牌忠诚度。一个新的品牌的资产等于零，随着品牌建设的不断深入，品牌上述资产才逐渐产生，上述四大资产也不是同时产生，而是遵循一定规律的。

提高品牌知名度是品牌建设的开始，高知名度往往通过广告“风暴”，反复叫卖就可以快速形成，中国一夜成名的名牌屡见不鲜。然而企业要构建品牌其他资产则并非一朝一夕之功，它需要一个艰辛而漫长的过程，需要企业有真诚的服务态度、科学的品牌战略、精准的品牌定位、过硬的产品质量、动人的品牌文化等，需要企业兢兢业业，如履薄冰，年复一年，持之以恒地为消费者服务，为品牌建设添砖加瓦，让品牌逐步深入人心。

其实，品牌的巨大资产是在消费者心中的，品牌建设实质上是企业在消费者心中不断存下去的，未来可以顺利拿回来的一大笔信誉存款，是建设一座立于现在、功于未来的商业信用宝库。消费者只有发自肺腑地认同某个品牌，它才会有金身不坏之躯，才能成为卓越品牌。

片面追求品牌知名度而忽视品牌美誉度、忠诚度等，往往导致品牌畸形发展，生命力极其脆弱，一旦遇到品牌危机，不是大伤元气就是覆灭夭折。就像有人所说：“高知名度 + 低美誉度 = 臭名昭著”，春都、欧典等莫不如此。

可口可乐、IBM、耐克、诺基亚等国际强势品牌，它们莫不是几十年如一日，通过不断地为消费者提供优质产品和服务，与消费者进行良好的沟通，点点滴滴累积逐渐取得消费者对品牌的认同，最终形成巨大的品牌资产价值。

可见，高知名度不是品牌的全部，而是品牌建设的开始，企业只有注重品牌资产的综合建设，持之以恒，才能最终打造成为一个卓越品牌。

## 三、低成本提高品牌知名度的方法

企业欲打造强势品牌，提高知名度是必须跨越的第一关。然而面对“广告的尴尬”、“资金的短缺”等情况，企业怎样才能以最低的成本迅速提高品牌知名度呢？

### 方法一：巧借东风，事件营销

在当今信息爆炸的时代，公众注意力下降，媒体广告收费居高不下，广告效果大打折扣。企业如果能换一种角度，通过精心策划，借热点事件“造势”，引起媒体和公众的广泛关注，则能以较低成本提高品牌影响力。

双喜作为拥有百年历史的民族品牌，一直传播着“喜悦就在真心传递之间发生”的文化内涵。广东双喜文化传播有限公司联合共青团中央等单位举办的“缘定天路，喜传天下——双喜世纪婚礼”活动，自2006年7月18日启动以后，赚足了眼球，使双喜品牌的“喜文化”深入人心。

2006年，是双春闰月的婚嫁大年，青藏铁路也顺利通车了。沿着天路的圣洁，步入婚姻的礼堂，这将是一个独特而又新颖的创意，双喜公司抓住这个双喜临门的良机，策划了该次婚礼活动，并联合《南方都市报》、凤凰卫视、网易等极具影响力的媒体，对整个活动过程进行了全方位、立体式的新闻报道。

该次活动邀请了本年度结婚的新人共同参与，写下“他（她）让你最喜悦的一件事”，经过全国的二轮筛选后，选出39对新人。新人们沿青藏铁路西行，直至日光城拉萨，举行浪漫的藏式婚礼，并且还将从39对新人中挑选8对新人参加电视专题拍摄。活动中新人们充当“喜愿基金”的爱心使者，完成《西藏爱心计划》，为西藏儿童设立“喜愿之家”等，将新人的喜悦升华为对社会的关爱。

天路沿线的神奇景象、媒体和大众对爱情的见证，成为该次活动的最大亮点。在众多媒体连续的报道下，活动被不断推向高潮，新颖独特而又甜蜜激动的体验更是赚足了公众的眼球。在整个活动中，一直在传达着双喜“喜悦就在真心传递之间发生”的品牌内涵，而“喜愿基金”的建立则赋予活动更深远的意义，树立起双喜品牌关心社会的良好形象。

“缘定天路，喜传天下——双喜世纪婚礼”活动，使双喜品牌在打造中国“喜文化”第一品牌的道路上迈出了一大步。

20世纪70年代，日本西铁成公司为了在澳大利亚打开销路，宣布用飞机向指定地点投放手表，谁捡到了就归谁。此事经媒体大肆宣传后，成为当时人们关注的一个话题，投放那天人们蜂拥而至，当人们看到从飞机上扔下来的手表仍完好无损时，西铁成手表的质量令人折服了。这一事件经众多媒体报道后，西铁成品牌的知名度和影响力迅速攀升。

### 方法二：清新独特，出奇制胜

人们都有对新奇的事物追根问底的心理，所以千篇一律、毫无新意的广告往往会使人熟视无睹，难以记忆。如果一个清新独特、风趣幽默甚至充满悬念的广告出现在人们面前，一定会令人耳目一新，难以忘怀。

2007年11月30日起，阿迪达斯推出了以“一起2008，没有不可能”为主题的全新奥运广告片，一时间，阿迪达斯的“身影”无所不在。

阿迪达斯的这则广告创意独特，大气恢弘，具有很强的视觉震撼力和美感。广告里会聚了郑智、隋菲菲、胡佳等各路中国体坛骄子，同时凸显了运动员背后，支持他们拼搏获胜的精神动力——千万普通人。众志成城的画面赋予了这则广告震撼人心的力量，正如阿迪达斯大中华区董事总经理柏文康所说："我们希望向大家传达的是，当13亿人团结在一起的时候，没有不可能。"

在广告制作上，为了使画面富有感染力，阿迪达斯还动用了有群组模拟功能的Massive程序，为广告片制作了5万个虚拟人物，据悉该程序曾在《指环王》中大显身手。另外，为了表现画面的真实性，重现胡佳雅典奥运会10米跳台制胜一跃的场面，摄制组使用了3台机器外加1台水底摄影机。这则充满震撼力的广告片耗时4个月，仅后期制作就有65人参与。

尽管这则广告片的新奇创意，在互联网上也曾引起了类似"感觉有恐怖感"的争议，然而有争议的广告有时反倒能够加速传播，媒体也许免费为阿迪达斯当了义务宣传员。

修正药业的斯达舒胃药刚上市时，电视广告巧妙地借助斯达舒的谐音"四大叔"来做文章，虽然有点恶俗，但创意独特，诙谐幽默，令人难忘，很快人们就记住了"斯达舒"这个名字。2005年6月，斯达舒摘得医药行业"中国驰名商标"桂冠。同样的例子还有清嘴含片广告，"想知道亲嘴的味道吗？想哪儿去了，我说的是清嘴含片……"

美国家庭人寿保险公司（AFLAC）曾做了十多年的广告宣传，然而总是收效甚微，知道这家公司的人寥寥无几。后来，它们发现，当你大声地把AFLAC念出来的时候，听起来就好像是鸭子叫，于是他们突发奇想，以鸭子的"呱！呱！"声为创意，制作出了一个大胆出奇的广告。在广告中，当别人在交谈时，总会有一只鸭子在旁边呱呱地乱插嘴。这个看似疯狂的广告，居然获得了很大的成功，播出后的6天之内，AFLAC网站的访问量就超过了前一年的总和，销售额增长了55%，91%的美国人都知道了AFLAC，而且，AFLAC鸭居然成了流行形象。

### 方法三：独辟蹊径，争做"第一"

"第一"是引人瞩目的重要因素。品牌一旦冠上"第一"的头衔，往往会产生光环作用、聚焦作用及"核裂变"作用等，能够低成本吸引消费者的注意力，迅速提高知名度。

以知名的饮料品牌为例：

乐百氏是第一纯净水；

娃哈哈是第一矿泉水；

可口可乐是第一碳酸饮料；

鲜橙多是第一果汁饮料；

乌龙茶是第一茶饮料；

红牛是第一功能型饮料品牌；

农夫山泉是第一天然水；

……

如果你不能成为某个行业的“第一”，就创造一个类别成为“第一”。

### 方法四：利用名人效应

由于名人是公众心目中的偶像，为世人所景仰，所以有着一呼百应的作用。中国自南唐兴起的缠足之风，其实也是名人效应惹的祸，南唐李后主的爱妃以绫缠足，脚小可人，于是“上有好之，下必其焉”，女人竞相仿效，一直延续到民国时期。

我国古代伯乐相马的寓言恐怕是我国最早巧借名人效应的实例了。据说有个人想卖掉一匹宝马，可没人真正识货，于是恳请伯乐前去小视一番。伯乐的前往产生了名人轰动效应，不过一天，马价就上涨了10倍。

由于名人具有的巨大市场号召力，因此许多企业视借用名人效应为迅速提升品牌知名度的一剂“良药”。

目前，飞人刘翔成为众多厂商趋之若鹜的代言明星。刘翔的品牌代言分为三级：一级价码1000万元以上，刘翔对商家的回报是出席两次活动、专门拍摄一次广告；二级价码600万元，不出席活动，不到专门的摄影点拍摄广告，可在不影响训练的情况下采拍画面；三级价码600万元以下，是只能用现有的视频摄影画面作为广告资料。即使这样高的代言费用，刘翔依然门庭若市，足见明星代言的魅力！

近年来，成功企业家个人品牌效应对自己企业品牌的影响作用日益凸显。由于成功企业家的传奇经历及个人魅力，他们的一言一行都会牵动公众的视线，所以他们本身就是企业品牌最好的形象代言人。比尔·盖茨——微软、张瑞敏——海尔、柳传志——联想、牛根生——蒙牛……这些充满感染力的企业家也让企业品牌大放异彩。

### 方法五：脍炙人口的广告语、广告歌

一个脍炙人口的广告语、一首形象生动的广告歌往往能留藏大脑多年还记忆犹新，与之相连的品牌形象自然也会历历在目，这就是脍炙人口的广告语、广告歌的魅力。

“钻石恒久远，一颗永流传”；

“味道好极了！”；

“只溶在口，不溶在手”；

“农夫山泉，有点甜”；

“维维豆奶，欢乐开怀”；

“牛奶香浓，丝般感受”；

"你拍一，我拍一，小霸王出了学习机……"

这些尘封在我们记忆里很久的广告语、广告歌，即使停播多年，今天依然耳熟能详。可见，脍炙人口的广告语、广告歌传播影响力有多大!

### 方法六：重复直到临界点

亚里士多德说："我们重复做什么，我们就变成了什么。"

一些重复性很强的广告，消费者甚至有点不厌其烦，比如：

"今年过节不收礼，收礼只收脑白金"；

"补锌请选用葡萄糖酸锌，蓝瓶的，好喝的"；

"保护嗓子请选用金嗓子喉宝"。

然而这三个产品都是国内同类产品中卖得最好的。

张瑞敏砸冰箱的故事讲了20多年了，黑发人都变成了白发人，但是他们还是天天在讲。

持续重复的宣传比创意更重要，当持续重复直到人们记忆临界点时，就会让人牢牢记住。其实广告重复投放量不足才是一种真正的浪费，就像白花钱买了2/3张船票，永远到达不了目的地。

## 案例解析　借力央视《绝对挑战》，"创佳"扩大品牌影响

创佳公司是一家以彩电研发、生产、销售为主业的多元化高科技集团公司，创建于1996年，位于著名侨乡广东省潮州市。在创业初期，创佳就采取了差异化的企业竞争策略，敏锐地将市场开发的重点投向海外，现在公司销售区域已经远及欧洲、美洲、中东、非洲、东南亚等全球40多个国家和地区。在稳固国际市场的同时，创佳又积极参与到国内彩电市场的竞争中来。

### 高美誉度、低知名度的品牌困境

创佳品牌在国内外同行业中拥有较高的美誉度。

创佳公司自成立以来，就坚持"为用户创造最佳产品，为客户提供最佳空间，为员工营造最佳环境"的企业宗旨。凭借过硬的产品质量，赢得了经销商和用户的信任，在售后服务方面，投入大量的人力、物力、财力，开通了800免费服务专线，构建了完善的售后服务体系等。创佳获得了社会与政府的广泛认同，先后荣获"商务部重点培育和发展的中国出口名牌"、"广东省著名商标"、"中国电子百强企业"、"国家质量免检产品"等荣誉称号。

然而，在当今激烈的市场竞争中，品牌要想克敌制胜，仅有品牌美誉度是不行

的，还应该加强传播推广力度，提升品牌知名度，吸引更多消费者的目光。

虽然创佳近年来也投入了大量宣传费用，在电视广告、公益活动、平面广告、终端建立等方面也下了很大工夫。然而，公司目前尚处于发展期，企业不可能进行大手笔的广告投放，因此，创佳品牌的知名度并不高。如何寻找低成本高效传播的捷径，打破创佳品牌高美誉度低知名度的品牌困境，是创佳公司面临的一个难题。

## 借力央视《绝对挑战》，提升品牌知名度

虽然国内彩电市场上多数企业都是依靠高广告投放拉动产品销售量的，然而创佳的现状决定了利用一些公关活动，更能低成本提升品牌知名度。

过去创佳公司曾经与中央电视台合办了“同一首歌走进侨乡潮州”、与中国记协合办了“‘创佳彩电杯’新世纪报纸版面编辑趋势研讨会”等大型活动，均获得了良好的社会影响。

经过慎重选择，创佳公司决定与央视《绝对挑战》栏目合作，通过电视招聘区域销售总监，在招揽优秀人才的同时，提升创佳品牌知名度。

《绝对挑战》是由中央电视台经济频道于2003年10月推出的一档具有较大影响力的、形式创新类真实电视招聘节目。自开播以来，每周已拥有6900万观众的规模（根据CSM全国测量仪数据），显示出较强的人气。

对于企业而言，能够参加《绝对挑战》节目，本身也是一种实力的检验。在集团领导的大力支持下，公司企划部门成立了项目工作小组，制订工作进程表，安排专人负责与《绝对挑战》栏目联系相关事宜。

2004年的12月份，公司正式向《绝对挑战》栏目提出合作意向，在各方积极推介的基础上，创佳依靠高品牌美誉度的实力，成功地获得了参加资格，并抢先插入了2005年2月底拍摄、5月份播放的序列。

经创佳公司与《绝对挑战》栏目组商定，外景拍摄点最终定在潮州风景和名胜古迹处进行，创佳彩电和潮州文化相得益彰，让观众在近1个小时的节目观看过程中，记住“潮州”、“创佳彩电”这些关键词。

创佳通过此次《绝对挑战》节目，不仅招聘到了适合的优秀人才，也很好地宣传了创佳的企业文化。创佳集团领导亲临现场录制节目，显示了创佳公司“以人为本，重视人才”的企业文化特点，创佳领导（主考官）良好的职业素养和个性化的提问，使得观众们在关注选手的同时也开始关注“创佳人”。

## 2.5万换取100万，收效非凡

此次与《绝对挑战》栏目合作，创佳公司支出的所有费用为2.5万元（包括央视人员、选手的差旅费用，公司人员的差旅费用），按照央视2套每5秒0.5万元的广告收费标准计算，仅《绝对挑战》栏目中的连续4次的招聘岗位介绍

(一次一分钟，总计播放16次)，折算成广告费用也达100多万元，2.5万换取100万，创佳品牌收到了非凡的宣传效果。

《绝对挑战》节目播出之后，创佳总共为全国各地的代理商刻录节目光盘10000多盘，在创佳彩电终端销售专卖店里播放，将近1个小时的节目资源发挥到最大功效。在经过一个多月的大力推广后，各地的消费需求明显增长，广大经销商纷纷要求增加订货。一时间创佳彩电形成了供不应求的局面，在国内市场的总销量较同期增长了40%多。《绝对挑战》节目在终端的复制传播，也引来了许多原来对创佳品牌不甚了解的观众的关注，最大限度地扩大了创佳的潜在消费群。据统计，在《绝对挑战》节目播出以后，创佳网站的月均点击率也较以往增加了128%。

《绝对挑战》节目播出后，集团张副总带队巡回各地召开区域经销商会议，再次强化了广大经销商对创佳参加《绝对挑战》事件的记忆，创佳品牌在经销商心中的影响力也得到了有力提升，大大促进了创佳终端销售业绩的提高。

创佳此次通过《绝对挑战》节目招聘了一号选手吴潮杰为区域销售总监，公司让其负责创佳一级市场暨各大卖场的拓展工作。吴潮杰依靠自身良好的职业素养，利用《绝对挑战》带来的影响力，顺利地与家乐福、乐购、易初莲花等国际著名卖场签订了合作协议，有力地扩大了创佳在一级市场的份额。

《绝对挑战》节目播出后，还带来了一系列后续节目活动，如“绝对挑战跟踪采访”、“2005CCTV中国年度雇主评选”、智联招聘网特设的《好雇主说话》等活动，为创佳免费提供了一次又一次的展示品牌形象的机会。

创佳公司以2.5万元的投入，树立了企业的形象，大大地提升了创佳品牌的知名度，成为品牌传播的佳话！

## 第三节 提升品质认可度

*品质如同品牌大厦的地基，如果地基不牢，品牌大厦则会岌岌可危。*

电影《疯狂的石头》里道哥有一句经典台词“素质，注意你的素质！”是呀，生活中素质不高的人很难赢得他人的尊重和喜爱。

品牌也是同样的道理，品牌的高知名度固然能吸引消费者的目光，然而要赢得消费者的最终青睐还需要对品质的认可。

### 一、品质认可度的内涵

品质认可度是指消费者对一个品牌的产品或服务在品质上的整体印象与认同

程度。品质认可度是消费者对品牌品质的一种主观判断，如认为IBM笔记本电脑耐用度高不怕摔，日产汽车节省油，劳力士表工艺精湛、典雅尊贵等。

众所周知“品质是企业的生命”。然而，在品牌建设过程中，许多人对品质的认识还不够全面，以为品质就是产品质量，其实，品质的内涵又何止于此呢？

品质内涵包括两个方面：质量和品位。质量主要是指产品或服务的功能、特点、耐用度、服务度、可信度等。品位主要是指产品或服务的档次（如高端定位）、精致性（如质感、工艺等）、时尚美观的外观设计及厂商的品牌言行等。

我们不难发现，许多品牌的产品质量过硬，但就是给人感觉“太土、没档次”。比如捷达汽车的技术和质量都很过硬，性价比也不错，但就是土气的形象几十年不变，令其品位形象在许多消费者心中打了折扣。相反，奥迪 A6 比奥迪 100 增加了一些有限的技术含量，然而价格却贵了 40%，流线型的外观设计是奥迪 A6 身价倍增的主要原因。

对消费者来说，品质是一种认同、一种体验，一个产品的品质本身是一回事，消费者如何认为你又是另外一回事。消费者毕竟不是专家，可以对产品品质进行具体的量化评判，他们往往是根据接收到的种种信息，做出一种主观的臆断。因此，企业固然需要在产品品质上苦练真功，同时也需要通过有效的营销传播手段，把你的真功夫转化成消费者可以接受的品质认可度，形成企业的品牌资产。

## 二、品质认可度的价值

较高的品质认可度如同一个资源丰富的宝藏，会赢得消费者的信赖和忠诚，为企业带来丰厚的利益回报。

### 1. 赢得消费者的重复购买

“金玉其外，败絮其中”只能欺骗一时，不能风光一世。品牌 80% 的利润来自 20% 的消费者的重复购买，而消费者重复购买的最大原动力就是对一个产品品质的认可，品质认可度低的品牌也许会被消费者试用一下，但最终还是会被无情地抛弃。

### 2. 形成品牌较高溢价能力

品质优秀的品牌，其价格大大高于一般同类品牌，还是会赢得消费者的追捧。较高的品质认可度能形成品牌较高的溢价能力，带给企业盈利的良性循环。例如，海尔作为国内家电的第一品牌，其品质认可度非常高，海尔产品的定价要比国内其他同类产品高 10% 左右，消费者还是愿意购买。

### 3. 形成差异化经营

目前，中国企业同质化竞争现象日益严重，品牌要想脱颖而出，寻找个性化与差异点，与竞争品牌形成鲜明的区隔至关重要。如果一个品牌具有品质上的优势，而这一优势又恰恰是消费者购买考虑的重要要素，那么这一品质优势就能成为品牌竞争的诉求点。例如，海信是国内变频空调技术的领先者，在消费者眼里，变频意味着更高的品质，因此，海信空调也树立了“变频专家”的形象。

### 4. 提高品牌延伸力

消费者往往有“爱屋及乌”的心理，这也为一个品牌的延伸提供了可能性。如果一个品牌在某一市场上有很高的品质认可度，那么消费者的信赖和好感就会转嫁到该品牌延伸的其他产品上，这无疑为新产品上市打开了一条绿色通道。可见，较高的品牌认可度能大大提高品牌的延伸力。

## 三、提升品质认可度的方法

“梅花香自苦寒来。”品质认可度是驱动消费者购买进而赢得市场的重要因素，然而品质认可度的提升却并非一朝一夕之功，它需要企业精益求精，苦练内功，也需要企业沟通传播，吐露芬芳。

### 方法一：执行严格的品质控制标准

曾经有这样一句名言：“品质没有折扣。”

看看下面这个真实的故事就会对这句话有更深刻的理解。第二次世界大战中期，当时美国降落伞制造商经过不懈的努力，降落伞的安全合格率已经达到了99.9%，应该说这个标准对于今天的许多企业来说也是很难达到的。然而美国空军却对该降落伞制造商说“不!”他们所要求的降落伞安全合格率必须达到100%。于是降落伞制造商的总经理专程前往空军有关部门商讨此事，看是否能有办法降低这个标准，因为厂商认为，能够达到这个标准几乎不可能。后来，空军提出改变降落伞的检查方法，那就是从厂商交货的降落伞中随机挑出一个，让厂商负责人装备上身后，亲自从飞行中的机身跳下去。这个方法实施后，降落伞的安全合格率立刻变成100%。

可见，企业对产品品质的要求不能有半点“差不多”的心态，要生产高品质的产品必须要有严格甚至苛刻的高标准要求。

风靡全球的麦当劳，在世界121个国家中拥有3万家店，每天吸引着世界上4500万人就餐。麦当劳为了确保汉堡包的鲜美可口，在品质上下足了工夫，精益求精简直到了苛求的程度：

面包的直径均为17厘米，因为这个尺寸入口最美；

面包中的气泡全部为0.5厘米，因为这种尺寸味道最佳；

对牛肉食品的品质检查有40多项内容，从不懈怠；

肉饼的成分很有讲究，必须由83%的肩肉与17%的五花肉混制而成；

牛肉饼重量在45克时其边际效益达到最大值；

汉堡包从制作到出炉时间严格控制在5秒钟；

一个汉堡包净重1.8盎司，其中洋葱的重量为0.25盎司；

汉堡包出炉后超过10分钟，薯条炸好后超过7分钟，一律不准再卖给顾客；

汉堡包饼面上若有人工手压的轻微痕迹，一律不准出售；

与汉堡包一起卖出的可口可乐必须是4℃，因为这个温度最可口；

柜台高度为92厘米，因为这个高度绝大多数顾客付账取物时感觉最方便；

不让顾客在柜台边等候30秒以上，因为这是人与人对话时产生焦虑的临界点……

在麦当劳，从原料供应到产品售出，任何行动都必须遵循严格统一的标准、规程、时间和方法。可以说对品质的精益求精铸就了麦当劳所向披靡的品牌力。

### 方法二：产品不断创新

消费者的内心总是渴求更新、更好的产品，所以一个产品如果在研发上多年一成不变，不能与时俱进更新换代，就会被消费者感到陈旧、过时而抛弃。

看看国际医药集团每年的科研开发经费，我们不难看出它们的创新意识。辉瑞每年研发经费25亿美元，葛兰素史克每年55亿美元，诺华每年32亿美元。

2007年9月27日，IBM面向中国企业，发布了一份主题为“产品创新：用科学创造商业价值的艺术”的最新白皮书，提出了企业实现产品创新所需要的六项基本能力。

在这份白皮书中，IBM阐述了产品创新对于企业发展的重要意义，以及在中国进行产品创新所面临的关键挑战，并提出了一套产品创新管理框架，包括整合产品开发（IPD）、业务和产品规划、新兴商业机遇（EBO）以及研究/技术管理。IBM还提出了企业实现产品创新所需要的六项基本能力：市场规划、研发管道管理、产品组合管理、开发平台管理、协作战略以及创新的文化。这六项创新能力可以相互补充，相互强化，从而使企业获得最大化的收益。

### 方法三：严守品质承诺

“车无辕不行，人无信不立。”假的东西在一定时间内确实能蒙蔽许多人，然而假的终究是假的，经不起时间的考验。

一个品牌对给予消费者的种种品质承诺一定要做到“言必信，行必果”，一旦承诺就一定要兑现。要知道承诺越重，消费者的期待就越高，如果最终不能兑现，结果只能自贬形象。

许多产品为了促进销售，承诺了许多不实功效，俨然像包治百病的灵丹妙药，然而企业每一次自以为聪明的“投机”行为，最终都让自己面临严重的信誉危机，甚至导致企业覆灭。

“欧典”曾是国内知名的地板品牌，欧典精美的企业简介册上赫然写着：德国欧典创建于1903年，在欧洲拥有1个研发中心5个生产基地，在德国巴伐利亚州罗森海姆市拥有占地超过50万平方米的办公区和生产厂区，产品行销全球80多个国家。此外，欧典还号称在北京通州工业区建立了合资地板加工基地。据欧典公司称，欧典敢于卖出2008元/平方米的价格，最主要的原因就是德国制造。在2005年度北京人喜爱的消费品品牌评比中，欧典被评为家居类北京人喜爱的地板品牌。

然而有知情人士向“3·15”反映，欧典来自德国纯属欺诈。经调查发现，德国巴伐利亚州罗森海姆市并没有一家叫欧典的企业，不仅德国欧典不存在，而且在国内有关工商部门也没发现“欧典（中国）有限公司”注册过。欧典商标的注册人是北京欧德装饰材料有限公司，该公司成立于1998年，欧典商标是2000年才正式注册的。另外，记者在通州工业区唯一的地板生产企业——吉林森工北京分公司生产车间发现，欧典地板正在这里进行生产和包装，但产品标签上却没有标注真实的生产厂家吉林森工。

2006年3月15日的央视“3·15”晚会，向全国消费者揭开了这个内幕：“号称行销全球80多个国家，源自德国，著名品牌地板德国欧典总部其实根本不存在，存在严重欺诈消费者行为。”

### 方法四：建立“顾客回声系统”（ECHO）

“顾客回声系统”主要是企业用来倾听消费者的心声，包括投诉、抱怨、疑问、建议等，然后根据消费者的这些意见和建议进行产品或服务的不断改进，使其最大限度地贴近消费者的需求。同时“顾客回声系统”还解答消费者的咨询，给他们提供最迅速正确的产品及行业信息。

据调研显示：如果顾客投诉得到企业有效解决，54%～70%的投诉者还会再一次同公司合作，如果顾客投诉得到很快解决，这个数字还会上升到95%。而且，如果顾客投诉得到了满意的解决，投诉者还会把处理情况告诉周围的人。

安利（中国）公司专门设立了产品咨询服务系统，用以倾听来自顾客的声音。通过这个系统，消费者对产品的任何投诉、查询和建议均能及时反馈给市场部、技术部、质管部和研发中心等，公司对消费者的投诉或建议给予及时反馈，并制订出有效的改革方案，满足消费者的多元化需求。

里兹酒店是服务行业唯一一家两度获得波多里奇国家质量奖的酒店集团，里兹酒店有一条著名的黄金管理定律1:10:100，意思是说若在顾客提出问题当天就及时解决的，所需要的成本为 1 元，拖到第二天解决则需 10 元，拖到第三天就可能需要 100 元。在里兹酒店，任何一个雇员都可以用 2000 美元的最高限额来及时处理一个顾客提出的问题或抱怨，正因为如此，在一次独立调查中，99% 的顾客对里兹酒店的服务表示满意，80% 的顾客表示“非常满意”。

### 方法五：善于传播推广

前面说过，一个产品的品质本身是一回事，消费者如何认知你又是另外一回事。许多产品品质标准比较复杂，不是一两句话能讲清楚的，消费者毕竟不是业内专家，不可能迅速对产品品质进行客观细致的量化评判。因此，这就需要企业借助有效的传播手段，把自己的“真金白银”转化成消费者的感知和认可。

例如，企业可以挖掘提炼在生产管理过程中发生的生动有趣的“品质管理故事”，并积极广泛传播；可以借助新闻媒体从第三方公正的角度进行宣传，不仅费用低而且更容易取信于消费者；当然还可以通过具有震撼力的广告，以小见大，以难见精，以严见情地宣传产品品质。

许多消费者对海尔品质的认可和海尔那些经典传奇的品牌故事密不可分，如海尔生产不合格产品的工人要站在“S 脚印”上对全体同仁悔过的故事，海尔人砸毁 76 台不合格冰箱的故事等，这些传奇故事的传播，使海尔的产品品质得到消费者极大的认可。

富康轿车在广告中这样宣传自己的品质：50000 次车门开启耐久性试验、288 小时整车曝晒考验、4000 公斤轮侧冲击测试、3800 多个焊点逐一撕裂检验、座椅总成 30 万次耐久性试验等，这些细节的一一展示，无不在诠释富康轿车优良的品质。

### 方法六：借助权威之光

通过权威的品质认证机构的认证，或权威人士的认可，可以借力打力，迅速提升品牌在消费者心中的品质认可度。

2006 年 6 月，瑞星软件通过了英国西海岸实验室（West Coast Labs）的全部反病毒认证，短短数月后又通过德国 TUV 认证，具有 130 多年历史的 TUV 是世界上应用范围最广的第三方认证之一，为电气、电子和机器产品等产品提供质量和安全保证。国产软件进军国际市场的最大壁垒，是欧美发达国家和地区对中国科技产品的品质认可度低，瑞星公司为了通过国际认证，打开国际市场，付出了艰辛的努力，连续通过两大权威认证，则意味着瑞星产品获得了进军欧洲市场的通行证，这无疑使瑞星公司的市场空间大大拓宽。

1999 年 12 月中旬，GE 家电集团同河南新飞电器有限公司签署了一个长期采购新飞 50 升小型冰箱的协议，这是 GE 首次购买中国冰箱出口到美国。新飞和 GE 这样的国际知名公司合作，使人刮目相看，也使新飞品牌在国内外的影响力大增。

## 案例解析 三星笔记本赢在品质

笔记本电脑行业近几年竞争日趋激烈，2007 年更是群雄鏖战，烽烟四起，各大厂家营销手段层出不穷。在众多品牌令人眼花缭乱的概念牌中，三星笔记本电脑凭借多年努力建立的优良品质、雄厚技术及品牌综合实力，在 2007 年的热卖中大火特火了一把。

众所周知品质是品牌的基石，有一流的品质，才会有广阔的市场。特别是笔记本电脑市场，消费者选购时不光看外观设计，更看重品牌的综合实力和产品的品质。

在琳琅满目的笔记本电脑品牌中，三星笔记本素来以外观时尚、美观大方而被消费者所认知。其实，在楚楚动人的外衣下，三星笔记本同样千锤百炼了过硬的内在品质，就像一位内外兼修的女子，外表美丽，兰心蕙质。

为了铸就一流的品质，三星笔记本对质量的要求几乎到了苛刻的程度。

三星笔记本共有 17 项严格的质量测试环节，从温度、环境到外力施压等。仅环境这一项测试就包括高低温、静电、电学、耐热等。三星笔记本可以在零下 32℃到零上 60℃之间游刃有余，在 30% ~95%RH 干湿度间安然无恙。耐热测试更是确保笔记本设计完全符合散热性能的重要环节，一张红外热量分布图就可精确测算到测量组件和机器表面的温度的详细数值。也就是说，所有因为高温出现的散热问题在这个环节的测试就可以解决掉，这也是三星笔记本外观轻薄却还能保持不错的散热的秘密所在。

在 8000 伏的电压抗静电性能测试和电学 Surge（浪涌试验）下，三星笔记本在静电或各类瞬时变化的电接触下仍然毫发未伤。

三星笔记本对于意外跌落、晃动、振动、转动、扭曲变形等外力测试也几近苛刻。其中以承受 20000 次的屏幕开合的转动轴实验测试，用来确保铰链与液晶屏幕和底盘的连接设计，对于笔记本屏幕背部的抗压测试以加载 10 千克力，每点 5000 次的频率进行严酷的测试，对于按键，以 500 万次的反复键盘操作测试寿命。更令人叫绝的是扭曲变形测试，通过模仿一只手将底座提起，强迫屏幕盖扭转。经过以上这些近乎“残酷”级别的质量测试，三星笔记本依然完好无损。

三星笔记本除了质量控制精益求精，笔记本组件的技术水准也令人叹为观止。

笔记本核心的部件主要为硬盘、内存、处理器、液晶面板等。对于三星笔记本来说，除了处理器在整个笔记本行业都由上游厂商所垄断，其余的硬盘、液晶面板、内存，甚至光驱都是自主研发、自主设计、自主制造。其中硬盘和液晶单项技术在业内更是处于领先地位，三星新研发的闪存混合存储技术在行业内名列前茅，高速的闪存不仅能缩短硬盘的延迟时间，同时还可以降低硬盘的整体功耗。三星液晶的技术在全球范围内也处于领先，液晶显示屏连续多年获得“消费者满意度最高”的产品称号。

为了关注用户的健康，三星笔记本研发了键盘银离子杀菌技术。另外，三星笔记本还成功研制了闪存硬盘和燃料电池技术，燃料电池具有更大的容量且更加安全，无须充电，只要不断添加燃料，就可以给笔记本提供源源不断的动力。这项技术虽然还没有实际运用到笔记本上，但三星笔记本永无止境的创新精神令人敬佩。

笔记本电脑过硬的品质和领先的技术是消费者选择的主要因素，然而，个性、时尚的外观设计也具有很大吸引力。要有丰富的内涵，也要有优雅的外表。

三星笔记本在外观设计方面，当属业内一枝独秀。三星笔记本汇集了一流的工程师、设计师和行销师，通过自由式的讨论，设计人员迸发出创造的灵感和奇思妙想，一些独特新颖的优秀产品就应运而生。同时三星笔记本注重洞悉消费者的心理需求，使款款设计都贴近消费者内心。正因为如此，三星笔记本不断推出时尚、个性的产品，2007 年三星笔记本推出的新酷黑和音色系列笔记本更是获得了消费者的好评。

精益求精，不断进取的精神铸就了三星笔记本内外兼修的品质，三星笔记本就像“挑战自我”的极限高手，不断攀登！

## 案例解析　解读《安利品质宣言》

铸造一个卓越品牌，需要有效的传播，更需要优良的品质。安利早在创业时期，两位创始人就将奉献优质产品、塑造高品质生活作为安利的品质理念写入了《安利品质宣言》，诚如《安利品质宣言》所述：“安利品质，使顾客从充满竞争的品牌世界中选择安利产品。”

下面几个安利的小故事，也许能让我们更好地解读《安利品质宣言》，领悟安利产品品质的真谛。

### 纽崔莱厂房的空气洁净度达到了 10 万级

保健食品 GMP 审查的空气洁净度要求为 30 万级，2003 年 10 月，安利（中国）在 GMP 审查中，营养保健食品和化妆品的配料和罐装车间的空气洁净度达到了 10 万级，远远高于 GMP 的要求。为了达到 10 万级的空气洁净度，输送到厂房的空气均需要经过高效空气过滤器过滤，并且保证厂房内 15 次 / 小时的换气数，同时保证厂房内的空气调节和洁净系统常年 24 小时运作，以确保空气质量。

### 纽崔莱儿童饮品的口味由孩子们说了算

安利（中国）为了解决天然、营养和口感三者之间的矛盾，让纽崔莱儿童饮品更受孩子们的喜爱，科研人员进行了详尽的市场调研。他们专门针对中国儿童进行了口感需求试验，筛选出最佳配方，并特邀 2～14 岁中国儿童亲自参加了口味测试。孩子们在五种天然植物香料中，对草莓味最为喜爱，于是公司最终选定了草莓香型为儿童高蛋白饮品系列的第一种天然口味香型。

### 纽崔莱农场的针叶樱桃还未成熟就要采摘

纽崔莱创始人卡尔·宏邦先生种植原料的基本精神是：用最贴近大自然的方法，在最合适的土壤上，在最有营养价值的时期，收取最有营养的部分。这一精神在纽崔莱农场得以发扬光大。

樱桃营养价值最高的时节并非成熟期，而是在其成熟前的青果期。因此，作为纽崔莱复合维生素 C 片的重要原料，针叶樱桃均在青绿苦涩时被全面采摘，此时其天然维生素 C 的含量最高，约为同重量的橙维生素 C 含量的 25 倍。

### 雅姿生产线停机超 8 小时必须清洗消毒

雅姿美容化妆品生产线的卫生标准要求非常高。因为雅姿美容化妆系列产品许多是液态或流质的，便于肌肤吸收，然而残留在设备上的产品液体极易滋生细菌，为了严把产品卫生关，雅姿生产线一旦停机超过 8 个小时，所有机器设备与产品有接触的部位都必须全部清洗消毒之后才能重新开机生产。

### 安利生产用水经过 10 道净化处理

纽崔莱营养保健食品、雅姿美容化妆品、个人护理系列产品的生产用水均需经 10 道净化处理才能进入生产程序，其控制指标远严于饮用纯净水国家卫生标准规定的限值。公司为了确保生产用水的纯净度，引进了精密的“反渗透—电渗析”水处理设备。此外，公司为了有效净化工厂废水中的污染物质，还投巨资兴建了污水处理系统，严防对公共环境的污染。

### 产品填充包装线上安装“电眼”监控

2003 年 12 月，安利公司获得 ISO9001：2000 质量管理体系和 ISO14001：1996 环境管理体系两大认证，这和安利公司严格的产品质量监控密不可分。

安利公司的生产线上除了设定专门的线上质检员监控产品质量外，还特别在产品填充包装线上安装“重量和金属自动检测设备”（俗称“电眼”），严格监控产品的重量和防止异物混入。

其实“电眼”也只是生产环节中众多的品质监测点之一，从混料到半成品阶段，质检人员会取样测试功效成分，罐装过程还需定时抽样进行微生物检测，包括对生产线上的自动检测设备监控和包装工序中的取样检验等，通过高密度的品质监测点严把产品质量关。

### 工厂的原料罐打磨得光可鉴人

安利（中国）工厂所有的原料罐、混合罐及产品储罐均为专门定造，这些罐体采用316L卫生级不锈钢制成，表面打磨光滑，光可鉴人。锃亮洁净的罐体耐腐蚀性强，能够控制细菌滋生，其卫生指标均达到了药品生产水平。

### 临床细菌检测仪被用于安利的工业检测中

安利公司将自动细菌检测仪搬进了工厂的微生物实验室，专门进行安利产品细菌样本的自动检测与分析。在国外，自动细菌检测仪主要被用于医院进行临床检验，这台机器能够确保72小时内自动检测并得出分析结果，目前国内仅此一台。

安利（中国）各大实验室内荟萃了众多高端先进的精良设备和高端科研人才。2005年12月，安利（中国）质管实验室在同行业中率先获得中国合格评定国家认可委员会（CNAS）颁发的证书，成为国家认可实验室。

### 建造库位众多的恒温恒湿空调仓

安利（中国）公司在占地40000平方米的物流中心，特别建造了恒温恒湿空调仓，库位超过10000个，专门存储对温度湿度敏感的各种物料和成品。仓内温度常年控制在20～25℃，并配以强力通风系统，营造出一个理想的存放环境，避免因环境因素而影响物料的稳定性和成品的功效。此外，公司还配备了温控专柜用以运输纽崔莱小麦胚芽油营养胶囊、天然类胡萝卜素胶囊等要求恒温的产品。

### 要成为安利的供应商必须“过五关斩六将”

安利的每一位供应商在选用前，均需通过严格的供应商资格评定，评定程序包括质量管理体系评估、样品和技术能力评估、商务评估，获得由质管部、研发中心和采购部组成的供应商管理团队成员的一致认可。通过评定后，供应商管理团队定期对供应商作绩效评分和年度审核，推动供应商持续改进质量和服务。持续表现不良的供应商会被淘汰。

有人戏称，要成为安利的合格供应商必得“过五关斩六将”，完善的供应商管理体系，确保了安利产品原材料和包装部件的高品质稳定性。

### 安利获邀加入多个国家标准化委员会

安利（中国）凭借奉献优质产品的经营理念以及规范成熟的质量体系，获邀加入了多个国家标准化委员会，积极为国家标准化工作建言献策。安利（中国）先后获邀加入了全国食品工业标准化技术委员会、全国食品卫生标准化委员会、全国食品添加剂标准化委员会、全国表面活性剂洗涤用品标准化技术委员会、化妆品卫生标准化委员会等多个标准化委员会。这些委员会是国家制定、审核、批准国家相关标准的最高权威组织，只有少数为此标准化工作作出贡献的大型公司才在被邀之列。

通过安利的几个小故事，我们能感受到安利对产品品质精益求精的严谨态度，也能解读到《安利品质宣言》的精髓。

## 第四节　培育品牌忠诚度

一个成功品牌的利润，有80%来自20%的忠诚消费者（即回头客），争取一个新顾客比维持一个老顾客要多花去20倍的成本。

《哈佛商业评论》研究显示：约2/3的客户离去多半是因为商家对他们关心不够，只要再多留住5%的客户，公司利润就能提高大约100%。

可见，培育品牌忠诚度，对于一个企业的生存发展是多么重要！

### 一、品牌忠诚度的内涵

品牌忠诚度是体现消费者在一段时间内，对于特定品牌所保持的选择偏好与重复性购买的程度。它是一种心理（评估和决策）过程，也是一种行为（实际购买）过程。品牌忠诚度的形成与产品品质、品牌知名度、品牌联想有关，也与消费者自身的个性经历有关。

品牌忠诚度是品牌资产的核心，也是企业占领市场、获取利润的根本。在国外，甚至有人建议将品牌忠诚度与商誉等一并纳入企业资产评估之中。

#### （一）品牌忠诚度的三个层次

品牌忠诚度由低到高可划分为三个层次：

**1. 品牌满意**

这一层次的消费者对某一品牌感到满意认可，在购物时也会将该品牌纳入候选名单。然而品牌满意并不意味着消费者一定会再次购买，如果竞争品牌更具诱惑力，如赠品促销、价格优惠、广告宣传等，那么消费者也可能投入竞争品牌的怀抱。

### 2. 品牌偏好

这一层次的消费者对某一品牌感到相当满意，会把该品牌作为购物首选，而且已经产生了转换另一个新品牌的风险忧虑。然而该品牌如果出现品质、服务上的瑕疵，也会让消费者伤心离去。

### 3. 品牌热爱

当消费者对某一品牌满意好感强烈到一定程度时，就到了品牌热爱层次。品牌热爱是品牌忠诚的最高境界，该品牌可能成为消费者情感的寄托、身份的象征，消费者为拥有这个品牌愿意支付更高的价格，即使该品牌出现一些瑕疵，消费者也会心存宽容，不离不弃。例如，可口可乐历史上也曾出现过饮用者中毒等危机事件，然而它并没有被消费者遗弃，如今依然大受欢迎。

## （二）品牌忠诚度的衡量指标

品牌忠诚度的高低可以用以下指标衡量：

### 1. 消费者重复购买次数

消费者在一定时期内重复购买某一品牌产品的次数越多，则说明对这一品牌的忠诚度越高，反之则越低。当然，不同产品的特性、用途等不同，衡量重复购买次数也应区别对待，不可一概而论。

### 2. 消费者购物挑选时间

消费者购物时常常会货比三家，精挑细选，如果选中某一品牌所需时间越短，则说明对这一品牌的忠诚度越高，反之则越低。如果消费者购物时指牌购买，毫不犹豫，则说明消费者对该品牌达到了热爱的程度。当然衡量购物挑选时间，也应考虑不同产品的实际情况。

### 3. 消费者对价格的敏感程度

消费者对于产品价格的波动往往比较敏感，然而对于自己喜爱的品牌产品价格波动时，消费者表现出的敏感程度则较低，承受力也强，而对于不喜爱的品牌产品价格波动，消费者就会非常敏感。因此，通过消费者对价格波动的敏感程度也可以衡量他们对某一品牌的忠诚度。例如，茅台酒 2006 年年初提价 15%，然而价格上涨之后，茅台酒的销量不但没有疲软，反而呈增长势头，销量增速达 17.46%，这也说明消费者对于茅台酒非常喜爱，对其价格波动已经视而不见了。

### 4. 消费者对品牌危机的承受能力

品牌在自己漫长的发展历程中，往往会遭遇许多意想不到的危机事件，如质量事故、负面报道等，即使强势品牌也不例外。然而消费者对于自己喜爱的品牌往往会心存宽容，包容它的一时过错，而对于印象一般或不喜欢的品牌，则会非常反感，甚至打入“冷宫”。

艾瑞市场咨询发布的《2006 年第一期网民电脑品牌研究报告》显示，在笔记本电脑品牌忠诚度方面，IBM、索尼、华硕、戴尔、联想名列前五位。

## 二、品牌忠诚度的价值

“谁拥有了消费者的心，谁就占有了市场。”

斯堪的纳维亚航空公司的理念是“公司最重要的资产不是多少架价值上亿元的飞机而是有多少乘坐后感到愉悦的乘客，并且下次再来购买斯堪的纳维亚航空公司的机票”。

实践证明，在当今买方市场条件下，品牌忠诚度才是企业最宝贵、最稳定的资产，也是企业稳定利润的根本源泉，品牌忠诚度的价值具体表现在以下几方面：

### 1. 企业稳定利润的根本源泉

美国经济学家萨塞和赖克尔德经过长期深入调研发现，品牌忠诚度在决定企业利润方面比市场占有率更为重要，当忠诚度上升 5% 时，利润就会上升 25% ~ 85%。而且，忠诚的顾客愿意为其所接受的产品和服务支付较高的价格，并能向其他消费者推荐企业的产品和服务。

另据调查显示，一个成功品牌的利润，有 80% 来自 20% 的忠诚消费者（即回头客），争取一个新顾客比维持一个老顾客要多花去 20 倍的成本。

可见，品牌忠诚度不仅可以创造企业长期稳定的利润，而且还可以大大降低推广传播的成本，它是企业最宝贵、最稳定的资产。

然而，现实中，我们许多企业把大量的精力放在追逐新客户上，而对于如何维护老客户，获取他们的忠诚却漠不关心，这样的品牌生命力十分脆弱。要知道，企业心系消费者，赢得他们的忠诚，反过来消费者反复购买也会为企业带来源源不断的利润；相反，如果企业漠视消费者的感受，那么消费者面对琳琅满目的商品很容易移情别恋，选择其他竞争品牌。

因此，一个有远见卓识的企业应该高度重视品牌忠诚度的培育，把顾客的忠诚看做自己企业生存发展的根本。

### 2. 口碑效应吸引新的消费者

“最好的广告就是忠诚的顾客。”

据调研发现，一个消费者满意会引发 8 笔潜在的生意，而一个消费者不满意会影响 25 个人的购买意愿。

一个忠诚的消费者本身其实就是一个活广告，他常常会发自内心地向周围的亲朋好友介绍推荐自己喜爱的品牌，而这种真实感受的推荐效果往往优于广告的“自卖自夸”，容易赢得他人的信任，自然会吸引一批新的消费者。

**3. 增强品牌抗风险能力**

可口可乐先后曾经七次遭遇过灭顶之灾，但如今依然岿然不动。“苏丹红”事件也曾给肯德基带来危机，但如今肯德基里依然座无虚席。相反，三株集团因为一桩诉讼官司，所有的辉煌立即灰飞烟灭，很快陷入绝境。

同样是遭遇风险危机，为什么结局却是天壤之别？其实，答案也很简单，可口可乐、肯德基等国际品牌在中国经过多年的培育，与消费者建立了较深的情感交流，已经深入人心，拥有很高的品牌忠诚度，消费者对自己钟情的品牌，往往能原谅它的一些过失。而三株等这些巨额广告费打造出来的本土名牌，在消费者心中就像“暴发户”，缺少品牌忠诚度，所以一遇不利的突发事件，便很难幸免于难。

当今商场，危机四伏。提升品牌忠诚度，建立同消费者的情感沟通，是品牌增强抗风险能力的不二法则。

**4. 品牌延伸扩张的原动力**

消费者对某个品牌的忠诚往往也会因为“爱屋及乌”的心理，在短期内延伸到品牌开发的新产品中去。借助消费者对原品牌的忠诚，无异于为品牌延伸打开了一条快速占领市场的“绿色通道”，使延伸产品迅速获得消费者的认可和信任。所以说品牌忠诚度是品牌延伸扩张的原动力。

当然品牌忠诚度并不是可以随意延伸的，必须遵循品牌延伸的法则。不当延伸，过度透支往往也会殃及自身。

## 三、品牌忠诚度认知的误区

品牌忠诚度是反映品牌竞争力的重要指标之一，也是企业长期利润的根本源泉，然而，许多企业对于品牌忠诚度的内涵和外延缺乏透彻的理解，存在着认知上的误区。

### 误区一：提升品牌忠诚度是一个技术手段

不可否认，提升品牌忠诚度需要实施一定的技术手段，如美观的包装设计、积分奖励计划、数据库营销、会员俱乐部等。然而，这些技术手段都是操作层面上的，而提升品牌忠诚度实质上是企业的真诚付出，是企业一切以消费者为中心的心态。

其实品牌经营中也充盈着古人“舍得”的睿智哲思，企业要想获得消费者的忠诚，必须首先付出自己的忠诚。一个企业不论你经营的是什么，都必须用真诚来塑造你的品牌，用心打动消费者，逐渐赢得消费者对品牌的认同和好感，最终形成对品牌的忠诚度。

例如，我国汶川大地震后，王老吉第一时间捐款1亿元，一个小小的饮料企业并不像地产巨头那样财大气粗，需要卖出多少罐饮料才能挣回1亿元呀！王老吉的真情实意打动了中国人，网上一个名为“‘封杀’王老吉”的帖子得到了广大网友的热捧，帖子号召大家“买光超市的王老吉，上一罐买一罐”。还有网友说：“喝王老吉不仅仅会甜在嘴里而且还会甜进心里！”“每次喝王老吉，心中有一种莫名的感动！”……据说，在广州某职高校内小卖部，4月份一个整月才卖了两三箱王老吉，但单5月19、20日这两天，王老吉就卖断货了。上海徐汇区的一个家庭购物批发部也称，近日王老吉的电话预订量倍增，一天有10~12箱的销售量。

当然，王老吉的捐款善举并非要获得利益上的回报，然而正是这份沉甸甸的爱心付出换来了无数消费者的热爱和忠诚。正像一个网友留言：“支持王老吉！你的付出一定会有回报的，虽然你捐款的目的并不在此，但群众的眼睛是雪亮的！”

还有这样一个事例：有一天，美国亨利食品加工公司总经理亨利·霍金士在公司化验报告中得知，本企业所用的添加剂有毒性，虽然毒性不大，但长期服用对人体有害。如果食品中去掉添加剂，则会影响食品的新鲜度，失去大批顾客；如果继续使用添加剂生产有毒性的食品，他又于心不忍；如果把实情公布于众，必会遭到同行业的排挤，导致企业难以立足。思前想后，最终亨利·霍金士决定，把真相公布于众，宁愿自己受打击，也不愿意让消费者继续受害。

果然不出所料，亨利·霍金士把化验结果一公布，立即就遭到了同行们强烈的反击，说他别有用心，哗众取宠，化验结果有误。三年的打击使亨利公司几乎面临倒闭，然而就在此时，他们的化验结果最终得到了确认，亨利勇于承担责任的精神也深深感动了消费者，亨利品牌的美誉度大幅上升，亨利企业的规模迅速扩大，短短几年时间，就成为美国最大的食品加工企业之一。

相反，失信于消费者的品牌也必将失去消费者的忠诚，即使大品牌也不例外。比如，戴尔在“报价门”事件中的行为，让消费者对戴尔的忠诚度降到了最低点。2008年2月17日，戴尔公司在其中国网站展开XPS420的促销活动，其中一款戴尔27英寸显示器原价为7599元，却以订购价2515元销售，由此引来上万网友的抢购。但后来戴尔声称是网站报价出了故障，对提交订单的消费者提供优惠1500元的报价，但不少提交订单的消费者坚持要求戴尔公司以订购价销售产品。戴尔不履行承诺，企业的诚信度让人失望，戴尔“涨价”处理的结果使戴尔品牌“降价”了。

### 误区二：低价促销能提高品牌忠诚度

许多企业认为，要想赢得消费者的满意，留住顾客的芳心，价格优惠是关键，因此中国市场上“价格战”的硝烟到处弥漫。

不可否认，降价、打折、促销等营销手段确实能在短时间内提高产品的销售额，扩大市场份额，然而，这种“短视”的做法很难挽留住一个消费者的心。

低价促销只能为品牌引来一些“逐利顾客”，而这些顾客只会对“几毛钱一只蛋”感兴趣，一旦缺少价格吸引力，他们马上就会移情别恋。事实上，低价促销不仅不能提升消费者的忠诚度，反而会失去原有忠诚消费者的心。因为许多消费者选择商品时，不仅考虑这个商品是否“经济实惠”，更注重它是否“物有所值”，一个频频低价促销的商品怎能让人确信它的价值呢？

另外，“价格战”也降低了竞争品牌进入该领域的门槛，导致市场竞争的白热化，最终造成企业无利可图。

当年海尔电视面对众多竞争品牌的“价格战”，我自岿然不动，价格大大高于其他品牌，然而这并没有影响海尔品牌的忠诚度，当许多品牌在“价格战”中心力交瘁，叫苦连天时，海尔的销售业绩却令人刮目相看。

曾经被誉为“领袖车”的红旗轿车走下了神坛，价格降到13.38万元一辆，低廉的价格换来的并不是消费者的“忠贞不渝”，相反却是销量的逐年下滑，2007年上半年，红旗品牌轿车销量不足1600台。

其实，培养品牌忠诚度的关键并不是物美价廉，而是在品牌与消费者之间建立一种强有力的联系。

《2000年顾客的眼睛》调研显示，建立品牌与消费者之间强有力的联系的五个关键因素是：工作人员的态度（44%顾客认为）、有利的回报政策（36%）、准确的商品信息（35%）、把顾客当做被尊重的个体（31%）、履行广告中的承诺（31%）。调研还显示，顾客转换商家的主要原因为：欠佳的服务或工作态度（43%）、对顾客缺乏尊重（30%）、不诚实（27%），而因为价格因素移情别恋的顾客仅占8%。

### 误区三：消费者满意度等于品牌忠诚度

许多人认为，如果消费者对某个品牌的产品满意，就会重复购买，进而形成对这个品牌的忠诚。

事实上，消费者满意只是消费者购物后满足的心理状态，而消费者忠诚则是消费者在满意的基础上对某品牌产品所表现出来的反复购买的实际行为。消费者购物感到满意，未必一定会再次购买，只有当其满意度上升到一定高度时，才会形成品牌忠诚，才会产生反复购买的行为。可见，消费者满意只是消费者忠诚的必要条件，而并非充分条件。

《哈佛商业评论》研究报告显示，顾客在满意于某个品牌的产品时，仍有65%～85%的人会移情别恋，选择新的品牌。

可见，对于一个品牌来说，让消费者感到满意只是万里长征的第一步，而要留住消费者善变的心，进而形成品牌忠诚度，则任重而道远。

### 误区四：市场占有率高，品牌忠诚度就高

许多人认为，一个品牌市场占有率高，就说明这个品牌深受消费者欢迎，消费者的品牌忠诚度自然就高。这种说法乍听起来似乎颇有道理，然而实际情况却并非如此。

市场占有率仅仅是一个表象的数据，并不能真实反映出消费者内心深处对一个品牌的认知。

市场占有率的提高有许多因素，比如卓越的产品品质及良好的服务获取消费者的信任购买，降价促销等营销手段拉动销量的提升等。

企业通过降价促销、广告轰炸等手段也能暂时吸引消费者，从而实现提高市场占有率的目的，然而用这种手段得来的市场占有率往往是非常脆弱的，因为它没有真正“俘虏”消费者的心。一旦市场上出现不利于该品牌产品的突发事件或有更大的价格诱惑，消费者马上就会移情别恋，弃之而去。例如，秦池、春都、旭日升、三株以及众多国产手机品牌，当年其产品都有很高的市场占有率，然而转眼间就被消费者抛弃，关键原因就是品牌忠诚度低。

另外，一些垄断行业因为有国家相关政策的强制性保护，根本就不是消费者的人心所向，这样的市场占有率更不能体现出消费者的忠诚。例如，澳大利亚、泰国等国的烟草公司在失去垄断地位以后，在与英美烟草等国际烟草巨头的抗衡中迅速土崩瓦解。

可见，市场占有率并不能完全体现品牌忠诚度，所以企业面对较高的市场占有率并不能盲目乐观，而应搞清楚自己是否真正抓住了消费者的心。

## 四、培育品牌忠诚度的方法

“赚所有人的一次钱，是运气；赚一个人所有的钱，是学问。”

一项关于顾客在超市购物的调研发现，只有20%的顾客在超市货架前，果断地拿了自己认定的品牌产品就走，80%的顾客则在众多品牌中反复比较挑选。看来，培育并维系一个品牌的忠诚度，防止消费者移情别恋并非易事。

在产品极大丰富的今天，消费者的购买行为日趋理性，仅凭一时冲动而做出购买决定的例子已不多见。有时精美的商品并不能确保消费者再次购买，甚至“挥泪”大减价也未必能留住已经失去的消费者的心。

有什么方法能让消费者对一个品牌“忠贞不渝”呢？

虽然“客户至上”的口号已经深入许多企业的经营理念中，然而，实践中真正能身体力行的企业并不多见。

古语云：君欲取之，必先予之。品牌忠诚度从来就不是从天上掉下来的，企业只有一切以消费者为中心，与消费者建立起一种长久、稳固、信赖的合作关系，才能最终分享“上帝”的微笑，获得消费者的忠诚。

### 方法一：满足消费者人性化的需求

“用户永远是对的。”

企业要赢得消费者的信任和好感，培育品牌忠诚度，就应该人性化地满足消费者的各种需求，让消费者在购买、使用产品或接受服务的过程中，体会愉悦、体会尊重和关爱的感受。

其实，培育品牌忠诚度讲究润物无声，需要细水长流。大手笔、大制作、大投入固然对快速提高品牌知名度确有奇效，但要赢得消费者的信任和好感，还需要点点滴滴细腻洞察满足消费者内心的各种需求，这样才能使品牌滋润心田，打动人心。

许多成功品牌在满足消费者需求方面做到了细致入微。例如，肯德基、麦当劳等餐厅的卫生间的洗手台都有高低两个，小朋友在不用家长抱起来的情况下，也能自己方便使用。吉列手动刮胡刀的手柄设计非常人性化，不仅用一圈圈的凸纹增加摩擦力，防止脱手刮破脸，而且还在凸纹上套上一层橡皮，让使用者感到更舒适。

目前，我们一些企业在满足消费者需求上，还仅仅停留在提供产品的使用功能和价值层面上，还没达到细腻贴近消费者内心潜在需求的境界。比如，许多品牌的火腿肠味道鲜美，携带方便，但食用时很难找到打开的撕口，必须借助剪刀等其他工具，给食用带来很大麻烦。又如，日本笔记本电脑后面的螺丝钉都用橡皮套子包起来，而一些国产笔记本电脑的螺丝钉是裸露的。还有一些国产笔记本电脑由于显示器和键盘之间没有留出足够的空间，导致电脑合起时，键盘贴压在显示器上，在显示器上留下一块块的痕迹。同样的电脑产品，为什么消费者青睐进口的呢？其实答案不言而喻。

迪斯尼的高层每年都要花两周时间深入游乐场的第一线当服务员、售票员、导游员等，深入第一线往往能细致了解顾客的具体需求，为改进产品和服务提供第一手资料。其实，这种做法非常值得我们借鉴，企业的经理人应该经常离开写字楼，深入市场终端第一线，保持和消费者的紧密接触，了解大众的消费心理，这样才能细致入微地满足消费者的需求。

另外，可以运用专业的调研方法获取消费者的需求信息，如小型座谈会、入户问卷调查、连续追踪调查顾客满意度等。通过专业调研获取消费者需求的第一手资料，利于有的放矢，更好地为消费者服务。

### 方法二：品牌永葆活力

与时俱进是品牌之树常青的秘诀。一个产品会衰老淘汰，但品牌却能跨越生命周期永葆青春，那些生命长久的品牌都很重视品牌活力的塑造。实践证明，在维护品牌核心价值持续不变的情况下，对品牌进行适度的创新性调整，塑造品牌活力，是打造百年金字招牌的重要法则。

麦当劳在全球同步推出了“我就喜欢”的品牌更新活动，赋予麦当劳更多年轻、时尚化的色彩。

中华牙膏在过去40多年的历史里，给人的印象一直是质朴、稳重的形象，但多少显得有些老态。联合利华收购中华牙膏后，重新设计了包装，新包装采用复合管包装，标识醒目，色彩鲜艳，赋予中华创新、专业、现代的新内涵。

### 方法三：美观的外包装吸引消费者目光

虽然产品质量是顾客忠诚于品牌的基础，但美观大方的产品外观包装设计更能在第一时间抓住消费者的目光，特别是那些体现身份、表达情感型的产品，消费者对产品外包装要求更为严格。

例如，力士香皂包装晶莹鲜亮，精美夺目，散发着高贵的气质；奔驰车稳重、大方又不乏王者之气的外观吸引了多少成功人士；迪奥香水瓶造型优雅，色彩缤纷，将人带入梦幻境界。

### 方法四：具备优质的售后服务

优质的售后服务是企业取得消费者信赖的有效途径。售后服务是一个系统工程，须用完善的售后服务体系加以保证，要使消费者从购得产品之刻起直到产品消费完毕，包括送货上门、安装周到、人员培训、维修保养、事故处理、零配件供应以及产品退换等每一个环节都处于满意状态。

例如，海尔的星级服务，不仅在上门安装、回访、维修等各个环节有严格的制度与质量标准，还细致到上门服务，事先套上一副鞋套，安装空调时先把家具用布蒙上，自带矿泉水，临走把地打扫干净，等等。目前，海尔在全国各大城市都设有“9999”售后服务热线，用户只需一个电话，剩下的事全由海尔来做，这些措施使消费者对海尔的忠诚度达到了顶峰。

### 方法五：提供额外的利益

向消费者提供一些意想不到的额外利益，让产品或服务超越他们的期待，往往会激发消费者的新奇和兴趣，是留住人心的好办法。

例如，日本汽车平均的交货期是两周，而丰田公司则缩短在一周内交货，这种创意等于丰田公司为消费者提供了额外的利益，难怪丰田车的品牌忠诚度高达

65%，高于其他汽车的平均品牌忠诚度 50%。

又如，一家餐馆在顾客吃完饭后，如果能为顾客免费提供一些水果、点心、瓜子之类的东西，虽然成本不高，但一定会让初次尝到这种待遇的顾客喜出望外，这样也许又培养了几个回头客。

## 方法六：规范终端销售人员的服务

消费者来终端打算购买产品时，销售人员的服务态度、对产品的介绍、对消费者的建议等一言一行都会影响消费者的购买心理及决策。销售人员缺少专业知识、没有耐心、缺乏礼貌等都会降低消费者的购买欲望。试想，如果一个消费者在前面翻看一些商品，后面就有营业员紧随其后整理，还有意无意地弄出很大的声响，消费者还有购买的愉悦心情吗？

服务其实也是一门艺术，不仅体现销售人员的个人修养，更体现着一个品牌的形象。一个合格的终端销售人员应该穿着简洁大方，熟悉商品的专业知识，态度和蔼可亲，在顾客购买犹豫不决时，能像好朋友一样提出中肯的建议等。

为了更好地管理终端服务，企业应建立标准的形象、服务、促销激励等制度规范。对终端销售人员的考核，不应该仅仅局限于销售量，销售人员的服务质量也应成为重要的考核内容。

## 方法七：培养稳定客户群

争取一个新顾客比维持一个老顾客要多花去 20 倍的成本，所以企业应该努力培养稳定客户群，忠诚的顾客越多，企业的稳定收入也就越多。

下面介绍几种培养稳定客户群的常用方法：

### 1. 积分奖励计划

积分奖励计划是指用户购买某种产品或享受某种服务，消费金额积累到一定数额时，即可获得企业的奖励。

例如，从 2004 年起，惠普公司设立了长期积分奖励计划。计划规定，凡购买指定惠普原装耗材产品的用户均可通过积分奖励活动获得奖品，奖品种类从家居用品到数码产品等，品种繁多。2005 年 12 月 6 日，惠普积分奖励计划活动全面升级，除原有指定参与活动的产品外，新增近 100 种惠普原装耗材也参与积分奖励活动，奖品有照相机、数码摄像机、MP3 等近百种。同时，惠普公司还将积分奖励计划活动范围从北京、上海、广州三个城市进一步拓展至全国，并降低会员门槛，简化会员注册流程，以吸引更多的用户参与。

惠普公司的积分奖励计划给用户带来了最大限度的惊喜和实惠，启动至今，已经吸引了大量用户积极参与，培育了大批的忠诚用户。

### 2. 会员俱乐部

会员俱乐部以其与客户“零距离沟通、零距离销售、零距离服务”的营销模式，已经取得了不同凡响的市场效果。据统计，美国企业 80% 的营业收入来自企业俱乐部会员，有的俱乐部会员已经成为企业的终身顾客。

羽西的贵宾俱乐部现有会员 250000 多名，每年仅会员消费化妆品就给企业创造营业收入 40 亿元，并且会员数量还在不断增加。

中国移动通过全球通 VIP 俱乐部，同用户建立了友好互动的合作关系。他们将客户划分为“钻石卡”、“金卡”、“银卡”、“贵宾卡”会员，这些会员除了得到中国移动提供的优惠服务外，还可享受到中国移动的合作商家，如酒店、餐厅、健身场所、娱乐场所、民航贵宾通道等提供的优惠服务。一次调查显示：90% 以上的调查客户认为成立全球通客户俱乐部“很有意义”。

目前，国内还有许多企业也组建了会员俱乐部，如万科的万客会、报喜鸟的时尚俱乐部、浪莎袜业的浪莎俱乐部，等等。

### 3. 数据库营销

生日是许多顾客内心希望被重视的日子，如果在这一天企业送给顾客一个意外的生日问候并给以特别的优惠，那么顾客一定会心存感动，从而成为企业忠诚的顾客。要做到这一点，就需要企业收集顾客的各种信息，也就需要数据库营销。

数据库营销即通过数据库技术，收集存储顾客的各种信息资料，与顾客进行个性化沟通，为企业创造销售业绩的一种营销手段，数据库营销一般包括组建、分析、推广三步。

和传统“广而告之”的营销模式不同，数据库营销实施有针对性、个性化的客户沟通策略，在帮助企业准确找到目标客户、提高营销效率、培养稳定客户群、促进重复购买、为开发新产品提供准确信息、直接测定营销结果等方面，有着传统营销模式不可比拟的优势。如今互联网的运用，更使数据库营销如虎添翼。

2005 年的资料显示，在美国几乎所有的零售企业，80% 的制造服务业都已经开展了数据库营销，惠普、戴尔、甲骨文等一大批跨国公司正在利用数据库营销进军中国市场。

民生银行是一家国内民营股份制商业银行，为了实现个人银行业务的扩张，他们借助专业的微码营销公司进行数据库营销。项目小组成立后，很快为民生银行将目标人群锁定在国内年龄 28 岁以上，年收入 10 万元以上的人群。通过对其企业客户数据库的查询和分析以及市场搜寻建立了 10 万目标客户名单，通过直邮广告及 DM、EDM 等沟通途径传递民生理财服务的特点，继而通过外呼电话与目标客户进行沟通，该个人理财项目总体反馈率达到了13%，并产生了数千个销售机会，数据库营销使民生银行的个人理财业务插上了翅膀。

## 案例解析　泰国东方饭店成功的秘诀

世界十大饭店之一的泰国东方饭店，几乎天天客满，不提前一个月预订很难有机会下榻该饭店，而且客人大多是来自西方的发达国家，迄今为止，世界各国的20多万人曾经入住过东方饭店。是什么原因让东方饭店有如此大的吸引力呢？仅仅是因为光怪陆离的人妖表演？抑或是独具特色的泰国旅游风情？

其实都不是，东方饭店靠的是真功夫。他们依靠一套完善的客户管理体系，提供给客户几近完美的人性化服务，也赢得了客户忠诚的心。用他们的话说，只要每年有1/10的老顾客光顾饭店，饭店就会永远客满。

这就是泰国东方饭店成功的秘诀。

据研究显示，企业80%的营业收入是来自20%的忠诚客户。如果能对这部分客户提供更有针对性的服务，提高顾客的满意度，那么他们就更有可能成为公司的忠诚顾客从而持续不断地为公司创造利润。

泰国东方饭店非常重视忠诚客户的培养。也许你从未瞄过他们的服务员一眼，但他们却知道你是个老客户，他们会把你提升为头等客户，优先给你提供无微不至的服务。

他们的服务细致到什么程度呢？我们不妨看一个实例。

某位先生因公务经常出差泰国，并下榻在东方饭店，他第二次入住时的经历让他感动不已。

那天早上，当他走出房门准备用餐时，楼层服务生礼貌地问道："张先生是要用早餐吗？"张先生很奇怪地反问："你怎么知道我姓张？"服务生微笑地答道："我们饭店有规定，晚上要背熟所有客人的姓名。"张先生因公务经常往返于世界各地，也住过不少高级酒店，但这样的情况还是第一次碰到。

张先生愉快地乘电梯到了餐厅所在楼层，刚出电梯，餐厅服务生急忙迎上前："张先生，里面请。"张先生吃惊地问道："你怎么知道我姓张？"服务生回答："我刚接到楼层服务电话，说您已经下楼了。"

张先生刚进餐厅，服务小姐殷勤地问："张先生还坐老位子吗？"张先生疑惑不解："我上一次在这里吃饭已经过了一年时间，难道这里的服务小姐有超常记忆力？"服务小姐急忙解释："我刚查过电脑记录，您去年3月2日在这个座位上用过早餐。"张先生坐下后激动不已，服务小姐又问道："还是老菜单吗？一杯牛奶、一碗炒饭、一个鸡蛋？"张先生感动地答道："老菜单，还是老菜单！"

张先生还注意到一个细节，服务生给上菜时，每次回话都退后两步，以免自己说话时唾沫不小心飞溅到客人的食物上。

这与其说是一顿早餐，不如说是张先生的一次终生难忘的经历。

后来，因为工作原因，张先生有3年的时间没有去泰国了。就在张先生的生日那一天，他意外地收到酒店寄来的一张贺卡，里面写着：亲爱的张先生，您已经有3年时间没有来过我们东方饭店了，我们全体人员都非常想念您，希望能再次见到您，衷心祝您生日快乐！

张先生当时激动不已，发誓如果再去泰国，一定只住东方饭店，而且要说服自己所有朋友也只住东方饭店。

泰国东方饭店细微之处得到了张先生的一颗忠诚的心。

研究表明：争取一个新顾客的成本是留住一个老顾客的20倍，有63%的客户流失是因为被忽视的原因。

如何留住一个老顾客忠诚的心，泰国东方饭店成为我们学习的典范。

## 案例解析　数据库营销助甲骨文赢得中国市场

2007年4月29日国外媒体报道，据权威调研机构IDC数据显示，2006年全球数据库市场规模达到了165亿美元，甲骨文的销售额为73亿美元，占到了44.4%，依然称霸全球数据库市场。

近年来，随着美国安然财务丑闻，我国蓝田股份和银广厦骗局等事件的频频曝光，公司治理的重要性和紧迫性日益凸显。然而，构建完善的公司治理体系绝非易事，传统的管理方式和IT系统存在许多缺陷，难以满足新市场环境下公司治理的要求。

在这种市场背景下，甲骨文公司（Oracle）适时提出了完整的公司治理方略及其IT解决方案，成为广大企业完善公司治理体系的得力助手。

甲骨文公司为了推广公司治理方略及其IT解决方案，制订了全球推广计划，并将目标客户群锁定在企业的财务总监、财务经理上。然而，不同国家、地区的客户需求差异很大，甲骨文的全球推广方案无法兼顾不同客户的个性化需求，所以虽然投入了巨额的推广费用，但在中国的推广效果却并不尽如人意。甲骨文公司面临着市场难题的挑战。

以数据库营销为支撑的整合营销传播策略的运用让甲骨文公司破解了这道市场难题。

甲骨文公司对市场进行了深入研究，发现仅仅将目标客户群锁定在财务总监、财务经理上是不够的，经研究发现，企业的CEO、COO、CIO、IT经理等同样是重要的目标对象，这些人群也有很大的市场需求。

针对这一情况，甲骨文公司制定了一套以数据库营销为支撑的整合营销传播方案，来推广公司治理产品。整合营销传播方案采用 Web－Site 网络宣传、EDM、直邮、财经类网站的 Banner 广告、针对性报刊夹寄以及电话访问等多种传播形式，向企业高层管理者、财务总监、财务经理、财务主管、IT 负责人等 20 万目标客户群传播推广甲骨文公司的公司治理理念及产品。

为了得到精确的目标客户群资料，他们通过 Oracle、微码营销、中华财会网、《中国总会计师》杂志等渠道仔细甄选，最终找出符合要求的目标客户，为营销推广工作奠定了基础。另外，甲骨文公司还抽样选择了 3000 名客户，通过电话访问的方式了解客户的实际需求，取得了丰富的第一手资料。

整合营销传播工作经过两个多月紧锣密鼓的进行，结果收效非凡，推广效果和收益远远超出预期。甲骨文公司向二十多万人传播了公司治理理念及其 IT 解决方案，有将近两万人阅读了宣传资料或访问了宣传网站，有 2000 多人填写了反馈问卷，并下载、阅读了《甲骨文公司治理架构》手册，甲骨文公司最终赢得了 900 多个销售机会。

这次整合营销传播活动被亚太总部誉为“最佳实践”（Best Practice）。

为什么甲骨文公司这次能成功破解市场推广难题？总结原因如下：

第一，数据库营销为整合营销传播奠定了坚实的基础。从多种渠道甄选、采集的符合要求的目标客户群数据，成为推广工作顺利进行的保证。

第二，产品诉求紧贴目标客户需求。近年来，随着《上市公司治理准则》等相关法规的出台，公司治理成为企业普遍关注的焦点，此次甲骨文公司适时推出了完整的公司治理方略及其 IT 解决方案，自然受到众多客户的欢迎。

第三，由多种营销手段组合的整合营销传播策略极大地增强了推广效果。热心的服务、独特的创意、精美的设计，都为整个推广活动增光添彩，使这次活动收效非凡。

## 第五节　创造品牌联想

一个人的勤劳、勇敢、善良、宽容、美丽等往往会让我们产生美好的遐想。同样，一个品牌正面、美好的联想也会令消费者心驰神往，成为诱发其购买的关键因素。

每当想起一个熟悉的人时，我们脑海里总会浮现出一系列的印象和联想，或稳重、或活泼、或传统、或时尚……这一系列的联想让这个人在我们脑子里变得栩栩如生。

品牌又何尝不像我们生活中的一个人呢？

当提起雷克萨斯时，大多数人的脑海里会浮现出“L”标志，“豪华商务车”、“身份的象征”、“风驰电掣”、“价格不菲”等。

当谈到耐克时，消费者心中会闪出“”标志，“运动鞋”、“昂贵”、“耐久性”、“飞跃赛场”、“代言人乔丹”等。

一说起万宝路，我们则会联想到“在苍茫的原野上，嘴叼烟卷、头戴毡帽的西部牛仔‘硬汉’”、“代表着勇敢、正义和自由”等。

品牌联想是指消费者在提到某一个品牌时，从他的记忆中所能产生出的对该品牌的所有感受、评价与想象的一连串集合。这个联想集合可能源自于消费者在日常生活中的各个层面，比如广告信息传播、朋友间的口口相传、消费者自身的体验等。上述不同层面的感知，往往会让品牌在消费者内心树立起一个根深蒂固的印象，进而左右消费者的购买决策。

## 一、品牌联想的价值

品牌何以能让消费者情有独钟，很大程度上取决于品牌联想的魅力。

品牌联想与消费者的购买心理有着千丝万缕的联系，在消费者的购买过程中，品牌正面、美好的联想，往往成为触动消费者最终作出购买决策的关键因素。一个诱发消费者美好联想的品牌，往往具有强大的生命力。

### 1. 创造品牌美好感觉

一个卓越品牌的根本价值就在于，其品牌联想往往令消费者心驰神往，形成很高的品牌忠诚度。例如，一提起万宝龙牌钢笔，消费者就会联想到“历史悠久”、“精雕细琢”、“象征阿尔卑斯山勃朗峰的品牌标志”等，这些联想汇集在消费者脑海中，便产生了万宝龙品牌高档、贵族化的感受。因为高档，所以高价，一支万宝龙牌铱金钢笔价格可能会是一支英雄牌铱金钢笔价格的几十倍。

### 2. 遏制竞争对手跟进

我们不会把张三同李四混为一谈，是因为他们给我们留下了不同的印象。同样，独一无二的品牌联想也会为品牌构建起一道与竞争对手形成区隔的“屏障”，遏制竞争品牌跟进。当今社会，市场竞争日趋同质化，一个企业的产品、技术、管理、渠道、服务等很容易被竞争对手模仿，而独具特色的品牌联想则是竞争对手无法复制的。

### 3. 提供消费者购买理由

购买是需要理由的。面对商场里琳琅满目的商品，消费者常常无所适从，如果一个品牌联想所体现的利益点切中消费者内心需求时，就等于提供给消费者一个合情合理的购买理由，让消费者毫不犹豫，指名购买。例如，如果你想体会

"清凉、草本精华、夏天使用"的清爽感觉，你就会选择六神；如果你需要"防止蛀牙"，你往往会选择高露洁；等等。

## 二、创建品牌联想的方法

品牌联想赋予品牌生命力，那么如何创建并巩固消费者对品牌的联想呢？

### 方法一：演绎品牌故事，让品牌自己说话

科学家曾经做过这样的试验：向被访对象介绍一个人，同样使用1000个词汇，先用简历法，再用故事法。结果表明，用故事法介绍的认知率、好感率分别高达80%和70%，而用简历法介绍的认知率、好感率只有35%和31%。

经典故事的传播力是惊人的，三国时期诸葛亮"草船借箭"、"空城计"等脍炙人口的故事，经历了漫长岁月的侵蚀流传下来，也使诸葛亮成为人们心目中智慧的化身。

品牌在诞生和发展中所产生的传奇动人故事，也能够让消费者轻松记住并主动传播，从而强化对品牌的美好联想。

品牌专家杜纳·E. 科耐普说："品牌故事赋予品牌以生机，增加了人性化的感觉，也把品牌融入了顾客的生活……因为人们都青睐真实，真实就是真品牌得以成功的秘诀。"

品牌故事是一种比广告高明许多倍的传播形式，传奇、生动、有趣的品牌故事常常能够让品牌自己说话，把品牌从冰冷的物质世界带到一个生动的情感领域，使品牌"润物细无声"地悄然滋润消费者的心田，从而不知不觉地实现了企业传播品牌内涵、文化、价值，成功"俘虏"消费者的营销目的。

那些国际强势品牌，大都是演绎品牌故事的高手。

迪斯尼公司老板贺博德曾说：迪斯尼是一个讲故事的公司，我们最终诉诸于故事而不是商务或技术。因为人类的情感是共通的，我们要做的事情就是用我们的故事与我们的顾客紧密相连。

世界顶级皮具品牌路易·威登（LV）创立于1854年，曾为路易十三皇室服务的传奇故事使其成为奢华品牌的代名词。在品牌的发展历程中，LV对产品质量精益求精的动人故事在业界和消费者中传颂，也使LV身价倍增。LV皮具在加工成形后，要进行耐腐蚀、红外线、紫外线以及高处摔下等破坏性实验；LV皮具使用的所有拉链在出厂前，都要经过数千次的破坏性试验；LV皮具的原材料严格选用法国及英国某一产地的上好牛皮，以至于连宝马公司都以其车内座椅选用的是LV皮革为荣……整整一个多世纪过去了，世界不断在变化，人们的审美观念也发生了很大改变。然而，"LV"标志伴随着其传奇的故事，至今仍保持着无与伦比的魅力，成为人们心中奢华、时尚之经典。

阿迪达斯是世界上最早的体育运动品牌，制鞋匠出身的阿迪·达斯勒是阿迪达斯品牌的创始人。阿迪·达斯勒也是一位田径运动爱好者，他在20世纪20年代中期便制造了世界上第一双带皮钉的足球鞋。1954年，在瑞士世界杯足球赛上，阿迪·达斯勒提供的全球首创嵌入式螺钉足球鞋，帮助德国足球队过五关斩六将，最终成功地赢得了世界杯冠军。从此以后，阿迪达斯品牌也声名大振，成为雄踞足球用品市场的霸主。

可口可乐的神秘配方故事历经百年流传至今，诱发消费者对可口可乐的好奇心和认同感，带给人们无限遐想，也更增加了可口可乐在人们心目中的恒久魅力。

中国许多优秀品牌也演绎出脍炙人口的品牌故事。

1915年，国人在著名的巴拿马万国博览会上"怒掷酒瓶振国威"，由于酒香袭人最终摘得金冠。这个传奇故事奠定了茅台酒在中国无人能出其右的"国酒"至尊地位。

海尔张瑞敏砸掉不合格冰箱的故事，已经成为中国企业注重质量的"经典案例"。张瑞敏在创业初期，面对76台存在质量问题的冰箱宣布，这些冰箱要全部砸掉，谁干的谁来砸，并抡起大锤亲手砸了第一锤！当时一台冰箱的价格800多元，76台冰箱的价值相当于一名职工两年的收入，很多职工砸冰箱时流下了眼泪。正是这种精神，让海尔人三年以后捧回了我国冰箱行业的第一块国家质量金奖。1999年9月28日，张瑞敏在上海《财富》论坛上说："这把大锤对海尔今天走向世界，是立了大功的！"那把著名的大锤目前已被摆放在展览厅里以作警示之用。

可以看出，一个卓越品牌的成长历程往往与许多动人的经典故事相随相伴，品牌通过故事与消费者进行情感交流，从而融入消费者心中。

许多生动的品牌故事都是企业在无意间书写的。当然，为了更好地塑造品牌，也需要我们做个有心人，在企业诞生和发展过程中有意识地挖掘有价值的事件，演绎出能够打动人心的品牌故事。

不管是无意还是有心，演绎品牌故事应该遵循其内在的规律。

首先，任何打动人心的故事，都是以追求人间真善美为主旋律的，品牌故事也不例外，所以品牌故事应该崇尚真诚和友爱，避免虚假和低俗；其次，品牌故事应该同品牌自身的内涵特点相吻合，生搬硬套往往难以引起人的情感共鸣；最后，品牌故事是一种中性的陈述，所以它需要不露痕迹地娓娓道来，而不是张扬刻意的炒作！

### 方法二：让名人为品牌说话

品牌最好的载体就是人，特别是万众瞩目的名人。借用名人效应能迅速提升品牌知名度，同样也能在消费者心中引爆品牌联想。

百年辉煌的可口可乐也是巧借名人效应的高手，它非常注重和政府建立良好的关系，与当时的美国统帅艾森豪威尔成了好朋友。艾森豪威尔在许多场合有意无意间成为可口可乐的宣传支持者。

有一次，艾森豪威尔从战场上凯旋归来，在庆功会上他说："在讲话之前，我有一个要求。"于是大家侧耳倾听他有什么重大要求，出乎意料的是，艾森豪威尔居然说："请给我一杯可口可乐。"于是大家哄堂大笑，递给他一杯可口可乐。喝完之后，艾森豪威尔又说："我还有一个要求。"令人意想不到的是，艾森豪威尔竟然又说："请再给我一杯可口可乐。"

艾森豪威尔的幽默产生了巨大的轰动效应，第二天，当地媒体纷纷报道，可口可乐也成了畅销货。

## 方法三：塑造品牌感染力

"钻石恒久远，一颗永留传"这句广告语将冷冰冰的钻石融化到一段刻骨铭心的爱情之中，从 1948 年流传至今，不知感染了多少人。

"妈妈，我能帮您干活了。"雕牌洗衣粉的情感广告，更是抒发了亲情的爱，不知温暖了天下多少父母的心。

人是"理性的卫道士"，也是"情感的俘虏"。一个品牌最能打动人心的不仅是其产品的物理功能，更在于品牌蕴涵的情感感染力。关爱、真诚、友谊、快乐、激情、自由……这些情感无不感动震撼着我们的内心。一个品牌如果能够充满丰富的感染力，与消费者进行情感上的交流，就会使品牌从冰冷的物质世界跨入到有血有肉的情感世界，也会使品牌楚楚动人，风情万种。

强生以自己的言行推动着人与人的关爱，《强生之歌》的歌词这样写道："强生相信，在我们的身边，存在着一些巨人，他们以巨大的爱和细小的事，让心灵获得慰藉，让创伤得到安抚，让人们得到关爱。强生，以医疗卫生和个人护理的经验和智慧，与这些巨人并肩，用爱，推动人与人的关爱。因爱而生，强生。"朴实的语言，没有太多华丽的辞藻，每句话却深深打动人的心。

香水品牌娇兰（SHALIMAR）演绎着这样的浪漫情怀：诞生于爱情之中的香水才是情人最好的礼物。SHALIMAR 是梵文，原意为爱的神殿。传说印度大帝沙杰罕非常宠爱他的妃子泰姬，这位至高无上的国王，为了博得爱妃的欢心，下令建造了许多美丽的花园。在这里，他与爱妃泰姬携手漫步，互诉爱意，浪漫的爱情撒向了花园的每个角落。这些充满浪漫情怀的花园后来就被命名为 SHALIMAR，也触发了香水大师 Jacques Guerlain 的灵感，他创造出了香水品牌 SHALIMAR，表达了对浪漫的爱情的向往。

喜力之所以能成为世界第一啤酒品牌，其品牌强烈的感染力功不可没。喜力的许多广告看似简单，却蕴涵无穷，常常演绎着人生哲学、真挚情感，令人难以忘怀。例如，在一则喜力广告的画面中，两瓶喜力啤酒拟人化地脱去商标的外衣，拥抱在一起，广告语：“够交情，就不用表面文章。”生动刻画出真心朋友对饮时不必客套，痛快畅饮的心情。

可口可乐的前任老板伍德拉夫曾说：“可口可乐99.61%是碳酸、糖浆和水。”那么余下来的那一点点是什么呢？

其实，可口可乐之所以能跨越百年，关键在于它“占领”了消费者的情感。可口可乐公司欧洲太平洋集团公司总裁约翰曾说过一句耐人寻味的话：“可口可乐并不是饮料，它是一位朋友。”

情感诉求可谓四海一家的品牌之道，一个品牌只有充满情感感染力，才能“俘虏”消费者的心！

## 方法四：树立领先形象

哪种冰箱最好？海尔，为什么？因为它是领导品牌；

哪种笔记本电脑最好？IBM，为什么？因为它是领导品牌；

哪种微波炉最好？格兰仕，为什么？因为它是领导品牌；

哪种太阳能热水器最好？皇明，为什么？因为它是领导品牌……

常常会有这样的情况，消费者根本说不出某品牌产品具体好在哪里，但就是愿意花更高的价钱去买，根本原因就是因为该品牌在行业或品类中树立了领导者的形象。领导者是一个综合的概念，它意味着全面的领先，你会怀疑国家领导人不具有各方面最好的素质吗？

有多少人知道海尔小家电产品比别的品牌到底好在哪里？

有多少人知道戴上Zeiss太阳镜后到底舒适在何处？

青岛啤酒是中国销售量最大的啤酒，但你敢断定它就一定比燕京啤酒好喝？

可口可乐是世界第一品牌，但它的品质一定胜于百事可乐吗？

……

或许不是，然而这可能并不重要。

在消费者心里，“第一”胜过“更好”。品牌领先的形象比宣传产品具体细节的优势更能赢得消费者的好感和信任，使消费者产生许多正面积极的联想。如果你仔细观察，几乎所有行业或品类的领导品牌都先天地被消费者联想为“最好”的产品，“柯达胶卷，全球销量第一”让柯达产品几乎独霸天下，“箭牌口香糖，美国销量第一”让箭牌口香糖誉满全球。

南极洲和布拉马是巴西两个最大的啤酒品牌，南极洲位居第一，布拉马位居第二。然而，布拉马公司展开了一系列广告活动，宣称自己是领导者，并摆出了象征“第一”的销售数据。其实，当布拉马开始这样做时，南极洲才是名副其实的“第一”，但南极洲并没有亮出“第一”的旗帜，因此没有人知晓。于是，当人们想到他们喝的不是第一的啤酒时，他们很快就会转移到布拉马品牌，结果不是事实也成了事实，布拉马现在成为了真正的“第一”。

可见，对于一个品牌而言，应该积极传播自己领先形象的信息，而不仅仅是塑造产品的品质。在品牌的世界里，消费者的认知联想就是所谓的“事实”，而且一旦形成，很难改变。在现实生活中，你或许会有等到真相大白的一天，然而在这里也许等不到了。

## 案例解析　尊贵联想的终极目标：劳斯莱斯

劳斯莱斯是“尊贵”的代名词，每当人们提及奢侈、尊贵的终极目标时，几乎都会将口径统一为某行业的“劳斯莱斯”。劳斯莱斯轿车每年的产量只有几千辆，每一辆都堪称绝对的元首级。1907 年生产的“银灵”牌轿车，目前价格高达 1400 万英镑，是世界上最名贵的汽车。不久前，劳斯莱斯幻影 LWB（元首级）进入中国，在丰富的选装配置后，一辆车的价格高达 1888 万元人民币。2007 年，劳斯莱斯在全球共销售了 1100 辆，其中有近 1/10 的订单来自中国，中国已成为了继美国、英国之后，劳斯莱斯的第三大消费市场。

一百多年来，世界豪华汽车品牌多如过江之鲫，然而，为什么一辆技术含量并不超前、造型几十年不变的劳斯莱斯轿车会在世人的心目中矗立起一座汽车的“丰碑”呢？

其中的奥妙就是“尊贵”二字。

人们一想到劳斯莱斯，往往会产生这样的品牌联想：

（1）劳斯莱斯是皇家御用座骑。20 世纪 50 年代以前，皇家御用座骑一直是戴姆勒（Daimler），1952 年伊丽莎白女王登基后，劳斯莱斯取而代之。1955 年皇室专用徽章被授权使用于劳斯莱斯轿车上。

（2）1904 年底，第一批劳斯莱斯轿车终于面世了，在法国巴黎举行的世界汽车展览会上一举扬名。第一批车当时售价为每辆 395 英镑，现在值 25 万英镑。劳斯莱斯所有售出的车当中，60％以上仍在正常使用。

（3）劳斯莱斯车所有的汽车发动机都完全是手工精心打造的，它的正面格栅不仅完全用手工制作，而且不借助任何测量工具，完全凭技师敏锐的眼力。

（4）在新款劳斯莱斯中，任何时候你打开烟灰缸，都不会看到烟蒂，汽车会完全自动清除。

……

可以说，劳斯莱斯轿车在人们心目中已成为汽车王国雍容高贵的唯一标志。劳斯莱斯尊贵的品质既来自于企业“车的价格会被人忘记，而车的质量却长久存在”的理念，也来自于一百多年来为尊贵身份的车主限量打造的传统。

劳斯莱斯的创始人是劳斯和莱斯两人。1904 年春天，曼彻斯特的工程师莱斯自己设计制造了第一辆双缸汽车。英国贵族劳斯在试开了莱斯的新车后，感到这种汽车魅力无穷，日后一定前途无量，于是两人一拍即合，共同成立了劳斯莱斯汽车公司，由莱斯负责设计和生产，劳斯负责销售。1904 年底，劳斯莱斯公司的第一批车共 10 辆终于面世了，参加了在法国巴黎举行的世界汽车展览会，并在展会上一举扬名。

1906 年劳斯莱斯汽车公司正式建立，1907 年推出了第一辆劳斯莱斯品牌汽车——银魅，这是最早使用劳斯莱斯商标的汽车。商标采用两个“R”重叠在一起，象征着你中有我，我中有你的和谐关系。

为了保持品牌的含金量，劳斯莱斯公司从成立那天起，一直坚持手工生产，在生产过程中，追求高档质量已经达到了不计成本的地步。劳斯莱斯轿车严格挑选高档皮革和上等胡桃木来制作内饰，选剩下的皮革都被时装制造业用于制造高档提包；每一辆劳斯莱斯车木饰的纹理都自成一格；每辆劳斯莱斯的桃木纹理都会有记录归档，日后若有损伤而车主要求修补时，即可按照原状恢复；而且还存有完全相同的备用材料。

另外，为了同劳斯莱斯轿车的尊贵身份相吻合，劳斯莱斯的高档服务也出乎人们的想象，据说，曾有一辆劳斯莱斯轿车在法国出了故障，公司居然派出直升机前去修理。

1911 年，劳斯莱斯公司聘请了著名的雕塑家赛克斯为汽车设计了一个立体车标。这个标志的创意取自巴黎卢浮宫艺术品走廊中的一尊有两千年历史的胜利女神雕像，女神高贵典雅的身姿登上劳斯莱斯车首，使劳斯莱斯汽车更加熠熠生辉。

在劳斯莱斯的发展史中，成为皇室御驾，可以说是直接促使了劳斯莱斯轿车高贵血脉的形成。

第二次世界大战时，菲利普亲王曾经试驾过一款劳斯莱斯 8 缸轿车，并对其评价很高。菲利普亲王的青睐使得伊丽莎白公主——后来的英国女王也开始喜欢上劳斯莱斯，此后，爱德华八世、女王伊丽莎白二世、玛格丽特公主、肯特公爵等众多当时的英皇室成员都将劳斯莱斯作为自己的御驾。

1952 年，女王伊丽莎白二世登基，在无数的大英帝国的子民面前，劳斯莱斯作为女王的专用车缓缓驶过，车上的女王徽章夺人眼球。从此，劳斯莱斯成为了英国皇室的御用专车。1955 年，劳斯莱斯被授权使用皇室专用徽章。1952 年以后的半个世纪，英国皇室的重大活动中必然会出现劳斯莱斯汽车高贵的身影，在人们心目中，劳斯莱斯汽车与英国皇室密不可分。

劳斯莱斯成为英国皇室御驾，也引来了各国元首和各地贵族的竞相效仿，不少影星、歌星及富豪也想拥有劳斯莱斯轿车来炫耀自己的尊贵。然而，劳斯莱斯公司对轿车购买者的身份及背景要求极严，购买者必须通过厂方对其身份、地位、文化教养及经济状况的综合调查。劳斯莱斯公司曾经有过这样的规定：只有贵族身份的人才能成为其车主，不会将车卖给钱财来历不明或有黑社会背景的人。后来条件虽有所放松，但劳斯莱斯汽车公司为此而生产了三种系列的轿车，分别针对不同身份的销售对象。像黑蓝色的银灵系列卖给国家元首、政府高级官员、有爵位的人；中性颜色银羽系列卖给绅士名流；白、灰浅色银影系列卖给一般企业家、大富豪。

很多人只听说过劳斯莱斯汽车，却不知道劳斯莱斯同时是优秀的发动机制造者。波音客机用的发动机就是劳斯莱斯生产的。“二战”后，由于在1971年开发新型航空发动机亏损，英国政府干预将劳斯莱斯公司一分为二，分为汽车与航空发动机两家公司。然而，分开后的航空发动机公司恢复了生机，再一次跻身于世界三大航空发动机厂家之列，而劳斯莱斯汽车公司却经历着起起伏伏。

20世纪80年代，日本的丰田、日产等公司相继到英国投资建厂，给英国汽车工业带来新的冲击。1989年，英国的美洲虎汽车公司被美国福特汽车公司收购；1994年，陆虎汽车公司被德国宝马公司买下。在这种情况下，劳斯莱斯汽车公司也不得不寻求变革，1997年，劳斯莱斯历史上第一条生产线在克鲁郡工厂投入了使用，这意味着劳斯莱斯公司终于向现代技术靠拢。

1998年3月，劳斯莱斯的母公司英国维克斯集团宣布，决定以7亿美元的价格，将劳斯莱斯汽车公司和本特利汽车公司出售给德国大众公司。消息传来，德国人欣喜不已，各大媒体均在显要位置报道了这一消息。英国人则黯然伤感，一家报纸甚至刊登了题为“擦干你们的眼泪”的文章。对英国人来说，劳斯莱斯汽车绝不是普通的汽车，它象征着昔日大英帝国的辉煌。

在购买劳斯莱斯的过程中，德国宝马公司的出价无法与大众相抗衡，让大众把劳斯莱斯从自己的嘴边夺走。后来，宝马公司生出一计，与英国劳斯莱斯飞机发动机公司达成协议，以4000万英镑的代价将劳斯莱斯汽车的品牌和经营权买了过来，并且迫使大众将劳斯莱斯交给自己。宝马此番战略意图是以劳斯莱斯为高档豪华顶级产品与大众的同档次宾利进行高端产品的竞争。

劳斯莱斯从诞生那天起，就把自己定位为专为少数人服务的豪华品牌，一直到今天，劳斯莱斯的发动机还是完全用手工制造的，高昂的人工费用也是劳斯莱斯价格惊人的原因之一。劳斯莱斯每年的产量只有1000~2000辆，哪怕1990年劳斯莱斯汽车销售最好的年份创下的历史最高纪录，也不过只有3000多辆，连世界大汽车公司产量的零头都不够。这种只追求品质、不求数量的做法，在全球汽车工业中极为罕见。自1904年到今天，将近百年的时间里，劳斯莱斯公司总共只生产了11.5万辆劳斯莱斯汽车，而其中6.5万辆至今仍在使用中。

对品质尽善尽美的不懈追求，使得劳斯莱斯最终成为全世界公认的贵族品牌。今天，当人们一看到那雍容华贵的车身和高贵典雅的胜利女神标志，就会马上认出，这是一辆尊贵无比的劳斯莱斯轿车！

## 案例解析　提到冰箱，首先想到海尔

品牌联想与消费者的购买心理有着密切的联系，品牌何以能让消费者动心，很大程度上源于品牌正面、美好的联想。2007 年 2 月，百度风云榜发布了《家电行业报告》，在中国十大冰箱品牌的“人气榜”上，海尔冰箱博得满堂彩，“一提到冰箱，首先想到海尔”的第一联想度高居“人气榜”榜首。百度作为全球最大的搜索引擎网站，每天响应数亿次网民的搜索请求，搜索的“关键词”忠实记录了网民主动提出的各种搜索需求。此次风云榜的发布，百度跟踪了2006年关于家电产品的全年搜索数据，从品牌价值、消费倾向、娱乐偏好及信息获取方式等几大方面综合得出评比结果。

早在2000 年，国内权威的零点调查与分析公司的一项关于“提到冰箱首先想到什么”的入户调查结果显示：海尔冰箱以高达 41. 75%的第一提及率名列前茅。从“第一提及率”到“第一联想度”，可以看出海尔冰箱优秀的品牌形象、领先的工业设计、卓越的产品性能、完善的服务体系已经深入人心。

消费者自发地关注一个品牌，并愿意花钱购买这个品牌的主要原因是由消费者的联想所决定的。那么，消费者为什么会“提到冰箱，首先想到海尔”呢？

其实，海尔冰箱之所以能成为消费者第一关注的品牌，是由于海尔首先时刻关注着消费者所决定的。

在对不同年龄段的消费者进行走访调查时发现，这些被调查者都能从海尔冰箱的设计、外观、质量以及服务等方方面面给予赞赏的评价，他们普遍认为海尔冰箱是消费者各种需求的集合。

在产品的设计上，海尔在 20 世纪 80 年代就推出亚洲第一台四星级冰箱、第一台无氟冰箱，到 20 世纪 90 年代又推出了中国第一台节能冰箱、第一台抗菌冰箱，再到 21 世纪的四温区冰箱、光波增鲜冰箱、全球首台超级空间法式对开门冰箱……譬如，海尔全球首创的光波增鲜冰箱可以在冰箱里模拟出“自然环境”，能够满足不同蔬菜对温度的需求，将全球冰箱的“保鲜时代”带入“增鲜时代”，海尔冰箱的光波增鲜技术也引领着整个行业的跟风、模仿。另外，海尔冰箱为了保证产品的质量可靠，在每一个批次的冰箱进入市场前，都会在用户模拟试验室里进行为期三个月的破坏性试验，直到合格后才允许上市。

正因为海尔时刻关注着消费者，海尔冰箱也因此成为消费者关注的焦点。随便翻看一下网页上有关海尔的内容后会发现，海尔冰箱与“第一”几乎成了一对孪生兄弟，海尔冰箱 2006 年中国对开门冰箱份额第一，连续 17 年蝉联中国冰箱市场第一的占有率，全球冰箱产量第一，中国第一个世界名牌……无论是权威部门的统计数据，还是在无数次的市场竞赛中，都无一例外地给海尔冰箱戴上了中国冰箱业“第一”的桂冠，2007 年 1 月，国家质量监督检验检疫总局公布对电冰箱产品的安全和性能抽查结果显示，海尔电冰箱以较高的性能指标荣登消费者推荐的质量较好的产品榜首——又是第一！

海尔冰箱正是凭借这一点一滴的积累，从而赢得了消费者的持续关注和喜爱，也赢得最高的人气，这或许就是海尔冰箱赢得消费者第一联想度的奥秘吧。

除了在中国市场上拥有最高的人气外，海尔冰箱同样也被全球用户所欢迎。据不完全统计，截至目前，全球已经有 5200 多万个家庭，大约有超过 2.6 亿的消费者在使用海尔冰箱。重要的是海尔冰箱目前正以“1 分钟创造近 30 名全球新用户”的速度在开拓全球市场。

相信海尔冰箱高居中国冰箱品牌“人气榜”榜首之后，也一定会成为全球用户高度关注的焦点，让全球人“提到冰箱，首先想到海尔”！

# 第七章　品牌延伸

品牌延伸是把“双刃剑”，合理的品牌延伸是企业发展的“加速器”，使企业一本万利；不合理的品牌延伸则可能是企业发展的“滑铁卢”，使企业面临万劫不复的深渊。

2008年1月31日，联想集团发布公告，称公司已于30日签订协议将其手机业务以1亿美元的价格出售给小象创投、Jade Ahead、Ample Growth、鸿长企业及Super Pioneer等机构。

2000年，联想集团抵御不了市场的诱惑，将品牌延伸到手机领域欲分一杯羹。虽然其国内市场份额位居国产手机前茅，然而面对诺基亚、摩托罗拉、三星等国际巨头的打压，联想手机业务日渐低迷已是不争的事实。联想集团业绩公告显示，2007年4～12月联想销售总额为129.6亿美元，其中电脑和手机的销售额分别为124.34亿美元和3.43亿美元，分别占其销售总额的95.94%和2.64%。

联想是国内电脑行业当之无愧的领导者，然而联想手机尽管投入了巨大的人力、物力，仍不见有什么骄人的成绩，在手机行业仅仅是一个追随者。一个是领先者，一个是追随者，这两种不对称的地位却共享同一个品牌，对其品牌形象产生负面影响可想而知。

其实，联想的电脑形象在消费者心中已经根深蒂固，很难让人联想到手机，所以联想品牌延伸到手机领域，注定会困难重重。联想出售手机业务，标志着品牌延伸到手机领域最终铩羽而归，这样也可以使联想专注于PC业务，从而可以集中力量在全球市场与惠普、戴尔等对手展开竞争。

联想出售手机业务足以引发我们的深思，品牌延伸是企业多元化经营面临的重要战略问题，品牌延伸正确与否，事关企业巨大利益得失，甚至关乎企业的命运。我们太多企业只看到品牌延伸一本万利的诱惑，却忽视了品牌延伸也可能面临万劫不复的深渊。如何把握机会进行理性的品牌延伸，如何规避品牌延伸的陷阱，是我们应该认真探究和思考的问题。

## 第一节　品牌延伸是把“双刃剑”

许多企业都希望通过品牌延伸来拓展自己的市场空间，然而品牌延伸并非一劳永逸的点金之术，也不是一个用之不竭的宝藏。事实上，品牌延伸是一把“双刃剑”，合理的品牌延伸是企业发展的“加速器”，使企业一本万利；不合理的品牌延伸则可能是企业发展的“滑铁卢”，使企业面临巨大风险。

海尔的产品从冰箱延伸到彩电、空调、洗衣机、热水器等几十大门类家电产品，且都获得了成功，海尔通过品牌延伸战略，成为中国家电第一品牌。2006年，海尔在中国家电市场的整体份额已经达到了25.5%，依然保持份额第一，其中，海尔在白色家电市场上仍然遥遥领先，且优势更加突出。

然而，1996年海尔品牌大胆延伸到药业，结果却不甚理想。海尔希望成为“中国医药行业的一匹狼”，然而，十年过去了，海尔家电依然高歌猛进，而海尔药业却还是名不见经传。海尔总裁张瑞敏在当选2001年十大经济人物后曾坦言：海尔品牌延伸到医药行业失误，是因为消费者仅认为海尔是个家电品牌，因此不能接受这个延伸，导致失败。

海尔品牌延伸到电脑行业也不太乐观，电脑是一个高科技的行业，明显与海尔现在的品牌运营的理念和模式不符。

海尔品牌延伸到手机领域同样陷入“泥潭”，海尔公告资料显示，尽管海尔的洗衣机等业务依旧增长强劲，然而2005年海尔手机业务日常经营亏损为1.39亿港元。

海尔同样的品牌、同样的企业文化、同样的“真诚到永远”，为什么不同的品牌延伸得到的结果却大相径庭呢？

可见，品牌延伸是一把“双刃剑”，运用适当是一把营销利器，运用不当则会反伤自身。我们应该清醒地认识到品牌延伸的两面性。

## 一、品牌延伸的利处

### 1. 有利于充分利用品牌资产的价值

在竞争日趋激烈的市场上，要完全打造一个新品牌将耗费巨大的资源，而品牌延伸则借助已成功品牌的影响，不失为一条快速占领市场的“绿色通道”。原品牌的良好声誉往往使消费者“爱屋及乌”，能在短期内接受其新产品。将品牌不断延伸到新产品中去，等于站在巨人的肩膀上，可以充分利用品牌资产的价值，并且实现品牌的保值、增值。

步步高老总段永平认为，品牌的高知名度与威望，可以使品牌有很强的扩张力。步步高从无绳电话、VCD延伸到语言复读机，没做一分钱广告，仅仅依靠原品牌的影响力，就使新产品格外畅销，以至于供不应求。

### 2. 提高品牌的整体投资效益

据统计，在美国开发一个新品牌需要3000万~5000万美元，而采用品牌延伸则只需50万美元。新品牌的失败率高达80%，能存活4年的1985年为50%，

1988 年才为 30%。品牌延伸可以大大减少创建新品牌所需的巨额广告、促销等费用支出，降低创建新品牌所面临的风险，提高品牌的整体投资效益。

乐百氏品牌延伸前销售额只有 4 亿多元，延伸后不到 3 年就达到近 20 亿元。乐百氏营销总经理杨杰强曾说：乐百氏的品牌延伸利远大于弊，品牌延伸使乐百氏的发展有了一个加速度。如果当初乐百氏发展新产品时导入新品牌，首先不一定成功，其次即使成功也有可能拖累对乐百氏品牌的投资与培育。要把一个新品牌培育成乐百氏这样的全国性名牌，一年没有 2 亿元的广告投入是不可能的。

### 3. 为品牌注入活力，满足消费者的多元化需求

品牌不断延伸出新产品，能使消费者感知品牌的新鲜感，为品牌注入活力。同时，品牌旗下的产品不断丰富，也能增加消费者的选择机会，满足消费者的多元化需求，避免消费者转换产品时移情别恋，选用竞争品牌。

可口可乐推出一系列延伸产品如健怡可口可乐、樱桃可口可乐以及雪碧、醒目、芬达等，这些延伸产品为可口可乐家庭注入了新的活力。而“康师傅”的香菇炖鸡面、鲜汤虾仁面、八宝肉酱面、麻辣排骨面、麻辣牛肉面等更是满足了消费者的多元化需求。

### 4. 扩大品牌影响，提升品牌价值

品牌的价值在消费者的心中，成功的品牌延伸能使品牌与更多的产品联系在一起，扩大品牌的市场覆盖面，使更多的消费者认知了解该品牌，从而扩大品牌的影响力。同时，同一品牌旗下的不同产品在各自市场上获得成功的美誉交相辉映，必然会增强消费者对该品牌的好感，从而提升品牌的美誉度和忠诚度。

耐克公司一开始主要生产运动跑鞋，随着跑鞋的成功，耐克的产品线进一步扩大，开始生产足球鞋、排球鞋、慢跑鞋、运动服装等。在这一基础上，耐克又进入体育器材制造领域，形成一整套体育运动用品。耐克的品牌延伸，使耐克“运动”、“健身”的形象深入人心，也大大提升了耐克的品牌价值。

## 二、品牌延伸的弊处

品牌延伸的美丽“光环”使许多企业难挡诱惑，然而，品牌延伸也有很大的风险性，盲目的品牌延伸往往会使企业深陷“泥潭”，给企业带来厄运。

品牌延伸的风险表现在以下几方面：

### 1. 淡化原品牌个性

鲜明、独特的品牌个性是打造强势品牌的重要因素，而盲目的品牌延伸往往使新产品脱离了原品牌的个性特征，使消费者莫衷一是，最终淡化、稀释原品牌

的个性。

美国美能公司早年曾推出一种洗发精和润发乳二合一的产品，取名为“蛋白21”，蛋白21上市后深受消费者欢迎，很快就取得了13%的市场份额。然而，美能公司受到品牌延伸的诱惑，接连推出了蛋白21发胶、蛋白21润发乳、蛋白21浓缩洗发精等产品，由于新产品模糊了蛋白21的二合一洗发护发特征，结果流失了不少消费者，蛋白21从13%的市场份额下降到2%。

香港金利来原本是“男人的世界”，所以金利来推出男士西装、衬衫、皮具等无不成功。然而，金利来后来又推出金利来女士提包，金利来护肤系列产品等，显得不伦不类，也淡化了金利来的品牌个性。

立白本来是洗衣粉专家，而立白却将品牌延伸到牙膏、洗发水等领域，立白到底代表什么？立白的品牌个性有点模糊了。

**2. 一损俱损，风险系数大**

众多产品共有一个品牌，那么其中某一个产品出现问题，则会“城门失火，殃及池鱼”，产生“株连”效应，使消费者对该品牌旗下的其他产品也产生不良印象，损害该品牌及其他产品的声誉。

当年南京冠生园的“陈馅月饼”事件被媒体曝光后，冠生园月饼被彻底打入“冷宫”。更为严重的是，全国以“冠生园”命名的其他30多家企业全部受到“株连”，经销商大量退货，商品被从柜台上撤下，30多家无辜的冠生园企业损失惨重。

**3. 产生心理冲突**

品牌延伸是利用原品牌的地位和形象，如果品牌延伸宽度过大，延伸产品性能各异，甚至在用途上存在矛盾，则会让消费者产生心理冲突，消费者只能购买其一，或者两者都不买，进而损害了品牌整体形象。

活力28曾是中国日化行业的一面旗帜，第一个提出超浓缩无泡洗衣粉概念，第一家上市的本土日化企业，第一个在香港闹市亮出广告牌。然而，活力28不甘心于固守日化洗涤领域，将品牌延伸到香皂、洗发水、卫生巾、矿泉水等产品。结果活力28很快尝到盲目延伸的恶果，香皂只能做福利发给自己的职工，活力28矿泉水则让消费者感到里面有洗衣粉味而无人问津。

雕牌牙膏虽然广告投放很大，在渠道等方面也有诸多便利，但终究销量不佳，原因很简单，大家都不愿意“用洗衣粉来刷牙”。

三九集团以“999”胃泰起家，一时间“999”品牌走俏大江南北，成为胃药的代名词。后来三九集团把“999”品牌延伸到啤酒上，胃药保护胃的功能与啤酒伤胃的作用是相互抵触的，难免使消费者产生心理矛盾冲突。

同样，娃哈哈生产出童装，荣昌“肛泰”推出感冒药，都让消费者产生心理冲突，使其品牌陷入自相矛盾的境地。

## 第二节 品牌延伸的规律及原则

品牌延伸对智者来说是一场饕餮盛宴，而对愚者来说则是一场可怕的噩梦！所以企业品牌延伸应该全方位理性思考，谨慎决策，既要有效回避和降低品牌延伸的风险，又要抓住机遇，该出手时就出手！

### 一、品牌延伸规律性的探索

通过对大量品牌延伸成功与失败案例的分析，我们发现品牌延伸有如下规律。

**规律一：品牌核心价值包容力强弱同品牌延伸力成正比**

体现身份或表达情感型的品牌，其品牌核心价值往往体现人的价值观，抒发人的情感，其品牌核心价值包容力较强，则品牌延伸力也较强，能够延伸覆盖多种类产品。

海尔的品牌核心价值是“真诚到永远”，“真诚”的包容力很强，所以海尔的产品从冰箱延伸到彩电、空调、热水器等几十种家电产品，且获得成功。雀巢的品牌核心价值是“温馨，有亲和力”，所以雀巢能包容咖啡、奶粉、冰激凌、柠檬茶、矿泉水等多种产品，并广为消费者所接受。

功能利益型的品牌，其品牌核心价值往往突出产品的功能等“卖点”，会使消费者对品牌产生很强的产品功能、特色等方面的具体联想，品牌核心价值包容力较弱，则品牌延伸力也较弱。例如，欧莱雅雪颜专业美白的“显著提亮肤色，即刻白皙”，隆力奇蛇油膏的“防冻防裂、滋润保湿”，高露洁的“没有蛀牙”等，这些品牌的产品则很难延伸到其他领域。

科普菲特曾提出过一个品牌内涵与品牌可延伸空间模型，通过该模型可看出：品牌内涵越抽象，则品牌延伸力越大；品牌内涵越具体，则品牌延伸力越弱。

**规律二：品牌美誉度高低同品牌延伸力成正比**

美誉度较高的品牌往往拥有良好的信誉和消费者的信赖，消费者往往基于对原品牌的信赖，能在短时间内接受品牌延伸的新产品。相反，美誉度一般的品牌，其延伸的产品往往令消费者怀疑企业的能力和动机，较难获得成功。西门子、飞利浦、雀巢、达能、3M、海尔等品牌延伸的成功与其较高的品牌美誉度是密不可分的。

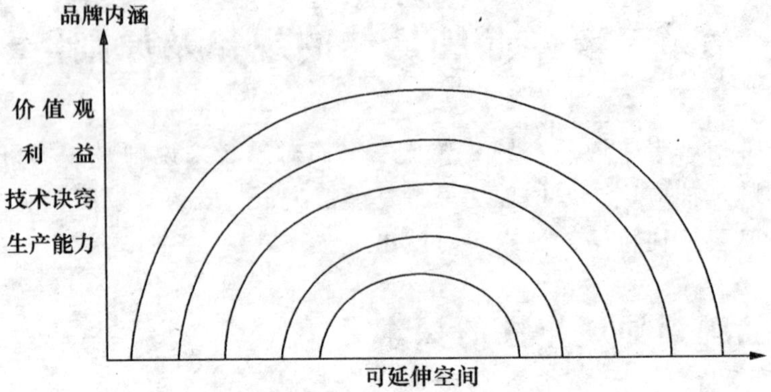


品牌内涵与品牌可延伸空间模型图

## 规律三：品牌垂直延伸往往是死胡同

垂直延伸是指企业推出同一品牌的低档产品或高档产品。

高品质品牌推出低档产品，往往会损坏品牌原有的高贵形象，挫伤原消费群体的积极性，稀释原品牌的价值，给企业造成难以弥补的损失。

美国派克公司是钢笔的发明者，派克品牌也形成了“超凡脱俗、卓然出众”的内涵个性，特别是1962年，派克公司获准成为英国皇室书写用具和墨水的独家供应商，派克钢笔成为了伊丽莎白二世的御用笔，这件事更使派克金笔身价倍增，成为一种高贵身份的象征。1982年，派克公司新任总经理詹姆斯·彼得森上任后，为了扩大市场份额，做出了一项足以使派克公司致命的错误决策：全力生产定位于3美元以下的中低档钢笔。结果派克公司投入不少，不但没有顺利打入低档笔市场，反而使其高档笔的市场份额下降了17%，派克公司高档金笔的霸主地位迅速被竞争对手克罗斯公司所取代，克罗斯公司的产品当时拥有50%的市场份额，一跃成为美国制笔业的领袖品牌。1986年2月，派克公司被英国一家公司以1亿美元的价格收购。

20世纪80年代，美国通用汽车公司曾把凯迪拉克品牌延伸到档次较低的汽车上去，取名凯迪拉克·雪马龙。然而，不仅凯迪拉克·雪马龙未能取得预期的销售业绩，而且过去购买凯迪拉克的顾客也渐渐失去了对它的钟情，到20世纪80年代中期，凯迪拉克的销量显著下降。

低品质形象的品牌也很难向高档产品延伸，因为品牌的低档印象已经在消费者心中根深蒂固，很难产生扭转。

国际上许多轿车公司推出高档汽车时，都采用了独立的新品牌名。比如，丰田公司推出高档车取名雷克萨斯，本田的高档车为阿库拉，大众旗下是奥迪，宝马收购劳斯莱斯依然保持它的独立性。这些汽车公司之所以要保持高档车品牌的独立性，就是怕原有的中档车品牌形象对高档车产生不利影响。

同样是轿车，奇瑞 QQ 有着骄人的业绩，且已成为微型轿车的代名词，但奇瑞品牌 2006 年相继推出 V5 多功能轿车和 A5 轿车，前景会怎样呢？令人担忧。

### 规律四：品牌如果成为某类产品的代名词，则很难延伸其他类产品

如果某一个品牌成为某一类产品的代名词，那么延伸推出其他类产品就很难被消费者接受，品牌延伸也很难成功。

施乐是一个复印机品牌，在消费者心中已成为复印机的代名词。然而，1970 年施乐公司异想天开，把自己和 IBM 看齐，将品牌延伸到信息行业，号称“我们可以解决你信息方面的全部需要”。然而，不管施乐卖什么，似乎总是摆脱不掉复印机的影子，施乐 10 亿美元的计算机投资有去无回，8500 多万美元的数据系统投资也打了水漂儿，它们建立的以太网办公网络也以失败而告终，后来施乐把全部人力、财力都投入到办公自动化战役之中，但还是无功而返。全世界的消费者都把施乐看成复印机的代表，而不是信息的载体，所以施乐偏离主营业务的努力都以失败而告终。

无独有偶，IBM 几乎是电脑的代名词，但后来 IBM 发现施乐做复印机挣了很多钱，忘掉了对手的教训，其产品也延伸到复印机领域，结果也是败走麦城，挥泪退出。

Clorox 是一个知名品牌，几乎成了漂白剂的代名词。1988 年，Clorox 推出有漂白功能的洗涤剂，挑战宝洁公司，宝洁公司也推出具有漂白功能的洗涤剂——Tide，进行反击。为了战胜宝洁，Clorox 在后来的三年中不惜投入 2. 25 亿美元的巨额推广费用，然而却收效甚微，只获得了 3% 的市场份额，而 Tide 却获得了 17% 的市场份额，最终 Clorox 只能挥泪退出洗涤剂市场。Clorox 败北的一个重要原因就是，Clorox 品牌在消费者心中几乎成了漂白剂的代名词，消费者很难把它同洗涤剂联系起来，所以最终被宝洁旗下的 Tide 打败。

烟台荣昌制药的产品荣昌肛泰曾经家喻户晓，“贴肚脐，治痔疮”的广告使荣昌制药这个品牌曾一度成为治疗痔疮的代名词。后来荣昌制药又向其他领域延伸，结果都未能像荣昌肛泰那样成功。

## 二、品牌延伸的基本原则

那么，企业怎样才能用好品牌延伸这把“双刃剑”，使自己成功品牌的价值得到最大限度的挖掘呢？一般来说，品牌延伸应该遵循以下基本原则。

## 原则一：符合同一品牌核心价值

品牌的核心价值是品牌的精髓，是消费者对品牌的理解和概括。一个成功的品牌有其独特的核心价值，若延伸的新产品符合品牌核心价值，就可以大胆地进行延伸。在品牌延伸时，最忌讳的就是延伸产品背离原品牌核心价值，引起消费者的迷惑甚至不满，最终淡化、稀释了品牌的个性。

可以说，符合同一品牌核心价值是品牌延伸众多因素中最重要的一条，许多品牌延伸成功与失败的案例都可以从是否遵循这一规律中找到答案。

3M 公司旗下共有 67000 多种产品，最常见的就是我们办公桌上的即时贴。虽然 3M 的产品看上去很杂乱，但是这并没有影响 3M 的品牌形象，因为，3M 品牌的核心价值“创新”贯穿于所有产品中。3M 每年开发的新产品多达 200 多种，几乎每隔一至两天就有一项新产品问世。消费者看到任何一款 3M 产品，都会马上联想到“这又是 3M 的新产品”。

“二战”之前，美国的高档豪华车并非凯迪拉克而是派卡德（Packard）。派卡德曾是罗斯福总统的坐骑，体现着尊贵和身份。然而，20 世纪 30 年代中期，派卡德公司经受不住诱惑，推出中等价位车型——“快马”（Clipper），“快马”尽管销得不错，但背离了派卡德“尊贵”的品牌核心价值，派卡德的王者之气不复存在，从此走向衰落。

保时捷（Porsche）是德国的一个顶级跑车品牌，享誉世界。在消费者心中，保时捷就代表着 6 汽缸、引擎后置的 911 系列跑车，这种清晰的定位曾经使保时捷深受消费者追捧。2000 年，通用从每一辆售出的汽车中可获利 853 美元，而保时捷却可以获利 7350 美元。然而，为了进一步扩大市场份额，保时捷也进行品牌延伸，20 世纪 70 ~ 80 年代，保时捷尝试进军小车市场，先后与大众汽车、奥迪汽车联合推出了引擎中置的 914 及引擎前置的 924，结果这两款车型都未被消费者接受而夭折。1978 年，保时捷又推出引擎前置、V8 动力的 928 车型，最后也挥泪退出。其实，保时捷引擎后置的 911 系列跑车已深入人心，对于保时捷的爱好者来说，其他类型的汽车都不是真正的保时捷。

## 原则二：新老产品属性具有相关性

品牌延伸的新产品应与原有产品属性具有相关性，较高的产品关联度会导致消费者因为同样或类似的理由而认可并购买某一个品牌。

海尔从冰箱延伸到空调、洗衣机时，这些家电产品的关联度较高，所以取得成功，但后来又延伸到手机领域，产品跨度太大，相关性较弱，且手机市场内摩托罗拉、诺基亚等强手林立，所以失败也是在所难免。海尔曾进军药业，“国酒”茅台延伸到啤酒、葡萄酒，娃哈哈延伸出关帝白酒、童装，传统家电企业奥克斯集团进军汽车业，三九胃泰延伸出三九啤酒，都因为延伸前后的产品相关性较弱而以失败告终。

这样的品牌延伸不但没能借助原品牌的影响力，而且还会稀释原品牌的价值。

### 原则三：延伸产品具有良好的市场前景

消费者对品牌的记忆，通常在一个品类中不会超过7个。这就说明，一个品牌延伸一个新产品如果不能进入市场的前几名，则很可能面临被淘汰的结局。

品牌延伸应尽量避开那些已经被强势品牌牢牢占据的细分市场，而选择那些竞争对手相对弱小的市场或新兴市场，在一个强势品牌林立的市场里，强势品牌会依靠自身多年积累的优势，把任何一个想进入该市场的后来者扼杀于摇篮之中。所以，企业进行品牌延伸，一定要争做池塘里的大鱼，如果延伸产品的市场竞争不激烈，不存在现有的大鱼，就可以大胆地进行品牌延伸，反之，则要谨慎行事。

1995年，娃哈哈品牌延伸推出纯净水，进入成人饮料市场。娃哈哈原本是一个童趣、可爱的儿童品牌，而娃哈哈纯净水则展示了其青春、时尚的成人品牌形象，娃哈哈品牌的这次“变脸”行动使其面临很大的挑战。然而，娃哈哈纯净水获得了很大成功，1997年娃哈哈纯净水销售额超过5亿元。娃哈哈纯净水之所以能够获得成功，很重要的一个原因就是，中国市场远不够成熟，在娃哈哈、乐百氏之前，中国纯净水市场一直未出现全国性领导品牌，这就给品牌延伸带来很大的成功机会。

同样，美的进军煤气灶、排油烟机、热水器等市场，在缺少广告投入的情况下却获得了成功，主要原因就是在燃具、灶具市场上缺少真正强势的品牌，美的以自己的品牌优势而力克群敌。

相反，中国许多家电品牌延伸到手机市场的结果却不那么幸运。在手机市场上，诺基亚、摩托罗拉、三星等品牌巨头傲然屹立，尽管海尔、TCL、联想等本土手机品牌使出了价格、渠道等“杀手锏”，但最终还是全线溃败，2007年4月消费调研中心ZDC对中国手机市场进行的关注度调查显示，消费者对海尔、TCL、夏新和康佳的手机关注度均低于1.1%，还不及位列第一的诺基亚（45.8%）的1/40。

宁波奥克斯进军汽车市场也以失败而告终。奥克斯原本是一家以生产空调为主的家电企业，2003年禁不住国内汽车市场的诱惑，奥克斯盲目进行品牌延伸。2003年7月，奥克斯与沈阳农机集团达成协议，出资4000万元收购双马汽车95%的股权，从而获得了皮卡和SUV等车种的生产许可证。2004年2月24日，奥克斯在北京正式宣布将进军汽车行业，计划在4年之内投入80亿元，最终达到年产45万辆的生产规模。然而，我国的汽车市场竞争激烈，品牌如云，2004年2月，奥克斯SUV在销售了几千辆之后便匆匆退市，不但前期投入的4000万元打了水漂儿，而且还因为产品质量和售后服务等问题严重损害了奥克斯原来空调专家的品牌形象，成为品牌延伸的一大败笔。

另外，品牌延伸要考虑市场竞争格局，市场竞争格局要考虑两个市场，即主导产品市场（用 Mo 表示，即 original market）和延伸产品市场（用 Me 表示，即 extension market），企业应根据两个市场竞争的激烈程度采取不同的延伸策略。

| 主导产品市场的竞争 \ 延伸产品市场的竞争 | 强 | 弱 |
|---|---|---|
| 强 | 不宜做品牌延伸 | 可进行品牌延伸，要保持 Mo 市场的地位 |
| 弱 | 可以进行品牌延伸，但在 Me 市场上要有差别优势 | 适合做品牌延伸 |

**市场竞争格局对品牌延伸决策的影响图**

## 原则四：品牌延伸要有战略眼光

品牌延伸成败的判断存在双重标准，即战略标准和战术标准。有时候从战术角度看是失败的品牌延伸，从战略全局角度看则可能是成功的品牌延伸，反之亦然。品牌延伸应该有战略眼光，站在全局的角度看问题。衡量品牌延伸是否正确，应以延伸后品牌的整体效益是否提升为标准，如果一个品牌延伸后，其原先产品销量略有下降，但品牌的整体收益提高了，那么这样的品牌延伸就值得肯定。

例如，力士进行品牌延伸，产品从香皂扩展到洗发水、沐浴露等，尽管力士的洗发水单项产品收益无法与宝洁的飘柔相提并论，但力士品牌延伸后，整体收益大大提高，力士品牌旗下的所有产品为联合利华创造的收益率并不一定比飘柔为宝洁所创造的收益率低，因此，力士的品牌延伸是值得肯定的。

## 原则五：母品牌具有影响力

品牌延伸就像发射无线电波一样，只有具备足够的辐射能量，才能由内向外把电波发射出去。

利用母品牌的力量是品牌延伸的必要前提，母品牌影响力越大，则品牌的延伸力越强。一个自身尚未成熟的品牌，则意味着它在消费者心目中还没有形成强烈的品牌效应，如果贸然向其他领域延伸，就会令消费者感到困惑，不但难以获得成功，反而会拖累母品牌。

海尔是在生产了 7 年的电冰箱之后才开始向其他产品领域延伸的，这时海尔品牌已具有了很高的知名度、美誉度和忠诚度，这也奠定了海尔品牌延伸成功的基础。

**原则六：品牌延伸应该适度**

品牌延伸固然是企业发展的“加速器”，但是品牌延伸不能一味追求延伸的数量和速度。事实上，任何品牌的内涵都不是无穷无尽的，品牌延伸并非可以无限拉长的橡皮筋，也不是在场上赛跑，速度越快越好。品牌延伸也要适度，只有合理的延伸数量和速度，才能保证品牌延伸的安全，也才能保证企业的健康持续发展。如果品牌延伸的产品过多、速度过快，消费者往往会怀疑企业是否有能力一下子做好这么多产品。一个品牌应该竭力培养自己的核心产品，如果能够把有限的几个产品做强、做大，就胜过几十个没有影响力的产品。

春兰本为空调第一品牌，然而春兰品牌从空调延伸到了电视、冰箱、电脑等许多领域，甚至汽车行业，延伸得太多太快，最终几乎无一成功。

## 第三节　品牌延伸，该出手时就出手

有人称，品牌延伸就像当年成吉思汗横扫欧亚大陆一样，席卷了整个广告和营销界。品牌延伸在西方发达国家的企业十分盛行并取得了很大成就。

世界食品业巨子法国达能公司，其饼干产品在中国市场原来采用的牌子是“LU”和“金纳”，但后来全部改用“达能”，目前，达能旗下的饼干、牛奶、酸奶、奶粉等产品全部使用“达能”品牌，每种产品都创造了销售佳绩，企业总体效益也明显上升。

以雀巢咖啡成名的雀巢品牌，已延伸到矿泉水、饼干、奶粉、巧克力、冰激凌、冰棒等多种产品上，每种产品都卖得不错，雀巢品牌的价值也得到有力提升。

达能、雀巢这样的商业巨子不可谓财力不雄厚，品牌管理经验不丰富，然而，面对推广新品牌高风险、高成本的巨大压力，还是采取了品牌延伸的战略，并成功地用一个母品牌带动了多种相关产品。

在欧美等发达国家，尽管市场竞争十分激烈，但品牌延伸还是被广泛应用，特别是在电器行业，“一牌多品”的模式非常盛行。比如，飞利浦、西门子、日立、三星、LG、惠尔浦、索尼、松下等国际品牌都是一个品牌延伸涵盖几十种甚至上百种产品。

就连宝洁这个执行多品牌战略的企业也不是绝对不搞品牌延伸的，宝洁旗下的玉兰油从护肤品延伸到沐浴液，舒肤佳也从香皂延伸到沐浴露。

目前，中国本土企业普遍发展历史短，规模不大，财力不够雄厚，品牌延伸更应该是本土企业选择的低成本扩张的捷径。品牌延伸的风险固然是有的，但只要遵循品牌延伸的法则，操作得当，就可以把风险降到最低限度，获得企业整体效益的增长。

另外，中国市场目前的现状也决定了品牌延伸还存在着很多机会。

## 一、中国市场中许多行业还缺少强势品牌

在欧美等发达国家，市场高度成熟，已处于重量级的竞争状态，各个行业的细分市场都存在着强势品牌，这些强势品牌成为细分市场的霸主，就像碳酸饮料市场的可口可乐和百事可乐，胶卷市场的柯达，复印机市场的施乐，等等。这些霸主雄踞于市场之中，对任何想进入该市场的后来者都会亮出自己的“杀手锏”，使品牌延伸者几乎无立身之地。比如，20 世纪 60 年代末，IBM 做电脑赚了大钱，通用电气非常眼红，大举进入电脑领域，最后惨败而归。

然而，作为一个发展中国家，中国市场还远不够成熟，与发达国家相比，竞争的激烈程度也属于轻量级的。许多行业群龙无首，还未出现霸主品牌，同时又不断有新的市场机会出现，这就为企业品牌延伸提供了难得的机会。

## 二、中国市场容量巨大，需求多元化

我国 13 亿人口的巨大的市场为品牌提供了广阔的生存空间。我国幅员辽阔，区域间的文化差异很大，市场需求丰富多样，市场上即使有几个霸主品牌，也不可能触及所有的城乡市场，这就为品牌的发展提供了生长的土壤。

比如，奇强洗衣粉就是采取“农村包围城市”的战略，首选了宝洁、联合利华等跨国公司忽视的农村市场而发展起来的。

## 三、中国市场秩序不够完善，呼唤有信誉的品牌涌现

中国市场还是一个发展中市场，市场秩序不够完善，低劣商品充斥市场，比如超标食品、有毒大米、有害建材等屡屡曝光。知名的大品牌往往能得到消费者的信赖，也是消费者购物时放心的选择。所以说，目前中国市场呼唤大批有信誉的品牌涌现。

中国目前的市场环境决定了品牌延伸还存在着很多机会，理性品牌延伸具有很强的生命力。相对于欧美等发达国家而言，品牌延伸更容易获得成功。

然而，目前理论界的许多专家、学者对品牌过度延伸持批评观点。其实，这种批评观点大都受里斯和屈特的定位理论的影响，然而定位理论主要是在美国等发达国家市场实践中总结形成的，运用到中国一定要结合中国市场目前的实际情

况。每推出一种新产品就导入一个新品牌，使品牌成为某一产品、类别的代名词固然是品牌的最高境界，然而这是以巨额投入为前提的，我国大多数企业目前并不具备这样的实力，而且，巨额投入打造一个新品牌也面临着巨大的风险。

娃哈哈原本是一个儿童品牌，其品牌形象是童趣、可爱。1995 年，娃哈哈推出纯净水，品牌形象改为青春、时尚，目标消费群体也从儿童改为成人，娃哈哈的品牌核心价值几乎推倒重来。娃哈哈推出纯净水受到了众多的非议，很多人认为此举非但不能利用娃哈哈的品牌影响力，还会稀释品牌价值，甚至使娃哈哈祸及自身。

然而，宗庆后考虑到娃哈哈当时的财力以及创造新品牌的巨额投入（估计每年要在 1 亿～2 亿元），毅然地坚持了品牌延伸之路。娃哈哈纯净水的推出，非但没有使娃哈哈倒下，反而带给娃哈哈可喜的业绩。而且，娃哈哈借助于纯净水的成功，确立了自己全国性强势饮料品牌的地位。应该说，宗庆后在当时的背景下毅然走品牌延伸之路，推出娃哈哈纯净水是务实的明智之举。

在中国市场，一些企业开始尝试走多品牌路线结果败走麦城，最终还是转向走品牌延伸之路。上海福乐食品公司曾采用多品牌战略，运动饮料用呕啦牌子，乳饮料用全仕，冰激凌用圣麦乐，冷冻食品用天点，结果四面出击，兵力分散，最终没有一个品牌获得成功。

台资企业顶新集团过去也曾采用多品牌战略，顶新旗下的软饮料曾采用康莲品牌，然而，尽管顶新集团资金雄厚，经验丰富，最终也没能把康莲品牌打响，顶新集团最终还是采取了“一牌多品”策略，用康师傅一个品牌延伸覆盖了旗下所有食品饮料产品，包括方便面、纯净水、茶饮料、果汁、八宝粥、饼干、香米饼等。顶新集团也因此发展壮大成拥有 300 多亿元资产的国际化企业集团。

品牌延伸是事关企业成败的战略大事，所以企业既应该谨慎行事，避免品牌延伸的风险，又应该抓住机遇，该出手时就出手，促进企业整体效益的提升。

## 案例解析　娃哈哈品牌延伸之路的反思

娃哈哈的成功很富于传奇色彩。1987 年，娃哈哈创始人宗庆后带领两名退休教师，以 14 万元借款起家，开始了漫漫的创业之路。

娃哈哈公司前身是杭州市上城区校办企业的经销部，创业之初宗庆后靠两口大锅、三个罐子生产娃哈哈口服液，1990 年凭借“喝了娃哈哈，吃饭就是香”的广告词，使娃哈哈一举成名。

1991 年在杭州市政府的支持下，娃哈哈公司兼并了杭州罐头食品厂，成立了杭州娃哈哈集团公司，并延伸推出了多种产品。1991 年娃哈哈成功推出了果奶；1995 年，娃哈哈以“我的眼里只有你”的广告进军纯净水行业，并获成功；

1998 年娃哈哈非常可乐上市；2001 年娃哈哈进军茶饮料……

目前娃哈哈已成为中国最大的食品饮料企业，旗下拥有纯净水、乳饮料、碳酸饮料、罐头食品、医药保健品等六大类三十多种产品，其中纯净水、乳饮料、八宝粥罐头多年来销量一直位居全国第一，娃哈哈连续多年成为中国饮料行业的营业规模和利税的双料冠军，被誉为“中国饮料之王”。

娃哈哈的成长之路，就是一条品牌不断延伸，产品不断扩展之路，分析娃哈哈品牌延伸的得与失，也带给我们许多启示。

## 推出果奶，成功之举

娃哈哈儿童营养液由于切中了儿童市场的空白点，并在强力广告的推广下，其销售额直线上升，1990 年销量突破亿元，1991 年更是增长到四个亿，娃哈哈迅速成为一个家喻户晓的儿童营养液品牌。

1992 年，娃哈哈又推出针对儿童消费市场的第二个产品——果奶，从营养液向果奶的延伸是娃哈哈品牌延伸的第一步，也是成功的一步。

娃哈哈儿童营养液的产品诉求是“给小孩子开胃”的“营养饮品”，而娃哈哈果奶目标消费群体仍聚焦于儿童，更突出“有营养”和“好味道”，与儿童营养液基本处于一类诉求点，这次品牌延伸不存在和原来品牌利益的冲突，是稳健成功的。甚至宗庆后事后都不把它看做一次真正意义上的延伸，“而更应该说是产品线的扩张”。

在当时的市场上，虽然已有不少其他同类竞争品牌，但娃哈哈凭借强大的品牌影响力，以及两年来积累的销售渠道和生产能力，使果奶迅速突入市场，一度占据果奶市场的半壁江山。

娃哈哈果奶的推出，拓展了娃哈哈品牌的经营空间，也更增强了娃哈哈品牌的价值及影响力，所以说，娃哈哈推出果奶，迈出了成功的一步。

## 突入纯净水，品牌变脸

娃哈哈经过营养液和果奶的发展和积累，实力逐渐雄厚，扩张欲望也日益强烈，1995 年，娃哈哈决定沿用“娃哈哈”品牌生产纯净水，突入成人饮料市场。

娃哈哈原本是一个儿童品牌，其目标消费群体是儿童，品牌形象也是童趣、可爱，娃哈哈推出纯净水可以说是娃哈哈品牌的一次“变脸”，娃哈哈纯净水“我的眼里只有你”、“爱你等于爱自己”等广告展示了其青春、活力、时尚的品牌形象，目标消费群体也改为成人，一个儿童品牌如何能打动成人的心，娃哈哈面临很大的挑战。

从理论上讲，娃哈哈起家的营养液和新产品纯净水有较大的差别，娃哈哈品牌内涵从童趣、可爱转向青春、活力、时尚，品牌核心价值几乎推倒重来。因此，娃哈哈的品牌“变脸”受到了众多的非议，很多人认为此举非但不能利用娃哈哈原有的品牌优势，还会让品牌个性变得模糊，甚至还有人预言娃哈哈会因品牌“变脸”而伤及自身。

出乎意料的是，娃哈哈不但没有倒下，反而发展壮大，1997 年娃哈哈总销售额超过 20 亿元（其中纯净水超过 5 亿元，八宝粥超过 1 亿元），2001 年总销售额更是超过 60 亿元。而且，娃哈哈借助于纯净水的成功，确立了自己全国性强势饮料品牌的地位，“变脸”后的娃哈哈更有了海阔天空之感。

## 挑战“两乐”，夹缝求生

娃哈哈在纯净水的胜利面前并没有止步，1998 年，娃哈哈毅然推出了非常可乐，杀入被可口可乐和百事可乐把持的碳酸饮料市场。

娃哈哈这次推出非常可乐没有单纯地进行品牌延伸，而是采用了较为稳妥的品牌延伸方法——隐性品牌策略，即使用娃哈哈和非常可乐两个联合品牌，使品牌延伸和联合品牌相互渗透，能同时提升两个品牌的影响力。

“两乐”一直是碳酸饮料市场的霸主，不但品牌影响力巨大，而且企业实力雄厚，非常可乐要想在夹缝中求发展，面临着重重挑战。

值得称道的是，娃哈哈采取了“农村包围城市”的战略，以二级市场、农村市场作为产品切入点，成功地避开了被“两乐”牢牢盘踞的大中城市。

非常可乐在“两乐”夹缝中取得了初期小胜，2003 年，非常可乐全年的销量超过 60 万吨，而同年百事可乐在中国的销量不过 100 万吨。同时，娃哈哈在非常可乐下又延伸出非常甜橙、非常柠檬等产品，挑战“两乐”旗下的芬达、雪碧、七喜和美年达。另外，娃哈哈还推出了非常茶饮料，进军被统一、康师傅盘踞的茶饮料市场。

事实上，非常可乐之所以能在夹缝中求生存，主要得益于其“农村包围城市”的营销策略的成功，而与其品牌战略关系不大。

1998 年的娃哈哈已和 1995 年时不可同日而语，此时的娃哈哈已是一个积累了数十亿资产的大企业，雄厚的实力使得娃哈哈完全有能力再树一个新品牌。而且，宗庆后认为，娃哈哈品牌缺乏一种霸气，在支撑“中国人自己的可乐”的品牌定位上力量不足，拿“娃哈哈”命名可乐具有风险性。

## 拓展童装，能否辉煌

2002 年 8 月间，娃哈哈在业务上又进行了一次大胆的飞跃，开始进军童装行业，希望打造中国童装第一品牌。娃哈哈宣称它们的战略目标是 2002 年年底在全国开 2000 家专卖店，计划年销售额 10 亿元，娃哈哈童装的运作方式是以 OEM 进行贴牌生产，委托专业童装设计单位完成设计，以零加盟费的方式完成专卖店的布局。

然而一年后，800 个专卖店的建立、2 亿元的销售额和巨大的投入显然不相匹配。初次受挫后，宗庆后并不承认是品牌延伸上的问题，坦言是“对整个市场需求的估计不足”。

娃哈哈拓展童装，能否再现辉煌呢？

不可否认，中国儿童近3亿人，而我国童装年产量不到6亿件，童装市场可谓潜力巨大，并且行业内长期以来尚无强势品牌。然而，童装行业同饮料业有所不同，童装是一个消费需求多元化、个性化的行业，这也是目前国际童装市场上尚无一呼天下应的主导品牌的原因，娃哈哈以饮料行业的运作模式进入个性化需求的童装行业，确实面临一定风险。

据宗庆后所言，娃哈哈多年积累的巨大品牌影响力至少为娃哈哈童装节约数千万甚至上亿元的品牌建设费用，娃哈哈童装的市场推广费用可能仅需要同类品牌的1/3～1/2，这是娃哈哈进军童装业的最大竞争优势。然而，综观国际童装市场，还没有一个仅靠广告获得成功的品牌，娃哈哈的品牌影响力只能带给童装一定知名度和首次购买行为，并不能带给娃哈哈童装长久的美誉度及消费者的忠诚度，所以娃哈哈童装要想成功，还有很长的路要走。

最为关键的是，娃哈哈经过多年的发展，采取了一系列淡化儿童形象的措施，以“我的心里只有你”的广告进军成人饮料市场，使娃哈哈从一个童趣、可爱的儿童品牌变成了现在青春、活力、时尚的成人品牌，其儿童性基本上荡然无存了。那么推出童装无疑是对娃哈哈现在品牌核心价值的颠覆，对旧品牌核心价值的复辟，让消费者对品牌内涵产生模糊理解，会大大影响消费者对娃哈哈品牌的忠诚度。而且，纯净水和童装之间很可能是一种此消彼长的关系，这对于娃哈哈品牌的损害是无法估量的。

另外，饮料同服装产品跨度太大，关联度太低，很难产生直接的联想。如果可口可乐也推出可口可乐T恤衫，那么消费者会以为这是一个服装品牌还是可口可乐的促销赠品呢？

总而言之，娃哈哈要获得童装的成功要克服行业差异、品牌延伸等多种障碍，即使娃哈哈童装获得了成功，也会面临对娃哈哈纯净水、茶饮料青春、时尚的品牌形象稀释的风险，娃哈哈童装的年目标营业额只有10亿元，而娃哈哈纯净水、茶饮料的营业规模已达30亿元，娃哈哈冒“30亿元”被损害的风险而追逐“10亿元”的利益，是否是“舍本逐末”之举呢？

## 止步石油，明智之举

2007年3月7日，娃哈哈集团董事长宗庆后透露，娃哈哈已经放弃向石油领域扩张的计划，巨大的投资风险及三大国有石油商的“垄断地位”，使娃哈哈望而止步，最终选择放弃。

此前，宗庆后曾多次在公开场合畅谈自己的能源梦想，在宗庆后的战略构想中，饮料等快速消费品很难做成航空母舰，进入石油等能源领域会有更大的发展空间，也许10年后娃哈哈的销售额就能达到1000亿元，尽管“标准石油”的公司名字都已想好，然而详细的市场调研最终让宗庆后不得不放弃了能源的梦想。

娃哈哈止步石油，应该说是明智之举。

多元化经营是中国许多企业家的共同理想，2006年，三大国有石油商狂赚2000亿元，面对这样的诱惑，宗庆后动心也不足为怪。

然而，虽然国家目前已经放开了石油行业的经营权，但是石油领域的竞争还不是公平的市场竞争，规模小、资金少、起步晚、技术力量弱等都成为民营企业难以跨越的障碍。一些民营企业进军石油领域铩羽而归的事实一再证明，石油领域对民营企业而言依然是海市蜃楼。中国首家民营石油联合企业——长联石油，其“海外找油”的梦想还未实现，却已面临注册资金耗尽、成员企业不断减少的窘境。

娃哈哈作为中国饮料行业叱咤风云的知名品牌，经过多年的市场锤炼，已积累了丰厚的品牌及人才、渠道等方面的优势，这也是宗庆后虽然遭受国际品牌的市场打击和资本并购的多重挑战仍然顽强地坚守娃哈哈这一品牌的原因，然而娃哈哈的种种优势都是在食品饮料行业，进入石油行业这个全新的领域，娃哈哈许多方面势必要从零开始，在缺少核心竞争优势的情况下，娃哈哈必然面临巨大的风险。

其实，中国的饮料市场潜力依然巨大，可口可乐能将碳酸饮料做成全球第一品牌，说明娃哈哈在食品饮料行业还有漫长的路要走，充分发挥自身的品牌优势，发掘传统产业的新价值，才是娃哈哈的应走之路！

## 案例解析　莱阳“一枝笔”为何终成“败笔”

曾几何时，山东天府集团的“一枝笔”莱阳梨汁创造出了骄人的业绩，2000年“一枝笔”在全国果汁饮料中排名前五位，在全国各地设立了36个销售分公司，构建起一个由1000多家代理商和1000多家分销商组成的销售网络，并且进军海外市场，在荷兰、马来西亚设立了分公司，一时间，“一枝笔”成为行业中一匹引人注目的黑马。

然而，短短几年时间便是冰火两重天，2005年全国糖酒会冠名赞助商已非连续多年的“一枝笔”了，“一枝笔”的展位也已不见踪影。如今“一枝笔”在全国各地的分公司、办事处早已人去楼空，原来1300多人的公司，如今只剩下40多人，还不时有经销商到天府集团总部讨债……

一个曾经书写骄人业绩的“一枝笔”，一个意欲打造世界级品牌的“一枝笔”，为何短短几年间就风光不再，终成“败笔”呢？

## 曾经是行业中的一匹黑马

莱阳盛产梨，莱阳梨以甘甜适口、个儿大质脆、消炎降火、润肺止咳而驰名中外，难怪俗语称“烟台苹果莱阳梨，乐陵小枣甜如蜜”。然而莱阳梨却不宜久放，因此世人往往只知其名，却难享口福。1998 年，山东天府集团不惜重金聘请了德国、韩国专家进行科技攻关，解决了莱阳梨深加工中的难题，于是原汁原味且能长期储存的新产品莱阳梨汁问世了。

为了能让莱阳梨汁一鸣惊人，山东天府集团将其命名为“一枝笔”，天府集团认为：笔代表着对优秀文化的传承，莱阳梨汁取名“一枝笔”则寓意着企业传承了莱阳梨名扬四海的光荣历史（其实莱阳梨汁取名“一枝笔”是一个典型的败笔，“笔”与“梨汁”风马牛不相及，而且很容易让消费者联想到浓黑的墨水）。

2000 年初，中国饮料市场在经历了碳酸饮料热、饮用水热、茶饮料热之后进入了果汁饮品热，迎来了果汁饮料的春天。国内市场陆续产生了茹梦、椰树、露露、三得利、汇源等知名品牌，然而这些品牌大都产品品质差异不大，价格定位相近，替代性很高，这样的市场背景环境为“一枝笔”莱阳梨汁通过差异化策略顺风而上，脱颖而出创造了有利的条件。

从 2000 年 1 月起，天府集团在央视黄金时段和其他各大媒体投入 5000 多万元，进行广告宣传，同时，还积极开展公关和公益活动，提升“一枝笔”的品牌影响力并拉动市场销售。一时间，“一枝笔”广告语“新鲜纯正百分百”响彻大江南北，“一枝笔”莱阳梨汁迅速走俏果汁饮料市场。

2002 年，天府集团导入整合营销理念，并聘请著名影视明星范冰冰出任产品的形象代言人，范冰冰清新、健康的时尚形象与“一枝笔”的品牌诉求吻合一致，范冰冰作为形象代言人还与央视主持人鞠萍亲临现场参加“一枝笔”的系列促销活动。

天府集团在良好的市场条件下，抓住时机，顺势而上，着力构建覆盖全国的营销网络，在全国各地设立了 36 个销售分公司，构建起一个由 1000 多家代理商和 1000 多家分销商组成的销售网络，并且进军海外市场，在荷兰、马来西亚设立了分公司。

天府集团不但创造出了骄人的业绩，而且树立了“一枝笔”良好的品牌形象，2000 年初，“一枝笔”在当时全国果汁饮料中排名第九，然而短短 3 个月后，其排名就上升到前五名，成为我国果汁饮料行业中引人注目的一匹黑马。

## 品牌过度延伸将“一枝笔”拖入泥潭

随着国内果汁饮料市场的不断升温，天府集团经不住诱惑，急忙扩大产能，满足市场需求。2002 年，天府集团斥资 6 亿元，计划用 3 年时间在莱阳市建立占地1000亩，具有高标准的“山东天府工业园”。一期园内规划包括年产4万吨的浓缩果汁生产区、20万吨果汁饮料罐装区和年产2亿多个瓶罐制瓶制桶制罐区，还有水气暖配置中心。

如果说“山东天府工业园”一期工程是为了扩大产能而无可厚非的话，那么二期“脱水蔬菜工程”和三期的“浓缩果浆工程”则与莱阳梨汁就相距甚远了。

为了充分利用“一枝笔”的品牌效应，天府集团又出品了“一枝笔”二锅头、“一枝笔”红葡萄酒。另外在果汁饮料方面，相继推出了三大系列：莱阳梨汁系列、复合果汁系列、果汁奶系列。

不难看出，“一枝笔”在品牌延伸方面犯有两个致命性错误：

（1）延伸产品跨度太大。“一枝笔”在消费者心中曾是莱阳梨汁的代名词，天府集团又推出复合果汁系列、果汁奶系列等产品勉强还能被接受，然而又推出二锅头、红葡萄酒产品跨度太大，毫无关联性，不但借不到“一枝笔”的品牌影响力，还稀释了品牌价值。

（2）延伸的产品与品牌内涵自相矛盾。“一枝笔”原品牌定义为“权威的象征，更是高贵品质和高尚境界的象征”，后又请范冰冰做品牌代言人，将“一枝笔”塑造成了健康、清新的时尚形象。但公司后来却将“一枝笔”冠名在二锅头酒上，二锅头是一种较为浓烈的中低档酒，与“一枝笔”品牌内涵大相径庭。

应该说，企业充分利用已经建立起来的品牌影响力，进行科学的品牌延伸是企业扩大规模，快速发展的一条捷径。然而天府集团在“一枝笔”获得成功之后，没有专注于莱阳梨汁，并进一步将其做强做大，而是头脑膨胀，疯狂扩张至与梨汁无关的行业，结果不但延伸产品一无所获，还使“一枝笔”品牌形象日益模糊，将企业一步步拖入泥潭。

## 盲目跟进功能型饮料使“一枝笔”雪上加霜

因为天府集团疯狂扩张与梨汁无关的行业，2003年起，“一枝笔”销量明显下滑，这一年全年的收入才6000多万元，还不到2002年的一半。到了2004年，各销售终端如果不促销，产品就很难卖得动了。

企业的销售收入急剧下滑，“山东天府工业园”又像无底洞，不断吞噬着现金流，天府集团的资金链开始出现危机。由于前两年贷款的本息还没有还清，银行便以银根紧为由拒绝了天府集团的贷款请求。

困境中的天府集团不得不做出决定，让工业园工程下马，并要求市场部进行市场调研，找出销售下滑的症结所在。

市场部经过周密的市场调查，得出结论：近年来果汁饮料市场竞争激烈，已进入了微利时代，只有开发新产品才能拯救企业。

2003年突如其来的一场“非典”疫情，让消费者认识到提高身体免疫力的重要性，也让功能型饮料大受欢迎。娃哈哈的“激活”、乐百氏的“脉动”、康师傅的“劲跑”、农夫的“尖叫”、统一的“体能”等，纷纷亮相登场。

在这种情况下，“一枝笔”的功能型运动饮料新产品——“动感一代”也问世了。天府集团对“动感一代”寄予厚望，尽管资金匮乏，但为了提高品牌影响力，还是斥巨资取得了2004年3月糖酒会的独家冠名赞助权。

于是，“动感一代”的“动起来，更精彩”广告布满了糖酒会的主会场、分会场乃至成都的大街小巷，公司还通过公关手段，把饮料送到了会场附近的三星级以上的酒店，让住客免费品尝。糖酒会几乎成为“一枝笔”、“动感一代”树立品牌形象的大舞台。

然而，尽管“一枝笔”有很大的品牌影响力，但经销商似乎对“动感一代”并不太感兴趣。不过，天府集团并没有气馁，它们通过在各地的分公司和办事处将“动感一代”铺到终端渠道，同时制定了一系列的终端促销策略，然而结果依然收效甚微。

天府集团没有深刻认识到功能型饮料的发展态势，就盲目地跟进，“动感一代”的问世不仅没能让天府集团脱离泥潭，反而使其雪上加霜，以致工厂停工。

另外特别值得一提的是，2001年，“一枝笔”首次独家冠名赞助糖酒会，在糖酒会上交易额高达3个多亿。冠名赞助的成功，误导了天府集团，它们竟把品牌的宣传推广全押在赞助糖酒会上，2003年之后基本停止了广告宣传。

## “一枝笔”败落的反思

尽管莱阳梨汁起名为“一枝笔”可以说是一个败笔，然而“一枝笔”初期还是取得了巨大成功，这主要是因为：①莱阳梨闻名世界，莱阳梨坐拥天然的地域资源优势，是其他产地的梨所无法比拟的；②“一枝笔”将莱阳梨汁等同于莱阳梨，“一枝笔”又成了莱阳梨汁的代名词，可以说“一枝笔”是该品类的No. 1，在市场上几乎没有竞争对手；③“一枝笔”强势的广告宣传快速提升了品牌知名度，使品牌迅速脱颖而出。

然而，遗憾的是，“一枝笔”没有发挥自身优势，最终使“一枝笔”成为“败笔”。分析“一枝笔”失败的原因，主要是因为：

(1) 盲目的品牌延伸。“一枝笔”在成功之后，舍弃了“莱阳梨汁”之本，盲目延伸出与莱阳梨汁无关的产品，本来“一枝笔”曾一度成为了莱阳梨汁的代名词，然而品牌的盲目延伸最终使“一枝笔”落入什么都不是的尴尬境地。

(2) 盲目跟进功能型饮料。应该承认，2003年的“非典”疫情确为功能型饮料发展提供了市场需求，使果汁饮料受到一定的冷落。然而，功能型饮料的市场还没有真正培育起来，而且，随着“非典”疫情的渐去，功能型饮料也会随之降温。遗憾的是，天府集团盲目跟进，战略上的失误，把“一枝笔”逼入了绝境。

（3）沟通对象选择失误。“一枝笔”2003年后停止了广告宣传，只独家冠名赞助糖酒会，只倾情于经销商，却冷落了消费者，要知道，销售的最终话语权在消费者那里，如果没有同消费者的良好沟通，渠道做得再出色也无济于事。

（4）并未找到产品差异化的最佳卖点。“一枝笔”的广告语是“新鲜纯正百分百”，要知道“新鲜”是所有果汁饮料的共同卖点，并不是“一枝笔”莱阳梨汁所独有的。而消炎、降火、止咳、润肺、化痰的特点才是它所独有的，却没有进行很好的放大宣传。

# 第八章　品牌传播

品牌可以靠品质、服务、口碑，像滚雪球一样慢慢滚大，然而，当你的品牌慢慢滚大时，别人的品牌已经实现了跳跃式的发展，而传播正是品牌跳跃的翅膀。

有人说品牌是“卖”出来的，有人说品牌是“炒”出来的，其实，无论品牌是何种形式产生的，都离不开传播。品牌形成的过程，实际上就是品牌通过持续有效的传播而逐渐占据消费者心智的过程，传播使可口可乐、诺基亚、柯达、全聚德等百年品牌跨越时空，生生不息；传播也使蒙牛、王老吉等新品牌一鸣惊人，迅速飙红……

## 第一节　传播给品牌插上翅膀

所谓品牌传播，实际上就是企业以品牌的核心价值为原则，在品牌识别的整体框架下，选择广告、公关、新闻、促销、终端生动化等传播方式，将品牌推广出去，以建立品牌形象，促进市场销售。

传播是品牌飞翔的翅膀，是品牌和消费者之间的纽带。通过品牌的有效传播，可以实现品牌与目标市场的有效对接，不断提升品牌的知名度、美誉度、忠诚度，积淀品牌文化，提升品牌价值。

20 世纪 90 年代起，整合营销传播（IMC）理论日渐风靡西方，以宝洁、AT&T、索尼等跨国巨头为代表的众多企业在制定市场策略时，已经越来越倾向于以 IMC 理论为指导。近几年，IMC 理论逐渐为国内专业人士认知并称道，有的人甚至称其为“教战守策”。

整合营销传播理论的创始人唐·舒尔茨博士曾对 IMC 理论作过如此定义：以消费者为核心重组企业及市场行为，综合协调使用各种传播方式，以统一的目标和统一的形象，传播一致的品牌信息，实现与消费者的双向沟通，迅速树立品牌在消费者心目中的地位，有效地达到品牌传播和产品行销的目的。

可见，整合营销传播的核心是消费者，企业品牌建设的一切工作都要围绕消费者进行，建立和消费者之间牢固的关系。企业应把一切营销传播活动，如广告、公关、促销、新闻、包装、产品开发等以一个方向、一种秩序整合在一起，用“同一个声音”说话，增强品牌传播的一致性和完整性，实现品牌传播资源利用率最大化。

## 一、品牌传播的五大法则

在品牌决定生存的今天，众多品牌为了争夺消费者的心智资源，展开了品牌传播的博弈。那么如何实现品牌传播的最优化呢？

### 法则一：与众不同

品牌传播只有与众不同才能在浩如烟海的品牌丛中夺人眼球，一鸣惊人。

我们生活在一个信息泛滥的年代，每天成千上万的信息环绕四周，令人躲避不及，很多信息在麻木的大脑中如过眼云烟，转瞬即逝。如果这时一个与众不同、清新独特的画面或声音出现，一定会令人耳目一新，记忆深刻。

大师们的理论无不佐证着与众不同的法则：20 世纪 50 年代，雷斯的“独特销售主张”（USP）引起业界关注，提出“独一无二”的销售主张；20 世纪 60 年代，奥格威的“品牌形象”诞生并大行其道，强调品牌形象要有与众不同的个性，切忌人云亦云；20 世纪 70 年代，里斯和屈特的“定位”理论风靡业界，主张品牌定位应创造消费者心理位置的 No. 1。

例如，当北京 2008 年奥运会即将进入 100 日倒计时之际，一条全世界“最长”的红地毯在可口可乐最新奥运广告片“红遍全国”中惊世出场。广告片中，一卷比摩天大楼还高的超级红地毯从“鸟巢”出发，在几位年轻人的热情带动下不断向前推进，一路上，来自四面八方的人流不断会聚到这个史无前例的宏大行列中，大家万众一心，以最隆重、最炽热的方式，迎接人们热盼已久的奥运圣火。

可口可乐这则奥运广告片创意独特，让许多观众感动不已，甚至忘记了它是一则美国饮料的商业广告。与此同时，不知道还有多少人想得起来，出现在广告里的祥云火炬其实是由中国的联想集团设计的。

### 法则二：持续一致

肯德基在全球近 1 万家店都是一样的口味、一样的装修，万宝路历经 50 年其“阳刚、豪迈”的牛仔形象始终未变，这就是品牌传播的持续一致。

广告大师大卫·奥格威说过：品牌应该有简单清晰的品牌核心利益诉求，并且保持持续的传播行为才能有效地占领消费者的脑海，获得消费者的青睐。

品牌传播的根本目的就在于长期地占据消费者的心智，只有不断重复传播相同的信息，才能积累消费者的注意力和记忆度，才能深入人心并确保不会被消费者很快地更新掉。如果品牌传播诉求朝令夕改，前后矛盾，并且断断续续，缺乏一致性的话，消费者就很难记住你的品牌核心利益诉求点。

品牌传播的持续一致要求品牌核心价值贯穿一致，恒久不变，而围绕核心价值主线的广告创意、代言人、广告语等则应该把握时代的潮流，“同中求异”，不断为品牌注入新的活力。

持续一致的传播是国际品牌成功的法则之一。例如，耐克的品牌核心价值“发挥潜能”（Just do it）表达了人们把握自己命运的乐观精神，虽然耐克的代言人从迈克尔·乔丹到迈克尔·约翰逊、彼特·桑普拉斯、安德烈·阿加西、泰格·伍兹、勒布朗·詹姆斯等换了又换，但耐克“Just do it”的价值主张二十多年始终如一，从未改变。

## 法则三：简洁明晰

大道至简，简易方能直入人心。

在品牌传播过程中，简洁明晰、通俗易懂的信息才容易讲得出、听得进、记得住、传得开，才能使消费者产生共鸣。复杂烦琐、晦涩难懂的信息往往令人不堪重负而丧失兴趣，自然难以永驻心田。

所以品牌传播一定要注意简洁明晰、通俗易懂，尽量使用简化通俗的信息，使消费者易于记忆，过目不忘，达到品牌传播的最优化。那些国际强势品牌之所以能深入人心，经久不衰，一个重要因素就是它们的品牌信息简洁明晰、通俗易懂。

例如，麦当劳的黄色标志“M”简洁明了，在繁杂的城市建筑中似一道引人注目的风景线，给人以强烈的视觉冲击力。又如，路易威登的“LV”、耐克的“”、Lee（牛仔裤）的“体贴的、贴身的”等无不简洁明了，使人过目不忘。

## 法则四：有的放矢

“把冰卖给爱斯基摩人”是很多营销人最常引用的一句话，能把冰卖给爱斯基摩人，这人确实是一个营销天才。然而如果从品牌传播角度来看就会发现问题，爱斯基摩人需要冰吗？如果他们不需要的话，应该把冰卖给谁呢？

老年人保健品广告播给儿童看，顶级豪宅的广告播给工薪阶层看，女性化妆品广告播给男士看，其实都是品牌传播的无的放矢，浪费资源。

在何处“说话”才能让目标消费群体“听”到呢？

怎样做才能避免盲目传播、对牛弹琴？

品牌传播一定要找到同目标消费群体的可能接触点，在恰当的接触点，集中火力发起强有力的攻势，把品牌信息有效地传播给目标消费群体。做到有的放矢，弹无虚发，最大限度节约品牌传播费用，使企业的每一分传播费用都花在刀刃上。

宝洁公司通过对目标消费群体进行研究后，确定了若干传播接触点。宝洁公司分别通过电台前卫频段、电视台广告投放、时尚杂志、公关活动、选秀、产品派送、试用、POP广告、卖场促销等活动，在各个接触点向目标消费群体传递着清晰和一致的品牌信息。

### 法则五：动人心弦

品牌因何而生？就是为了赢得消费者的认同、喜爱和忠诚。而动人心弦的情感诉求则是打动消费者内心的不二法门！

所谓“天老情不老”，品牌传播要善于洞察消费者的情感因素，要让创意源于生活、紧贴生活，以生动、亲切、自然的手法，与消费者建立情感交流。可以说，和消费者“谈恋爱”，是品牌传播最重要的工作，也是品牌塑造的最高境界。

可口可乐前总裁说：你不会发现任何一个国际品牌，不包含一种伟大的人类情感。

那些国际强势品牌大多都是情感沟通的高手，柯达的广告宣传一直围绕“家庭”、“温馨”等情感主题，使产品走进千家万户分享快乐时光；雀巢咖啡一句“味道好极了”，亲切自然的话语温暖着无数消费者的心；雅芳美白系列“我的美白，像爱情一样持久！”让美白产品融入爱情世界中……

## 二、品牌传播的方式

品牌的整合传播不是简单地将广告、事件营销、终端生动化等手段搅和在一起或各自为战，而是始终用“同一种声音”说话，使不同品牌传播手段有机组合，统一协调，避免品牌传播杂乱无章，缺乏核心主线。

品牌传播的方式主要包括如下几种：

### 方式一：广告

广告大师大卫·奥格威说：“企业不善于做广告，无异于在黑暗中抛媚眼。”

对品牌而言，广告是最重要的传播手段之一，广告的载体通常包括电视、报刊、广播、电影、路牌、橱窗、印刷品、霓虹灯等。根据资料显示，在美国排名前20位的品牌，平均每个品牌每年广告费用为3亿美元。人们认识一个品牌，绝大多数信息是通过广告传播得到的，广告塑造着品牌形象，也引领着社会生活的时尚和潮流，难怪美国总统罗斯福有句经典名言“不当总统，就做广告人”。

然而，广告固然可以快速提高品牌的知名度，但是并不能最终赢得消费者的信赖和忠诚，本土许多广告狂轰滥炸催生的流星品牌无不佐证了这一点。企业要想缔造一个卓越品牌，还必须点点滴滴付出自己的真诚！

## 方式二：软文广告

软文广告顾名思义，它是相对于硬性广告而言，是指企业在报刊等媒体上刊登的，可以提升企业品牌形象的宣传性、阐释性文章，包括特定的新闻报道、深度文章、案例分析、付费短文等。

硬性广告虽然传播速度快，“杀伤力”强，但往往会“自卖自夸”，商业味道浓，可信程度低，容易让受众心生戒备甚至反感。而软文广告则含而不露，润物无声，可以突破人们的心理防线，轻而易举地进入受众的心扉。

目前，软文广告以其成本低、效果好的优势，深受广大企业的青睐。事实证明，好的软文广告所具有的新闻性、知识性、科普性，对目标公众有着极强的渗透力，能够发挥事半功倍的作用。企业应该与媒体（电视台、广播、报社、杂志社、网站等）保持良好的关系，通过媒体经常性地报道有益于自己企业的各方面信息，进行品牌传播。

许多企业如海尔、格兰仕、奥克斯等，软硬兼施，互为补充，在注重硬广告投入的同时，建立起自己完善的软文广告发布网络和平台，然后再根据自己的市场推广策略，发布相关的软文广告，对树立品牌形象起到重要的作用。比如海尔“洗地瓜机”的新闻报道，其宣传效果是其他任何广告所不能及的。虽然后来也遭到很多人所谓新闻炒作的质疑，但海尔能够用心了解消费者的需求，为民所想开发出这样的产品，让人为之感动。

## 方式三：事件营销

当今世界，注意力形成经济，争夺眼球形成竞争，这已是不争的理论和事实。事件营销集新闻效应、广告效应、公共关系、客户关系、形象传播于一体，将公众对关注事件的注意力巧妙地延伸到企业品牌上来，以“四两拨千斤”的奇效，低成本吸引公众注目，成为近年来企业界非常青睐的一种品牌传播手段。

例如，2007 年 10 月 24 日下午 18 时，随着一声轰然巨响，我国首颗探月卫星“嫦娥一号”带着嫦娥奔月的梦想，划破云霄，奔向月球。10 月 25 日，《新京报》以半版广袤深邃的太空为背景，打出五个醒目大字：“有我　中国强”，太空画面左下角印有一个伊利牛奶的产品包装，一枚火箭由此腾空而起，画出一道美妙的曲线。这是伊利集团在“嫦娥一号”成功发射后，第一时间在国内知名媒体和网站刊载的广告。此时此刻，没有什么比“嫦娥一号”奔月更能牵动国人的视线，伊利巧妙地借用这一事件抓住了公众的眼球，做了一次成功的事件营销。

其实事件营销绝非什么新概念，不知有多少企业成功借助事件营销，大大提升了品牌的影响力。比如，三星通过参与奥运会的 TOP 计划，一举成为世界性品牌；海尔通过“砸冰箱”事件将“真诚”的品牌形象传播给社会；富亚借助“喝涂料”事件，引领了健康涂料风潮；广东康人药业在“非典”事件中，通过义捐价值100万元的药品而一夜成名；蒙牛凭借“神五升空”与“超级女声”，实现品牌腾飞；创维和华帝联手，共同启动“新农村影院工程”，为近1亿农村居民放映电影，不但为农民送去了精神食粮，也树立了良好的品牌形象……

成功的事件营销不但要引人注目，更要触动公众的内心。企业事件营销应该在公众关心的事件上选择突破口。一般来讲，事件营销的切入点包括热点事件、公益活动和危机公关等。

奥运会作为全世界最重要的体育赛事之一，历来是众多企业看好的营销平台，北京2008年奥运会也成为众多企业宣传品牌形象的大舞台，从食品、饮料、运动服饰到石油、IT、电子……奥运赞助商的触角已经渗透到我们生活的各个领域。伊利这次表现非凡，不仅获得了北京奥运会乳制品独家赞助商资格，而且还请刘翔出任形象代言人，推出刘翔领衔的“我与冠军只有一杯之遥”系列广告和“有我　中国强”的奥运新口号和主题广告。此次伊利将奥运看做是自己腾飞的契机，伊利的奥运营销攻略：一是逐步展开品牌推广计划，包括展示自己中国食品业领袖的风采；二是紧紧围绕奥运主轴，整合集团行销力量，展开一系列奥运推广计划，把奥运效应发挥到极致；三是利用奥运会的世界影响力，借机加大在全球范围内营销的力度，全力提升品牌形象。正如伊利领军人潘刚表示的：“伊利集团奥运攻略会延续10年，大大缩短伊利进军世界乳业20强的进程。”

### 方式四：销售促进

科特勒认为：“销售促进包括各种多数属于短期性的刺激工具，用以刺激消费者和贸易商迅速或者较大量地购买某一种特定产品或服务。”

销售促进最主要的作用是短期内刺激需求，增加销售量。作为企业竞争手段之一，销售促进强大的短期获利能力吸引了大批企业参与其中。据统计，国内企业的促销活动费用与广告费用之比达到6:4，销售促进几乎成了众多企业扩大销售量、清理库存的一大“杀手锏”。

目前企业销售促进的手段可谓花样繁多，各有千秋，逛一次商城我们不难发现各商家促售创意层出不穷，令消费者不禁怦然心动。概括来讲，销售促进手法可以归纳为下列几种：降价优惠、随货赠品、免费样品、折价券、会员优惠、组合购买优惠、摸彩与抽奖、集点券等。

销售促进可以增强产品与消费者进行更好的面对面的沟通，促进销量在短期内迅速提高，实现企业短期利益。然而，如果企业将销售促进作为一项长期“基本国策”实施，则会损害品牌形象。

事实上，如果经常使用销售促进，会增加消费者对价格的敏感，使消费者对品牌产生低劣的、廉价的联想，稀释品牌的价值，阻碍企业的长远发展。

## 方式五：终端生动化

终端生动化就是对独立卖点（如大型商场、连锁超市及其他卖场等）范围内的商品陈列、POP 布置、环境气氛等进行生动化处理，使之能够对进入卖场内的消费者形成一种视觉刺激，进而传播品牌形象，促进消费者购买。

终端处在销售的最前沿，成为各种品牌短兵相接，“临门一脚”最激烈的环节，而终端生动化恰恰是终端运作中最为核心的部分。消费者在商场购物时，面对琳琅满目的商品，如果你的终端生动化做得好，就能吸引消费者注意力并引发其购买欲望。

理想的终端生动化可概括为：最佳位置 + 全品项陈列 + POP 广告 + 整洁 + 伸手可得 + 价格标示。

终端生动化应把握以下原则：①符合品牌形象。终端生动化以吸引消费者为目的，但必须同公司品牌形象协调一致，不能改变品牌的标准色、标准字等形象标准。②营造生动的购买气氛。终端生动化应该运用各种生动活泼的手段，比如卡通造型、橱窗展示、灯箱、促销海报等，吸引消费者注意，从而达到促进销售的目的。③及时调整适应市场。市场在不断变化中，终端生动化也应该及时调整适应市场。比如公司推出了新的促销活动，那么终端就应该调整展示策略，及时更新活动海报和促销品等。

## 方式六：网络媒体

当年科特勒的预言：“电视、杂志广告逐渐减少，网络广告迅速兴起。”似乎正在“变现”，近几年来，网络广告发展迅速，网络视频广告、游戏内置广告、Web2.0 广告、小型 Flash 广告等新形式层出不穷，已经成为新时代低成本品牌传播的有效平台。

《Netguide 2008 中国网络广告市场调查研究报告》显示，截至 2007 年 12 月 31 日，我国网民总数已达 2.1 亿，2007 年中国网络广告整体市场规模达 76.8 亿元，较 2006 年增长 54.2%，预计 2008 年将增长至约 121.7 亿元。数据显示，狭义的网络广告市场与搜索引擎市场相加之后，2007 年中国网络广告营销市场（不包含电子商务在内）总体规模达到 104.1 亿元。

然而，中国网络广告与美国差距仍然悬殊。2007 年美国网络广告市场投放规模超过 225 亿美元（包含搜索引擎在内），约合 1642.5 亿元人民币，美国网络广告市场规模为中国的 15.78 倍。

国内第一的个人空间和博客产品 QQ 空间近期和蒙牛、中国移动、大众汽车联合展开推广活动，其推广效果令人刮目相看。蒙牛“益菌因子”活动上线 43 天，参与用户数达到 76 万户；中国移动“动感全城”活动举办了 30 天，参与人数 34 万人，PV 达到 2200 万人；大众 Polo“乐活生活”活动持续近 1 个月的时间，共有近23万名用户参赛，总投票量超过500万张。另外，七喜品牌空间开通2周时间内，便有上万用户对产品留言，提出建议。农夫茶品牌空间上线1个月，访问人数超过220万人，浏览量超过1000万人。

天畅科技的CEO郭羽，在他的《大唐风云》游戏中嵌入了杭州绿盛集团的牛肉干产品——绿盛QQ能量枣，甚至还在这款游戏中虚拟了一座绿盛店铺。游戏与牛肉干的结合有些匪夷所思，然而结果却出人意料，2005年12月12日，绿盛QQ能量枣在第一个月的出货量就达到了2700万元，远远超出去年同期同类产品的300万元，2006年1月，绿盛集团更是完成了2005年1/3的营业额。

山东一家外贸公司，专门从事大蒜、大葱、生姜等农副产品的出口，它们利用搜索引擎来帮助销售，结果是30个关键词、10万元的成本，换来了5000万元的年销售额，同比增长了100%。

### 方式七：手机短信广告

据统计，目前中国的移动电话总数（包括中国移动和中国联通）现已达到4亿部，移动电话用户总数位居世界首位。随着手机的普及，一种新型广告形式——手机短信广告浮出水面，并被业内人士称为是继报纸、广播、电视及互联网之后的“第五媒体”。与传统广告媒体相比，手机短信广告不仅费用低廉（发送至100万个客户也不过几万元）、时效性强，而且是商家“一对一”营销的最佳方式，精确锁定目标消费群体，100%阅读率！某茶楼一位高级管理人员证实，仅仅是每年两次的黄金周手机短信问候，都能给茶楼的生意带来约10%的日营业额增幅。

当然，目前我国短信广告的市场运作仅处于起步阶段，非常不规范，还未形成成熟的经营、监管体系。一些不法广告主对短信群发广告的滥用引起了受众的反感。我们亟待加强对短信广告的监督、管理，使之逐步走向专业化、制度化，把短信广告合理纳入广告法制体系，为手机短信广告营造一个健康、有序的发展空间。

当然，品牌传播的方式并不局限于上述几种，每一个企业都应该通过对自身及市场环境的分析，采取更适合于自己的品牌传播策略。

## 第二节　冲破广告的迷雾

法国广告评论家罗贝尔·格兰有一句名言：“我们呼吸着的空气，是由氮气、氧气和广告组成的。”

在当今信息时代，广告已经成了我们生活中的一部分，电视里、报纸上、广播里、网络中、大街上，广告无孔不入，随处可见。广告是企业的“介绍信”、产品的“敲门砖”，广告通过影响消费者的思想进而促进产品的销售。广告天才乔治·路易斯曾说：“我的工作就是使100万元看起来像1000万元。”

## 一、广告——让人欢喜让人忧

可口可乐公司有一句名言：“我们卖的是水，而顾客买的是广告。”广告的巨大作用毋庸置疑，广告是信息的传播者、促销的催化剂，没有广告的企业将寸步难行。

在我国，20世纪90年代中期以后，随着孔府家酒、孔府宴酒广告的巨大成功，使许多刚在市场经济中探索的企业家仿佛看到了一条打造品牌的捷径，许多企业认为：品牌就是广告打出来的，只要出钱做广告，就可以打造一个品牌，广告几乎成了品牌的代名词。例如，秦池集团原是山东一个县属小工厂，资产只有1000多万元，1996年成为央视广告“标王”后，销售额猛增到9.5亿元，秦池通过广告在短短两年时间走完了很多企业几十年才走完的路。在秦池广告“造势”神话的感召下，无数企业将电视广告视为自己一夜成名的“梦想舞台”。

然而，广告让人欢喜也让人忧。秦池、爱多等央视广告“标王”的昙花一现，又使我们回到“罗马不是一天建成的”现实中来，我们对广告的认识不能不回归理性。秦池领导人曾反思：“我们最大的失误是没有搞清楚知名度与美誉度的区别。”广告的狂轰滥炸固然可以快速创造一个名牌，但是不能缔造一个卓越品牌。

事实上，广告对品牌而言是把“双刃剑”，好的广告能使品牌出色更精彩，但是如果广告运用不当，也会给品牌带来致命的伤害。

### （一）广告的正面作用

“酒香也怕巷子深，要靠广告敲开门。”在市场经济条件下，没有广告的产品或服务几乎不可能占领市场，也就无所谓成功。实践证明，广告在传递经济信息方面，是最迅速有效的手段之一。人们认识一个品牌，绝大多数信息是通过广告传播得到的，好的产品借助于广告推广，其功效不知比人力推广要高出多少倍。

经济发达的国家对广告业极为重视，欧美与日本的广告费支出已占国民生产总值的2%～2.5%，有的大型企业的广告费已达销售额的5%～10%，如日本广告费用最多的七家公司，广告费支出占该公司销售总额的9.1%～29.4%。中国的广告费支出比例较低，如2005年广告费支出只占国民生产总值的0.82%。

广告在品牌塑造中有着以下作用：

#### 1. 广告能提升品牌知名度

广告的最基本功能就是认知功能。从“味道好极了”我们认识了雀巢，从

“今年过节不收礼，收礼只收脑白金”我们认识了脑白金。不可否认，广告是提升品牌知名度的最佳手段。许多品牌因为有效地借助了广告的力量，结果声名鹊起，成为家喻户晓的知名品牌。同时，知名度也是一种承诺，高知名度的品牌给人以企业实力雄厚、大品牌品质有保证的印象。

蒙牛当年刚起步时注册资金只有100万元，牛根生毅然拿出100万元制作了三百多块户外广告牌，广告牌上书金黄大字：“蒙牛乳业，创内蒙古乳业第二品牌。”1994年4月1日清晨，当呼和浩特市市民上班时，连夜安装完毕的三百多块户外广告牌在城区主街道上同时亮相，似“天降神兵”，震撼人心，“蒙牛”这个名字迅速在呼和浩特市家喻户晓。

**2. 广告能诱导消费**

消费者对某一产品常常具有一种潜在的需求，而一则好的广告造成的视觉、感觉印象往往能起到诱导消费者的兴趣和感情的作用，勾起消费者购买的欲望。

在美国，有高达70%的青少年渴望拥有一双耐克运动鞋，耐克广告为其塑造的“体育先锋”的形象深深感染触动着青少年的心，耐克给他们精神力量，穿耐克使他们感到荣耀，耐克成为他们的最爱。

某国烟草公司在海湾旅游区推销自己的皇冠牌香烟，然而该地区香烟市场已被其他品牌所占领，该公司推销员偶然看到公共场所“禁止吸烟”的牌子时灵机一动，别出心裁地想出“禁止吸烟——‘皇冠牌’也不例外”的广告创意，当这样的大型广告牌出现在旅游区时，大大地勾起了游客的好奇心和兴趣，结果竞相购买皇冠牌香烟。

**3. 广告能指导消费**

现代化生产门类繁多，新产品层出不穷，在千千万万琳琅满目的商品世界里，消费者如果不借助广告的指导，很难选择到自己所需要的商品。广告可以全面介绍产品的品质、用途、性能、维修安装等，并且消除消费者的种种疑虑，从而产生购买欲望。

例如，柯达创始人乔治·伊士曼发明了柯达小型照相机，刚问世时，由于消费者不了解它的性能，结果鲜有人问津。后来伊士曼做了一则广告“你只要轻轻按一下按钮，其余的全由我负责”，生动地描述了该照相机操作的简便易行，结果消费者竞相购买，柯达照相机很快成为畅销货。

**4. 广告能丰富生活**

雀巢咖啡的“时刻精彩每一天”，卖的是一种小资的情调与感觉；万宝路广告为我们展示了一幅美国西部牛仔的“硬汉”形象；范思哲的风格鲜明，是独特的美感极强的先锋艺术的表征……

广告就好比商业世界的舞者，它带着镣铐翩翩起舞，追逐利润的同时又饱含激情。一则优秀的广告宛如一件艺术精品，不仅推介商品，而且引导市场的消费时尚，陶冶人们的道德情操，增加人们的审美情趣，丰富大众多彩的生活。

## （二）广告的负面作用

“水能载舟，亦能覆舟。”好的广告能使品牌一鸣惊人，然而，广告运用不当也会给品牌带来负面影响，甚至导致品牌一败涂地。

广告的负面作用表现在：

### 1. 广告虚假宣传加速品牌死亡

“假”广告是诈骗性的、有意坑害消费者的广告。“虚”广告是夸大失实，误导消费者的广告。有的企业一味追求轰动效应，在产品广告中胡吹乱侃，言过其实，等消费者购买使用后才发现被广告所“忽悠”，大有上当受骗之感。

2007 年 3 月 15 日，在央视“3·15”晚会上，郭德纲代言的“藏秘排油”茶种种违规内幕被曝光。据央视报道，广告中一直宣传的“藏秘排油”茶只是一个正在受理但尚未获批的商标，其真正的名称是“百草减肥茶”，而且中医药专家也表示，减肥茶中用的都是常用的中药，没有藏药成分。“藏秘排油”茶涉嫌虚假宣传，最终结局只能是自取灭亡。

影星石兰代言的洗斑魔力祛斑液电视广告曾经在某卫视反复播出，然而该广告最终因涉嫌虚假广告而遭停播。其实，广告播出时就有观众产生了质疑，过去那个光鲜亮丽的石兰脸上怎么会有这么多的色斑，青一块紫一块的，这化妆技术也有点太假了吧？

虚假广告往往造成恶劣的社会影响，令消费者深恶痛绝，最终也引火烧身，加速了品牌的死亡。

### 2. 广告巨额投入带来经营风险

广告巨额投入虽然能产生轰动效应，但是同时也带来了很大的经营风险。广告投入是否量力而行？是否能带来切实的利益回报？这是企业应该认真考虑的问题。

一些企业经不起广告轰动效应的诱惑，忽视苦练产品内功，盲目进行广告狂轰滥炸，几乎耗尽企业多年的积蓄，也带给企业巨大的经营风险。2004 年央视招标落下帷幕，一家蛋糕公司以 1.5 亿元中标，有业内人士提出质疑：一个生产蛋糕食品的企业能支撑如此巨额的广告投放吗？这家企业要卖多少蛋糕才能赚回 1.5 亿元呀？

### 3. 广告形象朝令夕改稀释品牌价值

品牌的塑造需要持续一致，这就需要任何广告创意都要围绕品牌核心价值的主线展开，不为风吹雨打所动。如果广告形象朝令夕改，广告诉求“信天游”，那么只能破坏品牌原有形象，稀释品牌价值。

曾经有人说：一个不断推出烂广告，但信息一致的品牌，要比一个时常有好广告，但信息颠三倒四、错乱不已的广告成功概率大。

与麦当劳不同，其竞争对手汉堡王每隔一年就换一家广告公司，变化一个品牌形象。尽管每个品牌形象都各具特色，光彩夺目，然而每次变化都增加消费者的迷惑感，以前品牌建设积累的成果也就打水漂儿了。

#### 4. 广告背离大众审美标准或伦理道德产生负面影响

近年来，一些广告由于内容背离大众审美标准或伦理道德而遭到消费者的反感和抵制，如立邦漆“盘龙滑落”、“新兴医院广告风波”，等等。

2008 年 1 月 8 日，西班牙《国家报》刊登一个整版的法国雪铁龙汽车广告，广告画面的主角是中国已故领袖毛泽东的照片，而且被用 PS 篡改。广告刊登后，华人圈和国内网络上很快卷起一场声讨风波，短短几天时间内，雪铁龙成为“中国人公敌”，被中国消费者封杀。截至 1 月 16 日，新浪网关于“雪铁龙关高事件”的调查中，69.75% 的网民认为雪铁龙广告轻慢中国已故领袖是故意行为；69.13% 的人认为即便雪铁龙就此事道歉也不能谅解；76.7% 的人表示以后不会购买雪铁龙汽车。

毋庸置疑，雪铁龙这则广告不是为品牌镀金，而是抹黑。尽管后来雪铁龙做出道歉声明，但最终还是为此付出了惨重的代价。

可见，广告是把“双刃剑”，我们既要借助广告的巨大传播力，又不能盲目迷信广告、滥用广告，巧用广告才是塑造品牌的关键。

### 二、广告助品牌腾飞的条件

品牌的腾飞固然离不开广告的强大推力，然而如果仅有广告的助推，品牌也许只能风光一时，很难具有长久的生命力。广告助品牌腾飞还必须具备以下的前提条件：

#### 1. 优质的产品品质

广告大师伯恩巴克曾说过：“为拙劣的产品做广告，只会加速它的一败涂地。”

产品的品质是品牌坚实的基础，只有在产品品质本身过硬的基础上，再通过广告的传播推广，品牌才能获得消费者的信赖。如果没有产品品质为基础，再多的广告宣传也只能吹出一个品牌泡沫，一触即破，就像有人说的：“高知名度 + 低美誉度 = 臭名昭著。”

肯德基为什么具有巨大的市场号召力，肯德基为了给顾客提供优质的产品及服务，从店堂环境的布置，到产品原料的生产供应、员工的规范服务、食品的加工制作等，每个环节都有近乎苛刻的标准要求。如对烹饪加工时间的分秒限定、佐料搭配的精确标准、清洁卫生的详细流程、员工遇到不同问题时的规范用语、每日各个环节的纠错总结等上百道工序、环节都有极为严格的规定。肯德基优质的产品及服务使品牌深入人心。

然而，许多企业只看重眼前利益，“短视”、“投机”行为十分严重，有的企业为了迅速圈钱，甚至不惜杀鸡取卵，做出以次充好的欺骗消费者的事。然而，企业每一次自以为聪明的“投机”行为，也都让自己付出了惨重的代价，甚至招致灭顶之灾。

秦池曾经以6666万元和3.2亿元的天价两次成为央视广告“标王”，然而秦池的兑酒事件使秦池立刻受到众多消费者的抵触，很快便陷入覆灭的境地；

巨能钙事件让全国钙产品偃旗息鼓；

“无烟锅虚假宣传事件”也将会引发无烟锅行业的重新洗牌……

可见，广告助品牌腾飞，必须以优质的产品品质为基础。

**2. 科学的品牌战略**

简单的广告轰炸只能提升品牌的知名度，很难打造一个长久的卓越品牌，品牌的建设是一个艰辛漫长的过程，就像修建长城，绝非一朝一夕之功，必须有科学的品牌战略规划为指导。品牌战略应具体界定品牌的愿景、核心价值、品牌的个性、CIS系统、产品设计、品牌的终端建设、危机预警和处理机制等。只有在品牌战略的指导下，企业的研发、生产、销售、物流、财务、广告等日常营销传播活动才能紧紧围绕品牌的核心，环环相扣，有条不紊地展开。

本土一些企业在经过广告轰炸之后尝到了一些甜头，便更加对广告的神效深信不疑，却忽略了品牌的长远战略规划。许多企业做广告时，品牌定位模糊雷同，广告诉求信天漫游，广告投放有头无尾等，大量的广告投入却很难形成品牌资产的积累，品牌生命力极其脆弱，那些昔日的“广告暴发户”大都难有长久的生命力。

那些国际强势品牌，它们虽然也在中央电视台黄金时段打广告，但却很少参与“标王”之争，它们的广告投入以品牌战略规划为指导，理性而科学，品牌资产得以不断积累丰厚。

“只见树木，不见森林”是广告宣传的大忌，企业要想克服这一“短视”行为，必须以科学的品牌战略规划为指导，这样才能获取广告的峰值。

**3. 巧用广告手段**

打广告有头无尾就像买了2/3的火车票，不可能到达目的地；

劳斯莱斯车的广告播给打工仔看，其实是浪费资源；

投放广告如天女散花，可能都打水漂儿了；

广告画面再精致，但这个画面与要传递的信息无关，其实也是废物……

可见，巧用广告手段对品牌塑造至关重要。正确运用广告手段能使 100 万元看起来像 1000 万元，而不当的运用会使 1000 万元看起来像 100 万元，你的损失不可谓不大。

## 三、如何获取广告的峰值

能否有效地使用广告将直接关系到品牌的成败，那么，如何获取广告的峰值呢？

### 广告定位：一颗子弹打一只鸟

一颗子弹想打下一群鸟，可能一只鸟也打不下。一个广告想打动所有人，可能谁也没打动。

有些广告贪大求全，希望在一则广告里拼命塞进产品所有利益点，既美容又除菌，既滋阴又壮阳，严寒酷暑皆可用，男女老少总相宜，其结果可能“竹篮打水一场空”。

广告定位应该精确而尖锐，利益点及目标市场都要小而精，不要期望打动所有的人，只要能牢牢锁定目标消费群体就是最大的胜利。

### 广告投放：把握“最佳时机”

对广告主而言，时机可谓命运之神。把握广告投放的“最佳时机”对广告效果有重大影响。

目前，国内许多企业投放广告随意性很强，不知道如何根据不同的产品生命周期、目标群体及产品或服务的品类采取不同的广告投放策略，不分青红皂白“撒胡椒面”似的撒向市场，其结果是可能许多广告费都付诸东流了。

企业应该在广告的引导期、调整期、深入期与维持期采取相应的投放量；应该根据目标群体接受广告信息的时间特点安排恰当的播放时间；应该根据产品或服务品类的特点选择相应的媒体及投放时机。

企业只有把握广告投放的“最佳时机”，对广告发布的时间、频率、投放量及媒体做出精准的策划安排，才能取得广告传播的最佳效果。

### 广告传播：持之以恒

广告传播的坚持表现在两方面：

(1) 广告投放量的坚持。许多企业第一天打广告，恨不能第二天就能见效果，殊不知，广告有着明显的滞后效应，如果你不能坚持，就像买2/3的火车票，永远到达不了目的地。很多企业开始轰轰烈烈地上广告，但因为不能坚持，结果前期大把的广告费白白浪费了。据国外有关机构研究，广告的最佳接触频率是六次，达到六次才能产生最佳的投入产出比。

（2）广告对品牌核心价值维护的坚持。广告创意、广告语及广告代言人可以把握时代潮流，不断注入新的色彩，但广告诉求应该围绕品牌核心价值的主线贯穿一致，始终不变，应该坚持用“同一个声音”说话。

### 广告创意：新颖出奇

调查显示，某些创意平庸的广告如果连续播放两次就会引起观众反感，播放三次就会导致观众换台。相反，创意新颖的广告，观众不但愿意多次看到，而且乐于细细品味。事实上，广告创意新颖出奇，能带给消费者一种全新的观感，让好奇心驱动消费者自发产生兴趣对品牌进行体验，在潜移默化中帮企业对观众进行洗脑。

比如，欧美国家总是对亚洲人的田径水平不屑一顾，耐克在雅典奥运会前夕为刘翔制作了一段广告则给人以全新的感受。广告一开始阐述了三个定律：亚洲人肌肉没有爆发力；亚洲人成不了短跑飞人；亚洲人没有必胜的气势。当中国观众感到极为不悦的时候，广告镜头一换，指出：“定律是用来打破的”，结果刘翔一冲夺得了冠军，完美地演绎了耐克的口号——“发挥潜能”。耐克这则广告创意新颖独特，给人以极深刻的印象。

## 案例解析　低成本做广告的奇招

提起广告宣传，人们常常会联想到大手笔、大制作、大投入。然而，河北石家庄的代理商吴先生却出奇制胜，以几乎为零的低成本广告投入，取得了不同凡响的广告宣传效果，成功地启动了“月子”产品市场。

2005年，一款名为“月子调补二十八方”的产妇调补营养产品从香港进入内地市场。市场调研显示，2005~2020年，我国内地20~29岁育龄妇女数量及出生人口数量将攀升一个新高峰，今后五年中每年的产妇数量可达1600万人，如果每名产妇月子期间平均花费按1000元计，那么“月子”市场的总容量每年高达160亿元，市场前景非常可观。目前，在“月子”市场中，还是一片尚未开拓的“蓝海”。因此，香港商家对“月子调补二十八方”充满信心，认为它必定会抢得先机，迅速走俏内地市场。

然而，“月子调补二十八方”初入内地市场时销售情况并不理想。虽然“月子调补二十八方”鲜有竞争对手，但它在内地知名度不高，消费者缺乏了解，特别是对于产妇这类特殊消费群体来讲，对于不熟悉的产品她们是很难冒风险去购买的。

如何迅速提升“月子调补二十八方”的品牌知名度呢?

当全国许多市场的“月子调补二十八方”代理商苦于广告经费短缺时，河北石家庄的代理商吴先生却奇招制胜，以极低的广告投入撬动了市场大门，使“月子调补二十八方”的销量直线上升。

## 自行车——流动的户外广告

吴先生起初也非常看好“月子调补二十八方”的市场前景，然而，同其他代理商一样，货拿到手以后，手上的资金已经所剩不多了。如何开启市场，推广产品？成为吴先生一筹莫展的难题。

2006 年 10 月的一天，一个奇思妙想使吴先生眼前一亮：利用自行车做户外广告!

很快，在石家庄发行量最大的报纸《燕赵都市报》上，刊登了吴先生的这样一条招聘广告：要求应聘者“居住地与上班地点相隔越远越好，至少要 10 公里以上”、“骑自行车上下班”，对满足条件的应聘者将“每人每月补贴 50 元”。

等数十名应聘者报到后，吴先生给所有应聘者的自行车上都安装了车篮，车篮上都钉了一块醒目的牌子，牌子上书“月子调补二十八方”八个大字。就这样，一个个流动的户外广告便问世了。

据统计，一辆自行车每天上下班时穿梭于市区，至少会有 1000 人的“受众”，然而广告成本却区区一元多。吴先生的自行车流动户外广告，以极低的千人成本吸引着路人的眼球，取得了不凡的宣传效果。

随后，为了进一步增强自行车广告的宣传效果，吴先生又“化零为整”，组建了一支由十余辆自行车组成的巡游车队，在车身的前后左右都安装上了“月子调补二十八方”的广告牌，车队穿行市区，似一道风景线，分外引人注目。为了能躲避城管的干涉，吴先生还想出一个妙招，他告诉业务员，如果有人问就说“我们是带这些展板去会展中心布展的”，这一招果然奏效，吴先生的自行车巡游队大半年来畅通无阻，从未遇到过麻烦。

## “隐性推销”——产妇病房里的好戏

通过自行车户外广告的宣传，“月子调补二十八方”已经初步在石家庄“混了个脸儿熟”，然而，如何让产妇这个消费群体进一步了解它？吴先生又陷入苦思冥想中。

“你好！请问李女士住在这个病房吗？哦，没有这个人？实在对不起，可能是我搞错了……”在近两个月的时间里，在石家庄众多医院的妇产科病房里，几乎每隔几天就会上演这样一幕戏，戏的“主角”正是吴先生手下的业务员们，道具则是他们手里拎的一盒“月子调补二十八方”，导演就是吴先生本人。其实，妇产科病房里根本没有什么“李女士”，找人是假，借机宣传产品才是真。

吴先生正是依靠这种不露痕迹的“隐性推销”术，在石家庄大大小小医院的妇产科病房里，逐个房间宣传推销自己的产品。许多产妇及陪护家属看到这么多人都拎着“月子调补二十八方”看望产妇，心想这个产品还挺受欢迎，应该不错吧，自己是不是也应该买一盒试试？

吴先生通过“隐性推销”这个奇招，硬是没花一分广告费就把自己的产品打入医院产妇病房这个特殊渠道，而且极具针对性。两个月过后，“月子调补二十八方”的销量增加了一倍多，吴先生别出心裁的奇招又一次获得了成功。

## 农村包围城市——营销战略制胜

吴先生的业务员们在上演“隐性推销”好戏时发现这样一个现象，在郊县医院的产妇比在市区医院的产妇更热衷于购买“月子调补二十八方”。

为什么会出现这种现象呢？经过深入调研发现，原来郊县医院的产妇大都来自农村，而农村左邻右舍间往来的紧密程度远远高于市区，因此谁家买了一款新产品，很快就会尽人皆知。“人家能给老婆买那么贵的补养品，咱也不能差呀！”攀比和效仿心理又很自然地增加了消费人数。

吴先生了解到这一现象后，果断地采取了“农村包围城市”的营销战略，首先拿下郊县市场，取得一定销售利润后再投放电视、报刊媒体广告，树立品牌形象。吴先生投放电视广告时选择了河北卫视农民频道 19:00 的黄金时段，这个时段的节目在农村居民中的收视率非常高，也使“月子调补二十八方”在农村居民中家喻户晓，销售量直线攀升。

随后，吴先生又开始在市区的主要报刊《燕赵晚报》、《广播电视报》等刊登广告，进一步占领市区市场。

与此同时，吴先生也不忘医院的渠道建设，因为产妇在使用“月子调补二十八方”时往往会征求妇产科医生的意见，因此医院的渠道建设不可忽视。

吴先生出奇制胜的广告手段和营销思路成功地开启了石家庄市场，到 2007 年，“月子调补二十八方”在石家庄的月销量已经突破 60 万元，成为当地颇具影响力的知名品牌。

## 案例解析　恒源祥广告，何苦效仿芙蓉姐姐

如果要评选 2008 年度中国电视恶俗广告的话，2008 年春节期间播放的恒源祥电视广告肯定榜上有名。

在这则长达 1 分钟的恒源祥电视广告中，由北京奥运会会徽和恒源祥标志构

成的画面一直静止不动，画外音则从“恒源祥，北京奥运赞助商，鼠鼠鼠”，一直念到“恒源祥，北京奥运赞助商，猪猪猪”，将中国十二个生肖轮番念过，简单的语调重复了12次！

毫无创意的画外音，高密度的重复，冗长的节奏，恒源祥这则电视广告播出后引发观众强烈反感，一时间恶评如潮：恒源祥新版广告把羊扩充到十二生肖大家庭，简单机械的重复抹杀了旧版良好的创意，如此粗俗的传播方式只能让人讨厌这个品牌，不尊重电视观众的企业同样也不能赢得观众的尊重，这个广告使恒源祥的知名度提升了，但美誉度却大大下降了……一时间，恒源祥成为“恶俗”的代名词。

恒源祥尽管不足百年，但也算是一个老字号的民族企业，“羊羊羊”的广告创意更让其声名鹊起，享誉国内外。恒源祥品牌知名度和美誉度都在业界首屈一指，最近又成为北京2008年奥运会赞助商，应该说是“大家闺秀”。然而恒源祥这次却自贬身价，像芙蓉姐姐一样以“恶俗”吸引观众眼球，与其大品牌的形象相距甚远。

恒源祥负责人对此广告的解释是，“这只是从消费者的记忆原理出发，重复加强记忆是广告有效的手段之一。”其实恒源祥广告的策划者不仅知道这个广告的一切后果，而且要的就是这个吸引眼球的效果，他们还准备了一个对这个广告的说明会，也许面对观众的恶评如潮，他们正偷偷乐呢！

的确，恒源祥通过这个广告，把所有媒体资源以及网民的注意力全部调动起来了，恒源祥成了公众关注的焦点，一时间知名度急剧攀升。然而，建立在恶评如潮上的知名度真能带来企业所希望的利益回报吗？

不可否认，提升品牌知名度是打造品牌的重要一步，然而，它只是品牌建设的第一阶段，品牌美誉度和忠诚度的提高才是品牌建设的重中之重。

可以说，恒源祥的“恶俗”广告也反映了我国许多企业存在的问题。一些企业片面追求品牌知名度，为了一夜成名，在消费者注意力的争夺战中，不惜以自贬形象的“恶俗”吸引公众眼球，只考虑了如何让消费者注意自己，却忽视了消费者内心的感受。恶俗广告也许会一时热卖，然而从长远眼光来看，它却无助于品牌形象的树立。塑造优秀的品牌形象需要企业点点滴滴用心和消费者进行情感沟通，精心塑造和维护品牌在消费者心中的美好形象，只有这样才能培养消费者对品牌的忠诚度。

恒源祥的“恶俗”广告其实是一种“短视”行为，缺乏品牌经营的长远眼光。应该说，作为北京2008年奥运会的赞助商，目前的恒源祥已经是绒线、毛衫行业的领军品牌了，并不缺少知名度，企业现在的当务之急是塑造品牌文化，提高品牌美誉度和忠诚度。恒源祥的“恶俗”广告实际上是对发展高端消费群体的障碍，是对品牌价值的透支，实在是得不偿失。

不少人拿恒源祥与脑白金相提并论，以脑白金的成功来作为恒源祥“恶俗”广告存在的依据。其实，同为“恶俗”广告，恒源祥与脑白金的品牌背景以及表现手法还是有很大差别的。

首先，脑白金是功能型产品，走的是“单纯做产品销量”的路线，生命周期不长，它可以不做百年品牌的打算，短期内获取最大利益以达到资本积累的目的。而且在保健品行业，以产品打天下也有一定市场。而恒源祥不同，恒源祥是需要做长线品牌的，恒源祥的产品线近年来已经从绒线延伸到了服装，品牌是企业赖以生存的根基。

其次，脑白金的广告诉求强调“今年过节不收礼，收礼只收脑白金”，这突出了产品利益点，表达了消费者购买它的理由。而恒源祥的广告除了突出它是“北京2008年奥运会赞助商”外，它的产品利益点是什么呢？消费者为什么一定要购买它呢？而且，脑白金的“今年过节不收礼，收礼只收脑白金”开辟了一个消费细分市场，形成自身的竞争优势。而恒源祥面临的市场强手林立，产品同质化严重。

2008北京奥运会很快就要召开了，这是一次对中国的严峻考验，也是一次对中国品牌的考验，希望恒源祥能借奥运之光，塑造品牌美好形象！

## 第三节　获取品牌代言人的峰值

一位营销大师曾说过：“如果你的企业没有一个非常强有力的创新，就可以找一个代言人，比如乔丹。如果人们看到一张有名的脸，就会很快认识这个产品。”

2007年底，在北京地铁一号线最繁华的国贸、王府井、天安门等站点通道的醒目位置，爱国者数码相机全新广告闪亮登场，广告代言人是《集结号》男主角的扮演者张涵予。广告画面左边是剧中的谷子地，右边是现实中的张涵予，目光坚毅，充满英气，画面中“民族精神，自强不息”的广告语更是激荡人心。《集结号》男主角谷子地所诠释的“坚持不懈、自强不息”的英雄精神正与爱国者数码相机铸造民族品牌的精神相吻合，让人们看到了爱国者自强进取的决心。

所谓的品牌代言人，就是企业或组织选用

的，能够使人们通过对其知名度、形象、个性、职业、品行的联想，产生对某个品牌美好印象的人。品牌代言人往往是万众瞩目的名人，所以具有巨大的市场号召力。

早在20世纪初，美国的智威汤逊广告公司在力士香皂的广告中率先使用了影视明星的照片，开品牌代言人之先河。1936年，在柏林世界奥运会上，美国黑人田径明星欧文斯脚穿阿迪达斯牌运动鞋连夺四枚金牌，牵动着世界的目光，阿迪达斯也由此进入了亿万人的视线。在我国，20世纪80年代著名表演艺术家李默然为三九胃泰拍摄广告片，引起了社会广泛关注，也翻开了名人广告第一页，随后中国便快速进入了五光十色的品牌代言人时代。20多年来，不胜枚举的品牌代言人在各种媒体广告中频频亮相，为品牌的传播推波助澜。

根据奥美广告公司的一份有关明星代言人的调查报告显示，大约有20%的广告在用名人做宣传。影视、体育、音乐等领域的大牌明星更是广告界的宠儿。

## 一、品牌代言人的分类

### （一）按品牌代言人的作用寿命分类

按品牌代言人的作用寿命分，品牌代言人可分为品牌人物、品牌大使、广告代言人。

（1）品牌人物已经从普通的品牌代言人上升为品牌形象、品牌内涵、品牌资产的重要组成部分，他伴随着品牌同呼吸共命运，比如麦当劳的“麦当劳叔叔”、美国箭牌衬衫的“独眼绅士”、米其林的“轮胎人毕必登”、肯德基的“肯德基上校”、联想的柳传志、贵州老干妈的陶华碧等都是品牌人物。

（2）品牌大使的作用介于品牌人物和广告代言人之间，他虽然没有化身为品牌的重要组成部分，伴随着品牌共生息，但在品牌建设中，品牌大使对提升品牌价值发挥着重要的作用。例如，1985年篮球之神乔丹（Jordan）成为耐克的品牌代言人，乔丹代言期间，使耐克名声大噪，也揭开了其辉煌的一页，耐克的乔丹系列产品每年创造的收入超过2.5亿美元。乔丹是耐克当之无愧的品牌大使。

（3）广告代言人是企业为打造品牌而启用的短期形象代言人，他与品牌战略链接较浅，只在一定时段内起到提升品牌知名度、促进产品销售的作用。俗话说：“铁打的营盘，流水的兵”，许多知名品牌的广告代言人就如同营盘里流水的兵，更替很快。例如，可口可乐的代言人像走马灯似的不断更换，从张惠妹、伏明霞、谢霆锋到S. H. E.、刘翔、姚明等。

### （二）按品牌代言人的真实性分类

按品牌代言人的真实性分，品牌代言人可分为真实形象代言人和虚拟形象代言人。

（1）真实形象代言人是指现实生活中真实存在的人物，包括品牌创始人、明星、平民人物等，比如霸王洗发水的代言人成龙，雅戈尔的代言人费翔，等等。真实形象代言人给人以真实可信感，具有很强的市场感召力，然而所需费用较高，还存在代言人丑闻、过气等“变质”的风险。

目前，一种新型代言人“草根明星”成为一个亮点。2005年以后，一大批默默无闻的人通过网络成为“草根明星”，从后舍男生、芙蓉姐姐、达贝妮到天仙MM、胡戈等，各种平民选秀活动如火如荼地上演，也使“超级女声”李宇春等炙手可热，一夜成名。天仙MM代言索爱手机，李宇春代言夏新，许多“草根明星”也开始登堂入室，成为企业的品牌代言人。相比传统的明星，“草根明星”的费用低廉，亲和力强，形象积极正面的“草根”代言人对短期内提升某种产品的知名度及销量可能有很好的作用，但对高端、成熟的大企业塑造品牌可能收效甚微。

（2）虚拟形象代言人是企业根据自身品牌或产品特性设计出来的虚拟卡通人物或动物。随着品牌与消费者沟通的日益多元化，虚拟形象代言人已被企业广泛采用，与现实明星不同的是，虚拟形象代言人的言行和形象都易于控制，不会产生负面新闻，不需支付巨额代言费用，具有良好的可修正性和长久性。虚拟形象代言人主要应用于家电、食品、IT等行业。

在欧美国家，虚拟形象代言人早已存在，比如迪斯尼的唐老鸭、米老鼠等，这些卡通形象都有长达百年的历史。IBM为了改变陈旧呆板的形象，也推出了有着长长绒毛和明亮粉红色尾巴的顽皮“红豹”卡通形象，希望以此体现IBM积极、主动、亲切以及强调服务的新形象。2007年底，当MOTOQ8准备在新款手机群英会战中杀出重围时，相中了网络上的卡通形象，一只喜欢搞怪、时而玩点神经质的小兔子——兔斯基。在我国，越来越多的企业也开始尝试这一方式，比如美的空调的美的熊——一只憨态可掬的北极熊，给人以格外的亲切感，在众多的空调广告中占尽风头。还有海尔的海尔兄弟、娃哈哈的小娃娃等。

## 二、遴选品牌代言人的“金科玉律”

中国出现品牌代言人不过20多年，许多本土企业对品牌代言人的认知还较肤浅，他们只看到了国际品牌请明星代言的风光，以为品牌只要借助名人效应，就会其势如风潮千里，却忽略了选用品牌代言人也存在风险性。

在实际操作中，许多企业花巨资请明星做广告最终打了水漂儿，“偷鸡不成，反蚀一把米”。例如，某化妆品品牌请当红人气明星“小燕子”赵薇做形象代言人，然而当发生赵薇“军旗装事件”后，该品牌受到了消费者的强烈抵制，品牌形象大受损害。

其实，选用品牌代言人收益与风险同在。在品牌建设中，遴选品牌代言人并非一拍脑袋的事，而是一种策略与系统工程。如何选用符合品牌定位的“潜力股”？如何最大限度地发挥品牌代言人的峰值？如何规避使用品牌代言人的风险？当风险出现时，如何采用挽救措施？是每个企业选用品牌代言人时都应该认真思考的问题。

## 定律一：代言人同品牌的个性相一致

遴选品牌代言人的第一要素是要考虑代言人的气质个性是否同品牌相吻合，而不是明星名气的大小，适合的才是最好的。

2001 年，法国著名品牌 CHANEL 聘请当红歌星李玟担任亚洲地区形象代言人，没想到却招来一群香港上流社会名媛的强烈不满，建议 CHANEL 尽快换人。她们认为，CHANEL 近百年来一直表现优雅高贵淑女的形象，而李玟的个性更像英国辣妹，和 CHANEL 的形象格格不入。

另一个法国著名品牌 LOUIS VUITTON，当年请歌坛天后王菲为其品牌代言，王菲独具东方魅力的气质恰好地诠释了 LOUIS VUITTON 的品牌内涵，受到了众多该品牌热衷者的欢迎和追捧。王菲的形象为 LOUIS VUITTON 品牌增彩不少，今天依然有不少人对王菲的代言形象津津乐道。

同是法国著名品牌聘请当红歌星代言，效果为什么会有天壤之别呢？代言人的个性与品牌个性是否一致是根本原因。

不同的品牌有不同的个性，比如力士演绎“高贵”，维珍追求“叛逆、创新、自由”等。不同的代言人也有不同的个性，有的成熟稳健，有的青春时尚……代言人个性与品牌个性是否吻合是品牌传播效果优化的关键。两者只有精准对接，协调一致，品牌代言人才能很好地演绎出品牌的个性内涵，为品牌形象增光添彩；如果两者不一致甚至相悖，只会稀释甚至损害品牌的形象。

许多年来，百事可乐的形象代言人走马灯似地换了又换，国外的有皇后乐队、麦当娜、贝克汉姆、罗纳尔多、布兰妮等，国内有张国荣、刘德华、陈慧琳、周杰伦、郭富城等，其实看似杂乱无章的明星队伍我们不难发现其中规律，那就是百事可乐请的永远都是青少年最近最喜欢的当红明星，因为这些明星符合百事可乐“新一代的选择”的品牌内涵。

2004 年“超级女声”排出座次后，蒙牛放着冠亚军不用，偏偏选用第三名张含韵做蒙牛酸酸乳的品牌代言人，许多人大惑不解。其实张含韵甜甜的微笑、青春可爱的形象淋漓尽致地表现了蒙牛酸酸乳“青春、活力、梦想”的品牌内涵，张含韵的形象代言使蒙牛酸酸乳迅速走红全国市场，2005 年蒙牛酸酸乳的销售额突破 25 亿元。放弃冠亚军而选用季军张含韵，也显示了蒙牛运用品牌代言人策略的高明之处。

还有，周杰伦做“我的地盘我做主”的代言，非常符合中国移动的动感地带的品牌定位；周润发艺术生命长久所蕴涵的百年常青、翩翩风度所表达的对女性的呵护，恰到好处地演绎了百年润发的品牌个性；李连杰的英雄气概很好地展现了柒牌男装“男人应该对自己狠一点”的品牌内涵；金城武清新自然、内敛低调又略带神秘高贵的个性恰好同欧莱雅公司旗下品牌碧欧泉的高端定位融为一体。

然而，许多企业选代言人时只关注名人效应，却忽略了品牌代言人的个性是否与品牌相一致，花巨资请明星代言，最终只是把品牌名字混个脸熟，有的相反还稀释了品牌的个性。

2000 年联想曾聘请当红明星 F4、章子怡等为其电脑品牌代言人，F4、章子怡虽然都有很旺的人气，但他们毕竟是娱乐界明星。消费者买洗发水或饮料可能会受娱乐明星的号召影响，然而买数千元电脑时则更关注品牌的专业形象，诸如性价比、配置功能、使用寿命、售后服务等。最终的调查结果也显示联想请 F4、章子怡为代言人对消费者的购买决策影响微乎其微，而且这些娱乐明星反而稀释了联想品牌的专业形象。

金嗓子喉宝曾不惜巨资，聘请世界巨星罗纳尔多为其代言人。罗纳尔多是一个足球明星，人们很难把以脚出名的罗纳尔多同咽喉用药金嗓子喉宝联系在一起，难道说，吃了金嗓子喉宝，足球的灵感就来了？金嗓子既然能花巨资请罗纳尔多，为什么就不能去请帕瓦罗蒂、王菲、刘欢等名副其实的“金嗓子”呢？这则广告片位列“中国十大受争议电视广告”第 6 名，也使罗纳尔多跻身“中国十大最不受欢迎广告代言人”前 3 位。

### 定律二：挖掘“潜力股”

许多企业选用代言人只把目标锁定在当红明星上，然而，既然是当红，则意味着他一定是在波峰上，那么很难再有高潮，只会保持或者下降。况且当红明星的代言费用高昂，并非所有企业都能承受，就像赵薇当年的代言费才 20 万，《还珠格格》播出后，马上涨到 200 万了。

其实选用品牌代言人，要善于发现“第一枝报春的梅花”，谁能挖掘“潜力股”，才显示其高明之处。

国际品牌的成功做法往往是与代言人共同成长，他们更多的是前瞻性地关注挖掘“潜力股”，“潜力股”不仅费用低廉，而且日后上升的人气也对品牌有极大的提升作用。

乔丹刚进入 NBA 时还不显山不露水，但是耐克看出他的巨大潜力，1985 年毅然和他签订了 5 年的代言合同。10 多年过去了，耐克通过乔丹的代言闻名世界，取得了辉煌的成功。

刘翔在 2004 年雅典奥运会成名前就被耐克和可口可乐发掘签约也是经典之笔。耐克和可口可乐两家公司经过深入调查评估意识到，刘翔极有可能夺冠成为新一代飞人。于是它们抢先与这只“潜力股”签约合作，第一时间借力。等刘翔雅典奥运会一举成名后，各路商家蜂拥而来，刘翔的身价也上涨了近十倍。为什么没有一个本土企业能有这样的眼光，可见国际品牌在选用代言人上的确有远见卓识。

### 定律三：选用德艺双馨明星

明星的举手投足牵动着大众的视线，会产生极大的名人效应。所以企业请代言人一定要选德艺双馨的明星，品行素质不过硬的明星往往会产生许多负面新闻，对品牌带来极大的伤害。

2008 年 5 月 24 日，曾以《本能》一炮走红的好莱坞影星莎朗·斯通，在出席第 61 届戛纳电影节时竟大言不惭地对记者说：“发生了四川地震，这是不是报应呢?”面对汶川地震这场人类灾难，举国悲恸，连许多国外人士都深感痛心，莎朗·斯通竟然抛出这种幸灾乐祸的恶毒言论，这是对人类基本价值的践踏，也深深伤害了中国人的感情。

莎朗·斯通的无耻言论立刻遭到了中国及全世界有良知人士的强烈谴责，除了言辞上的讨伐外，与莎朗·斯通有关的电影在中国遭到封杀，莎氏所代言的产品也受到抵制。“城门失火，殃及池鱼”，请莎朗·斯通为代言人的奢侈品牌迪奥（Dior）在中国陷入一场危机之中。莎朗·斯通的言论不仅暴露了自己的丑恶面目，而且也使迪奥品牌蒙尘，迪奥既没有发生产品质量危机，也没有对中国的灾难有不良言论，却陷入了被抵制的尴尬境地，它们错就错在选择了一个道德沦丧、缺乏良知的品牌代言人。

2008 年春节期间，“艳照门”事件处在非议的风口浪尖上，然而恩威制药“明知山有虎，偏向虎山行”，草率地请事件当事人张柏芝做洁尔阴的形象代言人。“洁尔阴洗液”广告播出后，引起观众纷纷指责，网上甚至出现了抵制张柏芝等人所代言产品的“召集帖”。3 月上旬起，这则在黄金时段大肆播出的广告被纷纷叫停，洁尔阴为了抓住公众的眼球，非要借绯闻炒作自己，最终自讨没趣，草草收场。

其实，娱乐圈德艺双馨的明星也大有人在，像常青树刘德华才艺、品德都很出色，被授予“香港十大杰出青年”的荣誉称号，成为娱乐圈新人学习的楷模。刘德华代言的品牌自然也会给人以健康向上的印象。

### 定律四：谢绝过气明星

“流行的往往是易逝的”，明星代言人的人气也会有一个发展、鼎盛、衰退的过程，很多明星往往只能辉煌一时，转眼便成为一颗流星。过气明星正在走下坡路，已经很难和当红之日同日而语，所以哪怕是弱势品牌，也不要找过气的廉价明星，那样难免会给品牌留下过气的烙痕。所以为了树立一个长远而高贵的品牌形象，企业应尽量回避“价廉但不物美”的过气明星。

雅客 V9 上市选择品牌代言人时，商家也曾犹豫不决。一个是正当红明星周迅，代言费较高，另一个是过气明星，费用便宜一半。经过权衡再三，雅客最终还是狠心出高价选用了周迅，明智的决策也给雅客带来了不凡回报，周迅代言的雅客 V9 一炮打响。

另外，企业与明星是否能够续约也要看明星的人气状况。前段时间，某化妆品品牌因为代言人赵薇的人气有所下降，及时将其从广告中撤下，取而代之的是另一位人气上涨的美女明星。最近某洗发水品牌也坦言因为言承旭人气下降而将其“抛弃”。

如果企业因资金所限找不起当红明星，还不如干脆找个新人。例如，婷美内衣在品牌初创时期就没有迷信大牌明星，而是选用了普通女孩倪虹洁为代言人，结果婷美内衣不仅迅速走俏，倪虹洁也成为广告界的明星。

当红明星天文数字般的代言费令企业望而却步，于是有的企业贪图便宜，抱着侥幸的心理选用过气明星。据保守估计，2005～2006 年期间，过气明星代言人占到明星代言人总数的 1/3 以上。选用过气明星的结果自然是得不偿失。

克莱斯勒公司曾聘请《泰坦尼克号》主题曲演唱者席琳·迪翁（Celine Dion）为品牌代言人，并签下了 3 年的代言合约。席琳·迪翁虽然红极一时，然而随着年龄的增长，人气大跌，并且逐渐淡出歌坛。选用过气明星的结果是，克莱斯勒公司的汽车销量丝毫未见增长，其中一款车上市以来销量还不足 5000 辆，厂家是哑巴吃黄连有苦说不出，只能苦等 3 年合约期满。

## 定律五：回避“花心”明星

赵薇因主演《还珠格格》而一夜成名，也成为众多商家追逐的对象。一时间矿泉水、方便面、钙奶、果冻、粒粒果、打印机等产品企业一哄而上，争相邀请赵薇为品牌代言人。然而“一女多嫁”的最终结果是代言人囊中渐鼓，商家却是收效甚微。

目前在广告界，明星代言人“一女多嫁”四处作秀的现象屡见不鲜，许多“花心”明星为了经济利益，不闻不问品牌产品情况，只要企业出资邀请代言，一律照单全收。例如，某明星在电视广告上一会儿说“××口服液治好了他的神经疼”，一会儿又称“××药治好了他的胃病”，有的明星甚至被冠以“广告天王”的称号。

明星“一女多嫁”的结果往往会减少广告的说服力，使品牌在消费者心目中的形象日益模糊，最终吃亏的还是商家自己。

最为严重的是，一个明星先后代言几个同类品牌。例如，知名主持人李湘先后代言了信婷、雪佳妮祛斑霜两个护肤品品牌，一会儿这个“解决了我的烦恼”，一会儿那个“改变了我的皮肤”，使消费者不知哪个更可信。一个明星代言几个同类品牌的结果往往是致命的，最终会大大稀释品牌的价值。

因此，企业在选择代言人时，不仅要考虑明星的人气、个性等因素，还应考虑他的专一忠实度，要尽量回避“花心”明星，防止近亲中的“一夫多妻”，并且学会运用合同等法律手段保护自己。另外，明星也应该自律，不负责任的“一女多嫁”最终也会损害自身形象，使商家敬而远之。

国际品牌玉兰油的做法很值得借鉴。玉兰油在选代言人时，除了几个国际巨星外，他们避开了喧闹的娱乐圈，选择知名度不高但比较固定的新人，例如一个名为 Danielle 的模特，她很少在其他广告中出现，忠诚专一的结果使 Danielle 迷人的微笑、晶莹的肌肤已经同玉兰油融为一体，为玉兰油品牌增色不少。

### 定律六：摆正品牌与明星的主次关系

如果请明星做广告，消费者只记住了广告中的明星，就是记不清是什么品牌，明星的光芒遮住了品牌，品牌沦为衬托明星的绿叶，这无疑是名人广告的败笔。

名人广告虽然需要明星参加，但广告中的真正主角应该是品牌或产品，明星只是道具。所以企业在请明星代言广告时，一定要摆正品牌与明星的主次关系，避免喧宾夺主，将名人广告做成明星个人秀，再大牌的明星也必须服务于品牌。

王石将万科做成中国最成功的地产企业，他敢于创新，富于挑战，摩托罗拉的智能手机邀请他做形象代言人，华硕笔记本为了突出自己“坚如磐石”的品质，把他的极地冒险之旅作为宣传的切入点。观众看了王石为摩托罗拉、华硕做的广告后，都被他的挑战精神深深打动，也增强了对万科企业的信任。然而，摩托罗拉、华硕却沦为衬托王石及万科的绿叶，白白替别人做了嫁衣。

百事可乐在做明星广告时就非常高明，请郑秀文、郭富城、蔡依林、周杰伦、F4、陈冠希等 9 个明星齐登场，这些明星扮演为一个个武林高手，他们奋力争斗搏杀，最终目的都是为了一罐百事可乐。9 个大牌明星实际上都扮演了衬托百事可乐的绿叶，消费者可能记不清是哪些大牌明星，却深深记住了百事可乐。

另外，遴选品牌代言人还应该考虑代言人的 Fans 群体是否与品牌的目标消费群体相统一，代言人的人气地域是否同品牌的营销目标区域相吻合，产品的生命周期是否和代言人的人气相搭配等问题。

## 三、品牌代言人的风险规避

中国足球队进军世界杯的成功，使中国足球和米卢的声望达到顶峰，重金聘请国足队员和米卢做品牌代言人的企业也纷至沓来。然而，当中国队在世界杯上一路惨败，无功而返后，足球和米卢的人气急剧下降，众多赞助企业叫苦连天，备受打击，有些地方还出现了球迷砸米卢广告牌的事件。其中损失惨重的广州怡冠只好重新拍摄广告片，据说今后再也不打算聘请其他名人代言了，可见其“一朝被蛇咬，十年怕井绳”。

歌手高枫担任浩男西服品牌代言人后不到一个月就突然去世，代言合同成了一纸空文，使浩男西服蒙受巨大损失；毛宁担任开尔服饰品牌代言人后负面新闻不断曝光，开尔品牌深陷窘境，叫苦连连。

其实，类似这样的案例不胜枚举。当企业将一个品牌的形象和一个代言人联系在一起时，他们之间实际上已经建立起了“一荣俱荣，一损俱损”的关系。由于品牌代言人的形象品质不是恒定不变的，明星又不享有事实上的隐私权，他们的一举一动都会被媒体所放大，这使得企业一直处在因品牌代言人的不当言行而使自身遭受牵连的风险中，企业要为代言人的负面影响埋单，有时负面影响的时间远远长于代言时间。

关于品牌和代言人之间的官司近年来屡见不鲜，例如瑞士“MONTEGA”手表公司认为品牌代言人罗纳尔多长期不上场踢球，导致该公司的产品销量不佳，起诉罗纳尔多要求赔偿1000万美元。

品牌代言人的风险是多方面的，诸如明星丑闻曝光、明星过气贬值、明星“花心”为多个品牌代言而稀释品牌价值等。那么如何有效地事前规避品牌代言人风险？一旦风险危机出现后，又如何采取有效措施将损失降到最低限度呢？

### 1. 建立科学的代言人评估指标体系

企业选择明星作为品牌代言人，不能简单地依据知名度等因素草率决策，应该建立科学的代言人评估指标体系，全面评估品牌代言人魅力现状及未来发展趋势。“品行不端的明星忌用，绯闻不断的明星慎用”，遴选品牌代言人一定要做详细的调查，谨慎筛选出最佳人选，将使用品牌代言人的风险控制在最低限度内。

建立科学的代言人评估指标体系应该从以下几个方面考虑：知名度、气质形象、性格特点、亲和力、品质精神、才艺水平、公众评价、发展趋势等。

建立科学的评估指标体系应进行充分的市场调查，深入洞察目标消费者的内心，他们对明星的偏好、期望及反感等，因为明星代言的最终目的是要打动消费者的心，消费者不认可或者排斥某个代言人，企业的一切努力都会付诸东流。

西安18岁的小伙刘亮因西安“宝马案”而一夜成名，某汽车厂商在没有全面评估刘亮的情况下草率选用其为形象代言人，结果令该汽车厂商后悔不已。

### 2. 加强对明星“变质”的可能性研究预测

明星丑闻、明星贬值等“变质”事件给企业造成的损害是巨大的。然而明星“变质”虽然多为意外发生，但并非是毫无先兆或不能预测的，所以企业应该对明星代言人加强联系沟通，积极关注其动向，建立跟踪评估体系，对明星“变质”的可能性做好事前研究分析预测，并及时采取有效应对措施。

2002年4月，金六福公司果断地停播了在世界杯足球赛中播出半年之久的米卢代言的金六福白酒电视广告，2002年5月，金六福公司又放弃了中国足球队的赞助商资格。开始人们还大惑不解，然而，随后中国队世界杯足球赛惨败的战绩揭开了人们的谜团，也说明了金六福公司明星“变质”研究预测工作的细致到位。

**3. 通过合同等法律手段防控风险**

品牌代言人毕竟不是企业员工，很难管控，完全准确地预测一个代言人的风险系数又几乎不可能，因此，通过合同等法律手段来制约代言人行为，防范代言人风险非常必要。在与代言人签订的合同中，应增加有关详细的行为规范条款，维护企业合法利益。例如，规定代言人不能“一女多嫁”再代言其他同类品牌，有实力的企业还可以采取买断明星代言权的方式；规定代言人在代言期间，由于自身的不良行为给企业带来负面影响及损失，企业有权终止合同，停止支付费用，并要求代言人赔偿企业相应的损失等。

**4. 风险出现后及时止损**

完全的事前预测防控是不可能的，即便形象健康的明星，也不能确保其不会爆出个冷门，一旦代言人出现问题，企业遭遇风险，就应该及时止损，果断停用或更换品牌代言人，就像炒股一样，该抛时就得抛。

1984年，百事可乐请麦当娜为代言人，麦当娜的一曲“Like A Virgin”（宛如处女）因有亵渎上帝之嫌，受到宗教界人士的坚决反对，为了平息众怒，百事可乐果断停播了出炉仅一个月的电视广告。

赵薇传出打人事件、谢霆锋出了顶包案后，欧珀莱、可口可乐均在第一时间果断地将两人所有的代言广告撤了下来。

然而，一些本土企业遭遇品牌代言人风险时患得患失，舍不得放弃眼前利益，结果使企业付出了更大的代价。本土某八宝粥品牌曾请明星英达、宋丹丹一家三口拍摄电视广告片，借以表达家庭的幸福和睦。然而广告片没播出多久就传来英达、宋丹丹离婚的消息，该企业舍不得停播，结果这边媒体报道英达、宋丹丹分道扬镳，那边电视广告英达、宋丹丹一家温馨和睦，该八宝粥品牌令人贻笑大方。

另外，一旦代言人出现问题使品牌深陷危机，企业应该及时开展危机公关，采取有效的公关手段将负面影响降到最低限度。

## 案例解析　洁尔阴请张柏芝代言的败笔

2008年春节期间，“艳照门”事件持续火热，事件当事人也都处于非议的风口浪尖上。2月19日，成都恩威集团证实，张柏芝将继续代言洁尔阴洗液。3月

1日起，“洁尔阴洗液”广告终于出现在电视屏幕之中，广告中，张柏芝一身黑衣知性打扮，在黑白两色为主色调的场景中露面，一下子吸引了无数观众的目光。

“洁尔阴洗液”广告播出后，网上迅速出现了广告视频，搜索率和关注度也迅速上升，每天的下载量超过数万条。毋庸置疑，“洁尔阴洗液”广告达到了吸引公众注意力的效果，然而，与此同时，让其难以预料的麻烦也接踵而来。

许多网友指责恩威制药为利益纵容无良行为，通过电视媒体播出，是对社会公德的蔑视，网络上甚至出现了抵制张柏芝等人所代言产品的“召集帖”。一些媒体还接连收到读者的热线投诉，呼吁停播该广告。

在近期召开的“两会”上，也有政协委员提议不应该让“艳照门”当事明星继续代言企业或者产品，否则会在社会上助长恶劣影响，不利于和谐社会的构建。

3月上旬起，这则在黄金时段大肆播出的广告被纷纷叫停，重庆、四川、福建、浙江、天津、安徽等省卫视已经陆续停播。

其实，洁尔阴当初在“艳照门”非议浪潮中草率地请张柏芝做代言，就已经注定了它会走到今天的窘境。

洁尔阴是妇女洗涤用品市场的知名品牌，得到了不少女性朋友的青睐，已经到了提升品牌美誉度和忠诚度的阶段，树立健康、正面、权威等形象是最重要的。然而，洁尔阴为了抓住公众的眼球，“明知山有虎，偏向虎山行”，非要借绯闻炒作自己，无疑是自降身价，最终得不偿失。

赵本山小品里的白云大妈说过一句话：没有绯闻的名人不算名人。然而对于品牌而言，如果和绯闻挂钩，则会冒非常大的风险。

众所周知，明星代言本是把“双刃剑”。请明星做品牌代言人，能将明星的光彩“转嫁”到品牌之上，迅速扩大品牌的影响力。然而，明星的不良言行也会“殃及池鱼”，使所代言品牌一损俱损。因此，企业应该有明星代言的风险意识。在明星代言人的风险中，道德风险是对品牌影响最大的风险，明星是社会公众关注的焦点，如果明星道德上出现瑕疵，则会让公众“厌乌及屋”，把对明星的不良情绪“转嫁”到其所代言的品牌上来，导致品牌美誉度降低，严重时甚至会出现消费者抵制的现象。

历史上“毛宁丑闻”曝光后，其代言的名人牙膏冒险地加大了广告投放力度，结果事与愿违，品牌形象一落千丈，经济上也遭受了很大损失。“小燕子”的“军旗装事件”也让其代言的夏新叫苦连天。另外，从引发宗教事件的麦当娜到以俗扬名的芙蓉姐姐，还没有发现一个借广受非议当事人炒作成功的案例。

事实上，作为市场老大的洁尔阴，并不缺少品牌知名度，草率地借助明星绯闻去赢得市场的认同，无异于拿自己的品牌做赌注。洁尔阴的消费群体大多是知识女性，她们很注重自身形象的维护，对于“艳照门”当事人张柏芝虽然心存同情和原谅，但这并不等于愿意把自己同“放荡”联系起来，所以也没必要拿自己的清誉去尝这个螃蟹。

其实，“洁尔阴洗液”广告及时停播对于洁尔阴来说无疑是件好事。如果继续播放下去，可能会招致更大的损失。譬如，如果它的竞争品牌在广告宣传中说：“好女人就用XXX”，这无异于直击张柏芝代言的洁尔阴的“软肋”，让洁尔阴毫无还手之力。两个品牌同时出现在商场的柜台中，消费者会选哪一个呢？

洁尔阴请张柏芝代言的败笔也给我们以下启示：企业请明星代言须慎行，因为明星代言本是把“双刃剑”。

## 案例解析　耐克寻找乔丹之后的新生代英雄

耐克公司成立于1964年，由一位会计师菲尔·奈特（Phil Knight）和一位运动教练比尔·鲍尔曼（Bill Bowerman）共同创立。耐克目前无疑是运动鞋领域的大哥大，据说每4双运动鞋就有一双是耐克公司制造的。

早在1973年，耐克便聘请长跑健将史蒂夫·普瑞方汀（Steve Prefantatine）代言其运动鞋。1985年聘请乔丹为品牌代言人，更使耐克名声大振，也揭开了辉煌的一页。

### 乔丹的辉煌与谢幕

耐克的辉煌和乔丹息息相关。乔丹刚进入NBA时并非大红大紫，但是耐克看出他的巨大潜力，毅然和他签订了5年的合作合同。10多年过去了，耐克通过乔丹的代言闻名世界，取得了辉煌的成功，而乔丹也通过耐克，一度成为世界上收入最高的体育明星。

《财富》杂志曾计算过，耐克的乔丹系列产品每年创造多于2.5亿美元的收入，乔丹为世界经济创造了100亿美元的财富。

1999年1月篮球之神迈克尔·乔丹宣布退役，乔丹的退役对耐克的确产生了重大的影响。当他第一次宣布退役的时候，整个篮球鞋市场的销售下跌了30%，而耐克占据这个市场50%的市场份额，乔丹系列的运动产品在耐克总销售量的比例也从原来的8%下降到4%。许多投资者认为，乔丹的退役会影响到耐克的经营状况，所以耐克的股票也因为乔丹退役的消息而下跌了4%。

篮球之神乔丹谢幕，耐克需要寻找新的代言人。

### 谁是乔丹的继任者

耐克的历史上，乔丹并非唯一的代言人，耐克也曾聘用过迈克尔·约翰逊、彼特·桑普拉斯、安德烈·阿加西，以及女运动员莫尼卡·塞莱斯等，然而，谁能成为真正的乔丹继任者呢？

2000 年底，耐克选用泰格·伍兹做代言人，与伍兹签订了价值 1 亿美元为期 5 年的合作合同，这是世界体育史上最昂贵的一份合同。耐克开始推出高尔夫系列，然而在一个调查中发现，许多白人认为伍兹的衣着“看起来很可笑”，而黑人则认为伍兹扮得像个白人。伍兹的感召力远不及篮球之神乔丹。

耐克找不到乔丹的继任者，许多职业篮球明星也不属于孩子们崇拜的偶像。例如，阿伦·艾弗森虽然也是一个球艺非凡的篮球明星，但他有被指控私藏枪支、滥用大麻等劣迹，难以成为孩子们的学习榜样，职业体育过分追求商业效益的行为，也使年轻人不再把职业球员当做自己的偶像。

另外，人们开始更关注个人自身成功及自我个性的表达。耐克的品牌总监戴夫·拉森说：“营销活动的灵感来自耐克自己的调查，我们走出去问孩子们：你们最想做谁？我们以为会听到他们说‘我想成为乔丹’，可是我们听到的却是‘我想做自己’。”于是，耐克的新广告不再仅仅是围绕着职业运动员，而是积极表达个性的重要，宣扬个人精神和个人的成功，来适应公众的口味。

## 寻找新生代的英雄

18 岁的高中生勒布朗·詹姆斯被认为可能成为乔丹之后新一代的成功者。2003 年，耐克在与竞争对手阿迪达斯和锐步的争夺战中取得成功，耐克同詹姆斯签下了为期 7 年、价值超过 9000 万美元的合作合同，耐克计划推出詹姆斯个人的服装和球鞋系列，希望詹姆斯能像当年的乔丹一样，再现辉煌。

詹姆斯 9000 万美元的代言收益价值不菲。1984 年乔丹与耐克的第一个合作协议价是 5 年 250 万美元。1992 年奥尼尔与锐步签下合同，价格是 300 万美元。1996 年阿迪达斯同 17 岁的科比·布莱恩协议价是 500 万美元。1996 年锐步同阿伦·艾弗森的终身合约价是 5000 万美元。这几个人的合约金额加起来也比不上詹姆斯的昂贵。耐克是行业的领导者，领导者当然无法容忍竞争对手争夺像詹姆斯这样的后起之秀，所以耐克宁愿高价也要取得这场争夺战的胜利。

1999 年，当乔丹退役后，耐克曾将中国的姚明锁定为目标，与其签订了一份为期 4 年价值 20 万美元的合作合同。然而，2003 年合约到期后，耐克续约时犹豫不决，结果竞争对手锐步捷足先登，锐步锲而不舍的精神打动了姚明，并签下终身合同。锐步拥有火箭队球衣、纪念品的独家生产权，姚明在火箭队的 11 号球衣就是锐步为他量身定做的。在中国市场，黄皮肤黑眼睛的姚明要比乔丹和詹姆斯更具有亲切感和号召力，2004 年 1 月，锐步在中国引入了一系列 NBA 球鞋，同耐克抗衡。姚明在 NBA 表现的节节攀升，使耐克认识到放走姚明是一个极大的错误。

篮球之神乔丹谢幕了，消费者、企业和体坛都在关注，谁又能成为乔丹之后的新生代英雄？

## 第四节　品牌传播的聚焦之道

美国广告研究基金会在一份调查报告中得出这样的结论：每年 140 亿美元的电视广告支出，只有 1/4 的花费才真正物有所值。

这个调研结果也反映了众多企业在品牌传播过程中的困惑与苦恼。在信息多元化的今天，企业正面临着一个残酷的品牌传播环境，品牌传播费用的浪费已成为企业最大的浪费，也制约了企业品牌的发展。

在改革开放初期，中国的媒介资源单一，一家几代人守着一台电视，一部电视剧的收视率几乎能达 100%。记得《上海滩》、《霍元甲》播放时，全国人民都在看，案件发生率都有所下降。许多企业仅靠一个出色的广告片便可一炮走红，比如孔府家酒请王姬拍的广告片《孔府家酒，叫人想家》在中央电视台播出后，销量迅速上升，经销商需要排队才能提到货，真可谓“广告一响，黄金万两”。

然而，今天我们已经进入了一个富媒体时期，媒介数量的迅猛增加使人们置身于浩瀚的信息海洋中，每天扑面而来的广告信息量从 20 世纪 80 年代的几十个增加到现在的数以千计。每天睁开眼，听广播、看报、上网，路上看到路牌、看电视等，我们随时随地处在信息的包围和侵扰中。企业往往高估消费者对自己广告信息的记忆，其实大多数广告信息在消费者大脑中如同行云流水，转瞬即逝。

CTR 公司一项关于“受众面对广告的选择”调查研究结果显示，受众对电视广告的注意力正在下降。

残酷的品牌传播环境，不仅使广告的覆盖面急剧缩小，受众对象高度分散化，而且还使传播的千人成本大大增加。难怪商界巨头约翰·华纳梅克（John Wanamaker）感叹：“我只知道我的广告费有一半浪费了，但我却不知道这 50% 到底浪费在哪里？”

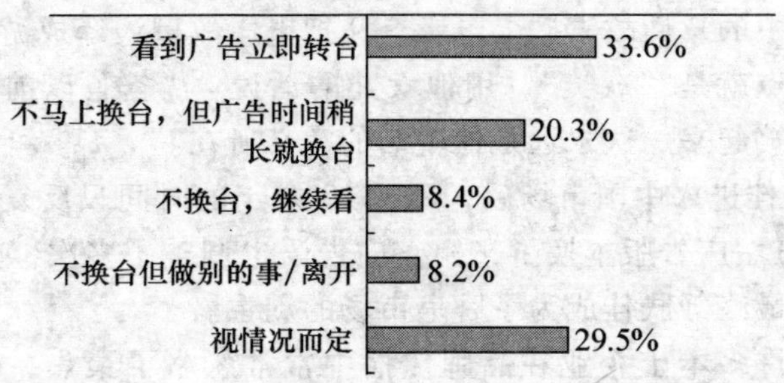


观众对广告的态度

如何走出品牌传播的困境，让品牌传播的每一分钱都花在刀刃上呢？

激光之所以具有巨大的穿透力，是因为它能够把所有的光线聚焦于一点，品牌传播遵守聚焦之道，也会使企业弹无虚发，将有限的资源发挥出最大的能量。

英特尔前总裁葛鲁夫曾说：“整个世界将会展开争夺眼球的战役，谁能吸引更多的注意力，谁就能成为下个世纪的主宰。”

在眼球经济时代，注意力就是财富，眼球被有效吸引，就等于成功了一半。品牌的竞争说到底就是对消费者注意力的竞争，品牌要吸引消费者的眼球，就需要集中发力，传递同一个信息，这就需要品牌传播聚焦，聚焦，再聚焦！

与传统的天女散花式的传播方式相比，品牌传播的聚焦之道则要求企业谨慎科学地选择自己品牌的传播内容、传播载体、传播时机等，使品牌信息在最有效的传播点同目标群体接触，让品牌传播的每一分钱都发挥最大作用，就像一个弹无虚发的神枪手，只有在瞄准了敌人的要害部位时才会扣动扳机。

### 品牌传播的聚焦法则之一：品牌核心价值聚焦

广告大师大卫·奥格威（David Ogilvy）曾说：“每一次广告都应该为品牌形象作贡献，都要有助于品牌整体资产的积累。”

如今，信息传播量剧增导致大量信息被淹没其中，无法有效进入消费者大脑中。所以，品牌要想牢牢地占据消费者的心智，就必须反复传播同一个信息，用“同一个声音”说话，集中集中再集中，聚焦聚焦再聚焦，这样才能植根在消费者略显麻木的大脑里，才能在消费者心中生根发芽。

其实，这“同一个声音”就是品牌核心价值，品牌核心价值是品牌的 DNA，它体现着品牌的个性和内涵，例如茅台酒的“国酒”、七匹狼的“追求成功，勇于挑战”等。

用“同一个声音”能够使品牌在与竞争对手同样的传播投入情况下，突破信息噪音的重围，获取消费者更多的注意。

企业只有以品牌核心价值为主线，进行聚焦式传播，才能真正节约传播费用，使品牌传播的每一分钱都发挥作用。

迪斯尼拥有狮子王、米老鼠、唐老鸭等家喻户晓的品牌形象，其创始人沃尔特致力于将书本中的童话故事搬上电影，又把电影故事演绎成游乐园。迪斯尼全部价值聚集于一点就是“欢笑”，用他女儿的话说：“爸爸以前想做的就是让人们快乐，让他们笑起来。这永远是他生活的意义所在。”

1992 年舒肤佳进入中国市场后，用了 10 余年的时间只反复聚焦传播了一个信息“除菌”。虽然广告版本换了又换，广告语也调整了多次，然而“除菌”的声音一直未变，最终舒肤佳成为了香皂市场的霸主。

然而，我们许多本土企业在品牌传播中常常忽略了聚焦，相反却格外青睐分散。

迪斯尼永远把“欢笑”带给人们

三精口服液的电视广告有这样的情节：一个女人进门高叫：“妈，我给他买了三精口服液”，她妈妈一脸迷惑：“三精口服液？是蓝瓶的吗？”这个女人特神气地说：“当然了！三精口服液，都是蓝瓶的！”其实，三精口服液的主要功效是“补钙、补锌”，“补钙、补锌”应该是它的品牌传播的核心，但我们烂熟于耳的“蓝瓶的”和三精口服液的品牌核心价值有多大关系呢？巨额的广告费用支出使“蓝瓶的”概念深入人心，对三精口服液的品牌资产积累能有多大意义？三精口服液的广告费用是否有一部分白白流失了呢？

### 品牌传播的聚焦法则之二：传播区域聚焦

太阳光直接照射时，不会有太大的威力，但经过凸透镜聚焦到一点时，则会产生足够的热量点燃火种。

同样道理，品牌传播在选择投放区域时，也一定要遵守聚焦原则，特别是在中小企业发展初期，人力、物力、财力有限，千万不可将有限的资源“撒胡椒面”似的盲目乱投，而应进行合理规划与聚焦，根据自身情况，集中自己所有的资源，投入到一个较小区域（如地、市、县）“集中兵力打歼灭战”，启动某个小市场。企业发展初期虽然资源匮乏，但如果聚焦集中发力，其力量也是足以战胜这个区域的大企业的，从而成为该区域的领导品牌。

1998年5月，史玉柱推出脑白金产品，因为资金匮乏，史玉柱将第一个市场选择在无锡江阴这样一个小县城。第一轮试销做完之后，资金已经所剩无几了，史玉柱只好向朋友借了50万元，随后花了10万元集中在江阴做广告，聚焦发力很快在江阴产生了市场效应。史玉柱挟江阴成功之势，很快启动了周边的无锡等市场，最终用了一年多的时间将脑白金推向了全国市场。

可见，脑白金巨大的成功得益于其创建初期的聚焦战略，如果史玉柱用借来的50万元不是集中发力做透江阴县这个小市场，而是四面出击，可能结局只能是四面楚歌了！

风光不再的老明光酒业2003年曾投入数千万元资金，推出中高端战略转型产品老明光1980，它们首先开拓合肥市场，然而在合肥市场尚未真正成熟，资金没有完全回笼的情况下，贸然进军河北及海南市场，结果是2004年河北市场未被启动，海南市场却出现“兑奖风波”，导致企业的资金链断裂，分散兵力使老明光最终只能成为“昨日明光”了。

## 品牌传播的聚焦法则之三：媒介通路聚焦

我们已经进入了一个富媒体时期，信息量的膨胀使企业面临一个残酷的传播环境。

中国目前是世界上媒介通路最多最复杂的国家。以电视媒体为例，中国现在实行的是“四级办电视、混合覆盖”的分层次按行政区域划分的结构体系，全国电视台数量超过3200家。目前全国发行流通的报纸杂志也有数百份之多，而且还没有计算各地区的区域报刊。再加上不计其数的网络、路牌等，可以说中国众多的媒介通路已编织成一张密密麻麻的网。

媒介数量的急剧增多导致的结果就是，受众人群已经被高度切分了。媒介通路的丰富多彩，使得受众可以根据自己的喜好轻松选择自己喜欢的不同媒体，结果受众群体被分散在了许多不同的角落里，很难集中在某一些媒介中。今天我们必须要接受这样一个事实，那就是许多过去“看上去很美”的媒介其效果早已大打折扣。如果企业还是没有搞清楚某些媒介的特点、受众群体等情况就盲目投放广告，则很难把品牌信息精确地传递到所希望的目标受众的大脑中，盲目开枪也许会白白浪费许多子弹。

所以，企业投放广告时必须谨慎科学地选择适合自己品牌产品的媒介，将有限的资源聚焦投放在最有效的媒介通路上。

媒介通路的选择没有放之四海而皆准的法则，企业更应该结合品牌自身情况。一般讲应考虑以下几方面：

### 1. 选择有影响力的媒体

居高声自远，处于领导地位的强势媒体具有较高的影响力和较好的说服力，所以选择强势媒体往往会收到事半功倍的效果。贪便宜站在舞台的边上，表面看是省了钱，但你会发现大家的目光都集中在了舞台中央，很少有人瞟你一眼。

例如，中央电视台（CCTV）处于全国电视媒体的领导地位，具有巨大的媒体号召力和公信力，它对快速提升品牌的知名度、权威性是其他媒介所无法媲美的。特别是食品、饮料、洗发水、保健品等快速消费品行业品牌如果要一展宏图，进军全国市场，CCTV应该是当仁不让的首选。

步步高集团董事长段永平曾说：“正因为没钱，我们才投中央电视台。因为资金有限，在各处分散用力肯定不会产生好的效果，而如果把主要力量集中在央视一家，则不但会起到集中穿透的效果，而且算起来千人成本也是很低的。”

王老吉始终把CCTV作为其品牌推广的主战场，巨额广告投入不遗余力。2002 年,王老吉重新确定了“预防上火”的品牌核心价值后，马上投入 1000 万元在央视进行广告宣传，2003 年广告投入增至 4000 多万元，2004 年广告投入 1 个亿，2005 年 1 个多亿，2006 年世界杯期间广告投入更是猛增，全年投入 2 个多亿，2007 年广告投入 4.2 亿元。精准的品牌定位及在央视大手笔的广告投入也引爆了王老吉的销量井喷，王老吉 2002 年销量 1.8 亿元，2007 年销量近 90 亿元。

**2. 品牌核心价值与传播载体匹配**

品牌核心价值与传播载体越匹配，则传播效果越好。品牌核心价值与传播载体匹配，会大大增强受众接受品牌信息时对信息的感知、体验及积极的联想，降低受众的抵触心理，延长信息在大脑中停留的时间，增强受众对品牌深层次的认知和印象。

例如，治疗运动员脚气的药品广告，经常出现在体育节目中，会让受众产生积极的联想，增加认知和记忆，获得较好的效果；书籍广告刊登在杂志媒体上，效果会更佳；表现美感的化妆品广告，应选择精致的彩色印刷杂志媒体；有故事剧情的广告应选择电视媒体等。相反，珠宝产品广告出现在农村的砖墙上，消费者会产生美好的联想吗？当你正在垂涎欲滴地观看一个电视食品节目时，一条痔疮药广告突然在间隙中飞快地插入，你会对这个产品品牌产生好感吗？

我们在选择传播载体时不应该把目光仅仅聚集在传统的媒介通路上，如电视、报纸、杂志等。特别对于中小企业而言，因为财力资源有限，则应该尽量避免使用竞争白热化的传统媒介，在媒介策略上应另辟蹊径，以创意取胜。事实上，只要开拓思路，我们会发现生活中许多传统媒介以外的有效传播载体。

例如，《经济学人》杂志的品牌诉求是“成功的钥匙”，通过深入调研后发现，杂志的读者群——商务人士，一年四季都奔波于世界各地，大量时间是在各地酒店里度过的，住酒店的人手里总要拿着门卡，于是酒店的门卡成为《经济学人》杂志小投入大效果的广告传播载体。

近几年楼宇电梯广告倍受企业的青睐，如果电梯企业在电梯间播放广告，则会大大增加广告的传播效果，特别是三菱电梯广告语“上上下下的享受”，必定会增强受众对三菱品牌的体验和印象。

**3. 产品品类关心度**

高关心度的产品，如住房、家电、汽车等，消费者因为投入额巨大，所以决策购买时往往深思熟虑，考虑的信息量大，所需时间也较长，因此这类产品广告刊登在保留时间较长的印刷媒介上效果更佳。

低关心度的产品，如洗发水、饮料、食品、洗衣粉等快速消费品，消费者决定购买时轻松简单，所需时间较短，因此广告应选择电视、广播等媒介。

### 4. 目标受众群体的生活习惯

目标受众群体的生活习惯与媒介选择有很大的关系。

例如，金龙鱼食用油的广告曾出现在中央电视台一套晚上7点，食用油广告的目标受众群体应该是家庭妇女，可是忙于家务的家庭妇女又有几个人会在这一时段看新闻节目呢？事实上，晚上8点后的电视剧是她们的最爱，金龙鱼在新闻节目时段投放广告，很可能许多广告费打了水漂儿。

又如，买保险的多为辛勤打拼的中壮年上班族，他们工作压力大，常常早出晚归，在较晚夜阑人静的时候，他们的心境由浮躁转为沉静，容易思考自身的将来，如果保险广告在此时以情感诉求播出，更容易打动他们的心。

## 品牌传播的聚焦法则之四：投放量聚焦

广告投放过量是一种浪费，广告投放量不足其实也是一种浪费，就像白花钱买了2/3张船票，永远到达不了目的地。

许多企业，特别是中小企业，因为预算紧张，喜欢拿出一点广告费在电视媒体投放一个月试试看。还有的企业投放广告时，希望用有限的广告费，像挤牙膏似的把全年都排满，显得月月都有广告。

没有哪个人愿意看着自己的真金白银打水漂儿，这种心理能理解。然而，大部分广告一个月的投放传播量还无法积累到发生质变的程度，就像烧开水一样，一定要在一段时间里不断续柴加火，直到水迅速升温达到沸点。如果水烧到70度就舍不得加柴了，或者总是慢慢续柴，结果费了不少柴，水还是无法烧开。

所以说，广告投入足是真节约，投入少是假节约。广告投入要么不投，要投就一定要投足，这样才能看到应有的市场效应。

那么，广告的投放量积累到什么程度才会发生质变达到沸点呢？有关统计显示：如果在中央电视台招标段投放广告一个月，全国就会有一半的消费者至少可以看到一次，如果投放广告两个月，全国就会有一半的消费者至少可以看到三次，三次以上就意味着广告效果发生了质变，消费者要采取购买行动了。一般而言，广告的最佳接触频率是六次，六次可以达到最佳的投入产出效果。

久经沙场的雅客老板2003年在签广告投放合同时，不禁直冒冷汗，因为雅客V9把当年全部近3000万元的广告费全部投到中央电视台两个月的时段播出，这确实冒很大的风险。8月26日极富感染力的电视广告《跑步篇》开始在中央电视台的黄金时段播出，青春、健康、活力的代言人周迅恰好地诠释了雅客V9的品牌形象，很快引起了市场效应。到2003年底四个月的时间，雅客V9一个品种销售3.5亿元，并且带动其他品种销量增长500%，良好的市场回报证明了雅客最初的广告策略是正确的。雅客老板说，过去10年雅客陆陆续续也投过不少广告，包括一些地方卫视广告，但因为一直是“霰弹打鸟”，所以作用不太明显，许多广告费都白白浪费了。

其实广告费低于1000万元的话，投放中央电视台意义不大，不足以引起市场反应。例如某家企业请了一位香港明星做代言人，广告费预算只有300万元，想在央视投放，结果300万元广告费扔进央视泡都没冒出一个，白白付诸东流了。

消费者是健忘的，即便启动了市场，消费者已经采取购买行动，还需持续广告投放维持消费者的记忆，当然维持阶段的广告投放量应有规律性的变化。

**品牌传播的聚焦法则之五：费用管理聚焦**

对于大手笔的企业，品牌传播费用特别是广告费往往是企业运营成本的重要组成部分，占有很大比重，所以品牌传播费用管理的失控会造成企业很大的浪费。因此，企业无论采取何种管理模式，品牌传播费用的管理一定要采取聚焦集权的方式，把广告预算集中在总部，由企业高层全权负责管理。

如果由企业中下层部门负责品牌传播费用的支出，往往会掺杂一些部门的局部利益，不利于品牌的全局、长远发展和品牌资产积累，更有甚者会出现品牌费用管理的“黑洞”，造成企业资产的流失。

如果由经销商负责品牌传播费用的支出，则经销商为了追求产品短期的销量，往往更倾向于做促销广告宣传，过度的促销广告会损害稀释品牌的价值。而且，经销商更喜欢选择自己熟悉的媒体、地方性媒体以及折扣点高的媒体，这不利于品牌的建设。

所以，品牌传播费用支出的管理也应该遵循聚焦的原则。

在当今信息社会，企业要想使自己的有限的资源发挥出最大的能量，请遵循品牌传播的聚焦之道，节约品牌建设的每一分钱！

## 案例解析　雅客V9快速启动市场的营销魔方

5天时间启动全国市场，你能相信吗？雅客V9书写了这样一个商业奇迹。

国内糖果市场近十年来一直不愠不火，波澜不惊，而徐福记、吉百利、义利、悦家、不凡帝、喔喔、奥奇特、金丝猴等各路诸侯又独霸一方，雅客V9使用了什么样的营销魔方一炮走红，迅速成为一个遍及全国市场的知名品牌呢？

### 品牌诉求：聚焦“创新、运动、健康维生素”

福建雅客是一个拥有滋宝维生素糖果、和喜、伯尔巧克力、好合等800多个品种的糖果企业，然而成立十年以来，一直以区域市场为主，并没有在全国范围内做强。

肆虐的“非典”过后，福建雅客凭借敏锐的市场嗅觉，开发出了每天两粒就可以补足人体所需的9种维生素的新品。怀着做强做大的梦想，2003年春，雅客老板陈天奖聘请了叶茂中策划机构进行品牌策划，希望能够进军全国市场。

叶茂中策划机构经过严谨缜密的市场调研发现，“非典”结束后，人们形成了“补充维生素、提高免疫力”的观念，市场对维生素产品的需求空前高涨，而希望通过吃糖果补充维生素的人居然达到了48.1%，仅次于采用吃水果和蔬菜的方式。

所有这一切都说明：维生素糖果市场潜力巨大，维生素糖果极有可能形成一个独立的品类市场。于是，雅客滋宝的市场目标逐渐清晰：做维生素糖果市场的领袖品牌。

雅客滋宝维生素糖果含9种维生素，V与维生素的联想非常接近，无论作为产品类别的V，还是作为产品利益点的V，雅客V9都一网打尽了，于是一个响亮的名字——雅客V9代替了原来的名字雅客滋宝诞生了。

雅客是怎样的一个企业呢?

它们投巨资建立了国内第一家甜品实验室；开发出中国第一颗夹心太妃糖；唯一获得中国消费者协会“3·15标志产品”认证的糖果企业；第一个与D&F技术合作，并制造出含9种维生素糖果的企业；中国糖果界的第一个中国奥委会赞助商。

透过雅客企业不难找到雅客V9的品牌核心价值：

第一个与D&F技术合作——创新精神；

奥运赞助——运动精神；

维生素——健康要素。

于是，雅客V9的品牌核心价值已然呈现：雅客V9是一种具创新精神、充满运动活力、为身体补充维生素的健康糖果。雅客V9的品牌传播亦将围绕“创新、运动、健康维生素”展开。

## 品牌传播：聚焦央视黄金时段

雅客V9作为一种新产品，首先要让维生素糖果的概念迅速普及。雅客为此组织了大型的推广招商会，并结合软文介绍雅客V9的功能特点，进行了大量的终端推广活动，收到了一定的效果。为了启动市场，雅客V9还在地方卫视上投放电视广告，希望借此扩大战果。然而，雅客V9在某地方卫视的广告已经连续播放60余次，却没有得到希望的市场效果，雅客老总陈天奖心情沉重，甚至开始怀疑电视广告的作用。

陈天奖和叶茂中经过反复研究，一致认为，地方卫视的电视广告力度不够，不足以在短期内启动全国市场。陈天奖再次大胆决策：投放中央电视台的黄金时段！

中央电视台黄金时段一直以来就是打造快速消费品强势品牌的“梦工厂”。快速消费品市场广阔，消费群体庞大，而中央电视台的高收视率、覆盖率使得广告受众群体实现最大化，能够快速提升品牌的影响力。

2003 年 8 月 26 日，极具冲击力和感染力的电视广告《跑步篇》在中央电视台的黄金时段播出，广告的创意非常简单，新鲜而灿烂的阳光中，周迅奔跑在都市的大街小巷，吸引众多追随者，而原因则由雅客 V9 引发。代言人周迅青春、活力的个性恰好地诠释了雅客 V9 的品牌形象。

雅客在广告投放节奏上，采取脉冲式聚焦发力，8 月 26 日至 9 月底为第一个传播高峰期。

10 月 1～7 日，恰逢国庆节及全国糖酒会，他们又增加国庆看点的贴片广告，一天播 7 次，掀起第二个传播高峰。7 日后立即将播放量减掉一半，一直到 11 月底都只做隔天播出的招标段。

12 月 1 日到春节前又展开轰炸，制造第三个传播高峰。

这种脉冲式聚焦发力的播出节奏远远优于细水长流式的效果。

为了扩大战果，他们还制定了雅客 V9 的传播组合策略：空中影视轰炸 + 平面及网络软文 + 车体、地铁灯箱、写字楼及高尚社区电梯间广告 + 锁定终端拦截 + 事件与活动、网络。

除电视广告灌脑外，软文与公关运作把周迅出任雅客 V9 代言人事件炒作得沸沸扬扬，同时各类提醒式广告也纷纷登场，让消费者无处可逃。在终端建设上，他们还为消费者设计了很多可以积分的有趣游戏，激发了消费者的参与兴趣。

2003 年盛夏，一场雅客 V9 的品牌传播战拉开序幕。

## 市场启动：聚焦传播下的销售飙升

雅客 V9 强势的品牌传播推广活动，强力地拉动了市场，央视广告播出仅仅 5 天的时间，雅客 V9 的销售量急剧攀升，甚至让人措手不及。

上市一个月，雅客 V9 仅在福建省就产生了 230 万元的销售业绩，是上一年同期所有产品销售总和的 4 倍。经销商由过去一次只订五六十箱产品变为一次订货五六百箱，有的甚至一次就订 2000 箱。

雅客全国的经销商由 300 家迅速增加到 2003 年 10 月糖酒会统计的 626 家，大中型网点 36000 多个，解决了雅客整体市场的销售板块失衡的问题。全国市场出现供不应求的局面。

到 2003 年底，4 个月的时间，雅客 V9 在全国卖到 3 个多亿。同时，雅客 V9 的火暴带动了雅客其他品种的销售，与上一年同期相比增长了 500%。

“没有想到的结果，绝对没有想到的结果。”当初抱着投放央视黄金时段试试看想法的雅客老板陈天奖感慨地说。

为什么一个原本默默无闻的品牌能迅速走红呢？

在国内糖果市场缺少强势品牌的情况下，雅客第一个抢占维生素糖果的品牌诉求，并且通过央视黄金时段的聚焦传播成为市场瞩目的焦点，这便是雅客迅速启动市场的营销魔方。

当然，雅客的一炮走红只是品牌建设迈出了成功的第一步，如何培养消费者的品牌忠诚度？如何完善渠道建设？如何增强企业团队的战斗力？如何打造企业文化？等等，雅客还任重道远，需要不懈地努力。希望雅客一路走好！

## 第五节　事件营销的魅力

*广告天才乔治·路易斯说过，我的工作是使100万看起来像1000万。而一次优秀的事件营销能让1万看起来像100万，这就是它的威力。*

2008年春节前夕，我国部分地区遭遇罕见冰雪灾害，2月2日，CCTV—1频道上在特别节目《迎战暴风雪》后段，播出了第一则关于支持抗灾内容的电视广告："雪灾无情，人有情，同心同德，中国郎！"广告中的主角不是产品，而是雪灾现场的画面，是一幕幕大家同心同德共战雪灾的感人场面。郎酒制作的这则广告让人眼前一亮，展现了企业的高度社会责任感，感染着国人的心，同时也树立了企业品牌的良好形象，赢得了不少消费者的关注和好感。其实这就是一次成功的事件营销。

美国乌尔渥斯公司一直给人以高不可攀的印象，这大大影响了企业的公众形象。几十年来，公司门口有一位和善的老人，一直以给该公司的高级主管们擦皮鞋为生。在公司五十周年庆典上，公司总裁在媒体记者的闪光灯下，弯腰俯身为这位擦鞋老人认认真真地擦了一次皮鞋，令老人感动不已。第二天众多媒体报道了这一细节，乌尔渥斯公司高高在上的形象得到了大大改善。乌尔渥斯公司总裁一个小小的举动就改变了企业在公众心目中的形象，也作了一次成功的事件营销。

### 一、事件营销——带刺的玫瑰尽情地开

所谓事件营销，是指企业通过策划、组织和利用具有新闻价值、社会影响以及名人效应的人物或事件，引起媒体、消费者及社会团体的广泛关注，以求提高企业或品牌的影响力，并促进产品销售的一种营销手段。

诺贝尔经济学奖获得者赫伯特说过："随着信息时代的发展，有价值的不是信息而是你的注意力。在信息社会里，硬通货不再是美元，而是关注的程度。"

在当今信息膨胀、媒体爆炸的时代，公众注意力下降，媒体广告收费居高不下，央视标王之争已由数年前的几百万元飙升到几千万元、几亿元，地方卫视广告收费也随之水涨船高，企业不得不面对“广告的尴尬”、“终端的无奈”……

在这种情况下，事件营销则以其“四两拨千斤”的奇效，低成本地抓住了公众“注意力”这个稀缺资源，使企业品牌信息在短时间内达到最优的传播效果，已越来越成为企业品牌制胜的“杀手锏”。

对比传统的广告传播形式，事件营销有着无可比拟的优势：

（1）传播快。热点事件往往突发性强、传播快，借助事件做营销可以以短、平、快的方式把企业和品牌的信息迅速传播给公众，甚至让企业或品牌一夜成名。例如，2003 年 3 月 21 日，统一润滑油抓住美伊战争的契机，播出了“多一些润滑，少一些摩擦”的电视公益广告，使统一品牌迅速成名，3 月份的出货量比去年同期增加了 100%，而且当月销售额历史性地突破了亿元大关。

（2）影响广。广告大师大卫·奥格威曾经承认：阅读普通文章的读者数量是阅读普通广告的读者的六倍。事件营销往往围绕新闻热点事件，突发性强、受众面广，引人瞩目，通常成为人们津津乐道的谈资，引起轰动效应。而且由于事件营销往往具有戏剧性，所以耐人回味，经久不忘。

（3）成本低。事件营销避开了广告的高额费用及“自卖自夸”的尴尬，往往借助第三方公正权威的组织或个人，将品牌信息“无声胜有声”地传播给公众，更具隐蔽性和经济性。据有关人士统计分析，事件营销给企业带来的投资回报率约为一般传统广告的三倍，是企业低成本推广品牌的最佳手段。

“带刺的玫瑰尽情地开”，事件营销固然能够“四两拨千斤”，然而也存在着风险性和不确定性，就像一枝芬芳带刺的玫瑰。

（1）易产生负面影响。事件营销也潜在着风险性和不确定性，如果企业不能熟稔运作，把事件炒作同企业品牌战略发展相融合，则有可能产生负面效应。例如，某农机生产企业赞助模特大赛希望借此提升品牌形象，然而农机的品牌个性和选美活动能有多大的内在关联？这样的赞助活动不但竹篮打水一场空，而且还招来媒体的一片声讨。

（2）可能成为“无名英雄”。事件营销应该注意“雁过留声”，企业如果不能巧借媒体力量，“花一分钱做事，花九分钱宣传”，则很可能成为“无名英雄”。例如，一些企业在进行公益赞助时，纯粹只考虑尽一份企业的社会责任，而没有想到扩大企业影响，树立品牌形象，结果出现“对社会有利，对企业无益”的结果。

（3）难以掌控。热点事件一经新闻媒体曝光，往往迅速满城风雨，企业常常难以控制，甚至身陷其中不得解脱。特别是企业处理自身危机时，更应该小心谨慎。企业进行危机公关，若不能有效地控制媒体风向，极可能引起公众的质疑和反感，此时不但达不到营销效果，企业还会面临生存危机。

事件营销就像一枝带刺的玫瑰，那么如何成为一个摘花高手呢？事件营销熟稔运作需要多方面知识，如果把事件营销比作一棵大树的话，它则汲取着众多学科知识的营养。

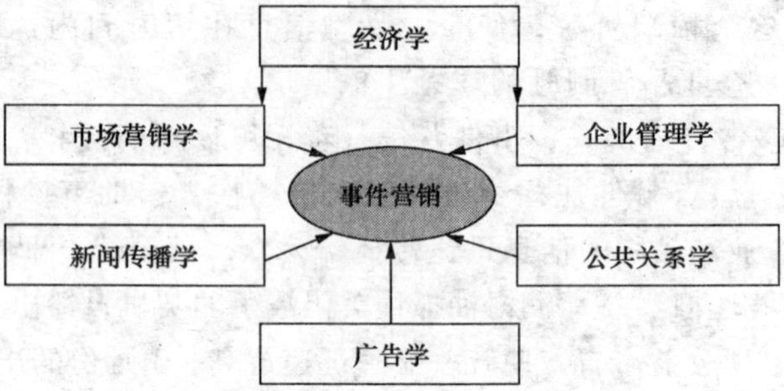


**事件营销与其他学科的关系图**

回顾事件营销的历史，万宝路无疑是成功的典范。万宝路赞助国际一级方程式车赛至今长达20余年，一级方程式赛车自由、奔放、竞争、极具挑战性的个性恰好地诠释了万宝路"阳刚、豪迈"的男子汉形象。同时，一级方程式车赛也正是万宝路的消费群体感兴趣的运动，还与万宝路市场领袖的地位相一致。所以说一级方程式车赛大大强化了万宝路国际品牌的印象。

1997年IBM公司导演的"人机大战"也可谓事件营销的世纪经典。

1997年5月11日早晨4时50分，一台名为"深蓝"的IBM超级电脑，将棋盘上的一个兵走到C4的位置时，人类最伟大的国际象棋大师卡斯帕罗夫以2.5:3.5的比分败给一台电脑，世纪末的一场人机大战终于以计算机的微弱优势告终。IBM导演的"人机大战"马上成为世界关注的焦点，美国的《纽约时报》、《时代周刊》，英国的《卫报》，中国的《人民日报》、《参考消息》等媒体连篇累牍热情报道，IBM顿时名声大震。IBM为这次比赛共投入资金1000万美元，其中110万美元作为参赛者的奖金，赛后卡斯帕罗夫得到40万美元奖金，而其余70万美元的获胜奖又发给了IBM本公司。

这次"人机大战"，IBM可谓名副其实的大赢家。无论卡斯帕罗夫和"深蓝"谁胜谁负，结果并不重要，重要的是IBM公司取得了广告效应，达到了商业目的。大战的第二天，纽约证券交易所IBM公司的股票价格就上扬了3.6个百分点，按照当时价格计算，仅仅股票价格的上涨，就为IBM带来多达2亿美元的收益。由于大战，使得IBM又一次成为世界媒体报道的焦点，据估算，IBM由此所节约的广告费大约有1亿美元左右。

中国企业运用事件营销也可谓由来已久。1915年，国人在著名的巴拿马万国博览会上"怒掷酒瓶振国威"，因为茅台酒香袭人而摘得桂冠，成为中国企业事件营销的首个经典案例。

近几年，蒙牛等本土企业在事件营销的运用上可谓出手不凡。

蒙牛集团可谓事件营销的高手，“非典”期间，蒙牛集团增加了公益广告的力度，树立了良好的企业形象；2003 年 10 月，“蒙牛：中国航天员的专用牛奶”的事件营销，产生了巨大的辐射力，全面提升了蒙牛的品牌价值；2003 年 11 月，蒙牛一举夺得中央电视台的广告标王，再次成为社会关注的焦点；2004 年蒙牛以 1400 万元的低价取得了《2005 超级女声》大赛的冠名权，使蒙牛酸酸乳 2005 年的销售额突破 25 亿元。蒙牛通过一系列的事件营销，使蒙牛的品牌形象深入人心，也使蒙牛一跃成为中国乳业的“领跑者”。

2007 年 12 月 22 日，吉利因《岁月风云》大型电视连续剧而荣获“2007 年度中国十大营销事件”称号，书写了事件营销的精彩一笔。《岁月风云》由中央电视台和香港无线电视台联手拍摄，取材于吉利造汽车的成长与发展历程。吉利汽车的奋斗史展现了华夏子孙振兴民族工业自强不息的进取精神，也引起全球华人强烈共鸣，使得《岁月风云》的收视率屡创新高。该剧在央视首播后，又在中国香港地区及澳大利亚、新加坡、马来西亚、韩国等十多个国家和地区的华语电视台播出，在华语世界掀起了一轮又一轮的波澜。吉利在《岁月风云》拍摄过程中提供了场地和其他方面的协助，可以说吉利的大手笔开创了事件营销的新领域，吉利将品牌“故事”融入影视作品中，让观众在感慨万千中记住了吉利。

## 二、挖掘事件营销的切入点

农夫山泉董事长曾说过一句话：企业不炒作就是木乃伊。事件营销往往能让企业搭上通往成功彼岸的“顺风车”，那么怎样挖掘事件营销的切入点呢？

公众关心的事件才能吸引眼球，才会产生巨大的市场震撼力。所以企业进行事件营销必须在公众关心的事件上选择突破口，一般来讲，事件营销切入点包括热点事件、公益活动及危机公关。

### （一）热点事件

借助新闻热点事件一直是企业青睐的一种借势营销手段，从“嫦娥一号”奔月、“神五”发射成功到伊拉克战争，无不看到企业“草船借箭”的身影。新闻热点事件往往是媒体、公众关注的焦点，影响力大，传播面广，企业如果能够在第一时间抓住契机快速做出反应，将企业品牌有机地融合到热点事件中去，将公众对热点事件的注意力巧妙地延伸转移到企业品牌上来，往往能取得“四两拨千斤”的效果。

双喜 2006 年借势青藏铁路开通，成功举办了“缘定天路，喜传天下——双喜世纪婚礼”活动。2007 年双喜又借势 2008 年奥运，于全国范围选出 50 对

"奥运新人"，利用得天独厚的"喜文化"同现代奥运文明做嫁接，传播双喜品牌的核心价值观，成为2007年声势最大的借势奥运事件营销。

2003年国庆节，"中华第一跳"作为上海国际旅游节的重要活动之一，在上海金贸大厦拉开帷幕。来自美国、法国、挪威、俄罗斯等国的20名跳伞运动员从金贸大厦88层观光厅（380米高度）上纵身一跳，飘然而下，像一只只自由飞翔的大鸟，画出一道道精彩纷呈的风景线。在世界关注"中华第一跳"的同时，金贸大厦"中华第一楼"的形象也深入人心。

1998年，英国王妃戴安娜因车祸不幸香销玉殒，沃尔沃马上抓住热点事件发布广告："如果乘坐的是沃尔沃，戴妃会香销玉殒吗?"并且从技术上详尽地分析并得出结论：以沃尔沃的安全技术，戴妃能保全性命。许多公众通过媒体宣传都知道戴妃当时乘的是奔驰车，沃尔沃借助戴安娜车祸事件，把自身品牌"安全"的个性表达得淋漓尽致。

### （二）公益活动

有人说："利润和责任是一枚硬币的两面，不可分离且相互促进。企业做大了，更应该把公益事业看作企业发展不可或缺的一部分。"

如果说广告是直接推品牌和产品的卖点、价值，是公开叫卖，公益活动则是巧妙地拉近与消费者的关系，是拉拢，是悄然入心。公益活动的本质在于影响社会舆论，往往可以在不经意间以春风化雨的形式在公众心目中树立企业的良好形象，从而与消费者建立信任的纽带。美国一项对469家不同行业的公司调查显示：资产、销售、投资回报率均与社会公益成绩有着不同程度的正比关系。

"让消费者捐出一本书，就能获赠一瓶水"，怡宝食品饮料（深圳）公司出资启动的"百所图书馆计划"荣获"2007年度中国十大营销事件"。2007年6月，捐赠活动与社区运动会一同进入广深两地的60多个社区，该计划所得捐书将用于全国范围内贫困山区学校的图书馆筹建，希望借此号召更多的人关注贫困地区素质教育。怡宝在市场竞争中自觉承担社会责任的做法，赢得了公众的好感和信任。

前不久，广药集团旗下白云山中药厂等15家药企启动了"家庭过期药品定点回收机制"，并在北京、上海、香港、伦敦等20个城市的50家药店授权设立回收点，老百姓家中的过期药品，只要是广药集团企业生产的，均可以到指定的授权药店长期免费更换新产品，以防消费者因服用过期药品产生危害。广药集团此举树立了良好的企业形象。

1992年美国强生进入中国以来，一直专注于社会公益事业的开展。如关爱儿童运动、校园送关爱、强生社区行、家长健康安全学校等，这些有效的公关营销使强生受益匪浅，强生不仅保持了销售增长率，而且也塑造了"儿童卫士"和"可信赖的家庭医生"的良好企业形象。

### （三）危机公关

危机无处不在，危害难以预测，然而危机可以管理，正如美国洛克希德—马丁公司前任 CEO——奥古斯丁所言：“每一次危机本身，既包含着导致失败的根源，也孕育着成功的种子。”其实危机本身并不可怕，可怕的是没有正确处理，如果处置得当，危机也可以是契机，甚至转化为胜机。

同样是危机事件，一篇关于湖南常德消费者身亡事件的报道，让处于鼎盛的三株口服液轰然倒塌，而强生泰诺药片中毒事件、中美史克 PPA 事件危机的严重性都远甚于三株常德事件，然而这两家企业都能力挽狂澜，在危机处理过程中让消费者对品牌的信任度更上一层。

近期一些媒体报道了一些跨国医药公司在国外公布自己产品的不良反应以及召回情况。为什么跨国医药公司敢于公布自己产品的缺陷并且召回呢？难道不怕这样会造成公众的信任危机吗？与国外一些企业交流后我们才明白，如果一个企业敢于面对自己产品的缺陷，并且主动召回，消费者就会认为这是一个有诚信、负责任的企业，认为它们的其他产品是可以信赖的。所以，此举对于这些企业来说是“失之东隅，收之桑榆”，绝对是得大于失，这难道不是很好的事件营销吗？

总之，企业要挖掘事件营销的切入点，应该保持对新闻事件的敏感度。新闻无大小，媒体无级别，互联网上的一个消息也可闹得全国沸沸扬扬，媒体可以助你成功，也可以在一夜之间让你覆灭，所以企业应该和新闻媒体界保持良好的公关关系。美国一家公关公司在为企业进行事件营销时，花费了大量的精力却找不到事件切入点，后来通过专业媒体人士帮助，很快找出了 6 个新闻事件点，进行了很好的事件营销。

## 三、事件营销操作的黄金法则

事件营销是一枝带刺盛开的玫瑰，成功的事件营销固然能够使企业快速取得倍数效应，然而，失败的事件营销则可能收效甚微，甚至会适得其反，带给品牌负面的影响。事件营销的操作有其内在的规律性，如何用好事件营销这把利剑，规避事件营销的风险，潜移默化地感染大众，达成行销目的，这就需要我们遵循应有的法则。

### 法则一：寻找品牌与事件的关联性

事件营销一定要找到品牌与热点事件的关联点，不能脱离品牌的核心价值，这是事件营销成功的关键。应该把品牌的诉求点、事件的核心点、公众的关注点重合在一起，形成三点一线，贯穿一致。品牌内涵与事件关联度越高，就越能让消费者把对事件行销的热情转移给品牌。不考虑品牌内涵与事件的相关性，生拉硬拽，什么事件都想利用，什么主题都想炒作，最终只会导致品牌形象模糊。

2000 年夏季，对峙半个世纪的朝韩终于握手言和，朝韩峰会成为全球关注的焦点。邦迪创可贴敏感地抓住了这个时机，推出广告《朝韩峰会篇》。在朝韩领导人金正日与金大中历史性的激情碰杯时，邦迪在经典画面旁边发表见解：邦迪坚信，世界上没有愈合不了的伤口！把人们对和平的期盼，通过“伤口愈合”巧妙地转移给了邦迪品牌，引起消费者的强烈共鸣，也使邦迪品牌形象得到极好的提升。

2003 年“蒙牛：中国航天员专用牛奶”事件营销成功的关键也在于找准了蒙牛品牌内涵与“神五”事件的关联性。航天员过硬的身体素质会令人自然地联想到健康、营养的牛奶，而蒙牛正是中国航天员专用牛奶。蒙牛此次事件营销也被评为当年“中国广告业十大新闻”之一。试想如果用洗发水来做这个事件营销，效果能有这么好吗？

### 法则二：做别人没有做过的

“First”是事件营销的关键点，因为是第一，所以才有新闻价值，才能引人注目产生轰动效应。

世界上第一个登上月球的人是阿姆斯特朗，那么 15 分钟后第二个登上月球的人是谁？

中国第一个飞越黄河的人是柯受良，那么第二个飞越的人是谁？

也许许多人并不清楚，因为第一的光芒已经掩盖了第二，第一总让人最难以忘怀，这就是人类的思维模式。

这就要求我们进行事件营销时巧思妙想，做别人没做过的，说别人没说过的。创意指数越高，则公众关注度越高。拾人牙慧、步人后尘很难在消费者心中留下深刻印象。国人在国际博览会上怒掷茅台酒瓶扬名你也摔酒瓶，张瑞敏怒砸问题冰箱你也毁掉不合格产品，则很难再有轰动效应。不难理解，柯受良再一次冒险驾吉利汽车飞越布达拉宫时，没有引来更多人的关注。

那些事件营销的经典案例无一不令人耳目一新。

本田公司社长青木勤看着路上穿梭行驶的车流，心生感叹：车卖得越多，尾气对城市的污染就越严重，所以不能只顾卖车，而应当通过卖车来促进城市绿化。于是，一个“你买我的车，我为你植树”的绝妙创意在青木勤社长的脑中产生，今后本田公司每卖一部车，便在路边种一棵树。这一举措在消费者中引起很大反响：同样是买汽车，为何不买绿化街道的本田车呢？令人耳目一新的事件营销，使本田公司的汽车销售量迅速猛增。

富亚公司老板喝涂料曾引来满堂喝彩，轰动了整个北京城。富亚公司给小猫小狗喝涂料本想宣传自己产品的健康、环保，然而却遭到动物保护协会的反对，老板情急之下就自己把涂料喝了，这一事件被国内媒体竞相转载，满足了人们对新闻新奇性的追求，也使富亚公司产品销量大增。

同样是借势我国载人航天飞船的事件营销，“神六”、“神五”的营销效果却迥然不同。2003年蒙牛借势“神五”一飞冲天，全面提升了品牌价值，成为事件营销的经典。两年后的几乎同一时间，中国企业界又掀起了借势“神六”的营销高潮，然而，除了蒙牛乳业继承了“神五”事件营销的精髓外，其他众多赞助企业大都表现平平，没有一家企业一鸣惊人。为何效果迥然不同呢？“神五”作为中国载人飞船第一次升空，在我国航天事业的历史上具有里程碑的意义，自然是万众瞩目的焦点。“神六”虽然比“神五”在技术上有重大突破，但毕竟是第二次，事件悬念少了，事件的轰动效应也减弱了，自然无法同“神五”等量齐观。

### 法则三：整合营销传播到位

事件营销的最终目的是提升品牌价值，然而一个事件营销产生的轰动效应毕竟是短暂的，想要保持事件对品牌的长期影响，还需在事件后将事件及品牌的相关信息不断灌输给消费者，并把公众的注意力潜移默化地转化为实际购买力及对品牌的忠诚，不至于事件降温后就很快被人们淡忘。这就需要企业在事件中和事件后做好品牌整合营销传播工作。

当年蒙牛借“神五”一飞冲天，除了找准了关联性之外，其到位的整合营销传播也是成功的关键。早在“神五”成功发射前，蒙牛便花了两个月的时间策划这次活动，调动了上千人参与，确立了“蒙牛强壮中国人”的传播主题，并与广告公司、电视台签订了“军令状”。2003年10月16日6时23分，“神五”安全着陆，就在举国同庆之时，蒙牛关于此次飞行事件的电视广告、户外广告、网络广告第一时间在各大城市实现“成功对接”，“蒙牛：中国航天员的专用牛奶”在极短时间内传遍全国；同时，蒙牛的销售渠道也积极跟进，一系列整合营销传播行动有条不紊地展开。

然而，同样是“神五”的赞助商，飞亚达的表现却不尽如人意。“神五”着陆后，飞亚达没有抓住契机积极跟进展开有效的整合营销传播行动，除了央视新闻联播前的倒计时广告外，鲜有其他精彩之笔，中国第一块航天表的身份没有得到人们的关注。直到2003年底，飞亚达才推出一款圣诞手表，显示了自己赞助“神五”的身份，飞亚达虽然也曾推出一款1980元的仿制航天表——“航星”民用手表，然而蜻蜓点水，没有进一步向高端手表市场挺进，错失了借势“神五”进军高端市场的良机。另外，据悉，欧米茄也曾希望高价成为“神五”的赞助商，甚至动用外交途径希望促成此事。但国家出于对民族品牌的支持，最终还是选择了飞亚达。其实，“飞亚达胜出欧米茄”也是一个可以借势的亮点，可惜未见飞亚达有精彩之笔。

### 法则四：提高事件公众参与度

人们往往对远离自己生活的事件淡然处之，也许事件本身新闻价值很高，但因为和自己生活关系不大，所以有可能很快就被淡忘了，比如巴基斯坦前女总理贝·布托遇刺、外国的自然灾害等，仅做谈资而已。然而如果事件就发生在我们身边，或我们亲身参与，则会难以忘却，甚至刻骨铭心。就像在陶艺吧中亲手捏制的陶器弥足珍贵，因为亲身参与，融入了自己的汗水。

可见，事件营销要想深入人心，事件的公众参与度不可忽视。公众参与度高的事件营销往往能在不经意间巧妙地拉近品牌与大众的距离。

《超级女声》、《梦想中国》为什么能吸引人气，就是因为它们给平民提供了一个展示自我的舞台，登台表演不再是专业人员的专利，普通百姓也可以积极参与。直播期间，观众还可以发短信投票，为自己的平民偶像摇旗呐喊。这种互动参与性的节目使它很快成为大众关注的热点。

华晨汽车策划举办的广告语征集大赛，用一辆汽车作为大奖，很快吸引了几十万网友的参与，激发了网友们的创作热情。通过这次大赛活动，华晨不但收获了高质量的广告语，而且通过消费者的积极参与，使华晨品牌的人气大幅提升。

目前，互动体验性营销非常走俏，它可以将电视传播与终端推广紧密结合起来，通过话题焦点，让受众谈论你要传播的内容，体验你的产品。比如蒙牛除了支持《超级女声》外，还在央视参与合作了《全家总动员》、《挑战主持人》、《城市之间》等节目，均获益匪浅。

2006 年，美的也参与了互动体验性营销，美的联合 CCTV—1《天天饮食》节目，进行“巧厨娘”全国大规模海选活动，活动过程中全部使用美的电磁炉、电压力锅等小家电，让受众在参与互动中体验美的产品，获得了很好的宣传推广作用。

## 四、本土企业事件营销的局限性

本土企业事件营销的最大局限性表现在缺乏长远的战略眼光。国内企业事件营销大多是一种短期战术行为，目光短浅，手法单调，没有长远的战略规划，今天这个活动，明天那个赞助，这些活动之间缺少必然的有机联系。大多数企业在事件营销上还停留在对事件资源利用的“借势”水准上，还没有上升到通过主动策划、制造热点事件而营造声势的“造势”境界。许多企业没有真正把事件营销纳入企业管理中来，当遇到问题了才临时想到事件营销，事件营销往往是偶发的、孤立的、被动的。例如，“神六”着陆后，许多企业一窝蜂“搭顺风车”，事件营销严重同质化，几乎没有企业能够真正满载而归。

许多跨国公司将事件营销作为一项长远的战略，视为企业整体战略的一部分，所以它们的事件营销更具有计划性、主动性和长期性。

例如，在可口可乐公司设有专门的公益部门，视公益事业为企业整体战略的一部分，十年如一日地支持中国农村教育的希望工程等。迄今为止，可口可乐公司已在中国捐建了52所希望小学，100多个希望书库，使6万多名儿童重返校园。可口可乐公司成功地在消费者心目中树立起了“认真、积极、负责”的良好企业形象。

又如，万宝路20余年一直赞助国际一级方程式车赛，一级方程式车赛惊险、奔放、竞争、极具挑战性的个性，与万宝路“阳刚、豪迈”的硬汉形象浑然一体，完美契合。万宝路赞助一级方程式车赛可说是赞助活动的经典之笔，大大强化了万宝路全球第一品牌的形象。另外，万宝路也很关心比赛的各种安全措施，树立了万宝路关心他人生命与健康的形象，大大提升了品牌的美誉度和忠诚度。

除了一级方程式车赛外，万宝路还赞助了诸如滑雪比赛、摩托车赛、足球赛、赛马，以及自行车赛等其他世界性的体育赛事。但是，如果有一天环球小姐选美大赛邀请万宝路赞助，万宝路一定会婉言谢绝，因为选美比赛与万宝路“阳刚、豪迈”的品牌个性相距甚远，可能会稀释万宝路的品牌形象。万宝路的赞助活动有着极严格的标准：①关联性。万宝路所赞助的活动必须同万宝路品牌个性协调一致，并且拥有共同的目标群体，如一级方程式车赛的惊险、奔放、竞争、刺激与万宝路的品牌个性紧紧契合，二者的目标群体也相互重叠。②领导性。所赞助的活动必须是世界级的，同万宝路的国际领袖品牌地位相一致。

跨国公司在事件营销操作上的战略眼光值得我们本土企业借鉴。

## 案例解析　文化盛宴：“创维—华帝新农村影院工程”

继2006年创维集团启动的“创维新农村影院工程”荣获2006年度“中国十大营销事件”之后，2007年创维集团联手中山华帝燃具股份有限公司共同举办的“创维—华帝新农村影院工程”，再度摘取了2007年度“中国十大营销事件”桂冠。

该活动从2006年5月启动到2007年11月6日顺利结束，分赴全国600个县4000个乡，为8000多万到1亿农村观众播放电影，举办了12个首映仪式，捐助产品、物资、现金等共计200万元，总计活动费用已超过700万元。“创维—华帝新农村影院工程”将文化下乡活动和营销战略进行了完美结合，创新了家电行业营销模式，极大地提高了品牌影响力，被誉为“感恩工程”。

### 农村电影事业“嗷嗷待哺”

在物质生活越来越丰富的今天，城乡消费差距有拉大的趋势。曾经作为老百姓主要娱乐方式之一的露天电影，这十几年来却几乎在农村销声匿迹。甚至一些农村小孩竟然不知道“电影”为何物。面对动辄几十元甚至上百元的电影票，城里人看场电影还要“掂量掂量”，何况生活在农村的居民？

早上听鸡叫，白天听鸟叫，晚上听狗叫——这就是当今很多农村居民的生存状态的真实写照。看书难、看戏难、看电影难、看电视也难。1964 年，全国文化艺术表演团体深入农村演出达 82 万场，到了 2004 年，却下降到只有 23 万场，只相当于 20 世纪 60 年代的 1/4，而这 40 年间，农村人口却翻了至少一番。文化生活的贫乏滋生了农村打牌赌博不良风气的盛行，并成为中国农村一种特有而又普遍的畸形文化。

## 文化盛宴，送进千家万户

“建设社会主义新农村不能漠视农民的精神需求。”为了实现城市对农村的支援，创维集团从 2004 年起就斥巨资发起了一项名为“创维情·文化行”的文化三下乡活动，通过文艺演出的形式把精彩的节目带到了农民身边，受到农民朋友的极大欢迎。2006 年创维在筹备文化下乡活动时，将目光锁定在了“下乡放电影”上。

2006 年 4 月，创维集团首创“创维新农村影院工程”，首期投入资金 300 万元，动员了全国 100 多个电影放映机构，覆盖了江苏、广东、湖北、四川、安徽、陕西、河南、河北、山东、辽宁 10 个省所辖的 110 个县市 1600 个乡镇，所放映的 500 部电影是从上万部影片中挑选出来的不同主题和风格的优秀影片。

同时，通过电影放映活动，创维还把产品营销和服务带到了农村。创维采取了“四特”措施，即“特殊产品、特殊价格、特殊政策、特殊服务”，给当地群众送去了最实在的服务。

“创维新农村影院工程”首战告捷，好评如潮，这使得一些家电企业也竞相想加入到这个活动中来。2007 年，创维联手华帝共同开启“创维—华帝新农村影院工程”，新农村影院工程进入第二期，第二期比第一期的投入力度加大，场次也增加了 40%。

“创维—华帝新农村影院工程”所到之处受到了当地群众热烈欢迎，在山西榆次，质朴的老区农民为感谢创维、华帝的善举，自发联合签名为创维和华帝送去感谢信。在广西贵港放映电影时，虽然天下着蒙蒙小雨，不少年轻妇女依然抱着孩子、打起雨伞，看得津津有味。

在开展送电影下乡活动的同时，创维等企业还开展各式各样的公益捐助和扶贫送温暖活动。例如，创维、华帝每到一个省市，便开展一场捐赠中小学生活动，捐赠书本、文具、手机、电视机等物品，并为贫困学生提供助学基金，为贫困家庭送去电饭煲、太阳能热水器等。据不完全统计，创维、华帝共为 25 所中小学校送去了价值近百万的物品。

得到实惠的农民纷纷感慨："去年，创维送来了'彩神'系列电视，今年，创维又送来了手机，华帝送来了太阳能热水器等，你们真是体贴老百姓的企业！"

### 创维公益活动已成系列

创维集团长期以来举办了不少大型公益活动，据民政部门提供的数据显示，自 1997 年以来，创维集团对社会的公益活动越来越多，累计向社会捐款捐物达 6000 万元，形成了创维"西部健康光明行"工程、"栋梁"工程、"光彩事业"工程、"创维情·文化行"活动、"新农村影院工程"等几个系列的大型公益事业。

据了解，创维"西部健康光明行"活动，扶助、捐助、救治 1000 名白内障失明儿童重见光明，改变了 1000 个儿童和他们家庭的不幸命运。2005 年 4 月，创维又斥巨资 1000 万元，捐献给光彩教育事业，用于光彩学校的建设和教学。2007 年，创维集团在社会各界的大力支持下，成功实施了"创维农村新影院工程"，所到之处，一片欢声笑语，受到社会各界的高度评价。

创维集团董事局主席兼总裁张学斌表示，"急农民之所急，送农民之所需，是创维农村品牌推广活动的主要出发点"。据悉，2008 年创维将继续给农村群众送去电影、爱心和产品，2008 年"创维新农村影院工程"将加大推广力度，计划在 20 个省开展活动，电影放映次数初步定为 5000 场。

巨大的社会影响和由此催生的惊人的销售业绩，使"创维—华帝新农村影院工程"入选 2007 年度"中国十大营销事件"。将文化下乡公益活动和营销战略进行了完美结合，创新了家电行业营销模式，也为创维、华帝赢得了社会各界的一致赞誉。同时，创维、华帝首创联合营销新模式，相互借势，共创双赢，成功实现了 1 +1 >2。

## 案例解析　事件营销，"神六"、"神五"为何冰火两重天

提起"事件营销"这个词，人们马上会想到蒙牛借势"神五"一飞冲天的经典案例。2003 年，神舟五号载人航天飞船成功发射与回收，实现了中国人的"飞天梦想"，蒙牛正是借助"蒙牛：中国航天员的专用牛奶"的事件营销，使品牌价值得到全面提升，这次事件营销后来被评为当年度"中国广告业十大新闻"之一。

两年后的几乎同一时间，"神六"又成功发射并着陆了，借势"神六"，中国企业界又掀起了事件营销的高潮，众多企业不惜巨资一窝蜂地搭乘"神六"

快车。然而，从“神五”到“神六”，中国载人航天飞行水平又有了新的提高，观看“神六”发射电视直播的人数更是超过5亿，但是“神六”、“神五”的事件营销效果却是冰火两重天。除了蒙牛继承了“神五”事件营销的精髓外，其他众多赞助企业大都表现平平。

同样是借势我国载人航天飞船的事件营销，为何效果却迥然不同呢?

## 品牌内涵缺乏与“神六”的关联性

事件营销必须坚持关联性原则，品牌内涵与事件关联度越高，则越能让消费者把对事件的热情转移给品牌，企业也越能从事件营销中受益。否则会给人以生拉硬拽的感觉，印象难以深刻。

蒙牛为什么能够借势成功呢? 关键就在于它的品牌内涵与“神五”事件高度关联。想想看，十几亿人口挑出来的航天员，身体素质绝对过硬，你也想和航天员身体一样棒吗? 那么就请喝蒙牛“航天员专用奶”吧，这种联系贴切、自然，很容易让人联想到蒙牛牛奶健康、营养的印象。

另外，长城润滑油、飞亚达表、农夫山泉也成为“中国载人航天工程赞助商”，这些产品品牌同“神六”也还有一定关联性，对消费者还具有一定号召力。比如“神六”飞船九成以上润滑用油都是长城润滑油，长城润滑油使中国成为世界上少数几个能够研制生产航天润滑产品的国家。

然而，中国人寿同“神六”有什么联系呢? 中国人寿赞助100万元并免费给航天员提供保额高达4亿元的保险，但能把“神六”成功返航归功于中国人寿的“保险”吗? 这种联系确实有些牵强附会。

科龙前不久遭遇重大危机，此次在“神六”营销大战中击败海尔成为家电行业唯一一家赞助商，希望由此走出困境，科龙旗下的空调、冰箱、冷柜和洗衣机等产品成为“中国航天专用产品”。但同样的问题，科龙产品与航天的关联性在哪里?

另外还有乾隆御酒、茶叶、保健品、运动鞋等产品，也很难让消费者同航天产生自然的联想，因此这些企业也很难借势“神六”事件提升自身品牌形象。

## “第二次”减弱事件的轰动效应

在品牌传播学上，“第一”是关键要素。实践告诉我们，人们总是对“第一”印象深刻，而对“第二”、“第三”就少有人关注了。

“神五”作为中国载人飞船第一次升上太空，在我国航天事业的历史上具有里程碑的意义，自然是万众瞩目的焦点。“神六”虽然比“神五”在技术上有重大突破，但毕竟是第二次，事件悬念少了，人们关注的热情降低了，事件的轰动效应也减弱了。同样是航天员，大家都深刻地记着“神五”的第一位航天英雄杨利伟，而对“神六”的两位航天员，可能很多人都记不清楚他们的全名。

蒙牛借势“神五”创造了营销神话，引来众多企业纷纷效仿，然而时过境迁，“神五”的经典已无法复制，“神六”事件营销的效果与“神五”相比，已不可等量齐观。

## 跟“疯”营销导致效果递减

事件营销的一个关键点，就是企业对事件的独占性，换句话说就是做别人没做过的事，利用事件的新闻轰动效应，吸引公众瞩目。

当年“神五”升空时，还是个新事物，赞助的企业较少，蒙牛抢先发力，自然饮得“头啖汤”。

然而此次“神六”升空，众多企业一窝蜂争搭这班“顺风车”，赞助商猛然间翻了一倍多，不仅数量达到了13家，产品也从饮用水、牛奶横跨到空调、养生酒、茶叶、运动鞋等，中国航天基金会所收到的赞助费已经超过3000万元。其他没有成为赞助商的企业，也通过其他方式充分利用“神六”升空的时机，海尔向航天员捐赠了生活用电器，康佳则为中国航天员中心捐赠了高清数字液晶电视、等离子电视等。

众企业跟“疯”营销，争食“神六”盛宴，你是合作伙伴，我也是；你赠送产品，我也不甘示弱，群雄扎堆的众声喧哗，对消费者的心理冲击力自然大大降低，“神六”事件营销的效果也随之递减。“神五”、“神六”两次事件，大家记住了赞助的蒙牛品牌，其他众多品牌又有多少消费者能真正留在心间呢？

至于普通祝贺“神六”飞天的贺电广告，更是湮没于众，不能给人留下任何影响，贺客盈门的情况下，送礼物必须独具特色才能印象深刻。

## 忽略事件后的品牌整合营销

事件营销产生的轰动效应毕竟是短暂的，如何在事件后通过各种信息不断提醒消费者，并把公众的注意力转化为实际购买力甚至是对品牌知名度、美誉度的提升，这就需要企业做好事件后的品牌整合营销。

“神六”事件后，企业要想保持品牌的长期影响，就需要通过后续市场的促销、广告等品牌整合营销手段，将相关品牌信息不断灌输、提醒消费者，潜移默化地培养消费者对品牌的偏好及忠诚度。

当年蒙牛借“神五”书写营销神话，其到位的整合营销传播也功不可没。“神五”刚着陆后，蒙牛就在中央电视台密集投放广告，并配合报纸、网络广告、路牌、海报等各种媒体，让“蒙牛：中国航天员的专用牛奶”在极短时间内传遍全国。同时，蒙牛的销售渠道也积极跟进，印有“中国航天员专用牛奶”标志的产品、宇航人物模型等立即出现在全国各大卖场。

相反，当年斥资1000万元赞助“神五”的农夫山泉，没有及时抓住事件契机进行跟进的品牌整合营销行动，到“神六”时，还有多少人知道农夫山泉是中国航天员唯一饮用水品牌?

令人遗憾的是，“神六”事件后，大多赞助品牌后续的整合营销传播做得也不到位，与“神六”相关联的广告宣传、产品包装、新闻传播、活动促销少之又少，传播上的乏力和营销措施的迟缓，无疑让这些品牌白白流失了趁热打铁的最好机会。

“神六”营销大战的硝烟已经散去，未来参与航天事业赞助的品牌还会更多，企业如何能够“草船借箭”，成为事件营销的真正赢家，“神五”、“神六”带给我们许多启示。

## 案例解析　剑南春：《大唐华章》演绎品牌文化

2002年8月起，剑南春的大手笔“剑南春之夜——时尚诗乐舞《大唐华章》巡演活动”纵横大江南北20座城市，演出60余场，覆盖现场观众近百万人。《大唐华章》气势磅礴地展示了盛唐时期的生活画卷以及剑南春酒深厚久远的文化内涵，在中国酒行业引起了很大轰动，成为文化营销的一大“亮点”。

### 剑南春："大唐文化”的使者

自古以来，酒与文化就有着千丝万缕的联系，古有“何以解忧，唯有杜康”，今有“奥运福·金六福”。

酒本身就是一种文化承载，文化赋予酒品牌价值，一种酒的品牌价值远远不止于它的物质层面，而更在于它所蕴涵的文化内涵。

身为“唐时宫廷酒”，剑南春身上则深刻着“大唐文化”的烙印。

众所周知，贵州茅台、宜宾五粮液和绵竹剑南春堪称中国三大白酒品牌，其中剑南春的品牌文化底蕴可谓最为深厚久远。

关于剑南春发源的民间传说颇为传奇而丰富，盛唐时期便有关于剑南春的确凿文献记载。唐代武德年间，当时的中书舍人李肇在《唐国史补》中记载了闻名全国的十三种美酒：“酒则有……荥阳之土窨春……剑南之烧春。”唐时绵竹隶属于剑南道，“烧”是指“烧酒”，“春”则是指人饮酒后发热的感觉，可见“剑南之烧春”指的就是绵竹出产的美酒。唐大历十四年，《德宗本纪》记载了“剑南烧春”被定为皇室专享的贡酒，剑南春作为“唐时宫廷酒”有了可靠的文献依据。据说，唐代大诗人李白青年时期曾在绵竹“解貂赎酒”，痛饮美酒，留下了“解貂赎酒，价重洛阳”的典故流传至今。

千年绵延的“唐时宫廷酒”赋予剑南春深厚的“大唐文化”内涵。

唐朝是中国历史上最辉煌的时期，文治武功，国力强盛，百姓富足，文化灿烂，“大唐盛世”已成为中华五千年史灿烂文明的象征符号，也是每一个中国人的光荣和自豪。承载着“大唐文化”的剑南春以传世美酒凭古喻今，使人们建立起了盛唐和当今盛世之间的联想，成为“中华盛世”的文化符号，寄托着人们对中华民族伟大复兴的美好愿望。

多少年来，“唐时宫廷酒，今日剑南春”广为流传，深入人心。

## 《大唐华章》饮醉大江南北

“唐时宫廷酒”，这是剑南春通行市场的一张名片，也是剑南春参与竞争的一件法宝。

进入21世纪，白酒行业竞争日趋激烈，剑南春虽然贵为国优，却一直奉行着“最好的酒，不高的价”的策略，所以尽管销量与茅台、五粮液不相上下，而销售收入却与之相距甚远。如何提升剑南春的品牌价值？如何最大限度地扭转这一局面呢？

经过缜密考虑，剑南春集团决策层决定，通过开展文化活动发掘剑南春的文化底蕴，推动剑南春的品牌重塑工程。于是，“剑南春之夜——时尚诗乐舞《大唐华章》巡演活动”应运而生。

《大唐华章》由魏明伦、何开四、赵季平、陈维亚等艺苑高手联袂主创，全剧共分成《盛世风情》、《唐人雅韵》、《万方乐奏》三大乐章，它融合了唐舞、唐乐、唐诗等艺术形式，采用了国内一流的舞台、音乐、服装、灯光设计，运用现代艺术表现手法，展现了“大唐盛世”的辉煌画面，借唐人咏诗、鼓乐、起舞、饮酒等活动烘托了剑南春的品牌价值。《大唐华章》不仅表现了中国传统文化内涵，而且还融入了流行、时尚的现代元素，可谓气势磅礴，场面恢弘，盛况空前，堪称近年来不可多得的艺术精品！

《大唐华章》于2002年8月在北京保利剧院首演大获成功后，纵横大江南北，在上海、天津、广州、重庆、成都、南京、杭州等近20座城市，巡演60余场，覆盖现场观众近百万人。同时，《大唐华章》也成为媒体关注的焦点，《人民日报》、《经济日报》等海内外百余家媒体进行了上千篇的报道宣传，辐射受众达6亿人以上。目前《大唐华章》已被定为四川省重点文化项目，将保留下来长期演出。

《大唐华章》大大提升了剑南春的品牌影响力及品牌价值，剑南春的销售业绩一路上升，2003年，销售收入比上年度增长了30%以上，在新浪网组织的“中国十大名酒”评选活动中，剑南春与茅台、五粮液再次入选前三名。

另外，剑南春通过《大唐华章》活动，将“唐时宫廷酒，今日剑南春”这一品牌内涵提升到“唐时宫廷酒，盛世剑南春”这一全新的高度，“今日”和“盛世”虽然只是两字之差，但意义却相距甚远。

可以说，《大唐华章》在中国白酒行业营销史上写了重重的一笔！也把剑南春品牌印入消费者的心里。

## 《大唐华章》的启示

剑南春的《大唐华章》可谓文化营销的经典之作，在白酒市场竞争日益激烈的今天，它给企业带来许多启示。

首先，一个酒品牌的价值远远不止于它的物质层面，而更在于它所蕴涵的文化内涵。在产品日益同质化的今天，企业越来越难以在产品的品质、价格、渠道等方面制造差异，无论哪种白酒，如果除去包装，其口味无非都是喝着辣，喝多晕。虽然白酒之间因为酿造工艺、香型、年份等因素会导致口感有所差异，但这绝不是大多数消费者选择某种白酒的根本原因所在。酒文化正好赋予酒品牌独特的内涵和个性，成为消费者寄托情感的载体，形成品牌自身的竞争优势。其实那些强势的酒品牌无不蕴涵着生动的文化内涵，比如茅台的“国酒”文化、水井坊的“老窖文化”、金六福的“福文化”……

如果一个酒品牌成为某种文化的象征符号而深入人心时，它的影响力和销售力是惊人的，消费者会形成对品牌的信赖和忠诚，品牌也会赢得长期的成功营销和利润。

综观我国众多白酒品牌，它们不乏过硬的质量、优秀的团队，但品牌文化内涵模糊，有的虽有一定的文化内涵，但因为种种原因，最终没有积淀成自身的品牌价值，这样的现状导致许多二线白酒品牌只能打价格战，品牌溢价值不高，产品利润空间不大。

剑南春通过《大唐华章》大打文化牌，使人们感受到了剑南春深厚的文化底蕴，获得很大的成功，值得其他企业借鉴。

其次，当今时代信息高度膨胀，公众注意力下降，媒体广告收费居高不下。在这种情况下，企业单纯依靠广告手段很难低成本提升品牌影响力，而事件营销则通过“借势”、“造势”手段，让企业顺利搭上品牌传播的廉价便车，为企业节约大量的宣传成本。

剑南春的《大唐华章》其实也是一次文化事件营销，它以有限的投入，吸引了上亿人瞩目，使销售收入提高了30%以上，这是同样投入的广告所远远不能及的。

《大唐华章》已经成为剑南春发展史中的精彩一页，希望剑南春在未来的品牌建设道路上奏出更辉煌的乐章。

# 第九章　品牌创新

对多个长寿品牌的研究表明，在维护品牌核心价值恒久不变的同时，与时俱进地对品牌进行不断创新，是品牌摆脱时间侵蚀、成就百年金字招牌的秘诀。

“世界唯一不变的就是变化。”

市场在变，消费者在变，品牌自身也在变。1954 年，万宝路采用硬铮铮的男子汉作为品牌代言人，一改其女性化的形象；2003 年 4 月 28 日，联想告别了使用了 19 年的英文标志 Legend，全面启用新的英文标志 Lenovo；2007 年 10 月，可口可乐与中国中医科学院组建的“中医药研究中心”，联合研发中草药成分的饮料……

与时俱进是品牌之树常青的秘诀，动态的市场不存在一个恒久不变的品牌，品牌只有把握时代脉搏不断创新，才能焕发生机，永葆品牌的青春活力！

## 第一节　老化是品牌的宿敌

变化是永恒的旋律，当社会时尚元素在变，消费者审美品味在变，而品牌的创意形象、广告用语、产品包装等却历经多年不变，自然难以保持吸引消费者的新鲜活力。

“头戴马聚源，脚蹬内联升，身穿瑞蚨祥，腰缠四大恒”，这句民谣道出了“中华老字号”曾经的辉煌。然而，大浪淘沙，昔日的老字号今天却风光不再。据统计，最具传统文化影响力的 1600 个“中华老字号”，70% 已经销声匿迹，20% 还在惨淡经营。

提起很多“中华老字号”，人们可谓耳熟能详，然而在购物的时候却想不起它们，这种高知名度、低认可度的现象正是品牌衰老的表现。正是这种品牌的老化，让 2000 多家“中华老字号”随着时间的流逝，几乎所剩无几。

“何以解忧，唯有杜康”，曹操亲笔撰写的广告语流传千古，易中天在《品三国》里也对这句话进行了解读。然而，就是这样一个拥有无可比拟先天优势的杜康酒，2007 年丧失了“中华老字号”的招牌，如今落得破产重组的地步。近日，在华联超市入口处，酒瓶粗糙的杜康酒出现在货架上，定价仅为 10 元。

“王麻子”剪刀始创于清朝顺治八年（公元 1651 年），是有着三百多年历史的中华老字号，然而，北京王麻子剪刀厂手捧着“金字招牌”却连年亏损，截至2002年5月31日，企业资产总额1283.66万元，负债总额2779.98万元，2003年1月，王麻子剪刀厂不得不向法院申请破产。品牌老化使“王麻子”像一个风烛残年的老人，几乎走到了生命的尽头。

品牌专家大卫·爱格说过：“品牌老化如同进入墓地的地带，在这个境地的品牌，有一定的知名度，但是在消费者购买时并不在考虑之列。”

品牌老化已成为品牌发展的宿敌，许多缺乏新意的老品牌已不再被消费者所关注，渐渐归于沉寂，而那些充满活力的“后起之秀”则成为消费者追捧的新宠。

## 一、品牌老化的表现

品牌老化主要有以下特征：

### 1. 品牌形象僵化

一些品牌守成有余，创新不足。一条好的电视广告片重复播放几年不变；一个精美的包装设计反复使用多年不换，这种因循守旧、简单重复自然会让消费者感觉品牌暮气十足，老态横生。就像一个人多少年都穿同一件衣服，你会感觉他青春时尚吗？

“男人的世界”原本是金利来的天下，然而现在柒牌、利郎、劲霸等已经成了“男人中的男人”，“男人就应该对自己狠一点！”唤醒了多少人心中的阳刚之气。金利来定位为“男人的世界”，然而金利来多年来因循守旧，没有洞察消费者的心理需求，没有与时俱进及时用“炫”、“酷”来激活自己，结果使自己错过了一个真男人的世界。

### 2. 主打产品落后

许多品牌产品的包装、功能、配方多年一成不变，缺乏创新，还自认为越老越好。产品老化带来品牌的老化，渐渐被追逐时尚的消费者视为敝屣而弃之墙角。

上海名牌大白兔作为新中国第一代糖果品牌曾经辉煌一时，然而大白兔曾在数十年里，产品包装、口味、配方一成不变，品牌形象陈旧落伍，许多大白兔的消费者渐渐移情别恋，人们感叹：大白兔还蹦得动吗？

### 3. 市场人气下降

许多老化的品牌在市场上有一定知名度，甚至还耳熟能详，然而陈旧过时的形象使品牌人气大幅下降，消费者虽然知道它，但却不会考虑去购买它，于是品牌的产品销量逐渐下降，市场份额日益萎缩。

孔府家酒、孔府宴酒可谓家喻户晓，“孔府家酒，叫人想家”，“喝孔府宴酒，做天下文章”的广告语还清晰在耳，然而消费者就是不买账，主要原因就是品牌形象老化，市场人气严重下降。

## 二、品牌何以会“慢慢变老”

品牌老化带来的伤害是致命的，那么，品牌何以会“慢慢变老”呢？

### 1. 消费者喜新厌旧是品牌老化的主因

根据马斯洛的需求层次理论，当人的低层次的需要基本得到满足以后，它的激励作用就会降低，于是就会被其他高层次的需要取而代之。

人的这种心理反映到品牌需求上来也是同样，随着生活水准的提高，人的消费品位越来越高，不但追求功能性需求，还追求精神性需求，当消费者从某个品牌所获得的需求满足后，品牌若不能把握时代脉搏、及时注入新的时尚元素、给消费者更多的新鲜感，品牌则会给人以“落伍、过时、不合潮流”的印象，使消费者逐渐丧失兴趣进而被淡忘。喜新厌旧是人类的天性，人的这一本能心理，正是品牌会老化的根本原因所在。

### 2. 科技发展日新月异是品牌的催老剂

随着知识经济的发展，科学技术进步一日千里，科技的创新发展也加速了产品更新换代的速度，更好、更新、更强的产品像雨后春笋，层出不穷，比如数码相机的问世威胁着传统相机和胶卷制造业的生存，互联网的迅猛发展给报刊、邮政等行业造成冲击。企业在市场前进的浪潮中，就如同“逆水行舟，不进则退”，面对消费者越来越大的选择余地和日益挑剔的目光，一个品牌如果在产品研发上因循守旧，缺乏创新，或推出了一个产品以后，便“一招先，吃遍天”，则很容易被日新月异的市场所淘汰。

例如，“名人”推出新技术产品“智能王”、“一指连笔王”使恒基伟业的“商务通”黯然失色，新一代产品 DVD 的问世使 VCD 的代名词“爱多”销声匿迹。

### 3. 市场竞争激烈加速品牌的推陈出新

市场竞争的白热化催生了新品牌的不断涌现。例如，在 20 世纪 50 年代，美国消费者只能在通用汽车、福特、克莱斯勒等几种汽车中挑选；而今天，美国消费者可以从通用汽车、福特、克莱斯勒、本田、丰田、三菱、日产、马自达、宝马、大众、奔驰、菲亚特、雷诺、铃木、现代、大宇、五十铃和沃尔沃等几十种中任意选择。目前我国仅日用品品牌也多达十几万种。

品牌的层出不穷导致消费者选择的余地越来越大，而老品牌面对的竞争压力也越来越大。“长江后浪推前浪”，老品牌如果不能及时给品牌注入新鲜元素，则很可能被“后起之秀”所替代。

#### 4. 品牌管理乏力加快品牌的老化进程

许多企业对品牌管理的认识并不深刻，总以为品牌就是名牌，于是品牌打造开始轰轰烈烈，一掷千金，一旦品牌家喻户晓，一举成名后，便坐享其成而疏于管理。品牌由于缺少精心的管理和维护，原来树立的良好形象经受着时间的侵蚀而慢慢淡去，品牌很快变成风烛残年的老人，进而被消费者抛进记忆的垃圾袋中。

曾经辉煌的中国茶饮料大王旭日升，在 2000 年排名中国饮料十强第二，并一度占据茶饮料 70% 的市场份额，然而由于品牌管理不善导致市场急剧萎缩，2001 年底市场份额降至 30% ，2002 年下半年停止铺货，2004 年旭日升品牌淡出视线，归于沉寂。

其实，类似旭日升这样的品牌还有很多，当初家喻户晓的燕舞音像如今安在？小霸王还能见到芳踪吗？

## 三、品牌老化的危害

品牌老化对一个品牌的危害是巨大的，甚至会使品牌从此一蹶不振、销声匿迹。

品牌一旦老化就如同贴上“落伍”的标签，让消费者“退避三舍”。提起老化的牌子许多人都知道，可能还会耳熟能详，但在购物的时候则不会被考虑在内，因为人都是喜新厌旧的，谁愿意与“落伍”为伴呢？因此，老化的品牌不仅很难争取到更多的新顾客，而且还会丢失掉许多老顾客，有可能从此一蹶不振，成为日薄西山的衰退品牌。

而且，品牌老化的印象在消费者心中一旦形成就很难逆转，老化品牌的高知名度恰恰成为难以逆转的羁绊，因为很少有人愿意再进一步了解一个他们已经很熟悉的“落伍”品牌。消费者转移品牌偏好，舍弃老品牌，追逐新品牌是极其自然的事情。比如白酒行业的过气名牌孔府家酒、孔府宴酒、河南宋河、贵州董酒等，衰落之后即使再注入巨大的资本，最终还是回天无术。

数年前恒基伟业的“商务通”与“名人”的遭遇战也很能说明品牌老化的杀伤力。

“呼机、手机、商务通一个都不能少”的广告攻势曾经让恒基伟业的“商务通”创造了掌上电脑（PDA）市场的奇迹，营业额从 0 到 10 亿元，只用了短短的两年时间。然而，恒基伟业还没来得及一览众山小，便遭到了“名人”有力的反击。

“名人”推出了“智能王”、“一指连笔王”等新技术产品，体积更小、重量更轻、颜色更酷，价格更低。“名人”还启用了比“商务通”品牌代言人濮存昕更年轻时尚的李亚鹏，广告语仅一个字：“酷”！而此时，“商务通”竟无语凝噎，于是“名人”的人气急剧上升，在短短数月内市场份额便超越了“商务通”。

最致命的是，“名人”通过整合营销传播，将其品牌形象牢牢地定位在“酷”和“时尚”上，让“成功、科技、时尚”的“商务通”相形见绌。当“商务通”回过神来力图反击时，衰老的形象使其再无妙手回春之力。

可见，品牌老化的危害不仅仅是眼前市场份额的丢失，更严重的是衰老印象使其很难再“咸鱼翻身”。

## 第二节　创新是品牌的“活力源泉”

“品牌要想发展就要不断地创新”，这是联合利华推广品牌的一个重要原则。

品牌老化可以使一个品牌老态龙钟，举步维艰，然而老化并非品牌发展的宿命。许多卓越品牌跨越产品生命周期，走过百年漫长历程，如今依然在市场上生机勃勃，充满活力，如同仁堂始于1669年，宝洁始于1837年，全聚德始于1864年，雀巢始于1867年，奔驰始于1886年……

世界第一首席执行官杰克·韦尔奇的管理秘诀第一条就是：变革与创新。在他的眼里，市场每天都在发生着变化，每天都是新的。

品牌建设也是如此，品牌只有不断创新“保鲜”，才能永葆青春活力！

世界第一品牌可口可乐通过与时俱进不断创新，创造了百年不老的品牌神话。它一百多条不断更新的广告语、极富时尚特色的代言人、紧跟时代潮流的营销策略时刻为可口可乐注入时尚活力，演绎着“乐观向上”的品牌核心价值。一百多年来，一代代人的容颜渐老，然而可口可乐依然保持青春活力。

不断创新铸就了海尔超强的品牌竞争力，海尔的产品从1984年的单一冰箱发展到现在拥有白色家电、黑色家电、米色家电在内的96大门类15100多个规格的产品群，创造了无数个第一。在“2006年度家用电子、电器产品科技创新奖”评选中，海尔摘取三项大奖，海尔鲜+变频系列冰箱荣获“年度产品创新奖”和“媒体推荐奖”两项大奖，自主创新的变频对开门冰箱获得了“年度技术创新奖”。在“2007年度中国家电十大创新产品”评选活动中，海尔洗衣机“i”战略下的第一代产品“净界”，从十大类产品中脱颖而出，一举摘得“2007年度中国家电十大创新产品”大奖，并同时获得“网友最喜爱创新产品奖”、

"卖场最速销创新产品"共计三项大奖，成为最大的赢家。

微软从1990年起，连续不断地进行Windows视窗系统的研发，推进产品升级换代；

飞利浦公司百年间研发了近3000项专利技术；

耐克的核心价值是"发挥潜能"，耐克几乎每隔半年就推出一条新的广告片；

芭比娃娃不同时期推出不同主题的娃娃，紧跟时尚潮流……

时间对品牌的侵蚀力不可低估，一个成功品牌的大忌是墨守成规，长时间没有产品、技术、包装、广告等上的创新。对多个长寿品牌研究表明，在维护品牌核心价值恒久不变的同时，与时俱进地对品牌进行不断创新，是品牌摆脱时间侵蚀、成就百年金字招牌的秘诀。

## 一、品牌产品更新——做行业领先者

"生产一代，开发一代，研制一代"是企业成功的秘诀。

"吃着碗里的，看着锅里的"相对个人而言可能是个"贪心"的缺点，但对于企业而言却是个"进取"的优点。不断改进产品的性能、款式、品质等，能不断给消费者提供新鲜满足感，强化品牌的领先、时尚和青春的形象。

当然，产品创新要紧贴消费者需求，新产品的研发应在行业内具有一定的技术领先性，而且创新产品的特性应与品牌的核心价值协调一致。

创新是海信的力量，也是海信成为强势品牌的关键。2007年12月18日，在2007中国CE渠道财富论坛上，海信的真+天翼高清大平板电视在松下、索尼、日立等众多中外名牌产品中独领风骚，摘得中国消费电子"2007最佳创新产品奖"。近年来，海信在平板电视核心技术研发方面迈出了坚实的步伐，取得LED背光源技术研发重大突破，建成中国第一条液晶模组生产线，建立数字多媒体国家重点实验室。摘得桂冠的海信真+天翼高清大平板电视采用一次成型高光工艺，外观精美优雅宛如天使之翼，并且技术上实现了动态与静态高清技术的完美结合。

2008年1月8日，美国拉斯韦加斯，全球最有影响力的CES消费电子展会上。RBI锐德商业资讯集团、IDG国际数据集团以及众多世界级企业云集在这里，中国的海信不仅与联想等知名企业被评为"中国消费电子产业十大领先品牌"，海信电视还作为唯一的中国彩电品牌获得了"最具创新力品牌"大奖。"最具创新力"是多年来各界对海信最精辟的评鉴。

当年VCD行业的"八朵金花"如今只剩下万利达和夏新两朵了，当其他金花纷纷凋零时，万利达却盛开怒放。电子行业平均利润不到2%的情况下，万利达利润却达到了8%，2007年销售额直逼60亿元大关，其关键因素就是不断创新。63岁的万利达总裁吴惠天是一位充满活力的企业家，2006年大年初六晚上，吴惠天洗澡时还有个喜爱的电视节目没有看完，他突然灵机一动，如果能有一个移动式液晶电视，无论做饭、洗澡、上卫生间都能随时随地观看，一定会非常畅销。第二天，吴惠天一上班就立即组织技术部门研发，很快万利达移动式有线电视机研发成功了，200平方米的房间内都可以“有线电视，无线收看”，非常受市场欢迎。像这样灵感创新的例子在万利达还有很多，紧贴消费者需要不断推出更新、更酷的产品，创新使万利达迈向更高境界。

纵观那些世界强势品牌，它们更是产品创新的领先者，不断创新使许多老品牌始终站在市场潮流的最前沿！

宝洁公司每年的全球研发投入是20亿美元，在全球拥有超过2500项的专利，7000位科学家供职于全球17个产品研究中心，宝洁公司的研究实验室同工厂一样繁忙，宝洁的各种产品每年至少要做一次改良和创新，世界上第一种高效合成洗衣粉——汰渍自1956年推出以来，光是配方和包装就改进了不下70次。宝洁认为“为消费者提供更好、更新的产品”是其成功的根本原因。

索尼公司每年都要向市场推出1000种新产品，欧莱雅每年都将销售额的近4%投入研发……

相反，有些品牌获得一定成功后，便不思变革和创新，即使鼎盛一时，最终也会被激烈的市场竞争所淘汰。

美国华人企业王安电脑公司曾在20世纪80年代辉煌一时，鼎盛时期在美国《幸福》杂志500强企业中名列第146位，年收入高达30亿美元。然而，晚年的王安故步自封，没有跟上时代的步伐，仍然固守以中型电脑为主的战略。同时，王安坚持发展高价且不能与IBM电脑兼容的产品，违背了电脑系统化及软件标准化的趋势，最终使市场丧失殆尽。王安电脑公司在短短20多年的时间里创造了一个商业神话，然而因为不思变革与创新，又在不到10年的时间里使神话破灭。

又如，“太阳神”这个名字曾经如雷贯耳，然而，在成功推出创新产品生物健和猴头菇口服液后，太阳神就再没有创新产品问世。忽视产品创新导致太阳神品牌竞争力下降，虽然太阳神陨落有着盲目扩张、管理乏力、用人不当等其他因素，但缺乏创新是其昙花一现的主要原因。

## 二、品牌形象更新——让青春永驻

品牌形象就像人的脸，必要的脸部活化，可以使品牌充满新意和活力。比如，2003年可口可乐启用了香港著名设计师陈幼坚主导的全新流线型中文字体，改变了自20世纪70年代末以来在国内沿用的逐渐僵化的表现形式，使可口可乐迸发出时代感和青春活力。

### 1. 品牌名称更新

品牌命名应该遵循“好读，好记，好听，好意义，好传播”的五好原则，但如果品牌最初命名时考虑不周，或由于市场发生变化，现在发现品牌名称已不能很好诠释品牌的内涵，那么就有必要进行更新。

2002 年上半年开始，摩托罗拉在各种媒体广告上推出一个新信息：MOTO 全新为你。摩托罗拉的原英文名称是“MOTOROLA”，之所以启用新的品牌名称“MOTO”，就是因为摩托罗拉发现，消费者已隐隐约约觉得摩托罗拉开始老了。

联想原来的英文名称是“Legend”（传奇），进入 21 世纪，联想确立了“高科技的联想、服务的联想、国际化的联想”的战略目标。国际化是联想既定的发展方向，联想要国际化，首先要有一个可以在世界上畅通无阻的、受人喜爱的英文名称，但“Legend”这个英文名称在国外很多国家已经被注册。在这种情况下，2003 年 4 月 28 日联想全面启用了新的英文名称“Lenovo”，应该说，新品名较好地体现了联想品牌的内涵，其中的“Le”取自原来的“Legend”，秉承“传奇”的寓意，“novo”是一个拉丁词根，代表“创新”之意，“Lenovo”寓意为“创新的联想”。

另外，百事可乐原英文名是“Pepsi - Cola”，后来更改为简洁的“Pepsi”。

**2. 品牌标志更新**

人们接收外界信息时，83% 的印象来自于视觉，标志正是满足人视觉的元素，是品牌与消费者沟通的重要渠道。消费者的审美观是在不断变化的，品牌的标志也应适时地进行调整，把握时代的节奏。

2007 年 12 月 26 日，国美电器宣布启用新标志。新 LOGO 绿橙两色取代原有生硬的蓝红色，并勾勒出一个“房子”的外形。绿色寓意健康、开放、希望；橙色象征娱乐、积极、热情；“房子”则代表家庭。新标志诠释了国美电器“创新家电品质生活”的理念。

2007 年 10 月，洲际酒店集团宣布，其旗下的假日品牌家族酒店将在未来的一段时间内分阶段地更改品牌标识，从而进一步提升品牌形象。该项计划将耗资 10 亿美元。

2006 年 4 月，中国联通和浪潮也相继宣布更换标志，启用了更具时代感和亲和力的新标志。

2006 年 1 月，英特尔换掉了沿用 17 年之久的标志“Intel Inside”，取而代之的是新标识“Intel Leap Ahead（TM）”（超越未来）。

2006 年 1 月，柯达公司将“Kodak”的标志从传统的“黄盒子”中取了出来，以全新形象迎接公司数字化的战略转变。

为什么众多的知名品牌纷纷不惜重金更换沿用已久的标志？根本原因就是希望通过更换标志以更新品牌形象，适应市场的变化，永葆青春活力。百事可乐的标志从 1898 年注册以来，已进行过九次更新，特别是它现在的全蓝色标志掀起了一场“蓝色风暴”，突出“青春、朝气”的个性，彻底与可口可乐的“红色浪潮”区别开来。奔驰的标志在几十年中也经历了数次的修饰调整，今天成为世界上最驰名汽车品牌的象征。

### 3. 品牌广告语更新

品牌广告语是品牌在市场行销时的主张、承诺，可以克服凌乱的信息，向消费者展示品牌在情感及功能方面的利益点。当然品牌广告语也应把握时代脉搏，获取消费者的共鸣。

可口可乐历经百年沧桑，留下了一百多条广告语，广告语的不断创新使可口可乐青春永驻，活力四射！

一百多年来，可口可乐留下了一百多条广告语

1886 请喝可口可乐
1904 新鲜和美味满意——就是可口可乐
1907 可口可乐——带来精力，使你充满活力
1911 尽享一杯流动的欢笑
1935 可口可乐——带来朋友相聚的瞬间
1945 充满友谊的生活，幸福的象征
1955 就像阳光一样带来振奋
1964 可口可乐给你虎虎生气，特别的活力
1972 可口可乐——伴随美好时光
1980 一杯可乐，一个微笑
1989 挡不住的感觉
1993 永远是可口可乐
2003 抓住这感觉
2004 要爽由自己
……

很多企业在广告语问题上常感困惑，在“变”与“不变”之间左右为难，可口可乐紧紧围绕“乐观向上”的广告语能否给我们一些启示？

#### 4. 品牌代言人更新

企业之所以聘用品牌代言人是因为代言人有着巨大的市场号召力，然而“流行的往往是易逝的”，品牌代言人的人气也会有盛有衰，选用过气的代言人难免会给品牌留下陈旧过时的烙痕，所以企业聘用品牌代言人一定要紧跟时尚潮流。

百事可乐之所以能在历史的潮流中，永远保持自己“流行”、“时尚”的形象，不仅因为百事可乐的广告精彩，包装契合时代潮流，还因为百事可乐选用的不同品牌代言人不断给品牌注入时尚的活力。

从杰克逊、“小甜甜”布兰妮、贝克汉姆、里瓦尔多、卡洛斯到郭富城、王菲、陈慧琳、郑秀文、周杰伦、F4、范志毅、李玮峰等，这些明星无不是“新生代”消费者追捧的当红明星。

#### 5. 品牌包装更新

包装是产品的外部表现形态，也是消费者与品牌进行沟通的媒介，被称为是品牌“无声的推销员”。因此，包装更新是赋予品牌新形象的最直观手段。包装更新应当遵循的原则是：表现品牌时代感，体贴消费者需求，配合产品更新，传达品牌新主张，等等。

番茄酱是日本人最爱吃的一种调料，然而市场竞争也非常激烈。可果美与森永两家公司可谓众多经营者中的佼佼者，尽管森永比可果美在质量、包装、价格上都不逊色，广告宣传甚至比可果美投入得还多，但是长期以来，可果美的销售量一直是森永的两倍。森永的老板百思不得其解，于是发动公司员工出谋献策。有一个推销员提出：将番茄酱包装瓶的口改大，大到足以把汤匙伸进去掏，老板觉得这一建议很有道理。森永过去的番茄酱瓶与其他公司一样，使用类似啤酒瓶形状的包装瓶，由于瓶口太小，消费者使用时得将瓶子倒过来用力摇，番茄酱才能慢慢流出来，使用起来很不方便。于是，森永的老板立刻采纳了这条建议并投入生产，结果非常成功，森永番茄酱的销售量直线上升，没过半年时间就超过了可果美，一年后它占有了日本大部分市场。

可见，小小的产品包装更新，里面也有大文章。

## 三、品牌核心价值更新——与时俱进的战略调整

万宝路为我们展示了一副美国西部牛仔的“硬汉”形象。在苍茫的原野上，一个目光深邃、皮肤粗糙、散发着粗犷、豪气的英雄男子汉，头戴毡帽，高卷袖管，手指间总是夹着一支冉冉冒烟的万宝路香烟，他代表着勇敢、正直和自由。

如今，“阳刚、豪迈”的万宝路形象已经深入人心，万宝路也成为闻名全球的国际品牌。

然而，你知道吗？万宝路从1924～1954年，一直是一种女士香烟，万宝路当时的广告口号是“像五月的天气一样温和”，表达一种女性优雅的风格，万宝路的英文名Marlboro也是“仅仅由于罗曼蒂克，男人总是记得女人的爱”的含义，然而万宝路并没有得到女士们的垂青，30年中万宝路香烟始终销量平平。

1954年，万宝路决定变性，一改过去优雅的淑女形象，采用阳刚的“硬汉”作为形象代言人，从此那个粗犷、豪气的西部牛仔让万宝路从众多香烟品牌中脱颖而出。

其实万宝路的变性策略就是品牌核心价值更新。

1984年，为了适应市场竞争和变化，特劳特提出了“重新定位”的概念，即打破事物在消费者心中所保持的原有位置和结构，使事物按照新的观念在消费者心目中重新排位，即所谓的换一张脸再重新登场。

一般来讲，品牌核心价值一旦确定就不应该轻易改变，应该保持连续性和稳定性。然而，品牌核心价值是否精准还要接受市场的检验，而且，市场竞争环境风云变幻，也会有许多无法预测的情况出现，如果品牌核心价值已经不适应市场的需求了，就应该及早忍痛割爱，重新定位，让品牌重现生机。

### （一）品牌核心价值更新的前提

随着市场环境及消费者的消费观念的变化，品牌核心价值也不可能一劳永逸，如果遇到以下几种情况，就应考虑对品牌核心价值进行重新定位。

#### 1. 品牌原核心价值有误

某些品牌核心价值从理论上分析确实不错，找到了市场空隙点，而且品牌传播推广工作执行得也很到位。然而消费者对产品反应冷淡，销售量就是上不去，那么，失败的原因就可能是品牌核心价值定位有误，企业应该及早诊断分析，发现品牌核心价值有误，及时改弦易辙，重新定位。

2001年，江中健胃消食片的销量一直徘徊在1个多亿，当时国内医药市场竞争白热化，江中药业不进则退，要想立于不败之地就必须迅速发展壮大。然而公司尝试了种种营销策略，产品的销量却不见明显增长，原因何在呢？

后来江中药业请来专业顾问公司诊断后发现：消费者对付消化不良的日常小病时，往往顾忌到选用功效太强的药品会产生副作用，所以一般只会选用一些酵母片之类的小药对付。而江中健胃消食片原定位是“中药保护”的健胃药，给人印象是药力强、副作用大，自然让消费者望而生畏。显然，江中健胃消食片的“中药保护”的定位有误，没有契合消费者的内心需求，这也是江中健胃消食片的销量难有突破的症结所在。

2003 年，江中药业谨慎决策，对江中健胃消食片重新定位，新的核心价值“日常助消化用药”，消费者既可以日常吃，又可以作为助消化的小药，副作用不大。江中健胃消食片的重新定位给自己带来新的转机，产品销量迅速提高，创造了一年销售额突破 7 亿元的神话，也成功塑造了自己消化不良用药第一品牌的形象。

**2. 消费者需求发生变化**

喜新厌旧是人的天性，消费者追逐时代的步伐，消费观念也会随着环境的变化而变化。如果消费者的需求发生改变了，企业就应该顺应消费者的需求，及时调整品牌核心价值。反之，品牌就可能会老化，甚至被新品牌所取代。

金龙鱼发展初期的品牌核心价值是：“温暖大家庭”。在研究中金龙鱼发现，中国人的家庭观念非常强，一种新的消费模式往往是以家庭为单元被接受的，所以塑造品牌形象，金龙鱼首先确立了“温暖大家庭”的定位，以此打动中国消费者。金龙鱼从此以富贵、喜庆和健康温暖的形象深入中国老百姓心中，特别是“金龙鱼——万家灯火篇”中“快回家，快回家，亲爱的爸爸妈妈快回家……”的主题曲更是朗朗上口，在消费者中广为流传。

随着人们生活水平的提高，金龙鱼发现消费者对“健康营养”日益重视，“健康营养”也成为消费者选购商品的重要考虑因素，于是，金龙鱼重新把“健康营养”作为品牌核心价值和追求目标。2002 年，金龙鱼将食用油与人体健康方面的研究深入到脂肪酸领域，以人体膳食脂肪酸的均衡营养为基础，研制出金龙鱼第二代调和油。金龙鱼成为中国食用油行业的第一个倡导“1:1:1”膳食脂肪酸平衡的品牌。

如今，“健康生活金龙鱼”的理念已经深深地扎根于消费者心中，品牌核心价值调整使金龙鱼开辟了更大的发展空间。

**3. 品牌遭遇市场变故**

经济环境的改变、政策的突变都可能引起市场变故，市场变故对一个品牌损害很大，尤其是对一些譬如药类、化妆品、酒类等商品，消费者对不利因素更加敏感。因此，企业遭遇市场变故时应该及时对品牌核心价值进行再定位，摆脱僵局，重新博得消费者的信赖，使品牌获得新生。

2000 年 11 月，康泰克陷入巨大的市场危机。国家政策规定：暂停含有 PPA 的 OTC 药品在市场上销售，而康泰克感冒药品正含 PPA，一时间康泰克成了公众口诛笔伐的对象，销量直线下降。眼看康泰克面临覆灭的危险，危急时刻，中美史克公司一边收回市场上待售的康泰克产品，一边积极展开危机公关，并及时对康泰克品牌再定位，开发新的产品。

中美史克公司在 2001 年 9 月推出“新康泰克”的核心价值：“不含 PPA 的

速效感冒药”，“新康泰克”通过良好的宣传又重新获得了消费者的信赖，问世后的第一年底销售额便突破了亿元。

#### 4. 企业经营战略发生变化

企业无论是总成本领先战略、差异性战略还是目标聚集战略，任何一种经营战略都具有风险性，企业的外部环境在变、自身实力在变，企业的经营战略也应该有所调整，而不能永远固守不变。企业经营战略的调整必然涉及品牌核心价值的变动。

日本尼西索公司在第二次世界大战结束时生产尿垫、游泳帽、雨衣、卫生带等多种产品，因为品种杂多，企业缺少核心产品，所以经营状况并不乐观。它们经过市场调查后决定改变企业的经营战略，放弃一切与尿垫无关的产品，品牌也重新定位为“尿垫大王”。日本战后的经济复苏也为尼西索公司发展带来了良好契机，尼西索最终靠成功的定位更新占领了日本70%以上的婴儿尿布市场，成为名副其实的“尿垫大王”。

#### 5. 品牌延伸的需要

有些品牌最初提炼核心价值时，没有预计到未来的发展，结果品牌定位太窄，品牌成为某类产品的代名词，例如，雀巢=咖啡，康师傅=方便面等。随着品牌向更多类产品的延伸，原品牌核心价值已不适用，因此有必要进行品牌核心价值更新，开拓品牌的发展空间。

娃哈哈最早的目标消费群是儿童，品牌定位在儿童营养品上，并推出了儿童营养液、果奶、酸奶等广受欢迎的产品，成为中国儿童营养品的知名品牌。随着市场的变化、企业的发展，娃哈哈品牌延伸到茶饮料、饮用水等系列产品，原品牌核心价值已经束缚了品牌的发展空间，于是娃哈哈将品牌重新定位于“中国饮品大王”上，这一核心价值使娃哈哈成为中国饮料行业的“领跑者”。

格兰仕曾经是微波炉的代名词，2001年开始，格兰仕在空调市场也取得成功，到2003年，格兰仕已打造出“全球微波炉制造中心”、“全球空调制造中心”、“全球小家电制造中心”、“全球物资管理中心”四大基地，产品遍及电热水器、电磁炉、电饭煲、燃气炉、电风扇、抽油烟机等，随着格兰仕的品牌延伸，原定位已有很大局限性，格兰仕重新明确了自己的目标：“全球名牌家电制造中心”。

### （二）品牌核心价值更新应考虑的问题

品牌核心价值更新固然能让品牌重现生机，然而也面临很大的风险性，所以企业在作出更新决策时，一定要谨慎行事，应该重点考虑以下问题：

### 1. 品牌核心价值更新需要的资金投入量

品牌核心价值更新需要大量的资金投入，一般包括：广告费、产品品质改变费、包装费等。一般而言，新核心价值与原来的偏离越大，所需的资金投入就越多。新核心价值所需的资金投入量通常超过原来的，因为企业不但要让新核心价值深入人心，还要消除原来的对消费者的影响。因此，企业应该估算出核心价值更新所需要的资金投入量，做到心中有数。

### 2. 新核心价值能获得多少收益

企业应该通过细致的市场分析，预测新核心价值能获得的收益，在权衡品牌重新定位投入产出比例的基础上，决定是否对核心价值重新定位。新核心价值的收益大小取决于：目标市场上的消费者数量、消费者的平均购买率、竞争品牌的数量及实力等。

### 3. 品牌核心价值更新面临的风险

品牌核心价值更新具有很大的风险性，企业应该有充分的认识。比如，原核心价值曾经很成功，已经深入人心，消费者很可能非常恋旧而难以接受新的核心价值；如果新核心价值失误，原核心价值也被破坏，则可能使品牌遭受很大损害，甚至毁掉一个品牌。

企业只有充分认识到品牌核心价值更新的风险性，并且有充分的把握能够规避风险，才能进行更新的决策和执行工作。

## （三）品牌核心价值更新“三步曲”

品牌核心价值更新并非对原有品牌核心价值的全盘否定，而是企业经过市场的磨炼之后，对原有核心价值的一次扬弃。一般来说，品牌核心价值更新应走好如下三步：

### 1. 严谨的市场调研

“没有调查研究就没有发言权”，天马行空的品牌核心价值，必然会导致品牌最终的覆没。品牌核心价值更新，必须进行严谨的市场调查研究，摸清市场环境、竞争品牌情况、消费者心理需求及企业自身的资源状况等，特别是应该对目标消费群进行深入的调查研究，分析他们的生活方式、价值观、消费观念、审美观念等，给企业决策提供客观的依据。市场调查的失误往往会导致错一子而输全局。

企业应该根据市场调查研究的结果，分析哪些市场因素发生了变化，发生了什么变化，并对品牌目前的状况进行评估，找出原核心价值存在哪些问题，哪些地方不再适宜新的市场需求等。

**2. 选准最佳定位点**

在市场调查及分析的基础上，制定提炼新品牌核心价值策略。新策略最好制订几个不同的方案，每个方案都进行测试，根据目标消费者的反应，来筛选确定最佳定位点。

新的品牌核心价值要解决原来存在的问题，获得市场及消费者的认同，同时新的核心价值要便于传播推广，尽量与企业一贯形象相符，并且能够获得良好的市场回报。新的核心价值还要有利于品牌长期发展，而不是只考虑到眼前的短期利益。

**3. 有力的传播推广**

新的品牌核心价值确定以后，企业要采取有力的传播推广手段，把新核心价值信息传达给消费者，并不断强化，使它深入人心，最终完全取代原有核心价值。

企业的一切营销传播活动都应该以品牌新核心价值为核心，防止企业的经营活动与品牌新核心价值定位的脱节甚至背离。在现在的市场环境下，企业应该实施整合营销传播，让品牌的信息通过更多的渠道传播给消费者，使其植根消费者心中。

品牌核心价值更新是一个浩大的品牌战略调整工程，原核心价值的影响不可能马上消除，新核心价值深入人心也需要一个艰辛的过程，所以企业应该不懈努力，持之以恒，并密切关注市场及消费者的反映，及时调整企业的经营策略。

## 第三节　品牌创新的风险管控

美国著名管理学家彼得·德鲁克说：许许多多成功的创新者和企业家，他们之中没有一个有“冒险癖”。他们之所以成功，恰恰是因为他们能确定有什么风险并把风险限制在一定范围内。

品牌创新对企业来说既是机遇也是挑战，品牌创新本身是一项创造性、探索性的活动，在创新过程中，自然与风险相辅相成。

许多品牌通过创新获得了新的生机，例如，德国大众公司收购了捷克的斯柯达汽车以后，通过一系列的品牌创新，成功地转变了斯柯达笑话百出的东欧汽车品牌形象，使斯柯达成为一个值得信赖的汽车品牌。

然而，我们也应该清醒地认识到，品牌创新是一项风险性工作，一旦失误，会给企业带来巨大损失。品牌创新失败的案例亦不鲜见，例如，美国得克萨斯仪器公司开发家用计算机失败，亏损了6.6亿美元，美国无线电公司开发电视机游戏失败，损失了5.7亿美元。

美国纽约的“失败产品博物馆”提供了这样一个数字：美国每年推向市场的新产品达54000多种，而真正受到青睐的只有20%。博物馆里，高达8万多件“失败产品”静候人们反思，其中不乏许多知名企业的创新产品。

品牌创新的成败利钝，对企业的可持续发展意义重大，企业只有深刻认识并有效防范品牌创新的风险性，才能够使企业健康发展，永葆青春。

## 一、品牌创新的风险表现

### 1. 大量资金投入的风险

品牌创新无论是产品创新还是核心价值更新，都需要大量的资金投入。然而大量的资金投入是否能换来期望的市场回报，还是个未知数。

许多新产品开发不仅取决于企业的技术水平，还取决于企业在开发全过程中能否源源不断地投入大量资金的能力。许多新产品开发项目因资金难以为继而中途夭折。新产品开发后刚刚投放市场，产品的成本高，批量小，利润少，短期内很难见到明显收益，而且新产品是否能被广大消费者所接受还要经受市场的考验。另外，品牌核心价值更新需要的资金投入往往超过第一次，因为企业需要更大的推广力度来消除原核心价值对消费者的影响。

### 2. 开发新产品的风险

新产品开发的过程其实是一个探索的过程，具有未知特性。在新产品开发的过程中，由于技术系统和经济系统的复杂性，各种技术、资金、市场以及社会经济环境变动等因素都可能导致产品创新的中途夭折。可以说新产品开发自始至终都与风险相伴，因此，企业需要有“重耕耘，轻收成”的心理准备。

在这样的情况下，许多中小型企业根本无法获得足够的资源用于新产品开发，这也导致许多中小型企业干脆彻底依赖他人的品牌，成为别人的“打工仔”，无法走上一条“可持续发展的道路”。

### 3. 品牌核心价值更新不当带来的风险

市场经济条件下，市场环境在变，消费者的需求也在变，今天看好的品牌诉求点，也许明天就过时了。另外，企业调研获得的市场信息，也有可能并没有真实地反映市场情况，这样就给企业进行市场分析和品牌核心价值更新带来了很大风险隐患。

原品牌核心价值在市场上已经推行了一段时间，不管它是否成功，在消费者心中已经有较深的印象，甚至深入人心。先入为主的原因导致新核心价值再被消费者接纳确实有难度，如果执行不力会导致新核心价值未被清晰接受，原核心价值也被损害，消费者雾里看花，品牌更加模糊。

## 二、如何降低品牌创新的风险性

品牌创新是一项有组织、有计划的活动，通过树立风险意识，完善风险管理，能够在一定程度上防范和控制风险的发生，使品牌创新活动向预期目标发展。例如，电视机、电子表的创新在美国公司经历失败之后，却在日本企业手中经过不懈的努力，最终获得了成功。

那么，怎样才能降低品牌创新的风险性，提高品牌创新的成功率呢？

### 1. 维护品牌核心价值

品牌核心价值一旦确定就应该保持其连续性和稳定性。除非像万宝路那样迫不得已，一般不应该轻易改变。要知道，新核心价值与原核心价值差异越大，则可信度越低，风险也越大。因此，品牌的产品创新及形象更新都应该围绕核心价值这个核心，产品可以更新换代，形象可以不断“变脸”，但不能轻易偏离品牌核心价值的主线。例如，几十年来，诺基亚产品创新紧紧围绕“以人为本”，一贯追求人性化设计；沃尔沃产品创新则一直在“安全”方面下工夫，这样就大大降低了品牌创新的风险性。

### 2. 以领先的科技水平为保障

品牌的产品创新，技术领先是前提。产品品质的提高是以技术进步为基础的，只有以先进的科技水平为保障，才能推动产品结构升级，增加产品的技术含量，新产品才能形成竞争优势，迅速打入市场，降低企业投入期的资金成本，从而减少品牌产品创新的风险。

同时，领先的科技水平还能够树立企业行业领导者的形象，能够提升品牌的美誉度，提高品牌的附加价值。

近十年来，海信在竞争激烈、强敌环伺的消费电子领域，在核心技术领域寻求创新和突破，逐步完成了从突围者到领军人的角色转换，成为国内消费电子业自主创新的标杆，更推动了中国彩电业的优化升级，值得许多企业借鉴。

### 3. 从消费者的角度出发

消费者是市场真正的主人，因此品牌创新应该从消费者的角度而不是科学家的角度出发。品牌创新应该进行严谨的市场调查研究，洞察消费者的需求，而不是科研人员在实验室里的闭门造车。细致的市场研究可以避免品牌创新中不必要的风险。比如，宝洁的创新之所以成功，消费者至上是关键。宝洁提出了“360

度创新”的概念，每年与超过700万的消费者进行交流，研发人员和营销人员定期深入消费者家中拜访，实际观察了解他们在生活中遇到的麻烦以及需求。从消费者的角度出发，使宝洁的创新成功率因此提高了两倍多。

品牌创新虽然一直与风险为伍，然而，一个企业要想与时俱进，不被市场淘汰，就应该勇于追求品牌创新。可以肯定地说，品牌创新正是为了降低企业竞争的风险，不创新才是最大的风险。

## 案例解析　宝洁创新成功的法宝：让消费者决定创新

创新是品牌的“活力源泉”，然而在现实中，许多企业巨额的研发费用却往往换来微薄的利益回报，甚至屡屡以失败而告终。如何才能降低品牌创新的风险性，提高品牌创新的成功率呢?

让消费者决定创新，这一模式成为宝洁公司创新成功的法宝。

企业完全可以依赖自己的研发实验室来进行所有创新的模式已经过时了，市场要求企业从消费者的角度而不是从科研人员的角度来考虑产品创新问题。

宝洁CEO雷富礼2000年上任之前，像大多数企业一样，宝洁一直坚持传统的创新模式，即在四面高墙之内，以实实在在的研发基础设施为中心，埋头苦干。但当公司规模发展到700亿美元时，宝洁发现，越来越多的研发费用带来的是越来越少的回报，创新成功率在35%这个水平停滞不前。过去“自己制造”的模式使得宝洁丢掉了超过一半的市场占有份额，2000年宝洁的股票下跌得厉害，投资者回报率下降了35%，宝洁面临从未有过的压力。

新任CEO雷富礼上任后，提出了重新建立公司的创新模式。在雷富礼的创新变革中，其中重要的一项举措就是，从过去依赖高能研发团队转变到深入市场，了解消费者需求，让研究人员走出实验室。

梅莉莎·克罗伊泽尔是宝洁研究中心的研发人员，每个月，她都要离开实验室几天，深入生活拜访消费者。她的拜访主要是到消费者家里实际观察，观察他们洗衣服、擦地板、给婴儿换尿布等生活细节，了解他们生活中遇到的麻烦和实际需求。

宝洁公司还要求营销人员加强与消费者的沟通，2000年，宝洁每名营销员平均每月与消费者沟通的时间不足4小时，现在已超过12小时。营销员经常深入消费者的实际生活了解情况。

不仅研究人员和营销人员，就连雷富礼这个CEO也会经常化名到消费者家中“微服私访”，掌握消费者的第一手资料。

宝洁的产品创新不胜枚举，而每一个创新项目的设立，归根结底都是建立在充分了解消费者需求的基础上的。宝洁的经验是，发现消费者巨大的需求，然后投入巨大的资源进行研发创新，从而生产出具有巨大市场潜力的产品。宝洁在作出决策之前，会投入上亿元的资金进行消费者调查，是巨大的消费者数据帮助宝洁作出决策，因此不是宝洁决定要做什么，而是消费者决定要什么。比如，消费者调查显示，消费者希望洗衣粉洗出来的衣服要透亮，调查部门就要把“透亮”这个诉求转换为技术语言，并通过一定技术指标实现，是否加漂白剂或酶，等等。

在宝洁婴儿护理产品部总裁德布·亨莱塔的办公室楼下的大厅里，设立了一个尿布测试中心。经常会有一些年轻妈妈光顾，宝洁让她们的孩子试用宝洁开发的婴儿纸尿裤，从中了解年轻妈妈对产品的反映和新需求。宝洁推出的系列“帮宝适”高级纸尿裤，就是在这样的环境下开发出来的。

宝洁在俄罗斯市场了解到，大多数俄罗斯妇女不喜欢用 Alaways 超薄卫生巾。一方面是价格上的考虑，另一方面也因为超薄卫生巾让她们觉得不太安全。于是，宝洁推出了加厚型卫生巾，从而使 Alaways 在俄罗斯的市场份额上升了 8%。

宝洁认为了解消费者必须关注消费者体验的方方面面，因此提出了“360 度创新”的概念，即围绕消费者体验进行全方位创新，包括达到所需要求的产品技术、价格、外观和包装，等等。以前，宝洁往往把研发创新工作的评估重点放在技术性能、专利数量等指标上，现在，它更关注消费者的感知价值。比如“帮宝适”就是先了解消费者的需求，可承受的价位等，然后据此设计产品的功能，除去可能会增加产品价格的不必要的功能。

CEO 雷富礼在掌管宝洁的 6 年中，重新唤起了宝洁的勃勃生机。

宝洁的一组数据也说明了这一切：

· 研发生产力提高了近 60%。

· 创新成功率提高两倍多。

· 创新成本下降了 20%。

· 超过 35% 的宝洁新产品中都有来源于公司外部的成分。

· 已经推出了超过 100 种新产品，包括：Olay Regenerist、Swiffer Dusters 和 Crest Spinbrush 等。

· 公司 2000 年股票崩溃 5 年后，股票市价翻了一番，品牌组合价值达到 220 亿美元。

“对宝洁来说，创新就是生命的血液。”创新使一个曾经被认为在传统行业里暮气沉沉的宝洁，如今成为一个生机勃勃的“品牌巨人”。

## 案例解析　“变脸”让麦当劳更年轻

2002 年对于世界快餐食品老大麦当劳来说，是灰色的一年。公司第四季度第一次出现了亏损，10 月份麦当劳的股价跌至 7 年以来的最低点。在本土，麦当劳被汉堡王等快餐店抢去了不少市场份额，在中国市场，麦当劳一直屈居老乡肯德基之下。11月8日，麦当劳总部宣布，公司将从3个国家完全撤出，并关闭其他10个国家的175家连锁店。

营销专家米尔顿·科特勒曾指出：快餐食品对消费者健康的影响、民族和文化意识以及品牌老化将是麦当劳在全球和中国遇到的三大麻烦。

2002年初，麦当劳任命了新的全球首席营销官拉里·莱特（Larry Light）。拉里·莱特是“品牌价值管理”体系的创立者之一，他上任后，一改麦当劳几十年不变的“迎合妈妈和小孩”的快乐形象，策划了麦当劳历史上第一次品牌“变脸”行动。

在拉里·莱特的主持下，麦当劳在总部召开了一次全球性广告峰会，在峰会中麦当劳的广告代理商集思广益，掀起了一股创意竞赛的热潮。最终一个新的营销主题诞生了——“我就喜欢”，麦当劳首席执行官康塔洛普说：“我们曾经是广告和营销的亮丽典范，我们将再次成为这方面的高手。”

## “变脸”让麦当劳更加青春时尚

以前，笑容可掬的“麦当劳叔叔”是个不错的品牌代言人，儿童、青少年、父母等都非常喜欢。然而，根据一次市场调查，很多年轻消费者认为“麦当劳叔叔”的形象显得陈旧、老土，已显过时了。年轻的嘻哈一族觉得麦当劳是小孩子去的地方，他们更喜欢“我行我素”以及刺激和冒险的举动。麦当劳如果不及时改变品牌形象的话，将越来越老，很难迎合“新生代”的心。

看来，品牌老化的问题是麦当劳面临的最大困扰。

“我就喜欢”紧紧围绕着“酷”、“我行我素”、“自己做主”等年轻人推崇的理念，目标直指麦当劳流失得最快的消费群体——年轻一族。首先，“我就喜欢”的广告语就赢得了很多年轻人的好评，在中国地区，一个中学生在被问及对麦当劳广告的看法时说：“‘我就喜欢’里面的‘就’字很酷，我特别欣赏。”

王力宏创作并演唱的《我就喜欢》主题曲带有嘻哈和R&B曲风，推出之后登上了很多歌曲排行榜，在年轻人中风靡一时，王力宏在年轻人中很有号召力，是“新生代”的代表，他的演唱为麦当劳增添了不少色彩。

为了配合“我就喜欢”行动，麦当劳推出了一系列超“酷”的促销活动。比如，只要对服务员大声说“我就喜欢”或“i'm lovin' it”，就能获赠圆筒冰激凌，这样“酷”的有趣活动很受年轻人欢迎。与此同时，麦当劳连锁店的员工服装和广告海报的基本色都换成了黑色，体现出时尚的“酷”感。

“我就喜欢”行动让一个崭新的麦当劳出现在消费者面前。

## 实施“本土化”策略

麦当劳由于担心公司对加盟店的控制力不强，不利于维护麦当劳的整体形象和服务的标准化，所以一直遵循“全球化”策略，麦当劳在中国一直坚持自己独资开设连锁店。然而肯德基在中国却实行“本土化”策略，采取特许加盟经营的扩张方式。

肯德基的“本土化”策略收效不凡，连锁店越开越多，每几个月就推出一道符合当地人口味的食品，很受当地消费者欢迎。面对肯德基的红红火火，麦当劳再也坐不住了，2003 年 8 月，麦当劳批准了中国内地第一个特许加盟商天津的许女士，并表示近期将批准 5 个特许加盟商。

同时，麦当劳为了满足消费者对多元化口味的要求，推出了许多新的风味食品。比如 2003 年，麦当劳在中国台湾、新加坡等地推出了“和风饭食系列”、“韩式泡菜堡”等东方口味食品，在中国内地也推出了“板烧鸡腿汉堡”。

麦当劳表示：麦当劳未来还将推出更多的风味食品，以满足消费者的多元化要求。

## 协同营销实现双赢

2003 年 11 月 24 日，麦当劳与中国移动的“动感地带”（M－Zone）结成了合作联盟，并共同推出了一系列的“我的地盘，我就喜欢”的“通信＋快餐”的协同营销活动。这次“最酷、最炫、最动感”的营销活动也有力地配合了麦当劳的品牌“变脸”行动。

麦当劳中国餐厅推出了“动感套餐”，只有动感地带成员才能以 15 元享用原来 21.5 元的食物。每月的“动感套餐”由会员通过短信、彩信和网上投票的方式进行选举，体现了“我行我素”、“自己做主”理念。

虽然麦当劳与中国移动的品牌经营的业务范围根本不相干，但是共同的目标群体和它们希望传达的品牌个性，让它们结为联盟。麦当劳“我就喜欢”的个性同动感地带“我的地盘听我的”的品牌个性极为相似，很得年轻人的认同。而对动感地带的目标群体来讲，购买麦当劳的产品可以在价格上得到优惠，这是一种特权感，可以得到双赢。以前他们来麦当劳只是吃汉堡、薯条，麦当劳儿童游乐场的设备让他们认为自己不属于这里。现在，由于动感地带的介入，使得他们更加有满足感和归属感。

麦当劳的“变脸”行动收效非凡，使品牌更加年轻化、时尚化，2003 年 11 月份麦当劳销售收入增长了 14.9%，亚太地区的销售收入增长了 16.2%。JP 摩根集团 2003 年 12 月称，麦当劳在全球经营已经有了很大的改变，并将麦当劳的股票评级从“一般市场表现”调升至“超出市场表现”。

# 第十章　品牌危机

一个品牌的成长壮大或许需要几年甚至几十年的辛勤努力，但是一个品牌的倒塌也许仅在一瞬间，可能仅仅因为一个小环节、一次危机没有处理好。

古希腊一位哲学家曾经说过："人类的一半时间是在危机当中度过的。"

商场亦是如此，当今商场可谓一个包含无数未知因素的魔方，危机四伏。

据美国公关专家对部分著名公司的调查显示：80%的企业管理者认为，企业发生危机如同死亡、税收一样不可避免；14%的企业承认，曾经经受过重大的危机。

可见，危机对于企业而言，并非偶然的不幸遭遇，而是普遍存在的现象。国外一些著名企业认识到了危机的普遍性，甚至把危机视为企业生存的压力，增强自己的忧患意识，比尔·盖茨就曾告诉他的部下："微软距离破产只有18个月。"

没有过不去的火焰山，但有过不去的品牌危机。近年来，企业品牌危机频频爆发，令人扼腕叹息！锅王胡师傅"无烟锅虚假宣传事件"、分众传媒的"短信门"事件、西门子"贿赂丑闻"、肯德基的"苏丹红1号"事件、宝洁的"SK－Ⅱ事件"、雀巢的"碘超标事件"、"欧典事件"……

品牌危机，犹如洪水暴发，来势凶猛，使企业猝不及防。然而，品牌危机注定就是无法抗拒，无法驾驭的吗?

## 第一节　品牌危机初探

品牌危机源于企业运行过程中的一些突发性事件，常在预料之外，却破坏力巨大，往往造成企业品牌形象在公众心目中的恶性变化，极大地损害品牌的美誉度和忠诚度，甚至使企业辛勤培育多年的品牌毁于一旦，给企业带来"灭顶之灾"。

在某届奥运会上，有一名运动员脚穿耐克运动鞋飞驰在百米跑道上，鞋底突然掉落，引起全场哗然。事后媒体以"耐克鞋饮恨绿茵场"为题大肆渲染，使耐克陷入一场信任危机之中。

## 一、品牌危机的特点

品牌危机往往有以下特点：

### 1. 突发性

尽管危机的演变具有一个过程，然而危机的表现却常常带有突然爆发的特点。例如，肯德基的“苏丹红 1 号”事件、分众传媒的“短信门”事件、“无烟锅虚假宣传事件”等，都是在企业猝不及防的情况下发生的。

### 2. 破坏力巨大

危机事件往往成为社会关注的焦点，所以对企业品牌的信誉破坏力巨大，甚至给企业以致命的打击。例如，“陈年旧馅”使南京冠生园信誉扫地，接二连三的丑闻最终使全球 500 强企业日本雪印公司陷入覆灭的绝境。

### 3. 引人注目

“好事不出门，坏事传千里。”危机事件能激发人们的好奇和恐惧心理，所以常常能引人注目，成为当期公众及媒介关注的焦点。例如，1982 年 9 月，“泰诺药片中毒事件”发生后，很快就有 94% 的消费者知道了此事，使强生公司陷入严重的危机之中。

### 4. 不确定性

危机的爆发往往由企业内外部错综复杂的原因造成，危机的形态多种多样，所以危机的走向、后果也具有很大的不确定性。当年三株公司的高层对“常德事件”反思道：“我们对自己的产品过于自信了。现在看来，自信是一回事，同时做多手准备是另一回事。危机从来就不是循规蹈矩的，处理危机当然就不能想当然，特别是在中国市场还不规范的情况下，出现‘意外’的可能就更大。”

## 二、品牌危机的生命周期

品牌危机在生命周期的不同阶段有不同的征兆，了解危机的生命周期特征对化解和处理危机至关重要。

### 1. 潜伏期

一般来说，危机都有一个从量变到质变的过程，在危机潜伏期，常常由失误形成隐患，再由隐患发展为危机“苗头”。坐视危机隐患恶化，往往后患无穷，所以我们应该防患于未然，把危机扼杀在萌芽阶段。

**2. 爆发期**

危机隐患积累到一定程度就形成质变，危机便进入爆发期。危机爆发后会成为社会关注的热点，企业应在24小时内迅速对外做出反应。如果企业反应迟钝，贻误战机，会导致危机进一步加剧。

**3. 处理期**

危机爆发后进入处理期，该阶段是应对危机的关键时刻。在这一时期，企业应该采取积极主动的姿态，正视问题，承担责任，并且“闻过即改”，以真诚的态度树立自己负责任的形象，争取公众的谅解和信任。企业在这一阶段如果处理不当，有可能会陷入覆灭的境地。

**4. 恢复期**

危机风暴过后，逐渐进入恢复期。危机经过企业紧急处理后，有可能得到较好的化解，也可能不尽如人意，留下引爆新一轮危机的隐患。企业在这一时期应该深刻反省，努力改进，以新的形象重返市场。

## 三、品牌危机的根源

商场风云变幻莫测，危机无处不在。宏观政策的变化、市场环境的变迁、产品质量的疏漏、竞争对手的攻击、自然灾害的出现，等等，都有可能给企业带来猝不及防的打击。品牌危机产生的原因很多，归纳起来有以下几种：

**1. 企业自身的问题**

企业自身管理存在漏洞，诸如产品质量存在瑕疵，产品研发设计存在缺陷，产品以次充好，产品与广告不符，员工素质低下引发与顾客纠纷等。其实企业自身的这些问题往往都是诚信问题，企业应该明白，诚信是企业“基业常青”的根本，诚信的缺失最终会使企业付出惨重的代价。

例如，2007年3月28日，《新闻晨报》曝光了锅王胡师傅“无烟锅虚假宣传事件”，甚至把矛头指向了整个无烟锅行业。锅王胡师傅等无烟锅企业宣称自己的产品采用锰钛合金、紫砂合金、德国医用不锈钢、陶瓷合金、纳米技术等高科技材料制成，无油烟、不粘锅，一个锅能卖到599元。然而据调查，目前市场上的无烟锅大多都是用普通的铝合金材料制成的，就连苏泊尔的所谓高科技陶晶、陶瓷等几个品种的无烟锅也是用铝合金制成。然而这些企业玩概念、炒技术，借助所谓的锰钛合金、紫砂合金等概念，摇身一变，便以动辄数百元的价格售给消费者。这是典型的无法进行“危机管理”的危机事件，“无烟锅”指鹿为马的不诚信行为将会对无烟锅行业产生巨大的冲击，可能会引发行业品牌覆灭的危机。

又如，2004 年上半年，可口可乐公司在英国销售的 Dasani 瓶装水在一次抽查中被发现溴酸盐含量远超过英国规定的标准。此事被曝光后，英国各个超市、便利店便纷纷撤下 Dasani 瓶装水，大约有 50 万瓶 Dasani 瓶装水被撤下柜台，占可口可乐在英国境内总投放量的 80% ~85%。这场危机使可口可乐股价应声跌落了 26 美分。

**2. 政府宏观政策的收紧**

随着中国法制化、制度化进程的加速，国家许多法规制度、行业标准等不断健全完善，监督执法力度不断加大，特别是针对事关老百姓安全和健康的食品行业，这使得不少企业的问题被暴露出来，陷入危机之中。

2000 年 11 月 15 日，国家食品药品监督管理局发布了《关于暂停使用和销售含苯丙醇胺的药品制剂的通知》。根据此项通知，含有苯丙醇胺（PPA）的感冒药被禁用，中美史克旗下的康泰克瞬间被推到了风口浪尖上，6 亿元的销售额瞬间被蒸发掉了。然而，这场危机非但没有让中美史克沉寂，相反让更多人感受到了他们的诚信，创造了“产品不存，品牌依旧”的奇迹。

**3. 消费者维权意识的提高**

长期以来，中国消费者在消费过程中能忍就忍，不到万不得已不会跟企业较真儿，这在一定程度上也助长了企业漠视消费者利益的气焰。然而，今天随着消费者自我保护意识和维权意识的增强，企业的许多问题被投诉和曝光。

2003 年 7 月 12 日，广州两位消费者到麦当劳餐厅用餐，喝红茶时发现有极浓的消毒水味道。餐厅副经理解释，可能是因为店员前一天对烧水的大壶消毒后，未把残余的消毒水排清所致。两位消费者同麦当劳相关人员就赔偿事宜争执了两个多小时之后，店长和督导才到达现场。随后工商局工作人员也赶到现场调解无效，两位消费者愤然报警。

此外，许多“防不胜防”的飞来横祸也使企业成为无辜的受害者，例如，竞争对手的恶意打压、不良分子的诬陷诋毁以及地震、洪灾等不可抗力的自然灾害等。

## 第二节　品牌危机的管理

“危机”从汉语字面来看，是“危”与“机”的组合，这说明“危机”一方面代表着危险，另一方面也蕴藏着机会。

我国古代《兵经百言》曰："目前为机，转瞬非机；乘之为机，失之无机。"

其实，品牌危机的管理也是如此。品牌危机同其他事物一样，具有其内在的规律性，企业只要研究、把握并运用好这些规律，就完全可以预防、限制和化解各类潜在的或爆发的危机，最大限度地降低危机对企业的损害，甚至可以化被动为主动，化"危机"为"机遇"，树立企业社会责任感的形象。

国内有关机构统计显示：企业在危机事件中最终能够化险为夷，转危为安的不超过20%，也就是说，大部分企业面对突如其来的危机都会深陷泥潭，有的甚至陷入覆灭的绝境。这也暴露出我国许多企业在危机管理上的不足。

品牌危机管理确实是一项富有挑战性的工作，它既是科学，也是艺术；既需要企业的智慧，也需要企业的真诚！

## 一、居安思危，未雨绸缪

"生于忧患，死于安乐。"我国古代思想家孟子的名言给我们作出了很好的诠释。

认为企业不会发生危机本身就是企业最大的危机，因此，企业未雨绸缪，居安思危，防患于未然尤为重要。

华为总裁任正非曾在《华为的冬天》里警告员工："我们公司的太平时间太长了，这也许就是我们的灾难，泰坦尼克号也是在一片欢呼声中出海的……华为的危机以及萎缩、破产是一定会来到的……谁有棉衣，谁就活下来了！"

美国《危机管理》一书作者菲克曾对《财富》杂志排名前500强的企业高管进行过一次有关企业危机的调查，调查结果显示，企业陷入危机的平均时间为8周半，没有预警计划的企业比有预警计划的企业长2.5倍。可见，企业防患于未然会大大降低危机所带来的损害程度。

危机处理毕竟是亡羊补牢，工作做得再好，不如没有危机。面对四伏的危机，我们怎样才能防患于未然呢？

### （一）善于学习

企业只有不断学习，从宏观到微观，全面了解中国市场的显规则和潜规则，才能辨析企业经营过程中存在的潜在危机，从而做到防患于未然。

（1）要用心了解中国的宏观环境，包括政治、经济、文化、法律和技术等各个方面。对宏观环境任何一个环节的疏忽，都可能埋下危机的隐患。

（2）要学习掌握中国的行业标准。只有对行业标准严格地执行，才能使本企业的产品顺利通过质量检验，从而避免出现类似达能、依云"细菌门"式的危机发生。

（3）要洞察消费者的心理。对消费者消费心理的洞察，能使企业少犯错误，减少危机的发生。例如，石狮子向丰田霸道汽车致敬、立邦漆滑倒中国龙等洋广告也是因为它们曲解、亵渎了狮子、龙这些凝结中华民族传统文化精神的形象，结果激怒了广大消费者，最终不得不狼狈收场。

## （二）建立危机预警机制

英国危机管理专家迈克尔·里杰斯特曾说："预防是解决危机的最好方法。"

企业应该运用科学的技术和方法，建立危机监测、预报、控制的机制，对企业运营过程中的内外部变数进行分析，设立预警指标，尽可能把危机消灭在萌芽之中，对那些"防不胜防"的突发事件，也应预先做好充分的预防准备，以便能够有条不紊地拿出自己的应对之策，赢得危机处理的时间和主动。

### 1. 设立危机管理机构

英国危机管理专家迈克尔·里杰斯特说："任何公司都需要有危机管理的措施，唯一不同的是根据企业性质和大小，其实施情况有所变化。无论怎样，我们都要抓住问题的关键，那就是组建危机管理小组来制订或审核危机处理方案及其方针和工作程序。"

许多国际大公司在企业内部都设立了首席风险官，专门处理企业危机。对国内企业而言，也可根据企业自身实际情况，灵活设立危机管理机构或委托专业的公关咨询公司，培养出一支训练有素的危机"消防队"，承担企业危机的日常检测、诊断、预警、模拟演习、内部培训等工作，以及危机突发后的应对工作。这样不仅能够增强企业的抗风险能力，还可以向社会表明企业"认真负责的态度"。

### 2. 完善危机信息监测体系

一般而言，除了一些自然灾害、火灾等非人为因素外，大多数危机往往是有征兆的，许多危机都有一个演进过程，先是由失误形成隐患，再由隐患演变为"苗头"，最终发展为危机。建立完善危机信息监测体系，可以把潜伏的危机消除在萌芽阶段，化解于爆发之前。而坐视危机隐患恶化，往往后患无穷。

### 3. 制定危机应对策略

商海变幻莫测，时而风平浪静，时而波涛汹涌。因此，企业应该超前决策，针对企业有可能面临的种种危机，提前精心制订应对方案，还可以模拟演习，试验检测。只有这样，当企业真的面临突发危机时，才能临危不乱，有条不紊，最快最佳地拿出应对策略。

## （三）做好管理基础工作

企业犹如大海中行驶的一艘航船，既要建立预警机制，避开重重暗礁险滩，又要强固船体，增强自身抗击惊涛骇浪的能力。所以，企业应该苦练内功，做好管理基础工作。①树立诚信意识。诚信是企业和品牌能够赢得人心的根本，诚信会使企业消除许多危机隐患，而谎言和虚假本身就是危机的导火索，最终会使企业引火烧身。②规范管理，严把质量关。许多使企业遭受“灭顶之灾”的危机其实都是出于“质量门”，严把质量关则会为企业关上这扇门。③做好公关工作，协调企业同社会各界特别是媒体的关系。④增强企业凝聚力。企业危机时刻，没有企业精神的凝聚，没有员工的同舟共济，要想渡过难关是很困难的，当年康泰克遭遇“PPA 风波”最终仍能重整旗鼓，离不开员工在危急时刻不离不弃的支持。

日本雪印乳业公司是一家知名的大公司，2000 年度在《财富》杂志评选的世界 500 强中排名第 430 位。然而，雪印公司缺乏最基本的危机意识，最终使自己走向覆灭。

2000 年 6 月 27 日到 7 月初，仅十几天的时间，大阪等关西地区就有 10682 人因饮用雪印牛奶而引发食物中毒，其中 155 人住进医院。经过对收集的 30 盒喝剩的雪印牛奶化验，发现含有金黄色葡萄球菌。大阪市市政府于 7 月 2 日勒令雪印乳业公司大阪工厂无限期停产，各地的商场也纷纷将雪印奶制品撤柜。

但是，雪印公司并没有给予足够的关注，不仅没有对客户进行详细的解释和说明，更没有及时地把真实情况通过媒体转达给消费者，事情过了快一个月，才在报纸上向社会大众致歉。雪印公司这种敷衍了事的态度激起了受害者及媒体的愤慨和谴责，无奈之下，公司成立了“顾客安置中心”，开始处理善后事宜，然而，雪印的品牌信誉已经一落千丈。

对于雪印乳业这家世界 500 强企业而言，本应该吸取教训，增强危机的忧患意识，并积极采取防范措施，避免此类事件再次发生。然而，2001 年 6 月中旬，雪印乳业再次出现食品质量问题。据媒体报道，“雪印咖啡”有消毒水的味道，经检测认定，咖啡中的消毒水味是由于消毒生产线专用的氯酸水混入到饮料中，这一事件使雪印更加信誉扫地。

2002 年 1 月，日本兵库县一家食品储藏公司揭露，日本雪印食品公司使用国产牛肉包装盒重新包装澳大利亚进口牛肉，冒充日本生产。这次食品丑闻与疯牛病有关，雪印公司将进口牛肉伪装成国产牛肉出售，以此来清除库存。

接二连三的丑闻，使雪印品牌的声誉跌落到冰点，也最终将雪印公司送上了“断头台”。2002 年 2 月 22 日，雪印公司对外宣布，将在 4 月底之前彻底关张。

分析雪印公司在危机中覆灭的原因，主要是因为它们缺乏危机预警机制，没有行之有效的危机应对策略。接二连三的丑闻发生，更说明它们连起码的危机忧患意识都没有，更谈不上防患于未然了。

## 二、临危不乱，化险为夷

企业面对突发的危机事件，如何临危不乱，化险为夷，寻找转“危”为“机”之道，这是危机管理的精髓。

企业要成功应对危机事件，应遵循以下金科玉律：

### 定律一：态度决定一切

人非圣贤，孰能无过？这个世界没有完人，自然也没有完美的品牌。企业在运营过程中犯下这样或那样的错误也在所难免。然而，关键问题是错误出现以后，企业以何种态度面对错误。

古人云：“君子之过也，如日月之食焉。过也，人皆见之；更也，人皆仰之。”

处理危机事件，事实虽重要，态度更关键。

危机爆发后，企业可能会“四面楚歌”，政府批评、媒体曝光、公众质疑等都会纷至沓来。此时企业最明智的做法是，正视问题，以诚相待，采取积极主动的姿态，敢于公开真相，积极承认错误，勇于承担责任，并且“闻过即改”，做出相应的改进举措，争取赢得公众的谅解和同情。

不要忽略企业真诚的态度对单纯的公众的影响力。一个敢于承认错误，勇于承担责任的企业，不管它做错了什么，往往都会赢得消费者的同情和信任！其形象不但不会受到损害，反而会有所升华。许多危机成功的案例显示，企业在危机事件中的诚恳态度，不仅化解了一场灾难，而且还化被动为主动，化“危机”为“机遇”，使企业获得新的发展机会。

相反，许多企业担心危机事件曝光后会毁掉自己苦心经营的品牌形象，采取隐瞒、掩盖、敷衍、“无可奉告”等愚蠢的做法，其结果只能是适得其反，雪上加霜。企业应该明白，在危机时刻，公众对企业的反应高度敏感，任何敷衍、傲慢、推卸责任的言行都可能激起公众的愤慨之情，使事态进一步恶化，一个被消费者憎恶抛弃的品牌其实一文不值。几乎所有的危机处理失败的案例，都存在着企业态度上的失误。

美国许多成功企业为了有效处理危机事件，都积极遵循以下原则：

一旦发现问题，就毫不犹豫地正视它。

一旦感到情况不妙，就进行彻底大检查，在检查过程中发现危机爆发的原因。

一旦发现危机来临，立刻通过传播媒体，及时向社会各界通报危机的真实情况。

一旦危机已经降临，就集中所有部门的意志和力量去对待它，在关系到企业生死存亡的形势下，没有比求生更重要的了。

这方面国内外成败的案例不胜枚举。

当年中美史克遭遇“PPA风波”，之所以能创造“产品不存，品牌依旧”的奇迹，就是因为它们在危急时刻表现出的真诚负责任的态度。

2000年11月15日，国家食品药品监督管理局发布《关于暂停使用和销售含苯丙醇胺的药品制剂的通知》。根据此项通知，国内15种含有苯丙醇胺（PPA）的感冒药被停止使用和销售，中美史克旗下的康泰克作为国内感冒药的第一品牌，首当其冲地被绑上了媒体的第一审判台，当时康泰克几乎成了PPA的代名词。

面对这样的突发事件，中美史克公司临危不乱，第二天就迅速通过媒体刊发了给消费者的公开信，表示坚决执行政府法令，暂停生产和销售康泰克，并公开承诺：“为切实保障人民群众的用药健康，我公司愿意全力配合国家药政部门的有关后续工作。”表现出了负责任的态度。

17日中午，中美史克在全体员工大会上通报了事件的情况，表示公司不会裁员，这一举措赢得了员工空前一致的团结。

20日，中美史克公司在北京人民大会堂召开新闻发布会，会上中美史克表示将全部回收市场上的康泰克，同时也通过媒体传达了这样的观点：在中国销售康泰克的10多年中，还从未有过现在大家最担心的能引起脑中风的副作用报告。另外，中美史克对于有些媒体的不实报道，一律不予驳斥，只是解释；对于落井下石的竞争者，也绝不还击。这样的姿态，赢得了媒体的理解。

21日，中美史克的15条消费者热线全面开通，数十名训练有素的接线员耐心解答公众的各种询问。

不久之后，中美史克又宣布将全部销毁价值一个多亿的回收和库存的康泰克。

中美史克的一系列举措，树立了企业勇于承担社会责任的良好形象，赢得了公众和媒体的同情和信任，也为日后重整旗鼓奠定了基础。

大半年后的2001年9月，中美史克推出了不含PPA的新康泰克。正是由于中美史克在“PPA危机”中的良好表现，新康泰克得到了媒体及消费者的广泛支持，仅9月3日上市第一天，单在一个华南市场就拿下了高达37万盒（每盒10粒装）的订单。新康泰克迅速在感冒药市场重新崛起，又成为举足轻重的领导品牌之一。

中美史克成功地舞动了“PPA事件”这把“双刃剑”！

雀巢“碘超标事件”成为2005年跨国公司危机处理的一大败笔。2005年5月，雀巢牌金牌成长“3+”奶粉在浙江质量抽检中被发现碘超标，随后北京、昆明等地也有类似发现。危机发生后，拖延、躲避、欲盖弥彰等构成了雀巢危机处理的主要手段。起初保持沉默，引发众多媒体质疑；不召回产品，引来外界哗然；从承诺只换不退，再到同意退货，然后是道歉声明，几乎都是在媒体、消费者、工商执法部门的压力下才实现的。

雀巢傲慢的态度和对公众健康的冷漠终于引发了媒体和公众的大规模集体声讨。

6月5日，雀巢中国高层才就其奶粉碘超标一事向消费者道歉。6月8日，国家标准委公开表态："碘不符合标准要求的婴儿配方奶粉应禁止生产和销售。"

6月下旬，雀巢技术总监坦陈：雀巢为此付出了昂贵的代价！

光明乳业在"回奶事件"中的表现也不尽如人意。2005年6月5日，河南省某电视台播出了郑州光明山盟回收过期变质奶再生产的新闻，该报道迅速在全国掀起轩然大波，是为光明"回奶事件"。事件伊始，光明选择了逃避事实的态度，6月7日晚，光明乳业董事长在接受《每日经济新闻》采访时，断然否认光明乳业郑州子公司加工生产过期奶。并声称那些牛奶不是过期奶，是没有出厂的奶。这些奶堆在外面场地上进行处理，只是在管理上有小问题。这个态度几乎和1998年冠生园出现危机的回答如出一辙，显然是没有经过缜密的策划。

然而，事态并没有向着光明期望的状态发展，随着浙江和上海光明"早产奶"被揭露和查处，光明领导人及其公关部经理的电话就处于无人接听状态，整个光明断然拒绝与外界进行任何的沟通。光明乳业逃避事实的态度使"回奶事件"雪上加霜，最终导致了光明在全国市场的被动，2005年前三季净利润比上一年同期下降16.7%。

### 定律二：速度就是生命

孙子曰："兵贵胜，不贵久。"

危机处理的难度是与危机处理的速度成反比的，速度越快，损失就越小。中美史克（天津）制药有限公司总经理处理"PPA事件"时说："时间就是我们最大的敌人，拖得越长，产生的负面东西就越多。"

危机一旦爆发，往往会成为公众和媒体关注的焦点，如果此时企业反应迟钝，不能迅速查明真相，并在第一时间给公众和媒体一个解释，一方面，会让公众感觉企业管理效率低下，不敢直面危机，逃避责任；另一方面，信息真空就有可能会被误解、猜测、流言所占据，使问题更加复杂。而且，时间上的失控，各种不测因素也会随之增加，通常是屋漏偏逢连夜雨。

相反，如果企业能在第一时间做出正确的反应，最快表明企业姿态，化解公众不满情绪，进而获得公众的理解和信任。另外，以最快的速度遏制危机，往往成本较低，效果也较理想。

一般来说，危机发生后，企业应该在24小时内及时做出反应。当然，企业迅速正确的反应，必须建立在充分准备的基础上。

"5·12"汶川大地震后，马云在某个公众场合讲话时抛出"捐一元钱就够了"的言论，被某记者曲解成"马云只捐了一元钱"，并被新华网报道，瞬间激起了广大网友的极大愤慨和强烈谴责，许多网站论坛中关于马云言论的帖子都上了首页，一时间马云陷入了公众人物人性道德的危机之中。然而，几乎就在危机爆发的当天晚上，阿里巴巴集团就迅速发表了官方声明，证明此言论纯属谣言。同时，阿里巴巴宣布再捐款2500万元作为专项基金，用于灾后重建工作。阿里巴巴还宣布成立“阿里重建工作小组”，将具体制订和实施抗震救灾行动方案，由马云任组长，员工志愿报名参加。

马云及阿里巴巴集团闪电般的反应，轻松化解了一场“山雨欲来风满楼”的危机，而马云也化险为夷，重新树立了良好的公众形象。

2008年1月8日，西班牙《国家报》刊登一个整版的法国雪铁龙汽车广告，广告画面的主角是中国已故领袖毛泽东的照片，然而毛泽东的形象被肆意篡改。这则广告刊登后，立刻引来华人圈和国内网络的口诛笔伐，一时间雪铁龙成为“中国人的公敌”。

危机发生后，雪铁龙认为中国消费者的反应纯属小题大做，“反应过激”，没有予以理睬。雪铁龙的反应冷漠，置之不理，让中国公众认为雪铁龙推脱责任，逃避错误。于是，谴责雪铁龙的舆论一浪高过一浪，雪铁龙陷入极为尴尬的被动局面。此时，雪铁龙才意识到问题的严重性，但公众对它的谴责已呈排山倒海之势，难以控制，雪铁龙已错过了危机公关的最佳时机。尽管雪铁龙最终做出道歉声明：“由于雪铁龙在西班牙所刊登的广告而引起的不快，雪铁龙对此表示遗憾，并向被该广告所伤害的所有人表示歉意……雪铁龙重申它对中国的友好感情，并确认高度尊重中国的代表人物和中国的象征。”然而，雪铁龙危机公关的反应迟钝，让自己加倍付出了沉重的代价。

雅培公司面对“奶粉被污染事件”反应的迟钝，也让自己吞下了一颗苦果！2002年7月12日，新华社刊发了题为《卫生部责令收回部分疑被污染的培乐婴儿奶粉》的新闻通讯稿：由雅培制药有限公司进口到我国市场销售的部分培乐婴儿奶粉被怀疑受到污染，卫生部要求禁止进口和销售有关批次的婴儿奶粉。卫生部的公告还说，据丹麦驻华使馆通报，丹麦食品、农业和渔业部评估认为，食用这些奶粉不会引起健康危害。几乎从中央到地方的所有主流媒体都播发了这一消息。

危机发生后，雅培公司反应非常迟钝，未与媒体主动沟通，也没有给公众一个说法，使得国内媒体在报道中都忽略了“丹麦食品、农业和渔业部评估认为，食用这些奶粉不会引起健康危害”，而直接称雅培的培乐奶粉为“被污染奶粉”，似乎雅培的所有奶粉都有了问题。

媒体在平静了20多天后，2002年8月3日，新华社再次发布了针对雅培奶粉的《中国市场全面清查受污奶粉　严防入境禁止销售》的通讯稿，这一新闻同样又被全国媒体广泛播发，如中央电视台《新闻30分》以“培乐奶粉受调查两种奶粉不能吃”为题作了报道。

“第二次打击”等于在雅培的“伤口”上撒了一把盐，使雅培的声誉一落千丈！

直到8月5日，美国雅培中国总部市场部经理才就“奶粉受污染”事件接受媒体的采访，告知污染产生的原因是生产线上的零件松动，造成0.5公升的润滑油漏到1110吨的奶粉上了，而且在这1110吨产品中，雅培的产品只占很少一部分。而其他品种的雅培奶粉均产自其他生产线，并未受到污染。

雅培公司的解释已经太晚了，雅培奶粉在市场上的销售已大幅度下滑，甚至还导致了所有进口奶粉的市场表现整体低迷。雅培公司在危机爆发后长长的20多天中未能与公众和媒体解释沟通，雅培的迟钝和沉默，让自己吞下了危机公关失败的苦果。

### 定律三：让权威机构说话

许多企业身陷危机之后，特别是“质量门”危机，第一反应都是想尽快澄清事实，还我清白。然而，自我辩解往往难以证明清白之身，有时还会越描越黑，引起公众的反感。

其实道理很简单，任何危机事件当事人的自我辩解都有隐瞒真相的嫌疑，包括利益相关者如品牌代言人、企业资助方等，正如运动员不能兼裁判员一样，这些人的辩护都是苍白无力的。危机爆发后，巨能、宝洁、东风日产等企业都极尽辩解之能事，然而结果却都事与愿违。

无数的危机公关案例证明，真正能澄清事实的，不是当事企业自己的百般辩护，也不是企业与媒体的口水仗，而是权威机构的声音。权威机构以其自身的威信以及第三方的身份，足以消除公众的所有疑惑，可以说，权威机构的一句话胜过企业的一万句。

那么谁代表权威机构呢？质量检测部门、主管机构、监管机构都是，新闻发布会有权威机构的参与才最有说服力。

通常要求企业在危机第一时间发出声音，主要是表明自己主动承担责任的真诚态度，为以后的措施作铺垫，而并非苍白无力的自我辩解。

对一部分企业来说，即使无法得到权威机构的声音，也可以配合权威机构的调查，撤回问题产品，这样做比起徒劳的自证清白更能取信于人。

2006年9月4日，国家工商总局通报了近期对奶制品的监测结果，雅士利乳业2006年3月8日生产的一种中老年奶粉，被检出铁、维生素$B_1$、标签项目不合格。

面对突发事件，雅士利公司立即采取闪电般的措施，第二天即对外发布信息：将在两天时间内将市场上所有系列、所有批次和规格的中老年奶粉都撤下。同时雅士利公司积极寻求权威机构的声音。

2006年9月7日，国家工商总局在北京出面辟谣，称前段时间曝光的雅士利中老年奶粉，不合格原因是因为标签问题，产品质量无问题。

2006年10月9日，广东质监局称雅士利质量无问题，拟规范食品标签。同日，中国乳制品工业协会理事长宋昆冈在新闻发布会上给予了雅士利极高的评价：“雅士利乳业公司是负责任、讲诚信的公司，在发生本次质量事故之后，认真进行了整改，使产品质量达到了标准要求，消费者可以放心食用。”

雅士利公司通过权威机构为其验明正身，化解了一场有可能蔓延的危机。

**定律四：一个声音对外**

危机发生后，企业应该明确谁来说，如何说。内部应确定一个发言人，让企业统一口径、统一行动，以一个声音对外说话。企业多个声音、多种口径对外，往往会失控、失序，甚至自相矛盾，加重公众疑惑，使问题复杂化。

发言人最好由公关部经理或相关副总裁担任，这样也是为企业留有回旋和调整观点的余地，除非大局已定或者情况非常严重时候，一般不主张企业最高层的董事长或者 CEO 出面。

光明“回奶事件”被电视台曝光后，公司董事长在第一时间冲向了“最前线”其实也是发言人选择的失策，光明董事长的回答存在着诸多矛盾之处，然而他的回答其实代表了光明最终的回答，没有任何回旋和调整的余地。

**定律五：全员同心协力**

“员工不过是企业的雇工，企业与员工的关系不过是纯粹金钱与劳务的交换关系。”这种早期资本积累时期的思想早已过时了！

面对危机，员工不应是危机的旁观者，而应该是危机参与者。因此，企业应该保持同员工的良好沟通，让全体员工享有知情权，听取员工的意见和建议，赢得全体员工的协力支持。如果企业得不到内部员工的大力支持，甚至祸起萧墙，自乱阵脚，企业是很难渡过难关的。

2000 年 11 月 16 日，国家食品药品监督管理局发布通知：暂停销售含有 PPA 的药品，17 日中午，中美史克公司便召开全体员工大会，总经理通报了事件的详细情况，并表示公司不会裁员的决心，这一举措赢得了员工空前一致的团结。杨伟强事后总结：“我们最大的成功，应该是没有将外部危机转化为内部危机。管理层没有对员工隐瞒任何事实，并且在康泰克和康德全面停产的情况下，坚持不裁员，这一方面团结了员工，使他们更积极地进行新产品研发；另一方面更重要的是，磨难使员工们今后对企业更加忠诚。”

除此之外，企业要想成功处理危机事件，还应该重视以下几方面：①加强多方沟通，除了公众媒体外，还要赢得主管部门、股东、合作伙伴、经销商等多方的支持；②控制危机的影响面，避免危机蔓延到企业其他销售地区或其他产品；③慎打官司，除非万不得已并稳操胜券，绝不诉诸法律，企业“赢了官司，输了人心”的案例屡见不鲜；④要有充分的思想准备，做好出现各种局面的应对措施等。

## 三、自我反省，重整旗鼓

当危机事态得到控制或基本控制之后，企业就应该着手做好危机的善后工作，并且总结经验教训，重整旗鼓，以新的品牌形象重返市场。

**1. 做好善后工作**

企业应该勇于承担责任，给予危机受害人相应精神或物质的补偿，并将各种承诺及时兑现。同时，企业也应该加强与内部员工的情感沟通，增强企业凝聚力，力图灾后恢复生产，重建家园。

1999 年 6 月初，可口可乐在比利时发生了饮用中毒事件。可口可乐公司不仅“救灾”工作到位，善后工作也非常出色。可口可乐公司报销了所有中毒顾客的医药费，设立了专线电话，并在互联网上开设了专页，回答消费者提出的各种问题。比如，如何获得退赔，如何鉴别受污染的可乐等。不久，比利时的许多居民家陆续收到了可口可乐公司的赠券，上面写着：“我们非常高兴地通知您，可口可乐又回到了市场。”孩子们拿着可口可乐公司发给每个家庭的赠券，高兴地从商场里领回免费的可乐。可口可乐又重现繁荣景象。

**2. 危机调研评估**

在危机结束后，企业应该对整个危机事件做调研及评估，以便总结经验教训。一方面，应该调查品牌美誉度、忠诚度在危机中的受损害程度，做好品牌重整旗鼓的基础性工作；另一方面，应该查明危机产生的原因并深刻反省，反思企业在危机处理过程中所有举措的得失，总结经验教训，严防危机“野火烧不尽，春风吹又生”。

**3. 重整旗鼓，再现品牌辉煌**

危机平息后，企业应该在调研的基础上，制定出品牌重整旗鼓的策略，重新占领市场，让品牌重现辉煌。

2005 年 2 月 25 日，快餐大王肯德基被查出了新奥尔良烤鸡腿堡和新奥尔良烤翅里有苏丹红成分，引起社会广泛关注。肯德基顺利地化解了“苏丹红 1 号”危机后，4 月 25 日，肯德基又推出新品咔滋猪扒堡，并在“五一”期间进行了为期 10 天的促销活动，意在唤回人气。“五一”之后，肯德基餐厅又恢复了往日的繁荣。

## 案例解析　分众传媒“短信门”危机公关很幼稚

每年一度的央视“3·15”晚会，历来都是媒体和国人关注的焦点。2008 年“3·15”晚会曝光的“短信门”事件，使得商界新贵——纳斯达克上市公司分众传媒深陷诚信危机之中，同时分众传媒并不高明的危机公关也暴露在公众面前。

让我们回顾一下“短信门”事件的发展过程：

3月15日，央视曝光分众传媒“短信门”事件。

16日，分众传媒董事局主席江南春称分众传媒及旗下公司没有购买特定的数据，分众传媒资深副总否认拥有2亿手机用户资料的说法。

18日，分众传媒资深副总承认拥有手机用户数据库，但否认数据库是通过购买方式所得。同时称对数据库的用户没有发送商业广告短信，只向一些单位内部会员发送通知类的短信。

18日，郑州分众传媒副总承认与分众传媒的关系，但否认拥有数据库。深圳精准分众、深圳巨澜、郑州美和等公司纷纷否认与分众传媒的关系，有的还声称承揽商业短信是业务员的个人行为。

19日，央视《新闻联播》再次追踪报道分众传媒短信事件，同日，中国移动宣布关闭分众传媒短信通道。除了央视这一媒体关注此事外，大量的地方电视、报纸、网络媒体等对此事也做了跟进报道。一时间，分众传媒是国内最大的手机垃圾短信制造者一事被炒得沸沸扬扬。

21日，央视《晚间新闻》，江南春承认旗下公司未经用户许可滥发短信，并公开致歉。

综观整个事态的发展过程，分众传媒应对危机公关显得很幼稚，忽视了危机公关最基本的原则，最终让事态陷入无法收拾的境地！

首先，分众传媒忽视了“态度决定一切”的原则。“短信门”事件发生后的两天内，分众传媒有关人员要么闭门外出，拒绝面对媒体，要么闪烁其词，推卸责任，否认拥有全国手机用户的信息资料。展现在公众面前的是一个不敢于承担责任的企业形象，这种不高明的公关手段也注定了将会引发媒体接二连三的讨伐跟进，激起公众的怒火，让事态进一步加剧。

其次，分众传媒的反应速度慢、反应节奏拖拉。“短信门”事件发生后的第二天，央视记者前往其北京公司采访时却没有人接待和应对，显然公司人员都在放大假，其公关部门的表现实在很幼稚。事发后的几天，分众传媒既没有召开新闻发布会说明情况，也没有发布相关的公告或道歉函，从而造成了媒体多种猜测和报道的失控，对分众传媒的形象造成了很大的负面影响。直至21日，江南春才承认旗下公司未经允许滥发短信，并公开致歉，但已错过危机公关的最佳时机。

让我们设想一下，假如分众传媒在“短信门”危机中如此应对，结局会怎样呢？

第一，3月16日，江南春出现在媒体面前，真诚地向全国的手机用户道歉。对旗下公司未经用户许可滥发短信给大众生活带来的种种不便，深表歉意！让全国人民知道，江南春面对失误，是一个诚实且敢于承担责任的人。

第二，向全国的手机用户普发一条致歉短信。表明由于分众传媒的工作失误，多日以来给广大手机用户生活带来了极大不便，致以深深的歉意。

第三，及时在央视或人民大会堂召开新闻发布会，联合中国移动等企业及相关政府部门，携手呼吁加强对手机短信广告的监督、管理，使之走向专业化、制度化，并向全国人民发出打击垃圾短信的宣言。

……

人非圣贤，孰能无过？面对这一番诚意，至少社会公众会认为江南春是一个诚实而且勇于承担责任的企业家，分众传媒是一个有社会责任感的企业，也许分众传媒的企业信誉还会不降反升。

## 案例解析　强生妙手化“危机”为“机遇”

美国强生公司是一家闻名世界的跨国公司，其产品涵盖药品、医用产品、消费品和工业用品等。多年来，强生公司致力于塑造具有高度社会责任感的企业形象，特别是1982年，强生公司妙手化解了“泰诺药片中毒事件”危机，赢得了公众和舆论的广泛同情，树立了良好的企业形象，其品牌危机处理的成功经验也值得我们很好地借鉴。

1982年9月，美国芝加哥地区突然有人服用泰诺药片而导致中毒死亡，起初死亡人数只有3人，后来却传说全美各地死亡人数高达250人，“好事不出门，坏事传千里”，很快就有94%的消费者知道了“泰诺药片中毒事件”，强生公司陷入严重的危机之中。

泰诺是强生公司生产的一种乙酰胺基止痛药，在当时市场上很有影响力，到1982年，泰诺已占据35.3%的市场份额，年销售额高达4.5亿美元，占强生公司总利润的15%。“泰诺药片中毒事件”发生后，强生公司临危不乱，在首席执行官吉姆·博克（Jim Burke）的领导下，迅速采取了一系列有效措施应对突发事件。强生公司首先组织了大批人员对所有泰诺药片进行检验，检验结果表明，在全部800万片药片中，有毒的药片总计不超过75片，而且只源于一批药品，并且全部在芝加哥地区，最终的死亡人数也确定为7人。经过各部门的联合调查，发现事件的原因是有人故意将强生泰诺药片的标签贴在氰化物上，想以此讹诈强生公司。

按理说，“泰诺药片中毒事件”是有人恶意投毒，责任并不在强生公司，况且，被证实有毒的药片不超过75片，并且全部在芝加哥地区，强生公司收回在芝加哥地区出售的药片就可以了。然而，强生公司仍然按照公司最高危机方案原则，即“在遇到危机时，公司应首先考虑公众和消费者利益”，不惜花1亿美元巨资收回了全部数百万瓶泰诺药片，并花50万美元向有关的医生、医院和经销商发出警报。

强生公司的这一做法赢得了公众和舆论的信赖，《华尔街日报》报道说："强生公司选择了一种自己承担巨大损失而使他人免受伤害的做法。如果昧着良心干，强生将会遇到很大的麻烦。"

"泰诺药片中毒事件"前，泰诺在美国成人止痛药市场中占有35.3%的份额，事故发生后，泰诺的市场份额曾一度下降。当事态已经稳定，并且药片投毒犯已被拘捕后，强生公司并没有马上将泰诺投入市场。当时美国政府和芝加哥等地的地方政府正在制定新的药品安全法，要求药品生产企业采用"无污染包装"。强生公司把握这一时机，立即率先响应新规定，结果在价值12亿美元的止痛片市场上挤走了它的竞争对手，仅用5个月的时间就夺回了原市场份额的70%。

强生处理"泰诺药片中毒事件"成功的关键在于强生公司首先考虑公众和消费者利益，向公众传达了企业的社会责任感，受到了消费者的欢迎和认可，也最终拯救了强生公司的信誉，为此，强生公司还获得了美国公关协会颁发的银钻奖。

强生公司"妙手回春"，不仅化解了一场"灭顶之灾"，而且还奇迹般地化"危机"为"机遇"，为自己赢得了更大的发展空间。

## "SK－Ⅱ事件"回放

2005年3月初，江西一位名叫吕萍的女性消费者将宝洁告上法庭，原因是她在使用SK－Ⅱ产品后，非但没有出现宣传的皱纹明显减少的神奇功效，反而导致皮肤瘙痒且部分灼痛。

吕女士的委托人唐先生调查发现，此款SK－Ⅱ紧肤抗皱精华乳产品含有腐蚀性物质且成分标示不明。他们撕去这款产品瓶身上贴着的中文说明，发现瓶身还有日文说明，日文说明表明，这款SK－Ⅱ紧肤抗皱精华乳的成分包括聚四氟乙烯、氢氧化钠、安息香酸钠等化学材料，其中聚四氟乙烯俗称"特富龙"，是用于制造电饭煲不粘锅的化学材料，而氢氧化钠俗称"烧碱"，具有较强的腐蚀性。于是唐先生认为，中文说明不予以成分标示违反了我国《产品质量法》的有关规定，侵犯了中国消费者的知情权。

3月10日，宝洁公司收到法院的传票成为被告。

宝洁公司遭到起诉后，没有采取有效的应对措施，而只是草草发布澄清声明，称"产品手册中对产品的宣传内容都有实验数据支持"，"自己的产品有双重保险保证其安全性"等。宝洁的澄清声明显示了其态度的僵硬甚至傲慢。

此时，媒体关于"宝洁公司SK－Ⅱ被告含腐蚀性成分"报道已经愈演愈烈。然而，直到3月11日，宝洁一直没有能够同媒体进行良好的沟通，结果，宝洁错过了"灭火"的最佳时机。

就在"SK－Ⅱ事件"闹得沸沸扬扬之时，3月8日，SK－Ⅱ形象代言人琦琦称将继续支持 SK－Ⅱ。3月9日，SK－Ⅱ紧肤抗皱精华乳的代言人刘嘉玲也发来电子邮件表示声援，称“我很高兴继续支持 SK－Ⅱ”。

SK－Ⅱ形象代言人此时的出现其实是很不合时宜的，众所周知，代言人获取商家的巨额代言费用，其话语的公信力自然是可想而知的，甚至有人认为代言人是用“甜言蜜语”蒙蔽消费者。宝洁公司此时用明星代言人为自己解脱，非但不能获取公众的信任，相反再一次把自己置于被动尴尬的境地。

为了转移媒体和公众的视线，宝洁公司又自作聪明地展开一系列的公益活动，其中包括向中国公益事业第一品牌——希望工程捐献400万元。然而，火灾的源头没有扑灭，又怎能将火势控制住呢？

3月21日，河南《今日安报》披露，一名郑州消费者由于担心 SK－Ⅱ质量有问题，要求退货被拒绝，决定起诉宝洁公司。这条新闻经众多媒体的转载传播无疑是雪上加霜，让宝洁公司深陷“SK－Ⅱ事件”泥潭中。

3月25日，宝洁公司发布《致媒体公开信》，称它们对 SK－Ⅱ紧肤抗皱精华乳的检测结果显示，各项指标均符合国家标准，不存在质量问题。同时，宝洁公司重申：氢氧化钠是化妆品行业中常用的成分之一，当该成分用于调节护肤品的 pH 值时，中国及日本、美国、欧洲等市场的相关法规均不要求在产品包装上有特殊警示标志。

4月，南昌市工商局依据规定，对宝洁公司作出罚款20万元的决定。宝洁公司到南昌市工商局签字认罚。工商处罚表明了宝洁确实侵犯了消费者的知情权，这时再以“相关法规不要求”轻描淡写，就显得既不坦诚，又缺少承担责任的态度。

此时，宝洁公司尽管承认对 SK－Ⅱ紧肤抗皱精华乳的实验数据的描述不够全面，并停用了该款产品的宣传册，但却没有对其他产品的广告作出修改。

4月7日，打假人士王海向国家工商总局举报宝洁 SK－Ⅱ广告欺诈消费者。

一时间，SK－Ⅱ成为不受欢迎的产品。

2005年的阴影未散，2006年的麻烦又接踵而至，9月14日国家质检总局从9种 SK－Ⅱ化妆品中检出铬和钕，检验依据明确，检测结果准确。面对国家质检总局的检测结果，宝洁公司却并不认可，并公开声明“SK－Ⅱ产品在生产过程中并未添加所涉及的两种成分”。宝洁公司的傲慢做法严重损害了SK－Ⅱ的品牌形象。

面对消费者和商家的双重压力，SK－Ⅱ不得不开始接受退货。但 SK－Ⅱ列出退货必须具备四大条件，还公然要求与消费者签订“霸王条款”，约定“尽管产品本身为合格产品，不存在质量问题，但本着对消费者负责的态度，我们决定为您做退货处理……此处理方案为本案例一次性终结处理”。消费者对宝洁这一做法强烈不满，有的地方的消费者甚至与宝洁工作人员发生冲突。

## SK－Ⅱ傲慢的代价

在“SK－Ⅱ事件”中，宝洁公司一直摆出理直气壮的傲慢姿态，无形中将自己置身于公众和媒体的对立面，结果危机越陷越深，尽管后来也曾作了一些重塑品牌形象的努力，但都难以挽回大局，宝洁公司最终为此也付出了巨大的代价。

SK－Ⅱ从1999年进入中国内地市场，投入了大量的广告宣传费用，在全国建起了上百个专柜，在中国内地市场销售额也达到高端化妆品市场前三名，拥有了数以万计的“Fans”，本来有着很好的市场前景。然而，在SK－Ⅱ事件中，宝洁公司傲慢不负责任的态度最终伤了消费者的心，SK－Ⅱ的品牌忠诚度一下子土崩瓦解。“水可载舟，亦可覆舟”，SK－Ⅱ产品最终不得不挥泪撤市，大量的市场投入付诸东流，历尽千辛万苦建立起来的高端品牌形象轰然倒下。

“SK－Ⅱ事件”导致消费者对SK－Ⅱ品牌最基本的信任已经动摇，这无疑对SK－Ⅱ未来的发展投下了重重的阴影。重新树立SK－Ⅱ的品牌形象，重新获得消费者的心，宝洁公司也许还要付出巨大的努力，重塑旧品牌形象所付出的代价也许并不比打造一个新品牌低。

“SK－Ⅱ事件”对SK－Ⅱ的母公司宝洁公司的负面影响也是巨大的，在这次风波中，宝洁公司成为媒体和公众关注的主体，其傲慢的姿态和形象被放大，这对宝洁公司的企业形象伤害是无法估量的。而且宝洁公司还拥有其他大量知名品牌，“城门失火，殃及池鱼”，宝洁公司的形象受损，多少也会给其他品牌带来负面影响。

面对这样的惨重代价，宝洁公司最终坦承与媒体沟通合作不够，并承认“我们错了就是错了”。

## “SK－Ⅱ事件”的反思

分析宝洁公司在“SK－Ⅱ事件”中的表现，许多地方不尽如人意，没有体现出跨国公司应有的风范，这同时也带给我们许多反思：

第一，企业和品牌只有诚信才能“基业常青”。“SK－Ⅱ事件”本质上都是属于企业的诚信问题，SK－Ⅱ的教训也比较深刻地证明了企业欲通过谎言和短暂的假象去欺骗消费者最终会使自己陷入绝境。特别是食品、日用品、化妆品等企业，遭遇“质量门”的概率相对较高，曝光于众的“质量门”事件往往会给企业或品牌带来“灭顶之灾”，所以企业应该增强诚信意识，防患于未然。

第二，在危机面前，“态度决定一切”。品牌失去消费者的信任其实一文不值，所以企业应该始终对消费者保持虔诚的态度才能获得消费者的信任。宝洁公司在整个事件中态度傲慢，推卸责任，还多方设卡阻挠消费者退货，这无疑将自己一次次推向媒体和公众的敌对面，使问题复杂化。

第三，在危机过程中，应迅速与媒体沟通。在舆论面前，企业是脆弱的，在信息资讯如此发达的今天，一个负面信息足以置企业于死地。所以企业在危机中，应该迅速与媒体进行良好沟通，获取媒体的同情。“SK－Ⅱ事件”中，宝洁公司缺乏与媒体的良好沟通，没有及时出台有价值的解释说明，对众多媒体的关心也只是回复几页传真声明了事，员工言论前后不一，在舆论面前完全处于被动。

第四，在危机处理上，应讲求方略，获得公众的理解同情。在“SK－Ⅱ事件”中，宝洁公司请形象代言人琦琦、刘嘉玲来证明企业的“清白”，这显然是愚蠢的举措，缺乏公信力的明星卷入只能更加吸引公众眼球，增强危机事件的传播度。另外，签订“霸王条款”等举措都是危机处理的败笔。

## 案例解析　肯德基化解“苏丹红1号”危机

2005年伊始，肯德基就遭遇了“苏丹红1号”危机。

“苏丹红1号”色素，是一种人造化学制剂，科学家们通过研究发现，“苏丹红1号”能导致鼠类患癌，也具有引发人类致癌的特性。因此，全球多数国家都禁止将其用于食品生产中。

2004年6月14日，英国食品标准管理局就向厂商和消费者发出了警示，禁用“苏丹红1号”，2005年2月，英国再次提出警告，并勒令召回419种含有“苏丹红1号”的食品。

英国警示的消息很快就传到了中国国内，国家质检总局发布紧急通知，要求各地质检、检疫部门严查食品中是否含有“苏丹红1号”。

2月25日，中国市场的部分食品产品被查出含有苏丹红成分，立刻引起社会关注。快餐大王肯德基被查出了新奥尔良烤鸡腿堡和新奥尔良烤翅里有苏丹红成分。里面含有的苏丹红是鸡翅和鸡腿的腌制料，该腌制料由其他供应商提供。

面对这样的突发事件，肯德基的母公司百胜餐饮集团经过内部研究，迅速作出了一个非常明智的决定，就是先行道歉。

百胜餐饮集团在“有关‘苏丹红（1号）’问题的声明”中表示：“我们虽然多次要求百胜的相关供应商确保其产品不含苏丹红（1号）成分，并获得了他们的书面保证，但是非常遗憾，昨天在肯德基新奥尔良烤翅和新奥尔良烤鸡腿堡调料中还是发现了苏丹红（1号）成分”，“本着对广大消费者的食品安全负责的一贯原则，我们已经决定从今日起立即在全国所有肯德基餐厅停止售卖新奥尔良烤翅和新奥尔良烤鸡腿堡两种产品，同时销毁所有剩余调料。”

声明最后说，目前肯德基已经安排好重新生产不含苏丹红成分的调料，预计在一周内，将可恢复新奥尔良烤翅的销售。肯德基对此次食品安全事件深表遗憾，并向公众致歉。

百胜餐饮集团表示将严格追查此次供应商在调料中违规使用“苏丹红（1号）”的责任，确保此类事件不再发生。

百胜餐饮集团先行道歉的姿态得到了广大消费者的理解，毕竟一个企业不可能永远不犯错，但敢于先行承认错误也体现了企业的社会责任感。于是肯德基的销量开始有所回升。

随后，百胜餐饮集团的调查结果及整改措施也公布于众。百胜餐饮集团大中国区总裁苏敬轼面对新闻媒体称，中国百胜已经查清了所有使用于肯德基的问题调料的流向，问题调料已经回收，并将全部进行销毁。肯德基所有停售产品已于23日之前恢复销售。根据这次“苏丹红事件”的教训，同时有鉴于部分食品生产供应商不能遵纪守法、严把食品安全关的隐患，百胜决定投资不少于200万元人民币成立一个现代化的食品安全检测研究中心，对所有产品及使用原料进行安全抽检，并针对中国食品供应安全问题进行研究。

4月25日，肯德基推出新品咔滋猪扒堡，并在“五一”期间进行了为期10天的促销活动，意在唤回人气。

“五一”之后，肯德基餐厅依然高朋满座，肯德基顺利地渡过了“苏丹红1号”危机，重新恢复了往日的繁荣。

分析肯德基成功化解“苏丹红1号”危机的原因：

第一，先行道歉。肯德基先行道歉的姿态展现了企业社会责任感的形象，化解了公众及媒体的愤慨情绪，也博得了许多人的理解。

第二，积极整改。企业在危机后的一举一动都备受社会关注，肯德基在危机后积极整改的举动，显示了肯德基虔诚的姿态，自然获得公众及媒体的同情和信任。

第三，推出新品。推出食品新产品比较容易，不过是肯德基这样的公司的举手之劳，但此举却让肯德基受益匪浅，它使消费者倍感肯德基以消费者利益为中心，重新唤回人心。

第四，答谢促销。平时的促销活动也许不太被人关注，但危机发生后的答谢促销活动分外引人注目，此举拉近了肯德基同消费者之间的距离，使肯德基重新获得消费者的支持和厚爱。

# 附录：品牌对话

**品牌看点**

**近来，福建达利集团新推的凉茶“和其正”闪亮登场，震撼上市。电视广告里陈道明频频亮相，为“和其正”代言宣传，从“和其正”广告一鸣惊人的大投入、大制作我们不难看出，“和其正”出手不凡，来势凶猛。**

**然而，仔细观看“和其正”的电视广告却有似曾相识的感觉，其“喝了不上火”的品牌诉求不正是和风头正劲的“怕上火，喝王老吉”如出一辙吗？只是在“不上火”的后面又加了一个“熬夜伤神补元气”，另外，其产品包装的设计和色调也与“王老吉”相差无几。**

## 炎炎夏日，凉茶品牌如何出奇制胜

## “和其正”能否与“王老吉”共分一杯羹

《中国文化报》记者　侯丽

嘉宾　杨兴国　资深品牌专家

**记者：从第一品牌诉求点“喝了不上火”来看，“和其正”正虎视眈眈，想从“王老吉”的细分市场分得一杯羹，那么，“和其正”这样的品牌推广策略真能出奇制胜，一鸣惊人吗？**

杨兴国：我们不妨先追溯一下“王老吉”品牌的成长历程。在2002年以前，王老吉已经不愠不火地经营了7年多，却一直默默无闻，固守一方。2002年，专业品牌公司成美在为其做品牌规划时，通过市场调研为其重新确定了个性独特的品牌诉求——“预防上火”，“预防上火”满足了消费者在饮食时（特别是在享受煎炸、烧烤、香辣美食时）特别希望能够预防上火的需求，又具有高度差异性，避开了同可乐等国内外饮料巨头直接碰撞竞争，开辟了自己的生存区隔空间。精准的品牌定位使“王老吉”迅速飙红，销售量直线上升，2002年，王老吉年销量1.8亿元，2005年年销量超过25亿元（包括利乐包装），2006年年销量更是超过了35亿元。在南方一些地区的宴席上，“茅台酒、中华烟、王老吉”

已成为不可缺少的几小件，打麻将熬夜、运动、看球赛后喝一罐王老吉更是成为一种时尚。

“王老吉”能通过“预防上火”一鸣惊人，“和其正”也一定能吗？回答这个问题，我们不能不再探究一下品牌的差异化行销问题。

提起世界第一高峰，我们马上会想到珠穆朗玛峰，可是有多少人知道世界第二高峰呢？品牌建立也是同样道理，例如，人们一提起“除菌”就会想到舒肤佳，一提起“去头屑”就会想到海飞丝，一提起“阳刚、豪迈”就会想到万宝路……美国国际营销大师菲利普·科特勒曾指出：“面对竞争激烈的市场，一个公司必须努力寻找能使它的产品产生差异化的特定方法，以赢得竞争优势。”

品牌定位的关键点就是寻找一个个性鲜明独特，又区别于竞争对手且符合消费者利益需求的差异化品牌诉求点，做一个品牌概念的开创者、No.1，而不是跟随者，抢先占据消费者的心智，这对一个品牌来讲至关重要，因为消费者很容易将后进入市场的跟随品牌视为“模仿秀”而低估其价值，即使其做得再好再努力。

国内外的许多案例已经证明，“me too”（我也是）的模仿秀战略只会将品牌带入歧途。

例如，百事可乐刚进入市场时，使用“me too”（我也是）的战略，向可口可乐发起挑战，可口可乐借机推出“只有‘可口可乐’才是真正的可乐”战略，提醒消费者其他皆为冒牌货，给百事可乐迎头痛击。后来当百事可乐确定了自己“年轻一代的选择”品牌核心价值后，才得以与可口可乐平分秋色。

又如，多年来，许多新品牌向可口可乐、百事可乐发起无数次进攻，均以失败而告终。然而，七喜却以“非可乐”的定位，提出“非可乐”的新概念，使自己提升至和可乐并列的地位，获得极大的成功。

“王老吉”之所以能脱颖而出，正是因为其寻找到了一个个性鲜明独特，且又高度差异化的品牌诉求点——“预防上火”，并成为这个品牌概念的开创者、No.1。然而“和其正”步其后尘也打“喝了不上火”牌，只能给人以“模仿秀”之嫌，前景令人担忧。

*记者：“和其正”在品牌策略上面临着哪些不利因素？*

杨兴国：“和其正”的第二品牌诉求点“熬夜伤神补元气”，其实也被“王老吉”的品牌诉求所涵盖。“王老吉”的电视广告“不怕上火的世界杯”有这样的场景：小张是个超级球迷，为看世界杯，连续一星期每天只睡两三个小时，熬得满眼血丝，牙龈发炎，“经常熬夜，导致虚火上升，此时有一杯清热降火的‘王老吉’在手就最好不过了……”

“me too”（我也是）的策略使“和其正”在竞争一开局便处于劣势地位，如果其价格比“王老吉”低，后来者的便宜会让消费者怀疑其品质；如果其价格比“王老吉”高，后来者价格比 No.1 还高，消费者有什么理由要去转换呢？

如果口味有差异，“王老吉”是凉茶始祖，先入为主，消费者会觉得后来者可能不太正宗；如果口味差不多，既然差不多，我为什么要换呢？

总之，即使“和其正”再努力，做得再好，“模仿秀”的亮相也会让消费者低估其价值。

**记者：您认为未来的凉茶市场的竞争会是一种什么格局？后起之秀如何寻求生存发展空间？**

杨兴国：随着“王老吉”的脱颖而出以及人们对凉茶功能认知度的提高，未来凉茶市场的前景确实非常诱人，分析近几年的发展趋势，凉茶市场份额5年内突破100亿元并非不可能。

面对“王老吉”的猛烈攻势，许多竞争对手已虎视眈眈。国际饮料巨头可口可乐已收购香港传统凉茶馆“同治堂”旗下品牌“健康工房”，进军凉茶市场，本土企业除“和其正”外，“潘高寿”等企业也已经秣马厉兵，摩拳擦掌，还有更多的企业准备加入凉茶市场的大战。

然而目前的凉茶市场，“王老吉”已成为第一品牌，其品牌影响力及自身实力已经非常强大，近几年内任何其他品牌都较难撼动，然而“王老吉”的品牌领导地位并不意味着其他品牌没有生存的空间。例如，血尔在补血保健品市场趋于成熟的情况下，以“补血功效持久情更久”的品牌定位区别于市场先驱者朴雪、红桃K的“补血快”，硬是杀开一条血路。

一杯小小的凉茶还承载着许多丰厚的内涵，还有许多未被竞争者挖掘且又能打动消费者的品牌诉求点，对于那些想从凉茶市场分得一杯羹的企业，应该避开同“王老吉”的直接碰撞竞争，开辟自己的生存区隔空间，寻找一个差异于“王老吉”具有独特个性且又能拨动消费者心弦的品牌诉求点，在那里后起之秀才会风光无限。

（原载《中国文化报》2007年6月25日）

# 如何塑造企业家品牌

## ——访资深品牌专家杨兴国

《中国信息报》记者　赵莉

在网络经济时代，注意力就是财富，注意力被有效吸引，就等于又向成功迈进了一步。对于公众而言，企业家们的一举一动牵动着大众的视线，也传播着企业的信息。

**记者：公众对于成功企业家的强烈好奇心，使企业家的言行备受关注，企业家个人品牌的重要性也日益凸显，请您谈谈您对企业家个人品牌的认识。**

杨兴国：企业家形象同企业形象有着千丝万缕的联系，国内越来越多的企业家已认识到这一点。如果将企业比作好莱坞电影，那么企业家就如同片中的影星。企业家的言行在公众眼里代表着企业形象，许多企业家已意识到个人品牌的重要性。

**记者：据我了解，在网络经济时代，出现了许多网络奇才，许多新秀陆续登场，在他们身上具备了企业家个人品牌的特征吗？您能为我们举几个比较鲜明的企业家代表的例子吗？**

杨兴国：首先让我们来看一下将万科做成中国最成功的地产企业的王石。他事业成功、个性鲜明，是大众关注的商界新贵。他征服了珠穆朗玛峰，摩托罗拉的智能手机邀请他做形象代言人，华硕笔记本为了突出自己“坚如磐石”的可靠品质，把他的极地冒险之旅作为宣传的切入点，强调华硕笔记本是其旅途必备之物。王石的声望为万科的融资、推广、销售起到了极好的促进作用。

“网络英雄”张朝阳更可谓企业家明星，搜狐公司的许多新闻曝光不是通过发布会，而是通过张朝阳。为了寻找搜狐手机时尚形象代言人，张朝阳亲自挂帅，全国路演，颇具明星做派。2003 年 4 月张朝阳加入了“2003 年中国搜狐登山队”，迈向珠穆朗玛峰，在 7000 米珠峰上发短信、玩网络游戏，推广搜狐的业务。张朝阳的路演、登山看似个人娱乐，实则为企业宣传。张朝阳的表演吸引了公众的眼球。

其实，每一个成功的企业后面都有一个性情各异的出色企业家，微软的比尔·盖茨、GE 的韦尔奇、英特尔的葛洛夫、海尔的张瑞敏、联想的柳传志、华为的任正非，等等，这些企业家的个人品牌，吸引着大众的眼球，他们带给人们正面的认知与联想，为企业形象的提升推波助澜。

**记者：企业家品牌对企业发展到底有多大的意义呢？**

杨兴国：企业家之于企业，如影随形，宛如凡·高之于《向日葵》，曹雪芹之于《红楼梦》，贝聿铭之于巴黎卢浮宫。企业家形象同企业和产品形象之间关系极为密切，可以说，企业家品牌已经成为企业品牌的重要组成部分。尤其对于一个创业阶段的企业来说，企业家个人品牌的助推更有利于企业的发展壮大。正如王石之于万科、柳传志之于联想，他们本身就是企业品牌最好的形象代言人。

企业家个人品牌由于个性鲜明、定位清晰，一般没有雷同性或可比性，所以品牌一旦形成，往往独具风格，很难受到竞争对手的挑战。而且，企业家品牌的建立过程不单是吸引公众的过程，更是一个自我认知的过程，在这个过程中，企业家应认清自我，调整形象，使其更利于企业的发展。

企业家的个人魅力直接影响着企业的发展，企业家个人品牌的作用不可小视。

**记者：既然企业家品牌对企业发展有这么重要的作用，那您能为我们介绍一下怎么塑造企业家的个人品牌吗？**

杨兴国：企业家品牌的管理有别于一般意义的企业管理。企业管理往往有较普遍的模式，有章可循，而企业家是性情不同的鲜活个体，所以企业家品牌管理更需量体裁衣。而且企业家品牌管理的内容不仅限于外在形象，还涉及信念、修养、性格、爱好、业绩，等等。

确定品牌形象定位——就像企业品牌需要定位一样，企业家个人品牌也需要定位。企业家的品牌顾问应该对企业家自身情况仔细研究，认真分析，量体裁衣，形成企业家品牌的识别系统。识别系统的主要内容包括：企业家的人生信念、形象设计、性格特点、爱好特长、传奇经历、辉煌业绩、与员工的互动、同客户的沟通等。

企业家个人品牌定位一旦确定就应该坚持贯穿，切忌朝令夕改，持续一致是所有优秀品牌的共性，始终如一更能清晰明确地诠释一个品牌的内涵。

塑造社会责任形象——企业品牌需要美誉度，美誉度的塑造是建立在对消费者付出真诚的基础上，这也诠释了企业家个人品牌的真谛。以社会责任为己任，这是塑造企业家卓越品牌形象的关键。

“小胜凭智，大胜凭德。”企业家以社会责任为己任，会在公众中树立卓越的个人品牌形象，这对促进企业树立信誉、获取商机、发展壮大意义非凡。

服务企业品牌建设——企业家个人品牌的建设，应该为企业品牌、产品品牌建设服务，保持同企业品牌、产品品牌形象定位、知名度、美誉度的协调一致，不能喧宾夺主。

不断汲取知识养料——企业家良好个人品牌的塑造不仅需要外在形象的设计，更需要智慧、内涵、修养的积累，而这些积累则来源于不断地学习。孔子曰：活到老，学到老。企业家要想基业常青，就要养成终生学习的习惯，学习做事、学习做人。

（原载《中国信息报》2007 年 6 月 28 日）

# 遏制和防范企业合资中的商标权流失

## ——访资深品牌专家杨兴国

《中国消费者报》记者　张恒瑞

近年来，随着大量外资涌进国门，我国已形成一浪高过一浪的“合资潮”。但是，在国内企业为引进外资而欣喜的同时，我们也发现中国企业的品牌商标权在合资过程中流失现象相当严重。许多国内知名品牌在合资后被外方吃掉，从市场上逐渐消失、难觅其踪。对此，记者采访了资深品牌专家杨兴国。

**记者：您能否给我们介绍一下目前我国企业合资中商标权的现状？**

杨兴国：当前我国企业合资过程中商标权流失的现象是极为严重的。比如，碳酸饮料市场上，外国品牌占有率达到90%以上，国内仅剩下“健力宝”仍苦苦挣扎；化妆品市场上，国外品牌占领了75%的市场份额；啤酒行业年产5万吨以上的企业约60家，72%已属合资，排名前10名的品牌中仅有“青岛”、“燕京”和“钱江”；洗涤用品市场上，全国四大年产超8万吨的洗衣粉厂已被外商吃掉3个；感光行业，中方企业除“乐凯”外，其余均被“柯达”收编；食品、医药行业，国际品牌市场占有率已达30%~40%。在浪潮汹涌的“合资潮”中，昔日我们许多耳熟能详的本土名牌，如“扬子”、“香雪海”、“红梅”、“熊猫”、“活力28”、“天府可乐”、“北冰洋”等，一个个都淡出人们的视线。

我国企业与外商合资，原本是想利用外商在技术、管理等方面的优势，壮大自己。然而实际上，许多外商却利用合资的机会，实现了铲除中方知名商标，垄断中国市场的目的。这应该引起我们政府和企业的高度警惕。

**记者：我国企业在合资过程中商标权流失主要形式有哪些呢？**

杨兴国：在合资过程中，品牌商标权流失主要有以下几种形式：

第一，我国许多企业由于缺乏知识产权意识，在合资过程中将品牌拱手白送，让外商无偿使用。例如，1995年“香雪海”冰箱与韩国三星公司进行合资时，对“香雪海”品牌的价值竟未做评估。据保守估计，当时的“香雪海”品牌价值应在一个亿以上。

第二，中方企业品牌价值被低估。我国许多企业在同外方合资过程中，对自己品牌价值认识不足，急于引进外资，结果在品牌作价问题上节节让步，使自己品牌的评估价值大大低于应有的价值。一些国有企业在评估品牌价值时还有这样一个怪现象：企业不景气、快破产的时候，则高估品牌价值，以虚夸实力；而企业要把品牌转让或许可给外方时，则低估品牌价值，以达到“促销”的目的。例如，浙江某企业的“东宝”在转让前已具有较高的知名度，但在转让“东宝”时，连同该企业的19项专利，共作价才1000万元人民币。又如，天津日化四厂同外商合资前，其“金鸡”鞋油已占领了国内市场的半壁江山，但合资时，“金鸡”品牌仅作价1000万元人民币。

第三，中方企业品牌商标权被外商买断或获得使用权后，品牌被束之高阁，弃之不用。这是外商吃掉中国知名品牌的典型惯用手法。外商为了迅速占领中国市场，需要尽快铲除中国市场上的绊脚石——中方知名品牌，因此外商往往选择中方同行业中的知名企业进行合资。由于中方知名品牌的价值较大，外商一般不会买断其所有权，而是以较少的资金买断其使用权。合资后，外商一般会利用自己的控股决策权，有意把中方品牌安排在低档产品上使用，或干脆将中方品牌打入“冷宫”，弃之不用。中方知名品牌合资后若几年不用，就会被消费者逐渐淡忘，从而一文不值。例如，21世纪90年代初，北京日化二厂的“熊猫”洗衣粉一枝独秀，享誉中国洗涤产品市场，然而在1994年与美国宝洁公司合资后，宝洁公司利用控股权大力宣传旗下的品牌“汰渍”和“碧浪”，而“熊猫”则备受冷落，产量年年递减，最后北京日化二厂不得不宣布提前终止与宝洁公司的合作。

第四，合资期间新增值或新产生的品牌，其商标权被外方归为己有。例如：20世纪80年代末，我国某知名企业与新加坡郭兄弟粮油私人公司合作，在深圳成立了南海油脂公司，使用“金龙鱼”品牌，经过10多年的共同培育，“金龙鱼”已成为国内食用油类第一品牌，但后来中方公司才发现，“金龙鱼”商标权是注册在郭兄弟名下，自己多年辛苦培育的原来是别人的品牌，是在为别人做“嫁衣”。最终，中方企业只能退出合作，重新开辟自己的市场。

**记者：我国企业在与外国企业合资时商标权的流失这么严重，您认为其中主要的原因是什么？**

杨兴国：分析我国企业合资过程中品牌商标权流失的现象，我认为：首先，企业品牌意识淡薄，没有认识到品牌是企业发展的核心竞争力，同时崇洋媚外，过分迷信利用外资这颗“灵丹妙药”的奇效，结果忽视了对自己辛苦培育的品牌的保护，给外商铲除中方品牌提供可乘之机。其次，我国目前商标评估制度还不健全，使许多中方企业品牌在合资中被低估或漏估，导致企业知识产权的流失。再次，中方一些企业领导急功近利，为了利用外资，不惜“以牌换资”，接受外商许多损害中方品牌权益的不公平条件，以解燃眉之急。结果虽然取得了一些眼前的短期利益，却牺牲了企业发展的长远利益。最后，一些地方政府部门盲目地将招商引资作为衡量政绩的指标，片面追求合资企业的数量，却忽视了合资的质量，忽视了企业未来的发展，导致许多企业盲目合资，草率“成亲”。

**记者：那么如何才能遏制和防范合资中品牌商标权流失呢？**

杨兴国：针对我国企业“合资潮”中品牌商标权不断流失的现象，首先是应该给予高度重视，并采取有效措施，积极防范。政策上应当适当调整引进外资战略。立法制度上应进一步完善，例如，在合资合作企业的合同章程范本中加入知识产权条款，规定在使用外方品牌的同时，也必须使用中方品牌，中方品牌的广告宣传投入不得低于一定比例额度，中方知名品牌商标权只能许可给外商使用，不能转让或部分转让给外方等。同时政府应当规范自身行为，减少对企业的干预，杜绝为追求“政绩”而盲目“以牌换资”的现象，对于使国有企业知识产权严重流失的责任者，应追究其法律责任。

其次是建立科学的外资质量评价体系，进一步提高合资质量。中方企业合资前一定要知己知彼，了解清楚，究竟是我们利用外资，还是外资利用我们，还是双方互赢。宁愿多花些时间，选择一个良好的合资伙伴，也不要急于草率“成亲”，最终酿成苦酒。

最后是企业应增强品牌意识，力争掌握决策权。较具实力的中方企业同外方合资时，应力争企业的控股权，没有控股权就没有决策权，也就等于将命运交给外方掌握。中方企业即使因实力所限不能取得控股权，也应努力做到掌握企业运营中的关键环节，如销售和渠道等，以免被外方卡脖子。例如：同样是两个知名企业“乐百氏”和“娃哈哈”与法国达能公司合资，结果命运却大不相同。“乐百氏”因为丧失了控股权，结果何伯权等5名创业者只能黯然离去。“娃哈哈”因为保住了控股权、决策权，则实现了“在外资沃土上，长中国品牌大树”的理想。

（原载《中国消费者报》）

## 终端真能“为王”吗

《中国酒》记者　张少锋

嘉宾　杨兴国　资深品牌专家

2001年以来，营销界“终端为王”的理论大行其道，在酒类企业，许多营销人员也高呼“得终端者得天下”，似乎谁掌握了终端，谁就能最终“称王称霸”。

“终端为王”的理论在现实中到底有几分可信度？终端促销的作用究竟有多大？企业怎样才能最终赢得市场？带着这些问题记者采访了资深品牌专家杨兴国先生。

**《中国酒》记者：企业对终端的认识程度决定了企业最终能否真正地取胜终端，您能谈谈对“终端为王”的看法吗？**

杨兴国：终端的营销学概念是指产品销售渠道的最末端，是产品与消费者面对面接触和交易的场所。正因为如此，终端成为各种品牌短兵相接最激烈的环节，如何最终踢好“临门一脚”，通过终端将产品卖给消费者，也成为众多厂家关注的焦点。

酒业对终端的重视应该是从1999年开始的，小糊涂仙等一批品牌在终端操作的成功，使许多企业对“终端为王”俯首称臣。于是，做市场要先从酒店开始似乎已经成为许多品牌熟悉的套路，专场促销、买断酒店、暗销等在各个市场已司空见惯，很多企业无论花费多大代价也要抢占终端。比如，某啤酒品牌为了获得当地一个客流量较高的酒店终端，不惜投入100万元进行买断。正因为如此，许多终端也借机水涨船高，进店费、买断费、店庆费等各种费用数额惊人，名目繁多，搞得厂家苦不堪言。

尽管那么多的酒类企业几乎把所有资源都放在终端上，然而结果怎样呢？

消费者还是很少埋单，消费者更倾心于购买那些在自己的大脑里有牢固地位的品牌，花样繁多的终端促销活动虽然在短期内起到了一些效果，但从长期来看，似乎还没有一个酒品牌真正因此而获得长期的市场地位，而且一旦企业减少终端的投入，销售量马上大幅度下降。比如山东莱州啤酒尽管每年投入上千万元的进场费、促销费、买断费等，2004 年企业生产了 8 万多吨啤酒，利润却只有区区 3 万元，企业几乎陷入困境。

相反，当众多酒品牌热衷于终端争夺战时，茅台、五粮液、剑南春甚至二锅头这样的品牌则很少做促销，甚至支付给渠道的利润也远远低于平均水平，而且还在不断提价，然而这并没有影响它们的销售量。

于是，许多酒企业陷入了“终端为王”的困惑，曾经带来无限遐想的“终端”好像也无法制胜，“不做终端等死，做终端找死”的呼声越来越高。

***《中国酒》记者：“终端为王”并没有给企业带来希望的市场效果，甚至让许多企业陷入困境，您能分析其中的原因吗？***

杨兴国：“终端为王”的实质就是通过控制终端渠道来控制消费者意见，这也是它难以赢得消费者人心，进而占领市场的根本原因。

当你一到餐厅酒店，服务员不是“只有这种酒”，就是死磨硬缠地“尝尝我们××酒”，你是否感到自己的意愿被强迫而反感呢？

事实上，当一款酒没有任何差异和特点，当酒品牌在消费者心里没有任何位置，当消费者不会指名购买的情况下，买断终端是不能解决销售的根本问题的。

而且，买断终端这种简单的营销手段人人都可以“克隆”模仿，你可以付钱让终端帮你推销，别人也同样可以，这时大家又回到了同一起跑线上，最后还是变成了同质化的竞争，难以形成竞争壁垒。

实质上，我们要抢占的不是那些渠道的终端，而是消费者内心的终端，这才是真正掌控市场的关键点。只有消费者从内心认可某个品牌，并形成反复购买习惯，才能真正带动和促进终端的持续性销售，才能最终在市场上“称王称霸”。

其实，终端操控只是一个局部的战术问题，因为它是“临门一脚”，处在销售的最前沿，往往放大所有营销问题，所以常常被误认为是决定企业命运的门槛。终端的竞争其实是一个系统的竞争，是企业的品牌力、产品力、推销力的综合体现，单纯掌控终端无异于“头痛医头，脚痛医脚”，不可能解决市场的根本问题。

金六福酒在餐饮终端的营销并不突出，但金六福的市场销售量却令许多竞争对手难望其项背。陕西西凤酒、河南赊店老酒等绕过了终端，联手地方邮政等也取得了不俗的销售业绩。

可以说，以终端为本，以促销为纲的策略，把相当一批酒企业引入了误区，“终端为王”时代应该结束了。

***《中国酒》记者：您刚才谈到企业要抢占的应该是消费者内心的终端，那么怎样才能占据消费者的心？如何有效地打动消费者的心呢？***

杨兴国：我们不难发现这样一个现实情况，就是消费者自带白酒、自选品牌的现象越来越普遍。这说明什么呢？这显示出品牌的威力！

企业要解决长远的营销问题，最好的方法还是让品牌在消费者心目中建立独特的地位。

在物质产品极大丰富的今天，酒产品同质化现象日趋严重，通过酒产品本身“俘获”消费者概率已很低，而品牌则因为迎合消费者的情感或功能利益需求，成为消费者购买决策的依据。

可以说，推销是在商场的货架上铺货，而品牌则是在消费者心里铺货，只有铸造出一个深入人心的品牌，才能带给企业长期的成功营销和利润。

从2007年的销售数据看，茅台、五粮液、剑南春等传统名酒的市场占有率进一步提高，呈现出强者愈强的态势，特别是茅台等名酒价格频频上涨，然而销量不降反升，消费者依然趋之若鹜，体现出了品牌的巨大魅力。

白酒市场未来发展的趋势是：白酒将愈来愈成为人们生活中的精神消费品，满足低收入阶层需要的低档白酒销量开始下降，而满足商务交往需求的高档白酒销量逐渐上升，品牌将愈来愈成为影响白酒营销的利器。

“与其临渊羡鱼，不如退而结网”，而这个“俘获”人心的“网”就是品牌，所以酒企业应该把铸造品牌视为长远发展的根本。

**《中国酒》记者：目前我国的酒品牌多如繁星，您能具体谈谈一个品牌怎样才能脱颖而出，在消费者心目中建立独特的位置？**

强势的品牌必然源自于一个强有力的且差异化的品牌个性内涵。

美国哈佛大学心理学博士米勒认为，人的心智极其有限，每个类别通常不会记忆超过7个信息。这也就是说，在某个酒类别里，消费者通常不会记住超过7个品牌，这也是中国数以万计的白酒品牌，绝大多数在消费者心里如过眼云烟的根本原因。

如何挤入消费者有限的大脑空间，在消费者心目中建立自己的地位，关键是要提炼强有力的且差异化的品牌个性，成为某个品类的“第一”。

茅台因为拥有“国酒”至尊地位，所以消费者趋之若鹜；水井坊宣扬“中国白酒第一坊”，占据消费者心中“最贵的酒”位置；金六福开创了一个“福酒”新品类，所以能脱颖而出；贵州醇因为开创了一个全新的品类——醇：低度白酒，贵州醇也因此一度很成功……

实际上，在白酒的大品类里，还蕴涵着许多小的品类的“蓝海”，关键是我们是否有一双慧眼。

当然，铸造品牌是一个系统工程，不可能一蹴而就，还需要我们在品牌建设的许多方面不懈地努力。

（原载《中国酒》2008年第3期）

# 借力外脑，要“鱼”更要“渔”

## ——访资深品牌专家杨兴国

*《华夏酒报》记者　尹贵超*

寻找到一个出色的咨询公司，有效地借用外脑，会助力企业快速发展，这已经成为行业的一个共识。然而，面对爱恨交加的咨询业，并非所有企业都能找到满意的答案，“咨询顾问这一行是虚业”，面对这一说不上错误的观点，作为企业应该如何认知咨询公司，并有效借用咨询公司的力量呢?

《华夏酒报》记者采访了资深品牌专家杨兴国先生。

**《华夏酒报》：如今，一个企业单凭自身的智力、经验已经无法适应多变的竞争环境要求，咨询公司依靠种种优势成为企业发展的“助力器”。据专家预测，未来中国咨询市场将进入快速成长期，预计增长率将达到19.6%，到2010年，中国管理咨询行业的需求总额将达到100亿美元。您认为咨询公司存在的价值在哪里?**

杨兴国：咨询公司往往具有专业的人才及知识库。一个企业的管理者面对的往往是自己一家企业，所以取得的信息经验往往也局限在自己企业内。咨询公司则面对不同行业的众多企业，大量企业成功或失败案例的接触无疑会积累成咨询公司对行业的深刻理解和丰富的专业经验。

咨询公司扮演着一个“局外人”的客观身份，企业的管理者难免对企业的人、产品、管理模式产生难以割舍的感情，而这种感情因素恰恰成为企业管理者作出客观判断决策的绊脚石。再者，企业内部难免存在派系或部门间利益的冲突，也会影响管理者判断决策的公正性。而咨询公司“局外人”的身份决定了它会从一个客观的角度出发，扮演一个公正的裁判员角色。

另外，咨询公司还有情报机关的作用，它们往往有能力提供相关海内外行情动向报告、竞争对手或合作伙伴的情况研究等有价值的资讯。例如，BCG公司在全世界的60个地区设置了专业顾问和情报收集专家，有时只需一天，便可得到世界各地同行业的情况报告以及其详细调查资料。

除此以外，咨询公司的作用还有很多，比如传播了新的理念，通过咨询项目帮助企业培养骨干等。

**《华夏酒报》：咨询公司服务质量的优与劣将会在企业经营过程中以几何倍数放大，带给企业利益或风险，您认为企业应该如何寻找合适的咨询公司?**

杨兴国：不同的咨询公司定位不同，专长也不同，所以请咨询公司也要对症选医。如果做营销咨询，找企业文化咨询公司显然不对。当然，如果企业对于自己的病症还不明确，这就需要同咨询公司共同会诊，当然企业应该认真思考，咨询公司的诊断是否是你真正的病根。

考察咨询公司的背景能力是选择它的前提，企业应通过一定渠道了解咨询公司的有关信息：背景情况、主要业务方向、咨询顾问水平及数量、成功案例、客户群体及其行业、规模，等等。通过这些信息考察了解咨询公司的服务理念、工作方法、经验特长、执行能力、信誉口碑等。

许多企业管理者在选择咨询公司时，往往被咨询顾问具有感染力的策划理论、创意、概念说服打动，或因为咨询顾问的某些观点同自己不谋而合而拍案接受，其实这样的选择往往是片面的，也有风险性。在咨询服务中，谈和做是两回事，很多时候，咨询顾问谈判时都是高手，可作业时都是新手。

咨询公司要有较强的理论策划能力，执行能力更为重要，在某种程度上，后者往往起决定性作用。如果咨询团队没有真刀真枪的运作经验，面对执行过程中种种意想不到的细节问题往往会束手无策，这样，咨询服务的成功是缺乏保障的。

费用也是衡量一个咨询公司的杠杆，咨询服务完全是智力输出，在全世界范围内都很难形成统一的收费标准。因此，同样的咨询项目，不同的咨询公司报价可能相距甚远。简单地依据价格来选择咨询公司是不明智的，应该结合咨询公司的水准综合考虑。

**《华夏酒报》：企业借力咨询公司，并非将有关项目交给它们就万事大吉，而是自始至终都应该同咨询公司协调沟通。只有双方都倾心投入，用心配合，才能跳出一段赏心悦目的舞蹈。那么，在具体的接触过程中，企业应该如何做？**

杨兴国：内因是根据，外因是条件。咨询公司输出的只是经验智慧，企业要真正变革还依赖于企业领导的决心和行动，没有企业高层的支持和投入，咨询方案再完美也都是纸上谈兵。许多企业把咨询方案的执行重任交给二线人员和咨询顾问，事实上，没有企业高层的参与，结果往往是无功而返。

企业与咨询公司合作开始后，应该定期召开项目进展情况会议，就项目的进展情况、存在问题、解决方案等互通意见，沟通协调，达成共识。咨询公司再高明，也不会比企业对自身更了解。企业对自身的现状、问题、需求及目标等应该真正了解，清醒认识。企业真实、详尽的情况资料也将会成为咨询公司最终完美方案的依据，所以企业在和咨询公司洽谈之前，应该对自身的情况了然于胸，模糊的认知往往后患无穷。

“授人以鱼，不如授人以渔。”企业与咨询公司合作，不能简单地看成是一次性商业交易，而应该在咨询过程中完成知识经验和能力的转移。通过合作，企业应该汲取咨询公司的智慧营养，锻炼自己的队伍，培养自己的人才，能独立应对企业未来发展中的各类挑战，这才是企业聘请咨询公司的最终目的。

**（原载《华夏酒报》2007 年 12 月 10 日）**

# 主要参考文献

1. ［美］大卫·艾克：《经营品牌产权》，Free 出版社，1991 年。

2. ［美］菲利普·科特勒：《营销管理》，上海教育人民出版社，1999 年。

3. ［美］凯文·莱恩·凯勒：《战略品牌管理》，李乃和等译，中国人民大学出版社，2003 年。

4. 李光斗：《品牌战》，清华大学出版社，2006 年。

5. 郭洪：《品牌营销学》，西南财经大学出版社，2006 年。

6. 刘威：《品牌战略管理》，广东经济出版社，2004 年。

7. 黄江松：《品牌战略》，中国金融出版社，2004 年。

8. 翁向东：《本土品牌战略》，浙江人民出版社，2002 年。

9. 郭志台：《借势造势：品牌崛起之道》，机械工业出版社，2006 年。

10. 郭振玺：《品牌实效传播》，中国传媒大学出版社，2005 年。

11. 王元勇、王增明：《强势品牌创建与发展》，工商出版社，2002 年。

# 后记：品牌如人

从去年冬日里动笔，至今年春景中收笔，一年多的灯烛共度，笔耕不辍，终于让这本书稿画上了句号。想到该书即将付梓，不免心潮涌动。

时光荏苒，跋涉在品牌旅途上已经十余载，今天越发深刻地体会到，品牌就像一个人。

大道至简，其实，品牌远没有一些专家学者演绎得那样高深莫测，品牌就像我们生活中的你、我、他，就像一个有血有肉的人。

人有外貌、思想和举止。品牌也有形象、内涵以及企业行为。

人有性格，或活泼、或文静、或稳重。品牌也有个性，或尊贵、或阳刚、或灵动。

人有时会患病，需要精心医治。品牌也有可能深陷危机之中，需要有效的危机公关。

人受到他人的喜欢和尊敬，往往是因为这个人德才兼备，内外兼修。品牌也一样，一个品牌要获得消费者的喜爱和忠诚，不仅需要有效的传播、精美的包装，还需要过硬的产品和良好的口碑。

做人充盈着“舍得”的睿智哲思，品牌经营又何尝不如此呢？企业要想获得消费者的忠诚，必须先付出自己的忠诚。一个企业不论你经营的是什么，都必须用真诚来塑造你的品牌。

做人在成就自我的同时，应该为社会作出贡献。品牌在积累自身价值的同时，也需要承担应尽的社会责任。

……

其实，在品牌身上我们随处可以看到人的影子，品牌最终是由人塑造的，人的特质自然会融入品牌之中。领悟了做人的道理，理解品牌也就简单了。

品牌如人，做品牌应该从做人开始！

本书在撰写过程中，一直力图将复杂的问题简单化，虽然这是一本专业书，但希望它能为更多的读者所理解和接受。

中国品牌建设大师李光斗老师在本书的撰写过程中给予了大力的支持和帮助，并为本书撰写了序言，在此深表谢意！

另外，本书在出版过程中得到了经济管理出版社陆雅丽老师的鼎力协助，在此表示感谢！

杨兴国

2008年6月10日于北京